ENTRE A RECLUSÃO
E A LIBERDADE

PENSAR A RECLUSÃO

JOÃO LUÍS DE MORAES ROCHA
(Coordenador)

ENTRE A RECLUSÃO E A LIBERDADE

PENSAR A RECLUSÃO

VOLUME II

Colaboração:

J. J. Semedo Moreira
Carmen João Salsinha Mendes
Sónia Maria Silva Constantino
Rui Almeida Simões
Margarida Cardoso
Sofia Morais Silvério
Tânia Pereira Diniz

ENTRE A RECLUSÃO E A LIBERDADE
PENSAR A RECLUSÃO

AUTOR
JOÃO LUÍS DE MORAES ROCHA

EDITOR
EDIÇÕES ALMEDINA. SA
Av. Fernão Magalhães, n.º 584, 5.º Andar
3000-174 Coimbra
Tel.: 239 851 904
Fax: 239 851 901
www.almedina.net
editora@almedina.net

PRÉ-IMPRESSÃO | IMPRESSÃO | ACABAMENTO
G.C. GRÁFICA DE COIMBRA, LDA.
Palheira – Assafarge
3001-453 Coimbra
producao@graficadecoimbra.pt

Setembro, 2008

DEPÓSITO LEGAL
281401/08

Os dados e as opiniões inseridos na presente publicação
são da exclusiva responsabilidade do(s) seu(s) autor(es).

Toda a reprodução desta obra, por fotocópia ou outro qualquer
processo, sem prévia autorização escrita do Editor, é ilícita
e passível de procedimento judicial contra o infractor.

Biblioteca Nacional de Portugal - Catalogação na Publicação

Entre a reclusão e a liberdade / coord. João Luís de Moraes Rocha
2.º v. : Pensar a reclusão. - p. – ISBN 978-972-40-3543-7

I – ROCHA, João Luís de Morais

CDU   343

«... nem esperará do mundo, senão o que elle tem, que é pagar com cansado trabalho obras dignas de descansado galardão»

HEYTOR PINTO, *Imagem da Vida Christãa*

PREFÁCIO

Finalmente o segundo volume dos estudos Entre a Liberdade e a Reclusão, *agora de subtítulo* Pensar a Reclusão. *A principal razão destes três anos de separação entre o primeiro e o segundo volume, radica em sérias razões de saúde do subscritor das presentes linhas, a que se aditaram algumas tropelias que neste país não poupam idade, mérito ou, mesmo, a saúde.*

Posto este esclarecimento, importa agradecer aos co-autores do presente volume que mantendo a determinação e o apoio, aguardaram que abrandasse aquela turbulência.

Tal como o primeiro tomo, este reúne diversos estudos que têm por tema central a reclusão no seu sentido amplo de situação estrutural e objectiva e, sobretudo, no seu aspecto subjectivo, a saber, a do próprio recluído, a sua percepção sobre a situação em que se encontra.

Pensar a reclusão *é um exercício prévio a compreender a reclusão do nosso semelhante, se é que é possível, para quem a não sofreu, compreendê-la.*

Em rigor, não será possível compreender o sofrimento do outro, julga-se que sim o que além de ser diferente de compreender é perigoso pois o convencimento erróneo do saber é mais grave, pelas consequências que dele podem advir, do que a própria ignorância.

E, essa impossibilidade de compreensão gera um afastamento, numa atitude de defesa. Embora, por ser socialmente correcto, se lamente o infortúnio de quem cumpre pena, independentemente do merecimento de tal padecimento, faz-se por não tematizar em demasia o assunto, com receio de se tornar incómodo. O sofrimento alheio, se ganha proximidade, pode ser, no mínimo, desagradável...

Quedando por Pensar a reclusão *que já de si é novidade e contra--moda, o presente volume reúne vários contributos, autónomos entre si, sobre o conspecto multifacetado da privação da liberdade, a qual abrange a dinâmica da própria restituição à liberdade.*

Pensar é uma primeira e fundamental aproximação a um problema complexo como é o do crime e da privação da liberdade. E, nas últimas duas décadas, os estudos empíricos no domínio da criminologia têm revelado que é possível reduzir a reincidência criminal, mediante a reabilitação do delinquente e não através da sua simples punição, maxime *reclusão. Reabilitação que exige uma aproximação ao indivíduo recluso com vista a poder promover uma vida que valha a pena preservar, bem como, do mesmo passo, mitigue ou elimine os factores de risco.*

Pensar a reclusão *é, portanto, um passo imprescindível para se legislar, decidir e agir no domínio do crime e da reclusão com vista a ajudar a construir uma sociedade mais segura, menos alienada, mais humana.*

Os estudos, hoje presentes a público, estão inseridos no volume de acordo com a ordem com que foram sendo concluídos.

O primeiro, de autoria de Semedo Moreira, constitui uma abordagem circunstanciada das saídas precárias, um instituto de particular importância para o sistema que ensaia a libertação do recluso e para o próprio recluso, na sua ligação/aproximação à sociedade livre.

Segue-se uma co-autoria de Moraes Rocha e Carmen Mendes, sobre a percepção que os reclusos têm quanto à justeza da pena que lhes foi aplicada e cumprem. Este estudo exploratório tem o mérito de abordar, pela primeira vez entre nós, uma realidade da maior importância para o sistema punitivo em geral e para o sistema penitenciário em particular. Da forma como o condenado aceita (ou não aceita) a pena, depende, em grande parte, a eficácia da condenação e do próprio cumprimento de pena.

Outra co-autoria, esta de Moraes Rocha e Sónia Constantino, incide sobre a percepção da mudança que aos reclusos advém do facto de estarem recluídos. Este estudo pioneiro vem desvendar, pelo lado dos reclusos, a suposta eficácia do sistema penitenciário. E, para além da própria finalidade da reclusão, ele revela a pessoa do recluso, peça fundamental de todo e qualquer sistema prisional.

Um outro estudo, da responsabilidade de Rui Simões e Margarida Cardoso, tendo em conta o relevo evidenciado nas entrevistas pela memória de saídas precárias anteriores e a carga emocional de antecipação, procura explorar algumas dimensões patentes no discurso produzido pelos reclusos sobre a saída precária, nomeadamente as referências sociais, espaciais e temporais, cruzando-as com a estrutura causal e argumentativas enunciadas, dicotomizadas entre as representações de estabilidade e mudança.

O derradeiro estudo, de Moraes Rocha, Sofia Silvério e Tânia Dinis, tem como objecto o medo e a reclusão, isto é, tem como escopo as manifestações do medo nos reclusos, medo esse que advém e/ou é potenciado pelo próprio estado de encarceramento. Além de nos revelar o aspecto subjectivo do sujeito em reclusão, este trabalho enuncia, de uma forma inovadora, algumas das deficiências e carências do sistema prisional mais sensíveis para os seus destinatários.

São estes cinco contributos que agora se trazem a público, num período em que todo o empenho e esforço, não importa em que domínio, se queda pelas preocupações económicas. A dimensão humana é preterida de forma despudorada pelo argumento do economicamente sustentável, quando tal sucede, o indivíduo fica acobardado pelos mais diversos medos, uma vez que a redução ou supressão de todos os outros valores retira o equilíbrio suposto de existir numa sociedade democrática. Tal redunda numa espiral em que pensar o outro pode ser perigoso, além de que apontar deficiências ou caminhos novos numa ordem preestabelecida e sujeita a uma autoridade meramente funcional, pode merecer o mais forte anátema. Ora, neste conspecto redutor, o homem em reclusão, já sobrecarregado de limitações, corre o risco de ser considerado «de valor insignificante». É contra essa desumanização que, no seu limite, estes estudos se dirigem.

Outono de 2007

MORAES ROCHA

SAÍDA (PRECÁRIA) PROLONGADA: UMA ARITMÉTICA DO INSUCESSO*

J. J. Semedo Moreira
Antropólogo/Técnico Superior da Direcção
de Serviços de Planeamento e Relações Externas
da Direcção-Geral dos Serviços Prisionais

Nota Introdutória

O presente estudo analisa algumas variáveis caracterizadoras dos reclusos que, ao longo do ano de 2004 e do primeiro semestre de 2005, não retornaram aos estabelecimentos prisionais, dentro dos prazos legalmente definidos, depois de saídas prolongadas. Consubstanciando-se a *ficha biográfica*[1] como fonte única de informação, o trabalho sofre das limitações decorrentes do facto dos elementos ali constantes terem sido compilados com o objectivo de servir de suporte à gestão da população reclusa e não a um qualquer estudo sobre a mesma.

Neste trabalho procede-se à caracterização sociológica deste conjunto de reclusos e traçam-se as grandes linhas delimitadoras da sua situação criminal, penal e prisional, tentado-se perceber o quanto estas variáveis reflectem diferenças, ou semelhanças, relativamente à restante população prisional. De um modo mais específico procurou, igualmente, entender-se algumas particularidades inerentes à vivência da reclusão e ao acto de não regresso.

Face ao objecto do estudo – caracterização sócio/penal e criminal dos reclusos não regressados de saídas prolongadas e escopo sociológico

---
* Este artigo acabou de escrever-se em Fevereiro de 2006.
[1] A *ficha biográfica*, um dos item constantes do Sistema de Informação Prisional, foi escolhida como fonte de informação, uma vez que permitia aglutinar, num único documento de pesquisa, a informação que se entendeu pertinente utilizar para este estudo.

do acto infractor – dirigiu-se o olhar para variáveis objectivas – dados pessoais e elementos relativos ao crime e à pena – que permitissem alguma linearidade conceptual e facilitassem a homogeneização decorrente do tratamento estatístico. Complementarmente, tratou-se, também, alguma informação referente a antecedentes criminais e de usufruto da medida da saída temporária, ao comportamento disciplinar e profissional durante a reclusão, ao período da pena e do ano em que ocorreu este insucesso, bem como ao tempo de ausência ilegítima.

O primeiro procedimento metodológico foi o da delimitação do universo a estudar. Aceitando como boa a premissa de que a saída prolongada é, *numa noção sumária, a saída temporária de reclusão*[2], determinada por um Juiz de Execução de Penas que decidiu de acordo com os preceitos legalmente definidos[3], o nosso objecto de estudo foi construído em torno de todos os reclusos em cuja ficha consta, por um motivo ou outro durante o período acima referido, a anotação de incumprimento das datas e horas definidas para o regresso à prisão.

Uma vez confinado o universo a estudar e definida a fonte da pesquisa, procedeu-se à selecção e organização temática do material informativo a recolher. Para tanto, teve-se em conta o que se pretendia estudar e, na medida do possível, a possibilidade de comparação com a restante população prisional. Operação que foi, grosso modo, desdobrada em três tipos de procedimentos.

O primeiro, e de certo modo mais extremado, foi o de abdicar de variáveis que, pese embora a sua eventual pertinência, só excepcionalmente constavam na fonte e, em boa parte dos casos, de forma implícita, como são, a título de exemplo, as informações respeitantes a comportamentos sócio-familiares e ao enquadramento clínico, psicológico e psiquiátrico. A heterogeneidade deste tipo de referentes, as mais das vezes reflectindo grande subjectividade, contribuiu para que a pesquisa reforçasse o seu enfoque nas, já anteriormente referidas, variáveis objectivas.

O segundo, que pode considerar-se de compromisso, implicou dois tipos de atitudes. Por um lado, compilaram-se dados a partir de elementos recolhidos e confirmados nas várias peças de informação constantes

---

[2] ROCHA, João Luís de Moraes e GOMES, Ana Catarina Sá, Entre a Reclusão e a Liberdade Vol. I, Ed. Almedina, Coimbra, 2005, pg. 29.

[3] Preceitos estes que estão plasmados no Decreto-Lei n.º 783/76, de 29 de Outubro, e nas alterações que lhe foram introduzidas pelos Decreto-Lei n.º 265/79, de 1 de Agosto, Decreto-Lei n.º 49/80, de 22 de Março e Decreto-Lei n.º 414/85 de 18 de Outubro.

da ficha biográfica informatizada e, por outro lado, remeteram-se para a categoria de sem informação todas as situações em que as incoerências faziam duvidar da qualidade do material recolhido. Por fim, tomaram-se como correctos todos os dados que, no lugar devido, vinham explicitamente referenciados ou que, pela sua recorrência ao longo do tempo e através de outra fonte, adquiriram fiabilidade.

O último procedimento metodológico surge associado à aferição da qualidade da informação recolhida. Neste particular optou-se por, antes de anonimizar os dados, isolar de forma aleatória um determinado número de sujeitos para consultar as suas fichas individuais e comparar as informações nelas contidas, com as anteriormente recolhidas.

A caracterização sociológica dos reclusos não regressados de saída prolongada que adiante se esboça tem, pois, como suporte as informações constantes da sua ficha biográfica, enquanto sujeitos privados de liberdade. A imagem daqui resultante sofre, assim, logo à partida, a distorção própria de um esboço cujas feições se traçam exclusivamente à custa da homogeneização estatística, faltando-lhe, portanto, as tonalidades que só se obtêm a partir dos elementos qualitativos de uma investigação.

As limitações daqui decorrentes não devem, apesar de tudo, servir de obstáculo à divulgação de um estudo que, assumida e previamente, condiciona o alcance das suas conclusões. Os resultados devem, assim, ser entendidas, tão só, como um primeiro contributo, datado e circunscrito aos personagens que o animam, para o retrato do fenómeno minoritário que é o insucesso nas saídas prolongadas.

As Origens

Ao longo do ano de 2004 e do primeiro semestre de 2005 foram concedidas 15 532 saídas prolongadas (10 234 em 2004 e 5 298 até Junho de 2005). A este volume de saídas, corresponderam 235 casos (138 em 2004 e 97 em 2005) negativos. O objecto deste estudo incide, portanto, sobre um universo que vale ponto e meio percentual no conjunto das saídas prolongadas. Esta taxa média, reparte-se por 1,3% em 2004 e por 1,8% nos primeiros seis meses de 2005. Estamos, pois, perante valores que delimitam uma geografia comportamental com fronteiras muito estreitas.

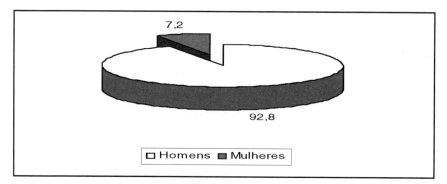

Fig. 1 – Distribuição sexual dos não regressados de saída prolongada

O universo que, pela excepção do seu comportamento, confirma a regra do sucesso das saídas prolongadas reparte-se por 92,8% de homens e 7,2% de mulheres. São valores que decalcam os da repartição sexual da população reclusa e divergem, por excesso, num ponto percentual, dos condenados, ou seja aqueles de onde, obrigatoriamente, têm que ter origem os reclusos que usufruem de saídas prolongadas. Este modelo de distribuição deixa-nos perceber que o desenho do insucesso se encaixa perfeitamente, no que respeita ao género, no da população reclusa.

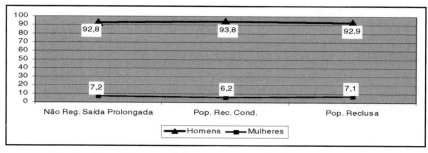

Fig. 2 – Reparição sexual dos não regressados de saída prolongada e da população reclusa

Este conjunto de reclusos surge, de modo aliás previsível, como sendo maioritariamente de nacionalidade portuguesa. Os que se excluem desta tendência são, essencialmente, originários dos PALOP (13,6%) uma vez que os restantes estrangeiros se situam na casa dos seis pontos percentuais. Centrando o olhar nos nacionais constata-se que nasceram, ainda que de forma desigual, um pouco por todos os distritos do continente e na região autónoma da Madeira. Os distritos do Porto (19,1%), Lisboa (14,5%) e Coimbra (6%) são os que registam as taxas de naturalidade mais elevadas, sobressaindo de um contexto mais ou menos estável que varia do 0,4% de Viana do Castelo até aos 5.5% de Santarém.

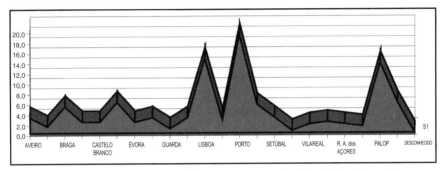

Fig. 3 – Naturalidade dos reclusos não regressados de saída prolongada

As linhas orientadoras da distribuição geográfica mantêm-se quando passamos a olhar para a residência. Os distritos do Porto (22,6%) e Lisboa (25,5%) trocam as suas posições relativas, vendo o seu peso percentual reforçado. Reforço que se faz à custa dos naturais de todos os outros distritos e dos PALOP. O apelo dos grandes centros sente-se igualmente pelo reforço dos distritos de Setúbal e de Faro.

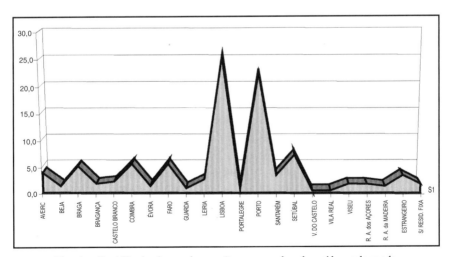

Fig. 4 – Residência dos reclusos não regressados de saída prolongada

A imagem daqui colhida deixa transparecer, na naturalidade, uma grande semelhança na compartimentação existente, entre portugueses e estrangeiros, no conjunto da população reclusa. Sendo certo que os estrangeiros que não regressam de saída prolongada (19,6%) têm um peso ligeiramente superior (mais 2,3%) ao que os cidadãos naturais de outros países tinham, em 2004, no contexto do sistema prisional.

Trata-se de uma diferença que deve ser encarada como natural, uma vez que para os cidadãos estrangeiros com residência nos seus países de origem, a saída prolongada é, como os números deixam perceber, uma forma de anteciparem a liberdade, sem que daí possa advir outra consequência que não seja a impossibilidade de regresso a Portugal. Impedimento que, as mais das vezes, estava já contemplada com a medida acessória de expulsão, após cumprimento da pena privativa de liberdade.

Estrutura Etária

A estrutura etária dos reclusos que não cumpriram os prazos de regresso à prisão, depois uma saída prolongada, tem uma amplitude que vai dos 18 e os 75 anos. Distensão que, no entanto, se faz à custa de grandes discrepâncias entre os valores relativos dos diferentes grupos de idade. Daqui resulta que esta imagem abrangente acaba por distorcer a realidade.

Distorção tanto maior quanto nos apercebemos dos valores insignificantes que têm os extremos. Efectivamente, uma análise mais detalhada revela-nos que os jovens (0,4% entre 18 e 20 anos) e os mais idosos (2,6% acima dos 60 anos) têm um peso diminuto no contexto do não regresso de saída prolongada. Papel secundário que também é desempenhado pelos que têm entre 21 e 24 anos e entre 50 e 59 anos, cujo contributo se queda no limiar dos sete pontos percentuais.

Isto significa que o incumprimento dos prazos ganha corpo entre os que têm entre 25 e 29 anos (16,2%), atinge a sua expressão mais relevante no grupo etário dos 30 e os 39 anos (38,3%) e sofre logo uma queda abrupta (28,9%) entre os que situam no intervalo dos 40 aos 49 anos. Este modelo de distribuição permite concluir que estamos perante uma pirâmide etária manifestamente adulta e que revela, inclusivamente, sinais de algum envelhecimento.

Olhando para os homens e mulheres que compõem este universo, observa-se que a silhueta feminina, pese embora se configure de forma

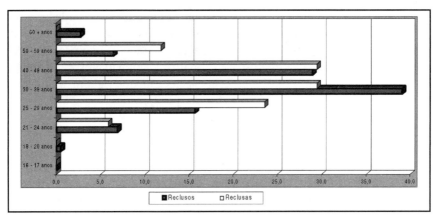

Fig. 5 – Estrutura etária dos reclusos e reclusas não regressados
de saída prolongada

semelhante à masculina, nunca se deixa confundir com ela. A primeira diferença radica no facto da amplitude de variação da idade das mulheres ser menor, balançando entre os 21 e os 59 anos. A segunda remete para a equidade existente entre os grupos etários 30/39 anos e 40/49 anos (29,4%). Por fim, deve relevar-se a diferença, por excesso (mais 5,4%), da vertente feminina no espaço de idades entre os 50 e os 59 anos. Pode dizer-se que, apesar de não haver mulheres sexagenárias, a sua pirâmide etária se revela mais envelhecida que a dos seus congéneres do sexo masculino, sobretudo pela ausência de jovens.

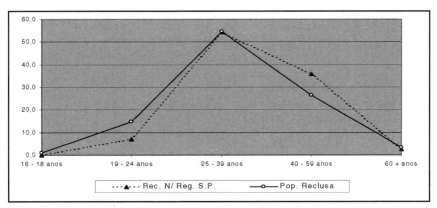

Fig. 6 – Estrutura etária da população reclusa e da não regressada
de saída prolongada

Agregando os grupos etários dos não regressados de saída prolongada e confrontando-os com os da restante população reclusa observa-se uma identidade total nas linhas de orientação do traço. Todavia, o encaixe não é perfeito porque os reclusos em análise e com idades entre os 40 e os 59 anos galgam, em 9,3%, as margens em que cabem os demais detidos e retraiêm-se, em 7,6%, entre os que têm de 19 a 24 anos.

Habilitações Literárias

A imagem que se impõe quando centramos a análise nas habilitações literárias não deixa espaço para grandes dúvidas. Estamos perante um universo que se particulariza pelos baixos níveis de escolaridade que possui. Realidade cuja expressão se desenha pela convergência de múltiplos factores.

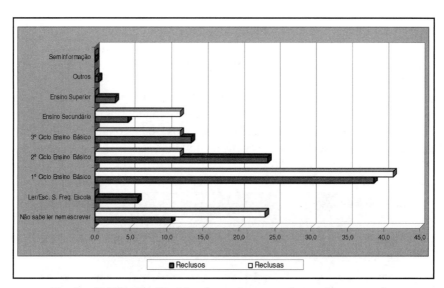

Fig. 7 – Habilitações literárias dos reclusos e reclusas não regressados de saída prolongada

Os pontos extremos mostram que para 17% de reclusos que nunca passaram pelos bancos da escola, 11,5% dos quais não sabem sequer assinar o próprio nome, há uns escassos 2,6% com frequência universitária. A crueza desta imagem acaba por se acentuar quando fixamos o olhar no segmento intermédio e constamos que 38,7% e 23% destes reclusos possuem, respectivamente, o 1.º e o 2.º ciclo do ensino básico. Ou seja, 61,7% das pessoas cuja saída prolongada redundou num insucesso, não conseguiu concluir o ensino obrigatório.

Estas marcas ganham ainda maior visibilidade quando decompomos este universo por sexo e percebemos que as taxas de analfabetismo, formal e informal, entre as mulheres sobem até aos 23,5% e que nenhuma delas passou pelos bancos da universidade. Pode mesmo dizer-se que não fora o peso relativo do ensino secundário (11,8%), e o retrato feminino sairia ainda menos beneficiado.

Quando comparamos a escolaridade destas pessoas com a da restante população recluída, apesar de se reconhecer a identidade do traço, obtemos um primeiro e iniludível sinal de diferença. Dissemelhança que se obtém tanto pela acentuação do analfabetismo, como pelo esbatimento das marcas da escolaridade que vai além do segundo ciclo do ensino básico.

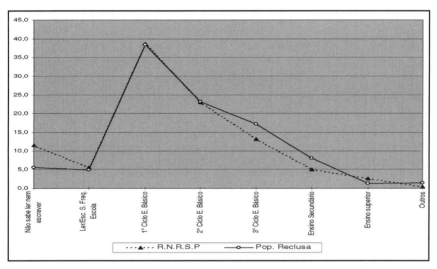

Fig. 8 – Níveis de escolaridade dos reclusos não regressados de S. P. e da população reclusa

A inflação do valor de iletrados, formais e informais, e dos que não concluíram o ensino obrigatório permite concluir que estamos perante um conjunto de sujeitos com um percurso desviante acentuadamente precoce, facto que pode ajudar a perceber a tomada de decisão de não regressar de saída prolongada. Por outro lado, as elevadas taxas de analfabetismo e a escassa formação académica contribuem, certamente, para o sempre difícil manejo dos instrumentos de interpretação das normas e das regras institucionais e jurídicas. Premissas que, a serem aceites como pertinentes, terão a sua quota parte de responsabilidades no emperrar dos, já de si difíceis e complexos, mecanismos de adaptação à prisão e à vida em liberdade.

Actividade Profissional

A relação dos reclusos com a sua actividade profissional passa, em boa medida, pelo investimento que nela fizeram, pelos vínculos laborais e pelos hábitos de trabalho que tinham em sociedade. Parâmetros que, naturalmente, foram impossíveis de equacionar, limitando-se a análise ao conteúdo da informação prestada pelo recluso no momento da entrada. Esta chamada de atenção justifica-se pela necessidade de relativizar a fiabilidade destes dados, tanto mais que a carreira criminógena e as constantes passagens pela prisão deixam perceber, nalguns casos, que o hipotético desempenho da profissão declarada correu paralelamente à da actividade delituosa, sobretudo, nos casos de tráfico de droga.

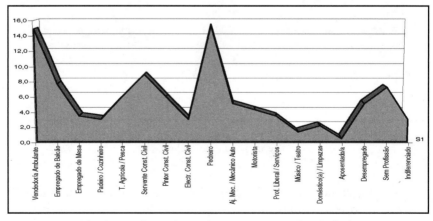

Fig. 9 – Profissão dos reclusos não regressados de S. P.

A primeira nota que se tira, quando analisamos a ocupação profissional deste conjunto de reclusos, é a de que estamos perante um universo com muito pouca diversidade na procura dos seus proventos lícitos. Uniformidade que se plasma tanto na estreita concentração em catorze diferentes profissões, como numa muito pouco equitativa distribuição por estas.

A maioria destes reclusos dedicava-se à venda ambulante (14,9%) e trabalhava como pedreiro (15,3%). O peso destas actividades só suporta, aliás, comparação com o dos empregados de balcão (7,7%) e o dos serventes da construção civil (8,9%), uma vez que as restantes profissões têm uma representação diminuta.

A pouca versatilidade deste universo é também visível pela agregação de quase metade dele em torno de dois grandes pólos. Um primeiro, valendo 15,7%, respeita àqueles que, por estarem aposentados, desempregados ou não terem profissão, estavam desocupados quando se viram privados de liberdade. O segundo agrega todos aqueles – serventes, pintores, electricistas e pedreiros – que tinham a sua vida laboral ligada à construção civil (33,2%).

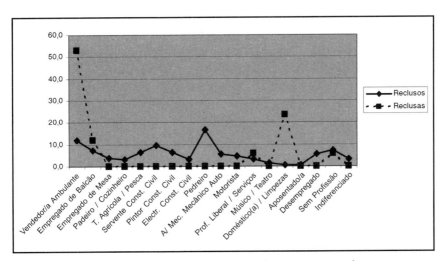

Fig. 10 – Profissão dos reclusos e reclusas não regressados de saída prolongada

A compartimentação do cenário profissional, em masculino e feminino, mostra-nos que a actividade das mulheres era, ainda, menos diversificada que a dos homens. Efectivamente, a conjugação do verbo trabalhar no feminino faz-se só em quatro tempos e com muito pouca regularidade na distribuição das pessoas. Mais de metade das mulheres (52,9%) vivia da venda ambulante e quase um quarto (23,5%) dedicava-se ao trabalho doméstico e a limpezas. Nestes termos, e passando à margem das 5,9% que não tinham profissão, sobram-nos 11,8% de empregadas de balcão e 5,9% de profissionais liberais e de serviços.

Esta arquitectura profissional acaba por constituir um corolário lógico, decorrente da escassa formação escolar que caracteriza este conjunto de reclusos. As actividades em que se ocupam exigem pouca qualificação técnica e remetem para nichos do mercado de trabalho que, ao proporcionarem pouca estabilidade no emprego, permitem também ocupações ocasionais, susceptíveis de conviverem, no tempo, com a prática delituosa. Este é, aliás, um retrato que se compagina perfeitamente com os estereótipos com que a sociedade labora sobre a vida profissional destas pessoas.

Estado Civil

O estado civil destes reclusos revela, de um modo claro, que a maioria (79,6%) vive sozinha. Traço de solidão que se reparte entre os 65,5% que ainda não constituíram família e os 14,1% que, entretanto, a viram desfazer-se (13,6% de divorciados e 0,5% de viúvos). A constituição de família e a sua estabilidade, referentes habituais nas teorias da integração social, expressa-se aqui através de uns restritivos vinte pontos percentuais.

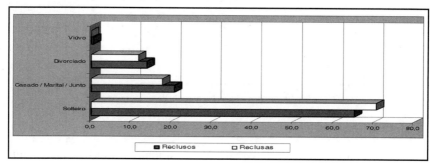

Fig. 11 – Estado Civil dos reclusos e reclusas que não regressaram de S. P.

Esta forma de estar revela-se, aliás, de um modo ainda mais nítido quando nos fixamos no universo feminino. Efectivamente, só 17,6% deste grupo cabe dentro do espaço da conjugalidade. Sobram, assim, 82,4% de mulheres a viverem sós. Tendo presente que não há viúvas e que não chega à dúzia de pontos percentuais as que se divorciaram, temos, um tudo nada, mais de setenta por cento de solteiras.

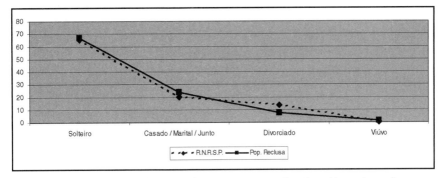

Fig. 12 – Estado civil dos reclusos não regressados de saída prolongada e da população reclusa

Mais uma vez, neste particular, e não obstante a similitude do desenho, notam-se diferenças entre os reclusos não regressados de saída prolongada e a demais população prisional. A amplitude da diferença faz-se, não tanto pela deflação de casados (-3,7%) apresentada pelo nosso universo, mas sobretudo pela inflação de divorciados (+6,2%) com que destoa da restante população prisional.

Antecedentes Criminais

O facto deste universo apresentar uma idade média situada nos trinta e cinco anos e meio, alimentou-nos, à partida, a ilusão de que boa parte destes homens e mulheres poderia estar a iniciar-se na vida prisional. Os números encarregaram-se, porém, de nos formatar os limites desta ilusão. Esclarecido este ponto, rapidamente se percebe que a maioria deste reclusos é reincidente.

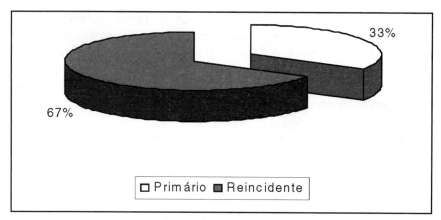

Fig. 13 – Existência, ou não, de antecedentes criminais entre os reclusos não regressados de saída prolongada

Efectivamente, só 33% destes detidos eram primários, valor, aliás idêntico aos que já tinham sido objecto de duas condenações anteriores. Quando tomamos como um todo os 67% que haviam tido passagens anteriores pelo sistema prisional e os analisamos enquanto universo, devemos relevar o facto de 40,1% ter três ou mais condenações anteriores, valor para o qual contribuem os nada despiciendos 10,8% respeitantes àqueles que, no passado, já haviam cumprido penas privativas de liberdade por cinco ou mais vezes.

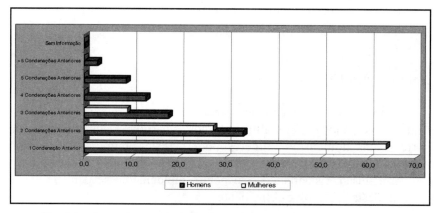

Fig. 14 – Antecedentes criminais dos reclusos e reclusas não regressados de saída prolongada

As grandes linhas deste cenário alteram-se quando estabelecemos o cotejo entre os universos masculino e feminino. As mulheres começam a demarcar-se dos contornos deste traço através do engrossar da linha com que se desenham as que se estão a estrear na vida prisional (35%) e prosseguem a diferenciação ao fixarem os limites da reincidência nas três passagens anteriores pela prisão.

Diga-se que, de entre os reclusos com condenações anteriores, a maioria (63,6%) das mulheres só havia tido uma, enquanto menos de um quarto dos homens estava nessa situação. Aliás, entre o universo feminino só as que têm duas condenações anteriores (27,3%) suportam comparação estatística e sociológica com o valor anterior, bem como com os das restantes variáveis pelas quais se distribuem os homens.

Tipo de Crime

Os comportamentos delituosos, pelos quais está condenado este conjunto de reclusos não regressados de saída prolongada, primam pela quase ausência de diversidade, encaixando-se mais de metade destas pessoas em dois tipos de crime. Em primeiro plano, abarcando 36,6% dos efectivos, surgem aqueles que cometeram crimes relacionados com o tráfico de estupefacientes. Num segundo nível, onde cabem 24,3% dos indivíduos, aparecem os que praticaram furtos simples ou qualificados. Seguem-se-lhes, cada qual com a taxa em torno dos 8%, os autores de roubos e de homicídios/tentativas de homicídio. O valor residual, de

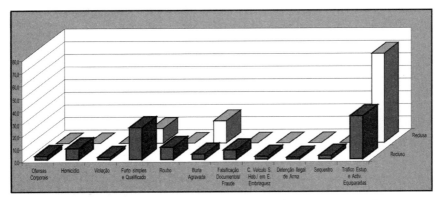

Fig. 15 – Crime cometido pelos reclusos e reclusas não regressados de saída prolongada

cerca de 22%, reparte-se, de um modo muito pouco homogéneo, por um conjunto estrito de sete outros crimes, dos quais só a falsificação de documentos/fraude (6,8%) e a burla agravada (5,1%) atingem valores susceptíveis de permitirem qualquer comparação estatística.

Quando detalhamos a análise e repartimos o universo entre homens e mulheres temos uma primeira meia surpresa que nos chega da vertente feminina e que reside num, ainda maior, afunilamento do tipo de crimes cometido. Efectivamente, as mulheres que não regressaram de saída prolongada estão condenadas exclusivamente por três tipos de crime.

Assim, os únicos actos que determinaram a privação de liberdade destas mulheres são o tráfico de estupefacientes que, ascendendo aos 70,6%, representa bem mais do dobro da taxa masculina, a burla agravada (17,6%) com mais do quadruplo do peso que tem entre os homens e o furto simples e qualificado, cujos 11,8% representam pouco menos de metade da prevalência registada na outra face do universo estudado. Diga-se que a inflação dos crimes relacionados com a droga entre estas mulheres se ajusta ao papel relevante que o tráfico de estupefacientes tem como causa de encarceramento e condenação desta vertente da população prisional.

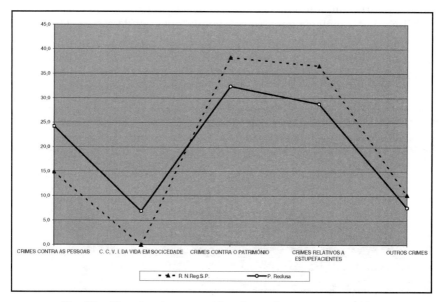

Fig. 16 – Tipo de crime cometido pelos reclusos não regressados de saída prolongada e pela população reclusa

A agregação destes crimes em grandes tipologias e a sua comparação com os cometidos pela demais população prisional deixa perceber como duas linhas podem obedecer a uma mesma configuração gráfica, sem que jamais se sobreponham. A frieza dos números confirma que não há coincidência de valores em nenhum dos tipos de crime, sendo que a diferença atinge a sua maior amplitude entre os que cometeram crimes contra as pessoas, com os não regressados de saída prolongada a valerem menos 9,3% que o peso desta tipologia no contexto da população prisional.

Todavia, as práticas criminais do nosso universo não divergem das gerais só por defeito. O peso relativo dos que cometeram crimes relativos a estupefacientes, e tiveram saídas prolongadas com insucesso, excede em 7,8% o valor médio que este crime tem entre a população prisional. Diferença por excesso (+5,9%) que também se verifica quando o termo de comparação é o crime contra o património.

Para além da iniludível relação de diferença, estabelecida pelos números, entre modelos de distribuição criminal similares, considera-se pertinente chamar a atenção para dois ou três apontamentos que a rigidez própria à análise estatística tende a ocultar.

Um primeiro vem em reforço dos indicadores anteriores e diz respeito à distribuição geográfica, ou seja quanto mais nos aproximamos dos grandes centros urbanos como Lisboa, Porto, Coimbra e Setúbal maior é a proporção dos reclusos que, simultaneamente, estão condenados por crimes relativos a estupefacientes e que não regressaram de saída prolongada. A convergência das três variáveis – tráfico de estupefacientes/centros urbanos/insucesso na saída prolongada – surge, assim, com grande plausibilidade.

Deve ter-se presente, por um lado, que o pequeno tráfico de estupefacientes convive bem com o anonimato propiciado pelas grandes cidades. Por outro lado, o enfraquecimento das instâncias de controlo social imediato, próprio das grandes urbes, mormente dos seus subúrbios, inviabiliza a censura imediata ao incumprimento de compromissos e dificulta a detecção dos infractores, por parte das instituições formais de controlo.

O segundo, ainda associado ao apontamento anterior, remete-nos para os autores de crimes contra o património, no nosso caso restringidos ao furto simples e qualificado e ao roubo. Tratam-se de práticas mais facilmente postas em execução entre os residentes nos grandes centros urbanos e que surgem, com bastante frequência, associadas à toxicodependência e ao pequeno tráfico.

Por fim, o terceiro apontamento incide sobre a divergência, por defeito, dos autores de crimes contra as pessoas – ofensas corporais, tentativas de homicídio e homicídio – e que, ao mesmo tempo, não regressaram de saída prolongada. Para esta, aparentemente, maior apetência para o cumprimento das regras pode contribuir o facto de haver inúmeros reclusos primários condenados por este tipo de crime, estarmos perante pessoas cujo acto, embora grave, constitui um acidente de percurso, num curriculum sem carreira criminógena que se veja e, por fim, o facto de terem alguma ancoragem com meios rurais ou, quanto muito, pequenos centros urbanos.

Quadro 1 – Antecedentes criminais / Tipo de crime cometido pelos reclusos não regressados de saída prolongada

Tipo de Crime / Ant. Criminais	Primário	%	1 Condenação Anterior	%	2 Condenações Anteriores	%	3 Condenações Anteriores	%	4 Condenações Anteriores	%	5 Condenações Anteriores	%	> 5 Condenações Anteriores	%
Ofensas Corporais	1	16,7	2	33,3		0,0	1	16,7		0,0	2	33,3		0,0
Homicídio	7	36,8	2	10,5	5	26,3	1	5,3	3	15,8	1	5,3		0,0
Violação		0,0		0,0	3	75,0		0,0	1	25,0		0,0		0,0
Furto Simp. e Qual.	9	15,8	12	21,1	11	19,3	11	19,3	8	14,0	6	10,5		0,0
Roubo	7	33,3	5	23,8	3	14,3	2	9,5	1	4,8		0,0	3	14,3
Burla Agravada	3	25,0	2	16,7	2	16,7	2	16,7		0,0	2	16,7	1	8,3
Falsificação Doc. / Fraude	4	25,0		0,0	8	50,0	3	18,8	1	6,3		0,0		0,0
C. Veic. S. Hab. / E. Embriaguez	2	40,0	1	20,0	2	40,0		0,0		0,0		0,0		0,0
Det. Ilegal de Arma		0,0	1	33,3	2	66,7		0,0		0,0		0,0		0,0
Sequestro	3	50,0		0,0	1	16,7		0,0		0,0	2	33,3		0,0
Tráfico de Estupefacientes	42	48,8	17	19,8	15	17,4	7	8,1	5	5,8		0,0		0,0
TOTAL	78		42		52		27		19		13		4	

Cruzando a variável crime com os antecedentes criminais conclui-se que os reclusos com crimes por tráfico de estupefacientes são os que se distribuem por maior número de situações, atingindo os seus pontos máximos entre os primários e entre os que têm uma e duas condenações. Modelo de distribuição muito similar têm os que cumprem pena privativa de liberdade por homicídio.

Já no que diz respeito ao papel dos autores de furto e de roubo, vêmo-los a ganhar protagonismo entre os que tiveram anteriores passagens pela prisão. Neste particular merece relevo o facto de todos os que cometeram crimes de violação, e não regressaram da sua saída prolongada, terem tido anteriores condenações, ainda que não, necessariamente, pelo cometimento do mesmo tipo de crime.

Situação Penal

O universo que estamos a estudar está, naturalmente e por força da legislação, já condenado[4] a penas privativas de liberdade e com as respectivas condenações transitadas em julgado. A análise incide, assim e por exclusão de partes, sobre a distribuição das condenações pelos diferentes escalões de pena.

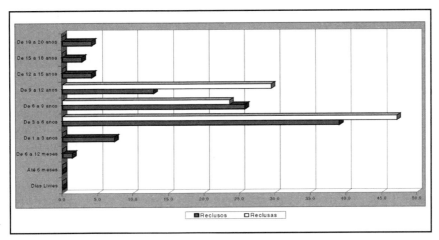

Fig. 17 – Penas aplicadas aos reclusos e reclusas
não regressados de saída prolongada

Logo ao primeiro olhar é possível perceber que bem mais de metade do nosso universo está a cumprir penas balizadas entre os 3 e os 9 anos, sendo o intervalo que vai dos 3 aos 6 anos o mais significativo (39.6%). Digno de realce é o facto do peso relativo (14%) dos condenados a penas de 9 a 12 anos equivaler a um tudo nada mais que o dobro do

---

[4] ROCHA, João Luís de Moraes e GOMES, Ana Catarina Sá, op cit, pg. 30, referem que, para poderem usufruir de saídas prolongadas, os reclusos internados em estabelecimento prisional ou secção de regime aberto têm que estar *condenados a penas de duração superior a seis meses* e terem *cumprido efectivamente um quarto da pena*. Para os que estão internados em estabelecimento prisional ou secção de regime fechado há que terem cumprido *um quarto da pena, ... seis meses da pena privativa de liberdade ou de medida de segurança privativa de liberdade*, conforme os casos. Sendo que, para os condenados a pena privativa de liberdade com duração indeterminada, *o quarto da pena determina-se em relação ao crime mais severamente punido*.

volume daqueles que as cumprem entre 1 e 3 anos (6,8%). Esta tendência para terem sido objecto de condenações pesadas é, igualmente, perceptível através da comparação entre o valor insignificante (1,3%) dos que cumprem penas até 1 ano com os 10.6% respeitantes àqueles que se viram privados da liberdade por um período superior a 12 anos.

Diferençando os homens das mulheres percebe-se, facilmente, que em nada se confundem. Assim, enquanto os primeiros se repartem por todos os escalões, as penas no feminino conjugam-se exclusivamente nos intervalos entre os 3 e os 12 anos, sendo igualmente certo que eles foram objecto de penas mais pesadas que as suas companheiras de reclusão.

Esta diferença ganha tonalidade nos 47,1% de mulheres que cabem no escalão dos 3 aos 6 anos, contra os 39% de homens, acentuando-se a coloração no escalão seguinte, no qual as mulheres perdem peso em relação aos homens. Sendo embora certo que é maior a proporção de mulheres a cumprir penas entre os 9 e os 12 anos (29,4%) que a dos homens (12,8%), convém não esquecer que não há uma única não regressada de saída prolongada condenada a privação de liberdade superior a uma dúzia de anos.

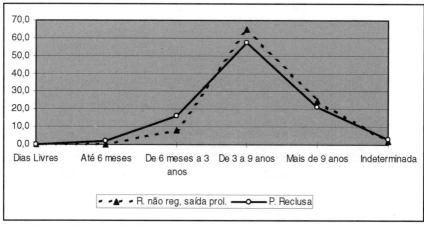

Fig. 18 – Penas aplicadas aos reclusos não regressados de saída prolongada e à população reclusa condenada

Agregando os escalões das penas, para efeitos comparativos com os da restante população prisional, percebe-se que as diferenças são escassas e estatisticamente irrelevantes. Trata-se de uma similitude inevitável e decorrente dos preceitos legais que determinam a concessão de saídas prolongadas exclusivamente a condenados. Ou seja, qualquer fenómeno, positivo ou negativo, que daqui advenha tem que plasmar a moldura penal da qual emana.

Mesmo as diferenças que revelam um agravamento do quadro penal dos reclusos com insucesso na saída prolongada, relativamente ao dos outros companheiros, reflecte a aplicação da legislação. Assim, a divergência pela negativa entre os condenados a penas curtas (não superiores a seis meses) deve-se ao facto de não poderem usufruir de saídas prolongadas. Por seu turno, o mesmo sinal de discrepância, expresso pelos que estão condenados a penas entre os seis meses e os três anos, deve ser entendida à luz da necessidade de terem cumprido pelo menos um semestre de reclusão ou um quarto da condenação a que foram sujeitos.

No reverso da moeda está a dissemelhança, por excesso, verificada entre os condenados a penas superiores a três anos. Esta é, salvo melhor entendimento, uma diferença que surge com naturalidade porque, ao abranger um volume maior de pessoas a usufruir de saídas prolongadas, faz crescer também a hipótese de insucesso. Probabilidade que poderá ser tanto maior quanto algumas das saídas permitem o contacto dos reclusos com a vida em sociedade, em fases da pena que os colocam ainda longe da meta da liberdade, mesmo da condicional.

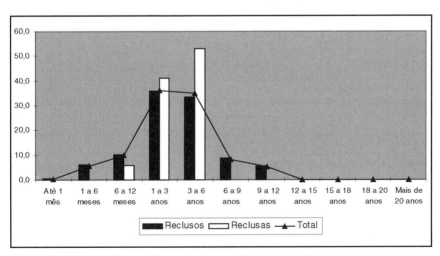

Fig. 19 – Tempo de pena por cumprir a quando de não regresso de saída prolongada

A análise dos dados relativos ao tempo de pena que estava por cumprir, quando se deu o insucesso na saída prolongada, permite-nos laborar com base em dois tipos de leituras. Uma, estritamente estatística, leva a concluir estarmos perante um desenho perfeitamente concordante com a moldura penal aplicada a estes reclusos e com o quadro legal com que se moldam as saídas precárias.

Tendo presente que 65,9% destas pessoas estava condenada a uma privação de liberdade entre os 3 e os 9 anos e que, para usufruir de saída prolongada, havia que estar cumprido, pelo menos, um quarto da pena, é natural que 71% dos insucessos tenham ocorrido quando faltava entre um e seis anos para o fim da pena. Esta perspectiva matemática, de recuo dos prazos temporais, suporta o entendimento para os 15,7% de insucessos ocorridos entre reclusos que estavam a menos de doze meses de se verem em liberdade definitiva, quando as condenações até um ano tinham uma expressão que se quedava no ponto percentual.

A segunda leitura, decorrente da frieza da imagem estatística, suscita dois tipos de interrogações, senão mesmo de inquietações, de sentido contrário. Por um lado, ter como atendível que haverá maior dificuldade em resistir ao apelo do não regresso de saída prolongada quando ainda se tem alguns anos de privação da liberdade pela frente, para além de explicar a cadência dos números e constituir uma hipótese sociologicamente plausível, acaba por conflituar com *o fito de reinserção social do recluso*[5], que é um dos critérios tidos em conta pelo juiz a quando da aplicação da medida.

Esta ideia de ressocialização volta a ser posta em causa, ainda que noutra medida, através da inquietação despoletada pela taxa, nada despicienda, de pessoas que optaram por não regressar, quando lhes falta menos de uma ano para obterem a liberdade definitiva. A dificuldade de entendimento destes comportamentos é tanto maior quanto, como veremos adiante, muitos destes reclusos já haviam, anteriormente, usufruído da medida e com sucesso. Uma hipótese explicativa pode ser buscada no facto de o não regresso de uma saída prolongada não ter como consequência qualquer procedimento disciplinar prisional, nem ter efeitos em termos do prolongamento da pena, salvo no que respeita à não contagem do tempo em que cada um esteve ilicitamente ausente da prisão.

---

[5] ROCHA, João Luís de Moraes e GOMES, Ana Catarina Sá, op cit, pg. 30.

Distribuição Espacial

Quase três quartos (74,9%) dos não regressos de saída prolongada ocorreram em estabelecimentos prisionais centrais, seguindo-se-lhe, em ordem de grandeza, os estabelecimentos prisionais regionais com 14,9% e os especiais com 10,2%. Distribuição que, grosso modo, se ajusta ao modelo de repartição da população reclusa condenada e da que usufruiu de saída prolongada durante o período que estamos a estudar.

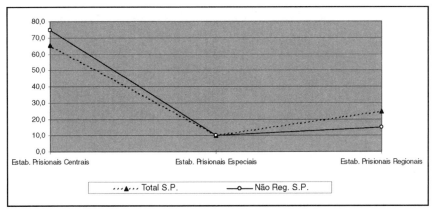

Fig. 20 – Distribuição das saídas prolongadas e dos seus insucessos por tipo de estabelecimento prisional

Par um melhor entendimento desta adequação, devemos ter presente que a população reclusa condenada – a única que pode usufruir de saídas prolongadas e, como tal, ter insucesso – se distribuía de modo desigual pelos diferentes tipos de estabelecimentos prisionais. Assim, 70,6% estava afecta a estabelecimentos prisionais centrais, 21,5% a regionais e 7,9% a especiais. Trata-se de uma repartição que tem em linha de conta a idade, o sexo e a tipologia das penas aplicadas à população reclusa e, na medida do possível, a aproximação à área de residência.

Como se sabe, a população prisional distingue-se por ter uma larga maioria de homens adultos e condenados a penas superiores a três anos (E. P. Centrais). Em ordem de grandeza, seguem-se os adultos do sexo masculino, condenados a penas até três anos (E. P. Regionais) e, por fim, as mulheres e os jovens com menos de vinte e um anos (E. P. Especiais), independentemente da pena aplicada.

A arquitectura da concessão das saídas prolongadas segue esta traça, só não decalcando as suas linhas porque se afasta por defeito (-5,2%) nos estabelecimentos prisionais centrais e por excesso nos especiais (+2,1%) e nos regionais (+3,2%). A justificação para esta destrinça combina factores tão diversos como a dimensão e o tempo já expiado das penas que se cumprem em cada tipo de estabelecimentos prisionais, a análise às probabilidades de sucesso da aplicação da medida e, naturalmente, a decisão judicial.

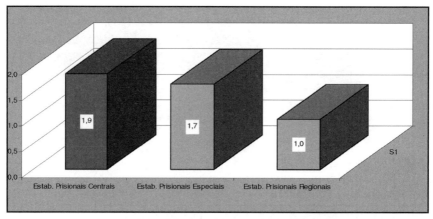

Fig. 21 – Taxa de insucesso das saídas prolongadas por tipo de estabelecimento prisional

Parece, inclusivamente, que a avaliação dos riscos de sucesso e de insucesso terão um papel primordial no volume de saídas prolongadas que são concedidas. Em abono desta hipótese correm os dados relativos ao insucesso. Para uma taxa global de insucesso de 1,5%, temos 1,9% de ocorrência nos estabelecimentos prisionais centrais, 1,7% nos especiais e 1% nos regionais. Ou seja, comparando estes dados com os anteriores, concluímos que as percentagens de não regresso são mais elevadas nos estabelecimentos prisionais onde foi menor a concessão desta medida.

Aliás, a figura 20 é reveladora de como 65,4% de saídas prolongadas, concedidas a reclusos em cumprimento de pena em estabelecimentos prisionais centrais, correspondem a uma distribuição de 74,9% de insucessos neste tipo de estabelecimentos. Situação que se altera nos estabelecimentos prisionais especiais, em que concessões e não regressos têm pesos relativos praticamente iguais, e se inverte nos estabelecimentos prisionais regionais que, representando quase um quarto (24,7%) das saídas prolongadas, reflectem só 14,9% dos insucessos. As conclusões que se podem tirar desta leitura não devem descartar a influência que o meio sócio-demográfico, de inserção do estabelecimento prisional e de usufruto da saída prolongada, poderão, eventualmente, ter na tomada de decisão que levou ao não regresso dos reclusos.

Aspectos (parcelares) da vivência prisional

Aceitando a validade da premissa que considera que a saída prolongada, mais que um direito adquirido ou um acto de aplicação automática[6], se integra entre as medidas de reinserção social dos reclusos, entendeu-se pertinente analisar a relação do nosso universo com duas ou três outras variáveis integradoras. Por opção metodológica, decorrente da falta de elementos de análise credíveis, passou-se à margem do papel que a vida familiar, a envolvência social e espacial tiveram na tomada de decisão de não regressar. Centrou-se, então, a análise em aspectos da vida prisional correlativos à ocupação profissional, ao comportamento e aos termos em que foram cumpridas saídas anteriores.

O trabalho foi, conforme se referiu anteriormente, um acidente de percurso na vida, de boa parte, dos homens e mulheres que habitam o interior dos muros. A ausência de especialização, as baixas remunerações, as mudanças frequentes de emprego e os longos períodos de inactividade constituem um lastro comum a quase todo o universo prisional.

A consciência desta realidade tem contribuído para que, ao longo dos tempos, a prisão tenha vindo a incluir o trabalho no rol das ferramentas com que se propõe moldar a recuperação e a reinserção social dos seus internados. Assim, nos termos da lei[7], a ocupação profissional dos reclusos visa, nos seus princípios gerais, criar, manter e desenvolver, junto dos internados, um conjunto de competências e de hábitos que lhes permita, uma vez em liberdade, virem a ganhar a vida de forma adequada à normatividade social.

---

[6] A este propósito consulte-se ROCHA, João Luís de Moraes e GOMES, Ana Catarina Sá, op cit, pgs. 30 a 36.

[7] Vide Decreto-Lei N.º 265/79, de 1 de Agosto, Título VI, Capítulo I.

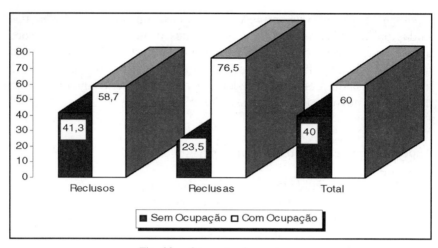

Fig. 22 – Ocupação dos reclusos

Face a este cenário, parece pertinente tentar perceber de que modo o nosso universo se integrava e vivia esta vertente da vida prisional. A figura 22 permite perceber que a maioria (60%) exercia uma actividade profissional aquando do não regresso da saída prolongada. A importância deste valor não deve impedir que relevemos o facto de, no reverso da medalha e não obstante o papel ressocializador atribuído ao trabalho[8], termos 40% sem qualquer ocupação profissional.

Estes valores médios cristalizam-se em torno de uma notória desigualdade entre os sexos. Assim, enquanto mais de três quartos das mulheres (76,5%), que não retornaram de saída prolongada, estava a trabalhar, pouco mais de metade dos homens (58,7%) que não cumpriram os prazos de regresso, desenvolvia actividade profissional no estabelecimento prisional a que estava afecto.

Quando dirigimos o olhar para os reclusos que se encontravam ocupados profissionalmente, colhemos uma imagem de grande con-

---

[8] Nas palavras de VARAUT, Jean-Marc, *La Prison – Pourquoi Faire ?*, Ed. La table Ronde, Paris, 1972, pg. 103, o trabalho constitui uma das bases do sistema prisional porque, ao considerar-se que os delinquentes e subsequentemente os reclusos se integram num tipo particular de inaptidão social, proporcionar-lhes *un métier c'est guérir son mal, c'est permettre sa réinsertion régulière dans le monde qui l'a rejeté. En attendant, le travail est à la base du maintien de l'ordre et de la discipline. Il a un effet curatif quotidien avant d'être le grand remède à l'insociabilité.*

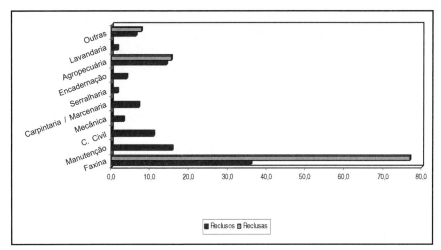

Fig. 23 – Distribuição de reclusos e reclusas por actividade

centração numas pouco exigentes e escassamente diversificadas actividades. Esta é, aliás, uma alegoria que se harmoniza perfeitamente com as hipóteses de oferta de trabalho no interior de um estabelecimento prisional e com as qualificações académicas e profissionais que estas pessoas transportaram da vida em sociedade para a que levam dentro dos muros.

É, pois, com naturalidade que constatamos que a ocupação destes reclusos é susceptível de desdobramento, ainda que com recurso à boa vontade, por uma pouco homogénea dezena de actividades. Actividades estas que exigem ainda menos qualificações técnicas que as requeridas para o desempenho profissional anterior à actual condenação.

A falta de homogeneidade entre as actividades profissionais é facilmente visível a partir da figura 23, cujo traço permite perceber que mais de metade do universo se dedicava à faxina (39,7%) e à manutenção (14,2%) dos espaços físicos dos estabelecimentos prisionais. Estes factores de agregação são tão mais pertinentes quanto a terceira actividade mais representativa (a agropecuária com 14,2%), só praticável num número restrito de estabelecimentos prisionais, adquire importância relativa à custa da sua inesgotável capacidade de absorver mão de obra. Por seu turno, a boa vontade posta no alargamento do leque de actividades ganha expressão na individualização da construção civil, da carpintaria/marcenaria e da serralharia, ofícios tendencialmente assimiláveis às tarefas de manutenção.

Em abono da verdade deve dizer-se que este desdobramento se faz única e exclusivamente à custa da parte masculina do nosso universo. Efectivamente, as mulheres não regressadas de saída prolongada estavam adstritas exclusivamente a três actividades, sendo que mais de três quartos delas (76,9%) se ocupava de tarefas de faxinagem e 15,4% da agropecuária.

A modos de balanço comparativo, podemos afirmar que o universo em análise se integra harmoniosamente no seu contexto de pertença. Em 2004, e tendo como objecto de análise a generalidade da população reclusa, registavam-se *"6 144 referências a actividades de trabalho, o que equivalia a 46,7% dos internados (+10,3% que em 2003) e a 60,5% dos condenados"*[9]. Ou seja, tendo presente que o nosso termo de comparação só pode ser o valor dos condenados, constata-se, pois, uma total identidade. Analogia que, quanto mais não seja por exclusão de partes, se estende à distribuição pelas tarefas desempenhadas.

No delimitado mundo prisional, em que todas as actividades são reguladas, as interdições são múltiplas e a vigilância é uma constante, a disciplina impõe-se como um dos pilares que sustentam a operação penitenciária[10]. Pode, mesmo, dizer-se que a disciplina cria, na vida prisional, um síndroma de segurança, tanto no sentido do cumprimento das regras, como no da prática de actos ilícitos.

Esta combinação de disciplina, vigilância e adaptações secundárias[11] acaba por potenciar o cometimento de infracções disciplinares e a sua detecção. É, assim, sem grande surpresa que constatamos que a trajectória prisional da maioria (53,2%) dos reclusos, cujo regresso de saída prolongada falhou, incluía o cometimento de infracções disciplinares. Todavia, estamos perante um modelo de desajuste às normas e regras

---

[9] MOREIRA, J. J. Semedo, *"Estatísticas Prisionais 2004"*, in TEMAS PENITENCIÁRIOS, Série III, N.º 1 e 2, Ed. Direcção-Geral dos Serviços Prisionais, Lisboa, 2005, pg.106.

[10] FOUCAULT, Michel, *Vigiar e Punir – História da Violência nas Prisões,* Ed. Vozes, Petropolis, 1983, pg. 223 molda o conceito quando afirma que a prisão não se limita a executar as decisões dos tribunais, de acordo com os seus regulamentos internos. Ela busca no detido *um saber que permitirá transformar a medida penal em uma operação penitenciária, que fará da pena, tornada necessária pela infracção, uma modificação do detento, útil para a sociedade.*

[11] As pessoas internadas em instituições totais, de que a prisão constitui um tipo, tendem a desenvolver, de acordo com GOFFMAN, Erving, *Asiles – Études sur la condition sociale des malades mentaux,* Les Édditions de Minuit, Paris, 1968, pgs. 98-99, um conjunto de adaptações secundárias que consistem em *"pratiques qui, sans provoquer directement le personnel, permettent au reclus d'obtenir des satisfactions interdites ou bien des satsifactions autorisées par des moyens défendus".*

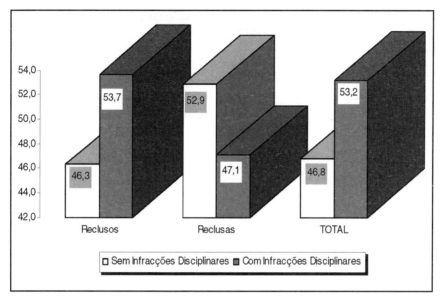

Fig. 24 – Comportamento dos reclusos

institucionais que se configura essencialmente no masculino. A realidade dos números permite concluir que, enquanto mais de metade (53,3%) dos homens tem o seu comportamento associado infracções disciplinares, proporção similar (52,9%) de mulheres manteve o registo disciplinar limpo.

A similitude das imagens invertidas, que os universos masculino e feminino projectam, tem continuidade no modelo de distribuição do volume de infracções cometidas. Quando nos atemos ao conjunto de reclusos prevaricadores (125 – 53,2%), constatamos que lhes foi imputada a autoria de 319 infracções, o que permite admitir a hipótese de que os que infringem as regras disciplinares uma primeira vez, tendem, depois, a fazê-lo de um modo continuado.

Para esta modelagem e volume de infracções contribuem, decisivamente, os homens (117 – 53,7%) que chamam a si 301 registos, cabendo os restantes (18) às mulheres. Estes valores permitem inferir que a cada recluso incumpridor foi atribuído o cometimento de 2,6 infracções, enquanto que cada uma das reclusas que infringiu as regras, tê-lo-á feito por 2,2 vezes.

As dissemelhanças entre homens e mulheres prolongam-se pelo tipo de infracções que cada um deles cometeu. Assim, enquanto os reclusos se mostraram mais versáteis, tendo cometido catorze tipos distintos

Quadro 2 – Infracções disciplinares cometidas pelos reclusos(as)
não regressados de S. P.

Infracção Disciplinar \ Relusos(as)	Inf. Disc. Cometidas pelos Reclusos n	%	Inf. Disc. Cometidas pelas Reclusas n	%	TOTAL n	%
Abandono injustificado de lugar	10	3,3	2	11,1	12	3,8
Atitude nociva relativamente a companheiros	22	7,3	2	11,1	24	7,5
Linguagem injuriosa	9	3,0	5	27,8	14	4,4
Jogos e activ. similares proibidas regulamento interno	15	5,0		0,0	15	4,7
Posse / Tráfico dinheiro ou obj. não consentidos	64	21,3		0,0	64	20,1
Comunicação fraudulenta com exterior ...	8	2,7		0,0	8	2,5
Intimidação / abuso grave relativamente a companheiros	8	2,7		0,0	8	2,5
Apropriação e dano de bens da Administarção	14	4,7		0,0	14	4,4
Atitude ofensiva ... director, funcionários e outras ...	40	13,3	2	11,1	42	13,2
Inobservância de ordens / atraso injustificado no cumpri.	88	29,2	6	33,3	94	29,5
Instig. / participação desordens, sublevações ou motins	4	1,3		0,0	4	1,3
Contratos não autorizados pelo director com reclusos, ...	2	0,7		0,0	2	0,6
Evasão	3	1,0		0,0	3	0,9
Factos previstos na lei como crime	14	4,7	1	5,6	15	4,7
TOTAL	301	100	18	100	319	100

de transgressões, as reclusas cingiram os seus comportamentos infractores a meia dúzia de diferentes actos.

Quando centramos a análise nas infracções disciplinares cometidas pelo nosso universo percebemos que, não obstante a sua diversificação por catorze tipos diferentes, elas estão genericamente concentradas em quatro grandes actos. Síntese que, diga-se, deve ser lida ainda de forma mais restritiva pois a comparação estatística só é, verdadeiramente, suportada por três destas variáveis.

Efectivamente, os comportamentos desviantes são encabeçados pela *inobservância de ordens / atraso injustificado no seu cumprimento* (29,5%), seguida de perto pela *posse ou tráfico de dinheiro ou de objectos não consentidos* (20,1%) e mais distanciadamente pelas *atitudes ofensivas relativamente ao director, funcionários ou outras pessoas que entrem no estabelecimento, quer em virtude das suas funções, quer em visita* (13,2%). A *atitude nociva relativamente a companheiro* surge como a quarta infracção mais recorrente, mas com um peso percentual (7,5%) muito distante do das três primeiras.

Tomando como perspectiva de leitura a tipologia das infracções cometidas, logo se percebe que o comportamento discrepante de homens e mulheres só se assemelha na *inobservância de ordens / atraso injustificado no seu cumprimento*. Isto apesar delas (33,3%) serem um tudo nada mais reticentes ao acatamento das ordens que eles (29,2%).

Daí por diante tudo os distingue. Enquanto entre os reclusos prevalece como segunda infracção a *posse ou tráfico de dinheiro ou de objectos não consentidos* (21,3%), entre as reclusas a segunda prevaricação mais recorrente respeita ao uso de *linguagem injuriosa* (27,8%). Depois, como terceiro acto de indisciplina, eles centram-se exclusivamente nas *atitudes ofensivas relativamente ao director, funcionários ou outras pessoas* ... (13,3%) e elas desdobram-se, equitativamente (11,1%), entre esta mesma infracção, o *abandono injustificado de lugar* e as *atitudes nocivas relativamente a companheiras*.

Em síntese, pode dizer-se que a maioria dos reclusos que não regressaram de saída prolongada haviam tido problemas disciplinares no decurso do cumprimento da pena. Problemas estes que envolveram de modo diferente, tanto no volume como na espécie de infracções, homens e mulheres.

O estreito conjunto das transgressões mais relevantes, reflectindo correctamente os desajustes comportamentais da restante população reclusa, acaba por ser o corolário lógico de uma sociabilidade que, as mais das vezes, decorreu em contexto familiar problemático, à margem da escola e de hábitos vinculativos de trabalho. Donde que, com alguma naturalidade, as infracções disciplinares mais comuns reflictam problemas de comunicação interpessoal, seja ela entre internados ou entre estes e aqueles que dão letra de forma à privação de liberdade, e problemas de interiorização, aceitação e reprodução de normas tão elementares como as que regulam o cumprimento atempado de obrigações.

Trata-se de um quadro de infracções que, não obstante a perturbação que introduzem no quotidiano institucional, está longe de constituir uma ameaça aos valores e regras estruturantes da normatividade penitenciária. Diga-se, aliás, que as sanções disciplinares aplicadas aos autores destas práticas, testemunham o baixo nível de cominação com que o sistema as encara.

À imagem e semelhança das infracções que determinaram a sua aplicação, as sanções disciplinares desdobram-se em dez tipos diferentes de castigos, ainda que só três deles suportem, verdadeiramente, uma comparação estatística entre si. Assim, mais de metade das sanções

Quadro 3 – Sanções disciplinares aplicadas

Castigo Aplicado	Sanção Disciplinar Ap. aos Reclusos		Sanção Disciplinar Ap. às Reclusas		TOTAL	
	n	%	n	%	n	%
Arquivado	10	3,3	1	5,6	11	3,4
Repreensão	39	13,0	10	55,6	49	15,4
Perda parcial ou total de concessões feitas	5	1,7			5	1,6
Privação de recreio e de espectáculos por tempo não superior a dois meses	1	0,3			1	0,3
Proibição de beber vinho ou cerveja por tempo não superior a três meses					0	0,0
Proibição de dispor do fundo disponível em proveito próprio por tempo não superior a três meses			2	11,1	2	0,6
Reversão do fundo disponível para fundo de reserva por tempo não superior a três meses	10	3,3			10	3,1
Perda de coisas e dinheiro na sua posse em contravenção das normas regulamentares, dando-se o destino que estas determinarem	1	0,3			1	0,3
Internamento em quarto individual até um mês	167	55,5	5	27,8	172	53,9
Internamento em cela disciplinar até um mês	68	22,6			68	21,3
TOTAL	301	100	18	100	319	100,0

(53,9%) diz respeito ao *internamento* dos infractores *em quarto individual até um mês*, seguindo-se-lhe, a uma distância significativa (21,3%) o *internamento em cela disciplinar até um mês*, surgindo, por fim, também com uma grande diferença (15,4%) a *repreensão*.

Tendo presente que estas três variáveis valem, no cômputo das sanções disciplinares aplicadas, um tudo nada mais de noventa por cento, é possível concluir que as sete restantes tiveram um papel pouco relevante na regulação da vida prisional destes reclusos. Verdade que é tanto mais estreita quanto o *arquivamento* do processo (3,4%) e a *reversão do fundo disponível para fundo de reserva* ... (3,1%) hegemonizam os procedimentos disciplinares restantes.

A natural semelhança de traço com que se desenham, em termos gerais, as infracções e as sanções disciplinares, tem continuidade quando as olhamos na perspectiva do masculino e do feminino. Neste particular, entre as duas linhas só há uma pequena nota de divergência. É que, ao contrário do que acontecia relativamente às infracções, nas sanções disciplinares nunca chega a haver um ponto de convergência entre reclusos e reclusas.

Os dois universos só comungam de três tipos de sanções e de forma bastante distinta. Assim, o *internamento em quarto individual* é o castigo mais aplicado aos homens (55,5%), mas surge em segundo lugar, e valendo pouco mais de metade (27,8%), entre as mulheres. Elas, por seu turno, foram maioritariamente penalizadas (55,6%) com *repreensão* que, entre eles, representa, a longa distância (13%), a terceira sanção mais aplicada. A última partilha entre os sexos remete-nos para um não castigo, ou seja para o *arquivamento* dos processos que vale 3,3% e 5,6%, respectivamente, no masculino e no feminino.

Entre as sanções não partilhadas é credora de primeira referência a relativa ao *internamento em cela disciplinar até um mês*, não só porque é a mais severa das medidas disciplinares, mas também porque a sua relevância estatística, mesmo em termos gerais, se fica a dever exclusivamente ao lado masculino do nosso universo. No outro prato da balança temos a terceira sanção mais recorrente entre as mulheres (11,1%), *a proibição de dispor do fundo disponível em proveito próprio por tempo não superior a três meses*, sem qualquer aplicação entre estes homens, facto que contribui, aliás, para o seu irrelevante peso global. Por fim, observa-se que a *perda parcial ou total das concessões feitas* e a *privação de recreio e de espectáculos por tempo não superior a dois meses* foram medidas disciplinares unicamente aplicadas a homens e em proporções muito reduzidas.

O terceiro aspecto trazido à colação nesta análise da, aqui sumariada, vida prisional, é o da vivência, ou não, por parte do universo em estudo, de anteriores saídas de estabelecimento ou secção de regime aberto e os termos em que elas terão decorrido. Ou seja, pretende-se perceber se os reclusos e reclusas agora em falta, já alguma vez haviam usufruído deste tipo de medidas de flexibilidade na execução das penas e, nos casos afirmativos, se haviam cumprido com as condições de regresso que lhes foram impostas.

Em cumprimento da perrogativa metodológica que manda comparar objectos/fenómenos da mesma natureza, passou-se à margem das saídas dos reclusos, com ou sem custódia e durante algumas horas do dia, para trabalharem, frequentarem estabelecimentos de ensino ou de formação profissional, assim como se contornaram as saídas dos estabelecimentos por motivos especiais. Deste modo, tiveram-se unicamente em consideração as licenças de saída de curta duração[12] e as licenças de saída prolongada.

---

[12] O Decreto-Lei n.º 265/79 de 1 de Agosto, no Capítulo II, artigo 60.º preceitua que *o recluso internado em estabelecimento ou secção de regime aberto pode ser autorizado pelo respectivo director a sair, pelo prazo máximo de quarenta e oito horas, uma vez em cada trimestre.*

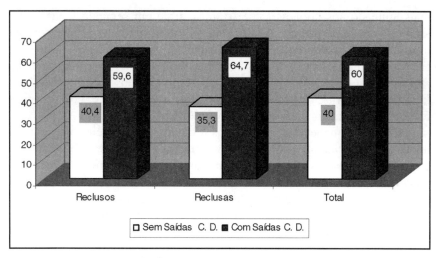

Fig. 25 – Saídas de Curta Duração

Indo por partes e começando a análise pelo princípio, constata-se que a maioria dos reclusos (60%) já havia usufruído, com sucesso, de saídas de curta duração. Pode, aliás, perceber-se, em função do que os números nos revelam, que esta medida de flexibilidade na execução da pena privativa de liberdade foi partilhada, e de forma relativamente harmoniosa, por homens e por mulheres. As ligeiras diferenças polarizam-se no facto deles (59,6%) decalcarem a média geral e delas (64,7%) se

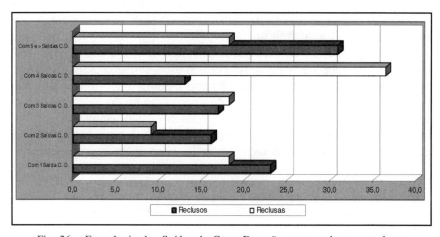

Fig. 26 – Frequência das Saídas de Curta Duração entre reclusos e reclusas

desviarem, sempre por excesso, tanto do traço global como, sobretudo, da linha masculina.

Perspectivando-nos na óptica exclusiva dos que já beneficiaram desta medida, constatamos, sem necessidade de grandes delongas, que, para mais de dois terços (77,3%), ela se havia repetido por mais de uma vez. Pode, aliás, observar-se, por entre a frieza dos números, que mais de metade das pessoas (61,7%) que agora falhou no regresso à cadeia, já havia, por mais de três vezes, ido e regressado de saídas de curta duração, sendo que 29,8% o tinham feito, mesmo, por cinco ou mais vezes.

A imagem que aqui se desenha permite-nos concluir que uma parte substantiva do nosso universo já havia amenizado a privação da liberdade com curtas saídas da prisão. Saídas estas que, por terem decorrido em conformidade com as normas que as balizam, se puderam repetir, para um número não despiciendo de reclusos, por várias vezes.

É, aliás, manifesto que este modelo genérico tem contornos muito semelhantes nos dois sexos, fazendo-se a diferença pelo inflaccionamento das saídas entre as reclusas. Assim, enquanto a parte feminina do nosso universo que teve mais de uma saída de curta duração chega aos 81,8%, a masculina em igual situação pára nos 76,9%. Esta diferença entre os sexos alarga-se quando temos por referente três ou mais saídas, uma vez que elas chegam aos 72,8% e eles se quedam nos 60,8%. Todavia, enquanto

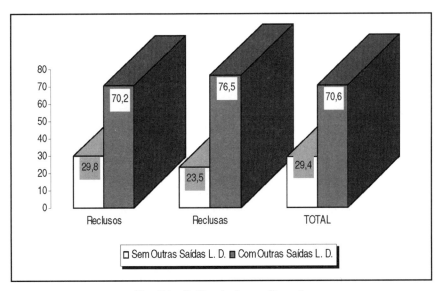

Fig. 27 – Saídas de Longa Duração

o maior número de curtas saídas entre os reclusos são as cinco e mais (30,8%), entre as reclusas esse volume fixa-se nas quatro (36,%).

Se, como vimos, o volume de reclusos que havia beneficiado de saídas de curta duração era elevado, ele amplia-se quando temos como perspectiva de análise os que já usufruíram de anteriores saídas de longa duração. Efectivamente, 70,6% do nosso universo tinha anteriormente beneficiado, com sucesso, desta medida de flexibilidade na execução da pena privativa de liberdade. Esta proporção global, que se mantém praticamente inalterada (70,2%) quando nos focalizamos nos homens, aumenta (76,5%), pode dizer-se significativamente, quando nos centramos nas mulheres.

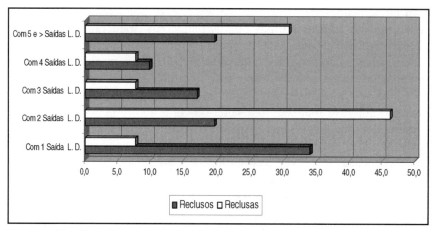

Fig. 28 – Frequência das saídas de L. D. entre reclusos e reclusas

Tomando como referente os reclusos e reclusas que já tinham beneficiado anteriormente de saídas de longa duração, observamos um traço de frequência que, pese embora a similitude, não é fungível com a linha de repetição das saídas de curta duração. Assim, e comparativamente com os dados anteriores, temos para esta variável que, apesar de diminuírem, aqueles que tiveram mais de uma saída de longa duração continuam a ser uma larga maioria (68,1%). O mesmo já não se pode voltar a dizer dos que usufruíram desta medida por três ou mais vezes (46,4%). Isto, apesar do volume daqueles que puderam ausentar-se temporariamente por cinco ou mais vezes se situar na casa dos, nada despiciendos, vinte pontos percentuais.

Os valores estatísticos acima referidos permitem-nos dizer, sem forçar a verdade, que a maioria dos indivíduos que constituem o nosso universo já havia beneficiado de saídas de longa duração, das quais regressara sem problemas. Pode, inclusivamente, acrescentar-se, continuando sem desvirtuar a veracidade dos factos, que uma percentagem sociologicamente relevante havia mesmo usufruído desta medida por várias vezes. Ou seja, parte substantiva destes reclusos falhou, agora, o cumprimento de regras que conhecia em termos práticos e a que anteriormente se havia ajustado e representado adequadamente.

Esta constatação abrangente, pese embora seja extensível a ambos os sexos, revela-se de forma diferente, consoante estamos perante homens ou mulheres. Nestes termos, enquanto a maior fatia (34%) dos reclusos tinha tido uma única saída de longa duração, a parcela maior das reclusas (46,2%) situava-se nas duas idas de longa duração ao exterior. No resto temos que eles, ainda que com prevalência das duas e das cinco ou mais saídas, se repartem harmoniosamente pelos diferentes valores e que o excedente delas se recentra em torno das cinco e mais saídas.

Em jeito de breve recapitulação pode dizer-se que as práticas prisionais do universo que estamos a estudar não destoa das da demais população reclusa tanto no que respeita ao desempenho de actividade profissional, como no que reporta ao cometimento de infracções disciplinares e subordinação às sanções disciplinares daí decorrentes. Conformidade que é igualmente extensível ao usufruto de saídas de curta e longa duração.

Aliás, boa parte do universo agora agrupado em torno do incumprimento das regras de regresso de uma saída de longa duração, havia anteriormente estado no campo dos que tinham respeitado, a preceito, aquilo a que estavam obrigados. O resultado do cruzamento entre estas variáveis da vida prisional permite-nos admitir a hipótese de que o comportamento conforme às normas, pese embora possa influenciar, não é determinante para a tomada de decisão favorável à concessão das saídas de longa duração. Do mesmo modo que, constata-se, o anterior cumprimento de regras não é impeditivo de que alguém, contra as expectativas daí geradas, possa, a qualquer momento e sem motivação aparente, vir a não regressar atempadamente à prisão.

Os tempos da ausência ilegítima

A Primavera foi, ao longo de 2004 e 2005[13], o período em que as taxas de não regresso de saída prolongada foram mais elevadas, com os

---

[13] Dado que a conclusão do estudo se alongou, trabalharam-se, para efeitos de ocorrência no tempo, os registos de todo o ano de 2005.

pontos máximos a corresponderem aos meses de Março (11,1%), Abril (11,9%) e Junho (16,2%). Este mês serve de elo ligação ao Verão que se apresenta, de um modo consistente e continuado, como um tempo de quebra constante nas taxas de não regresso. A relatividade dos números mostra, aliás, que só alguns dos meses de Inverno – Dezembro 9,8% e Fevereiro 8,5% – aceitam comparação com o que se registou na estação seguinte. Complementarmente deve acrescer-se que a imagem da distribuição de ocorrências neste biénio se desenhou, em cada um dos anos, de forma quase decalcada.

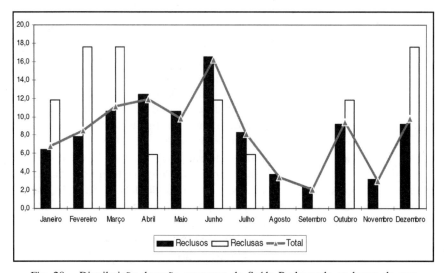

Fig. 29 – Distribuição dos não regressos de Saída Prolongada ao longo do ano

A alegoria baseada no calendário das estações do ano ganha contornos distintos, consoante o desenho se faz com o traço masculino ou com a linha feminina do universo. Os não regressos masculinos copiam, mês após mês, o lineamento com que se desenha a cadência global do não retorno à prisão depois de uma saída prolongada.

Por seu turno, o incumprimento feminino dos prazos de regresso ocorreu, essencialmente, no Inverno. Dezembro, Fevereiro e Março, cada qual a valer 17,6%, representam os meses em que se registaram mais casos de não regresso entre as mulheres. Complementarmente pode dizer-se que só Outubro, Janeiro e Junho (11,8% cada) apresentam valores susceptíveis de se assumirem como termo de comparação feminino.

Tendo presente as antinomias que perpassam pelo desdobrar das variáveis acima analisadas, só forçando a nota se poderá relacionar a decisão de não regressar de saída prolongada com a influência exercida por um, ou outro, período do ano. Isto sem que se queira ou, com os elementos disponíveis, possa negar, em absoluto, a eventualidade do aumento do período diurno e da melhoria das condições atmosféricas, numa época do ano, bem como de algumas festividades cíclicas, noutras alturas, ajudarem a conformar a ideação e a decisão de não regressar ao estabelecimento prisional, findo o prazo de cumprimento da saída prolongada.

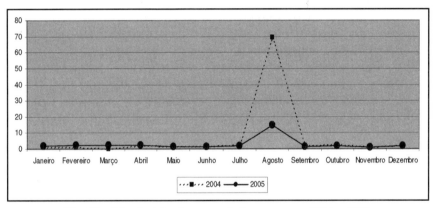

Fig. 30 – Distribuição das taxas de insucesso em 2004 e 2005

Um olhar para detrás da cortina dos números permite-nos perceber que a grandeza, absoluta e relativa, dos não regressos acompanha, dia a dia e mês após mês, o volume de concessões de saídas prolongadas. Isto significa, tão só, que os meses em que se registaram níveis mais elevados de incumprimento nos prazos de regresso, correspondem aos meses em que foram concedidas mais autorizações de saídas prolongadas. No reverso da medalha temos, naturalmente, que os períodos de ano com menor número de incumprimentos correspondem às alturas em que se registaram menos concessões de saídas prolongadas.

Daqui decorre que as taxas de insucesso[14] são tão mais elevadas quanto é menor o número de reclusos a quem foi concedida a saída

---

[14] A taxa de insucesso corresponde à relação entre o total de reclusos que, num período dado de tempo, não regressaram de saída prolongada e o número total daqueles a quem, dentro da mesma amplitude temporal, foi concedida esta medida de flexibilização da pena privativa de liberdade.

prolongada. A figura 30 é, aliás, reveladora de como o mês de Agosto consegue, num mesmo movimento, ser aquele em que se regista o menor volume de não regressos e a mais elevada taxa de insucessos.

A explicação para a excepcionalidade desta antinomia e, sobretudo, para o elevadíssimo valor das taxas de insucesso de Agosto, deverá ser buscada no ponto de convergência entre o calendário judicial e a ironia das leituras lineares dos resultados estatísticos. Tendo presente que a oscilação, absoluta e relativa, de não regressos, acompanha o volume das concessões de saídas prolongadas e que estas são uma competência dos juízes de Execução de Penas, as férias judiciais, são uma explicação plausível para os baixos valores que o fenómeno apresenta em Agosto.

Por sua vez, a exponenciação da taxa de insucessos que, neste mesmo mês se desenha, acaba por ser uma decorrência própria da matemática que, quando o divisor é pequeno, acentua o peso relativo do dividendo, mesmo que este seja igualmente modesto. Ou seja, como no Verão, e sobretudo em Agosto, temos poucos reclusos a usufruir de saída prolongada, qualquer falha no regresso assume uma representação proporcional que está longe de corresponder à sua realidade sociológica.

Mudando a sintonia do enfoque, apercebemo-nos que a maioria das pessoas que não cumpriu os prazos de regresso de uma saída prolongada, acabou, mais tarde ou mais cedo, por regressar, independentemente de o ter feito de um modo voluntário ou em consequência de ter sido recapturado. A realidade dos factos manda, aliás, dizer, desde já, que o período de ausência ilegítima foi, por norma, muito curto.

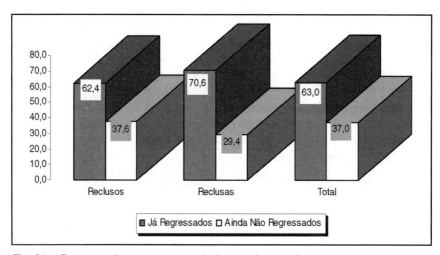

Fig. 31 – Regressos / não regressos após incumprimento de prazo de retorno à prisão

Fixando-nos neste universo de reclusos que não cumpriu atempadamente os prazos de regresso de uma saída prolongada, pode concluir-se, acto continuo, que a maioria acabou por retornar à prisão. A proporção (63%) destes reingressos é tão mais relevante quanto, por questões de delimitação temporal para a recolha dos dados, uma parte não despicienda dos registados como faltosos, acabava de cair nessa situação. Deve, aliás, acentuar-se que este retorno à prisão, ainda que fora do tempo, é comum a ambos os sexos. Isto, apesar da proporção de reclusas (70,6%) que voltaram nestas condições ser bem mais elevada que a dos seus companheiros (62,4%) de reclusão e prevaricação.

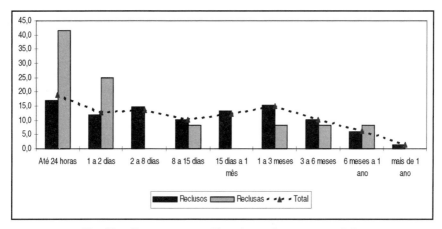

Fig. 32 – Tempo transcorrido até ao reingresso na prisão

Quando isolamos o conjunto de retardatários concluímos que a generalidade dos regressos decorreu num curto espaço de tempo, após ter expirado o prazo legalmente definido para o retorno da saída prolongada. Esta constatação decorre do facto de 82,4% dos reclusos estar novamente na prisão durante o primeiro trimestre subsequente à ausência ilegítima. Valor que sobe aos 92,5% quando a dilação temporal para analisar o regresso é estendida até aos seis meses.

A transitoriedade desta liberdade indevida é tão mais efémera quanto a cadência do regresso, voluntário ou forçado, permite circunscrever os primeiros quinze dias como o espaço de tempo privilegiado para a concretização do acto de tornar à prisão. Efectivamente, mais de metade (55,3%) dos reclusos que chegaram para além do prazo legalmente definido, fizeram-no dentro deste período, com particular incidência na sua primeira fase.

Uma análise mais miúda deste retorno rápido, ainda que a destempo, permite perceber que mais de um quarto destes regressos (31,7%) se registou nas quarenta e oito horas subsequentes ao incumprimento do legalmente estabelecido. Período dentro do qual assume particular relevância a proporção (18,9%) daqueles cujo atraso não ultrapassou o limiar das vinte e quatro horas. Este ciclo de curtos atrasos encerra-se com os 13,5% que voltaram num período que medeia entre os dois e os oito dias e com os 10,1% que o fizeram ao longo da segunda semana de ausência ilegítima.

Quando olhamos para aqueles que regressaram passados mais de quinze dias sobre a data e hora legalmente impostas (44,7%), percebemos que o gozo desta liberdade ilegítima também não se dilatou muito no tempo. Na realidade, 12,2% puseram-lhe, ou viram pôr-se-lhe, termo dentro da segunda quinzena e 14,9% no período que medeia entre o primeiro e o terceiro mês.

Como se observa, o ritmo a que as pessoas foram retomando o cumprimento da pena privativa de liberdade, deixa pouco espaço para aqueles que regularizaram a sua situação depois de dobrado o primeiro trimestre sobre a data definida para o regresso da saída prolongada. Ainda assim, a proporção maior (10,1%) regressou dentro do período que medeia entre os três e os seis meses, seguindo-se-lhes, já distanciadamente, aqueles que o fizeram desta altura até se perfazer um ano (6,1%). Por fim, com um peso relativo que não suporta comparação estatística (1,4%), temos os que só voltaram à prisão passado mais de um ano sobre a data em que o deveriam ter feito.

O regresso à prisão, num curto espaço de tempo subsequente ao início da ausência ilegítima, assume as características de uma regra comum a homens e mulheres. Contudo, deve dizer-se que, não obstante esta partilha, se trata de um ditame essencialmente conjugado no feminino.

Efectivamente, a grande excepção que ajuda a confirmar a regra faz-se por excesso e à custa dos três quartos das reclusas (75%) que tentam redimir a falta de comparência, voltando à cadeia nos quinze dias posteriores à ausência ilegítima, sendo que 66,7% delas o fazem nas primeiras quarenta e oito horas. Neste particular deve ainda relevar-se o facto de não haver nenhuma ausência feminina a exceder o ano.

Destes valores se pode concluir que, para haver equilíbrio, a parte masculina tem que divergir por defeito, ainda que ligeiro, da linha da regra geral. Efectivamente, a realidade mostra que mais de metade dos reclusos (53,7%) também está de volta à prisão em menos de quinze dias após o incumprimento dos prazos e que mais de um quarto (28,7%) o faz igualmente nas quarenta e oito horas subsequentes à data imposta para a apresentação. Valores que permitem concluir que o sulco do retorno masculino precoce corre sempre paralelamente e uns pontos abaixo do geral e com uma substantiva amplitude de divergência relativamente ao das companheiras de reclusão.

Encontrar explicação para este figurino de regressos a destempo, configura-se como uma tarefa que nada tem de simples nem de linear. Não só o acto de voltar ou não voltar à prisão, neste caso depois de uma saída prolongada, remete, por si mesmo, para um processo de decisão complexo, como o pouco tempo transcorrido entre o incumprimento dos prazos estabelecidos e o retorno à privação da liberdade cerceiam a pertinência das hipóteses de trabalho, em princípio, mais plausíveis.

Aparentemente a explicação mais razoável para alguém não regressar de uma saída prolongada poderá estar associada ao desejo de permanecer em liberdade, ainda que arcando com as consequências da ilicitude do acto. Numa perspectiva mais benigna podemos pensar que o incumprimento das normas foi uma decorrência de problemas pessoais ou familiares inesperados e de resolução inadiável. Todavia, só com algum apelo à boa vontade se conseguirão compaginar estas e outras justificações de natureza similar, com o estreito balizamento a que é sujeito o tempo transcorrido entre o incumprimento de prazos e o regresso à cadeia.

Dúvidas tão mais pertinentes quanto a generalidade dos regressos, sobretudo por parte daqueles que o fizeram dentro das primeiras horas e dias subsequentes ao prazo legalmente definido, é fruto da livre iniciativa do recluso. Tendo embora presente que deste tipo infracção não decorrem procedimentos disciplinares, nem penais, não deixa de ser estranho que as pessoas desbaratem créditos de confiança, sempre importantes na vida prisional, por um tudo nada de tempo extra fora dos muros.

Postas as coisas nestes termos, este tipo de regresso com atraso, mas feito como que às pressas, acaba por se configurar, um pouco, como fruto da incúria e da ligeireza com que, algumas pessoas, encaram, por vezes, os compromissos que assumem ou que lhes são impostos. Diga-se que a razoabilidade desta hipótese explicativa tem de ser entendida à luz dos antecedentes sócio-familiares, profissionais, criminais, penais e disciplinares[15] e tendo igualmente presente o facto de boa parte dos faltosos já terem anteriormente usufruído, e em bastantes casos por mais

---

[15] Devemos ter presente que as infracções disciplinares mais comuns entre estes reclusos denotam incapacidade de acatar ordens e dificuldades de relacionamento inter – pessoal, seja com companheiros ou funcionários prisionais.

de uma vez, de saídas prolongadas com inteiro sucesso. Independentemente da confirmação ou infirmação desta, ou de outra, hipóteses explicativa deve reter-se que este comportamento é iniludível e que, como tal, deve ser tomado em consideração no esquisso dos programas de acompanhamento e de reinserção dos reclusos, nos quais se insere a concessão de saídas prolongadas.

Nota Final

Homens, adultos, solteiros, naturalidade e residência distribuídas por todos os distritos do país, ainda que com prevalência nos de Lisboa, Porto, Setúbal, Coimbra e Faro, fraca escolaridade, ocupação profissional irregular e a dispensar qualificações técnicas são alguns dos qualificativos que dão expressão ao retrato pré-prisional do universo aqui analisado. Estes predicados, pela fidelidade mantida relativamente ao modelo em que se inserem e de onde emergem, não nos permitem encontrar marcas suficientemente distintivas para, no contexto prisional, podermos particularizar sociologicamente os reclusos que não regressaram de saída prolongada dentro dos prazos legalmente estabelecidos.

A partilha de uma base sociológica comum, entre os não regressados de saída prolongada e restantes companheiros de reclusão, repete-se, praticamente com sobreposição de traço, quando fixamos a nossa atenção nos pormenores da fisionomia criminal e penal. Dizer que do semblante daqueles que não retornaram à prisão dentro dos prazos estabelecidos, depois de uma saída prolongada, sobressaem sinais de reincidência e da prática de crimes relativos a estupefacientes, bem como contra o património e as pessoas e que, grosso modo, se destacam as marcas de condenações a penas privativas de liberdade entre os três e os nove anos, cumpridas em estabelecimentos prisionais centrais é reproduzir uma imagem que, com maior ou menor fidelidade, pode ser aplicada à generalidade da população prisional condenada.

Esta semelhança de feições sócio-criminais e penais, entre os reclusos que se apresentam a destempo depois de terem usufruído de uma saída prolongada e a generalidade dos que estão privados de liberdade, é uma realidade que se revelava, à partida, como, de todo, previsível e natural. Diga-se que se alguma estranheza pode existir, ela resulta não da existência de parecenças, mas do ligeiro descompasso introduzido, por dois ou três pormenores, nos quotidianos prisionais do nosso universo e no dos restantes companheiros de reclusão.

Efectivamente, para encontrarmos alguma discrepância temos que fixar a nossa atenção nas linhas da ocupação e do comportamento. Nestes particulares, e ao contrário do que acontece com a generalidade da população reclusa, a maioria do nosso universo tinha na prisão uma ocupação escolar ou profissional, já havia cometido infracções disciplinares e, subsequentemente, sido objecto de sanções disciplinares.

Todavia, deve dizer-se que estas intermitências nas linhas de continuidade se limitam, única e exclusivamente, à divergência que, por excesso, se verifica por parte dos que não regressaram dentro dos prazos legalmente estabelecidos. No resto, uns e outros, desempenham actividades pouco diversificadas e tecnicamente pouco exigentes como a faxina e as obras de manutenção dos espaços físicos, cometeram infracções disciplinares centradas na inobservância de ordens, atitudes ofensivas e posse e tráfico de dinheiro e foram, genericamente, sancionados com internamento em quarto individual e cela disciplinar, sem esquecer a preventiva repreensão.

Quando focalizamos a atenção no comportamento que estes reclusos – nunca sendo demais repeti-lo, estatisticamente irrelevantes no contexto de todos aqueles que usufruíram de saída prolongada – têm com e para com estas medidas de flexibilização da pena, somos, pela primeira vez e ao longo da análise aos resultados, verdadeiramente confrontados com algumas surpresas. Assombro que resulta do facto destes protagonistas revelarem desempenhos que, pelo menos aparentemente, correm ao arrepio das expectativas inerentes a um ensaio tido como decisivo para que a sua futura vida em sociedade se constitua numa peça com representação ajustada às normas e às regras entendidas como adequadas.

A nossa estranheza é alimentada pela dificuldade que sentimos em entender, ou explicar plausivelmente, uns quantos apartes protagonizados pelo nosso universo. A primeira grande ironia é indissociável de a maioria dos actuais protagonistas no incumprimento nos prazos de regresso ter, num passado penal recente, beneficiado, com sucesso e as mais da vezes repetidamente, de saídas de curta e longa duração. Pormenor a que se pode acrescer o de que parte substantiva destas pessoas cometeu a actual infracção, em fase adiantada do cumprimento da pena, não sendo despiciendo o volume daqueles que o fizeram a menos de uma ano de serem definitivamente devolvidos à liberdade.

No que reporta à ocorrência do acto de não regresso, deve dizer-se que a surpresa surge paredes meias com o modelo de distribuição dos registos que, de forma mais ou menos harmoniosa, se repartem por todos os meses do ano, sendo que o volume do incumprimento de prazos é proporcional ao das saídas prolongadas concedidas. Diga-se que, por particularidade exclusivamente imputável às regras da aritmética, as taxas de insucesso são tão mais elevadas quanto menor é o volume de saídas. Daqui decorre que, nem apelando à boa vontade, podemos justificar os não regressos com acenos do tempo, remetam eles para a ordem da meteorologia ou para a da simbologia religiosa e familiar.

Dada letra de forma ao incumprimento das datas e horas de regresso, a primeira justificação para a infracção às regras tende a ser buscada na irresistibilidade dos apelos da vida em liberdade, presumindo-se, por acrescento, que cada um procure, ainda que ilegitimamente, prolongá-la o mais possível no tempo. A frieza dos números mostra, porém, o quanto a linearidade deste raciocínio é contrariada pelas práticas dos reclusos.

A realidade mostra que, ao arrepio destas conjecturas, a maioria dos reclusos faltosos não só acaba por regressar à prisão, como optou por fazê-lo por sua livre iniciativa. Tão importante quanto esta decisão é o facto da generalidade destes retornos se ter processado nas horas e dias imediatamente subsequentes às datas que determinavam o fim do período de saída prolongada. O fenómeno é de tal modo recorrente que o produto final desta aritmética do insucesso deve ser preferencialmente contabilizado em unidades de conta de retardo.

Estes comportamentos permitem, pela partilha de opções e de linhas de conduta e pelo modo como se repetem no tempo, encontrar alguns traços comuns aos sujeitos que não regressaram atempadamente de saída prolongada. Aparentemente estamos perante práticas que dão sequência a vidas que, dado os modelos de sociabilidade em que foram engendradas, se foram construindo em torno de actos disparados e em que a inconsciência dos resultados precede os riscos da afoiteza ou do desrespeito às normas e às regras sociais. Por estas razões, esculpir a identidade deste universo a partir, sobretudo, deste ângulo de observação afigura-se, senão abusivo, pelo menos redutor.

Em jeito de síntese final pode dizer-se que não regressar de uma saída prolongada é um comportamento susceptível de ser protagonizado por qualquer recluso, incluindo qualquer um dos que anteriormente haja usufruído da medida em concordância absoluta com todas as regras que a balizam. Pode igualmente concluir-se que, ao invés das expectativas, o fenómeno ocorre em qualquer altura do ano e do cumprimento da pena privativa de liberdade e que, surpreendentemente, é de curta duração e termina em regresso voluntário dos faltosos.

A dificuldade de prevenção do fenómeno daqui decorrente, bem como o desfasamento entre as expectativas e os resultados desta nossa aritmética, devem entender-se à luz do facto de a prisão, enquanto instituição, não reunir a totalidade dos ingredientes que entram no caldo dos comportamentos desviantes. Estes resultados ajudam a reforçar a ideia de que a compreensão, deste como de outros fenómenos do comportamento humano, deve ter em equação o plano social e individual de cada sujeito.

Olhar para o insucesso das saídas prolongadas implica, nesta perspectiva, ter presente que a população prisional é, grosso modo, oriunda de estratos sócio-económicos baixos, homogeneizados pela escassa alfabetização, instabilidade familiar e precariedade de emprego. Predicados que se traduzem, em regra, por dificuldades de aceitação e integração nos padrões de conduta social e por déficits de auto estima que, com pesos relativos, concorrem para tomadas de decisão que redundam em actos inesperados, dificilmente explicáveis à luz da razão, mesmo quando pensados como partes integrantes de carreiras criminógenas.

É este conjunto de indivíduos que habita e se socializa aos valores, às regras e às normas, tanto formais como informais, que moldam a vida no interior das prisões. Nesta medida, o estudo, as leituras e as conclusões que se possam tirar sobre os comportamentos inerentes ao não regresso de saída prolongada, como é o nosso caso, devem ter em linha de conta, pelo menos no plano teórico, para além das particularidades sociológicas inerentes à natureza da instituição prisional, a sua envolvência social. Tanto mais que é hoje líquido que a prisão é um espaço fechado mas não estanque, pelo que os valores atribuídos por cada sociedade, nomeadamente à liberdade ou à sua privação, atravessam os muros, influenciando comportamentos dos internados e subsequentes reacções sociais, mediáticas e institucionais.

Antes ainda do ponto final, cabe dizer que este trabalho de aritmética de alguns comportamentos não pretende constituir-se em explicação acabada para causas e efeitos de uma ocorrência estatisticamente minoritária e pouco perturbadora da vida prisional. Pretende, tão só, condicionar a validação imediatista e linear de verdades que todos temos sobre o que move e como devem ser as condutas dos actores sociais.

Bibliografia

BLAIS, Étienne/DUPONT, Benoît (2004). *L'Impact des Activités Policières dans la Dissuasion des Comportements Routiers Déviants : Une Synthèse Mondiale des Évaluations*, in Revue Internationale de Criminologie et de Police Technique et Scientifique, Vol. LVII, N.º 4, pp. 456/479, Ed. De L'Association Internationale des Criminologues de Langue française (AICLF), Genève.

BOURDIEU, Pierre (2001). *O Poder Simbólico*, Ed. Difel (4.ª Edição), Lisboa 1998, *Contrafogos*, Ed. Celta, Lisboa.
BULTHÉ, Bruno/JANSEN, Christiane (1984). *La Prison et la Contestation Collective*, Pub. Du Centre National de Criminologie, N.º 12, Bruxelles.
CABRAL, João de Pina (2000). *A Difusão do Limiar: Margens, Hegemonias e Contradições*, in Análise Social, Vol XXXIV, N.º 153, pp. 865/983, Ed. Instituto de Ciências Sociais, Lisboa.
COHEN, Stanley/TAYLOR, Laurie (1981). *Psychological Survival – The Experience of Long-Term Imprisonment*, Penguin Books, London.
CUNHA, Manuela Ivone (2002). *Entre o Bairro e a Prisão: Tráfico e Trajectos*, Ed. Fim de Século, Lisboa.
FERREIRA, Eduardo Viegas (1998). *Crime e Insegurança em Portugal – Padrões e tendências*, 1985-1996, Ed. Celta, Lisboa.
FOUCAULT, Michel (1983). *Vigiar e Punir – História da Violência nas Prisões*, Ed. Vozes, Petropolis.
GOFFMAN, Erving (1968). *Asiles – Études sur la Condition Sociale des Malades Mentaux*, Les Éditions de Minuit, Paris.
1975, *A Representação do Eu na vida Cotidiana*, Ed. Vozes, Petropolis.
GONÇALVES, Rui Abrunhosa (1993). *A Adaptação à Prisão – Um Processo Vivido e Observado*, Ed. Direcção-Geral dos Serviços Prisionais, Lisboa.
GRUEN, Arno (1995). *A Loucura da Normalidade*, Ed. Assirio & Alvim, Lisboa.
JEUDY, Henri-Pierre (1995). *A Sociedade Transbordante*, Ed. Século XXI, Lisboa.
MONTANDON, Cléopâtre/CRETTAZ, Bernard (1981). *Paroles de Gardiens, Paroles de Détenus – Bruits et Silences de l'Enfermement*, Ed. Masson-Médicine et Higiène, Genève.
MOREIRA, J. J. Semedo (2005). *Estatísticas Prisionais 2004*, in Temas Penitenciários, Série III, N.º 1 e 2, pp. 89 / 122, Ed. Direcção-Geral dos Serviços Prisionais, Lisboa.
MUCCHIELLI, Roger (1979). *Como eles se Tornam Delinquentes*, Ed. Moraes, Lisboa.
ROBERT, Ph (2000). *Les Territoires du Contrôle Social, Quels Changements ?*, in Déviance et Société, Vol. 24, N.º 3, pp. 215/235, Ed. du Centre National de la Recherche Scientifique et du Centre National du Livre, Bruxelles.
ROCHA, João Luís Moraes (Coordenador) (2005). *Entre a Reclusão e a Liberdade Vol. I*, Ed. Almedina, Coimbra.
SEYMOUR, Martin Lipset (1992). *Consenso e Conflito*, Ed. Gradiva, Lisboa.
VARAUT, Jean Marc (1972). *La Prison – Pourquoi Faire?*, Ed. La Table Ronde, Paris.

PERCEPÇÃO DA ADEQUAÇÃO DA PENA

João Luís de Moraes Rocha
Juiz Desembargador

Carmen João Salsinha Mendes
Psicóloga Criminal

Enquadramento

Percepção da adequação da pena é uma expressão que requer explicitação. Para o efeito, cumpre decompor os termos percepção e, depois, adequação, não esquecendo o que se entende por pena.

A aproximação que se fará destes termos apenas pretende captar o seu sentido radical ou fundamental, evitando alargar a análise. O que se perde em extensão, ganhar-se-á em rápida compreensão.

Na posse das três noções será, então, possível desenhar o que se pretendeu referir com a aludida expressão, encetando desta forma o desidrato do presente estudo.

O termo percepção alude a uma apreensão, distinta da sensação e da intuição. A percepção é a apreensão directa de uma situação objectiva. Tal como dizia Locke (1999), a percepção é um acto próprio do entendimento mas algo entre o puro pensar e o puro sentir.

Esta ambivalência permite múltiplas aproximações, assim: o idealismo coloca a percepção mais próximo do acto intelectual; por seu turno, o realismo aproxima-a da sensação; já a análise fenomenológica da percepção vem sublinhar a síntese que esta opera a nível da prática, razão pela qual, afirma, os indivíduos captam o mundo de acordo com a sua situação vivencial.

No que respeita ao termo adequado, este provém do latim *adaequatus* e corresponde a equivalente, a correspondência exacta.

Na teoria do conhecimento consideram-se adequados a imagem e o saber que correspondem ao original. Essa compreensão permite estabelecer a fidedignidade ou a verdade entre o original e a sua reprodução. Daí que surja, na concretização deste desidrato, a questão referente ao grau de adequação, isto é, a exactidão ou profundidade do reflexo.

A adequação conduz ao problema da verdade, ao critério de verdade. Os Escolásticos definiam a verdade como a adequação entre o objecto e o entendimento. Se a adequação não se verifica, o critério da verdade do conhecimento falha, razão pela qual adequação e verdade se relacionam proximamente. Como Spinoza referia (*Ética*, II, 4) a ideia adequada é aquela que, considerada em si mesma, possui todas as propriedades intrínsecas da ideia verdadeira.

A correlação entre a adequação e a verdade conduz o indivíduo a aceitar ou, pelo menos, predispõe-o a aceitar.

Aceitação é fazer seu, acolher, receber, consentir, é dizer sim ao que é ou acontece. Aceitar é viver em concordância com algo que não depende de nós. Queremos o que depende de nós, aceitamos o que não depende.

Aceitação não é tolerância pois esta supõe distância, nem é resignação que supõe tristeza, ela constitui um acto de vontade o qual depende, não do que queremos, mas do que somos.

Adequar, como verbo, tem o sentido de apropriar, proporcionar; e, adequação como substantivo significa adaptação, o acto de adequar. A ideia que subjaz a estes termos é, portanto, a de aceitação de uma correspondência entre uma causa e um efeito, de forma a que se aceite o efeito como consequência correcta ou esperada daquela causa.

Por fim, o termo pena. A pena a que se refere a expressão é a pena criminal e, especificamente, a pena concreta que surge como a consequência final da condenação por um crime. Independentemente da validade do juízo sobre a adequação, ela pode ou não ser percepcionada como adequada, neste último caso, seja por excesso ou, então, por defeito.

Mas a aferição de adequabilidade não é unívoca, depende de diversos pontos de vista. Nem sempre a perspectiva da vítima é a do condenado, nem a do Ministério Público corresponde à do advogado de defesa, nem a do público, em geral, coincide com a do julgador. E, em bom rigor, não será possível afirmar a correcção incondicional de uma destas (entre tantas outras possíveis), sobre qualquer outra. Parece, assim, estar-se perante um relativismo incontornável, avesso a um arrimo possível.

No entanto, entre os diversos enfoques sobre a adequação da pena a um determinado crime, existe a perspectiva legal. A lei penal dispõe sobre a forma como se deve escolher e graduar a pena. Para além de toda a subjectividade possível, importa conhecer as disposições normativas que obrigam o julgador e, depois, verificar como esse julgador interpreta e executa os comandos legais.

Esta faceta será importante para enquadrar a percepção dos reclusos quanto à adequação da pena em que foram condenados, na medida em que é dentro desse sistema normativo que se pode esperar uma determinada consequência – a pena – decorrente de uma determinada acção produtora de um crime.

A pena é, num sentido geral, um castigo. Constitui a consequência jurídica de um delito, definida por lei e aplicada pelos tribunais mediante um processo judicial.

Substancialmente consiste numa privação ou restrição de algum direito.

As penas podem ser diferentes, sendo diferentes os bens jurídicos que afectam. E, dentro da sua diferença, assumem graduações diversas.

A pena de privação de liberdade é a pena mais grave no direito português. O tempo de prisão depende do tipo de crime para o qual o Código Penal estabelece uma penalidade, isto é, uma moldura com um mínimo e um máximo de tempo, a concretização desse tempo é operada pelo juiz de acordo com critérios legais.

Finda esta sumária explicitação de cada um dos termos que compõe o titulo do estudo, cumpre delinear a compreensão do mesmo.

Durante o cumprimento da pena, do castigo ou mais concretamente, durante o tempo de privação da liberdade, pretende-se averiguar qual é a compreensão e/ou a apreensão que os reclusos fazem da equivalência entre o crime cometido e o sofrimento que lhes é infligido.

Adequação entre a falta e a pena ou a compreensão da equivalência entre elas, conduz a aceitação, sendo que, a divergência daquelas conduzirá a outros processos de índole potencialmente conflituosos.

Refere-se percepção pois apenas se pretende a apreensão directa ou a representação dessa realidade – de aceitação ou de repúdio – de acordo com as impressões pessoais do recluso, afastando-se a técnica jurídica de aplicação concreta da pena. Técnica esta que adiante se dará notícia.

Para melhor enquadramento do estudo, procede-se a umas breves reflexões introdutórias sobre a aplicação da pena, na perspectiva legal e jurisprudencial; e, aborda-se, sumariamente, o conceito de atitude, como disposição do indivíduo perante a realidade. Com efeito, o juízo do recluso sobre a pena que lhe foi aplicada é uma questão de atitude, de avaliação...

A aplicação da pena

I – Perspectiva legal

Podemos afirmar que, na sua perspectiva global, a aplicação da pena é um sistema de individualização progressiva com três passos importantes: a determinação legal, a determinação jurisprudencial e, por fim, a determinação penitenciária.

Destes três passos, restringem-se as presentes notas à análise da individuação jurisprudencial, pois é nela que, no caso da pena de prisão esta é quantificada. No entanto, importa precedê-la de uma breve abordagem dos dispositivos legais pois é nestes que aquela se insere.

A determinação da pena que definitivamente é aplicada ao arguido obedece a três fases:

– Primeiro, procede-se à investigação e determinação da moldura penal abstracta, ou seja, da pena aplicável;
– Em seguida, verifica-se se a moldura penal é modificada ou substituída por outra, devido à existência de circunstâncias modificativas, agravantes ou atenuantes;
– Finalmente, encontrada a moldura abstracta, importa fixar a pena concreta.

Vamo-nos deter nesta terceira fase, isto é, quando feita a escolha do tipo de pena – na qual sendo aplicáveis, em alternativa, pena privativa e pena não privativa de liberdade, se deve dar preferência à segunda desde que acautele as finalidades da punição –, importa determinar a sua concreta medida.

As regras para a determinação da medida da pena estão previstas no artigo 71.º do Código Penal.

Diz-nos esse preceito:

1. A determinação da medida da pena, dentro dos limites definidos na lei, é feita em função da culpa do agente e das exigências de prevenção.

2. Na determinação concreta da pena o tribunal atende a todas as circunstâncias que, não fazendo parte do tipo de crime, depuserem a favor do agente ou contra ele, considerando, nomeadamente:

   a) O grau de ilicitude do facto, o modo de execução deste e a gravidade das suas consequências, bem como o grau de violação dos deveres impostos ao agente;
   b) A intensidade do dolo ou da negligência;

c) Os sentimentos manifestados no cometimento do crime e os fins ou motivos que o determinaram;
d) As condições pessoais do agente e a sua condição económica;
e) A conduta anterior ao facto e a posterior a este, especialmente quando esta seja destinada a reparar as consequências do crime;
f) A falta de preparação para manter uma conduta lícita, manifestada no facto, quando essa falta deva ser censurada através da aplicação da pena.
3. Na sentença são expressamente referidos os fundamentos da medida da pena.

Resulta deste normativo, a nosso ver, que a pena é concretamente medida em função da culpa do agente e, dentro desta, ponderando as exigências de prevenção que no caso se coloquem.

Disse «dentro desta» porque em caso algum a pena pode ultrapassar a medida da culpa como preceitua o artigo 40.º, n.º 2, do Código Penal ao referir as finalidades das penas e das medidas de segurança.

Estes comandos resultam do princípio geral e fundamental de que o direito criminal é estruturado com base na culpa do arguido: não há pena sem culpa, a culpa decide da medida da pena e do seu limite máximo.

Culpa que não é susceptível de uma medição exacta ou matemática. O juízo de culpa radica na intuição do julgador, fundada nas regras da experiência, pautada por critérios objectivos e não pessoais ou emocionais. Daí a elasticidade conferida ao julgador – na margem de poder discricionário juridicamente vinculada – o qual não poderá olvidar as exigências da prevenção de futuros crimes.

Balizando a culpa os limites mínimos e máximos da pena, a medida desta há-de ser dada pela medida da necessidade de tutela dos bens jurídicos face ao caso concreto, sendo a prevenção especial de socialização que a vai, em último termo, determinar.

Para efeitos da determinação da medida concreta da pena, a lei enumera exemplificativamente circunstâncias agravantes e atenuantes que não façam parte do tipo legal de crime. Esta não atendibilidade das circunstâncias que fazem parte do tipo legal de crime baseia-se no princípio *ne bis in idem*, pois a lei já as levou em conta ao estabelecer a moldura penal.

II – Perspectiva jurisprudêncial

A jurisprudência portuguesa, por contraposição às congéneres europeias, tem a particularidade de ser muito apegada ao texto legal o que redunda em algumas virtudes de certeza ou segurança jurídica mas, por outro lado, limita o papel inovador que no seu desempenho juridicamente vinculado pudesse assumir.

Assim, a sua relevância restringe-se à explicitação do texto legal.

Uma questão interessante que surge, logo no início da vigência do actual Código Penal, foi a de saber qual o ponto de partida dentro dos limites mínimos e máximos da pena que o juiz deve partir para fixar concretamente a pena. No precedente Código Penal que datava de 1886 – o actual provém de 1982, com revisões, sendo a mais relevante a de 1995 e a mais recente a de 2007 – havia a tendência para se partir do limite mínimo da pena, isto resultava da desactualização da gravidade relativa das infracções como ainda da duração do próprio tempo de prisão. Ao surgir o novel diploma, deixou de se justificar tal procedimento, sendo substituído por um novo procedimento que partia da média entre os limites mínimo e máximo da pena. Esta prática do ponto médio de arranque veio a ser abandonada a favor de um espectro amplo situado entre os limites balizados pela culpa. O tal apego do juiz nacional ao texto da lei não terá sido alheio à aludida prática quantificadora.

Outra questão, esta renovadamente actual – recorde-se as reflexões de Beccaria (1766) ou de Gabriel Tarde (1894) –, diz respeito à margem de poder discricionário detida pelo juiz na determinação da pena. Embora o uso desse poder seja susceptível de apreciação, por via de recurso aos tribunais superiores, ela constitui um problema em aberto.

Observemos o seguinte exemplo: os correios de droga internacionais.

Os correios de droga internacionais são uma tipologia de criminoso subsumível ao tráfico de estupefacientes mas apresentam características que os distinguem dos demais traficantes e, em Portugal, constituem um grupo quase homogéneo (Rocha, 1996, 1997).

A sua proveniência é prevalentemente da América do Sul; usam transporte aéreo comercial; agem por conta de outrém mediante uma remuneração; o tipo de droga transportada é a cocaína; o móbil do crime é económico; a quantidade de produto transportado é similar; o produto destina-se a ser comercializado na Europa; em julgamento confessam os factos; não têm antecedentes criminais.

A previsão legal onde estas condutas se enquadram é a do artigo 21.º, n.º 1, do Decreto-Lei n.º 15/93, de 22 de Janeiro, sendo a respectiva moldura penal de 4 a 12 anos de prisão, podendo em certos casos ser agravada nos seus limites mínimos e máximos de 1/3.

Ora, perante este tipo de arguidos seria de esperar uma individuação da pena homogénea mas não é assim.

Consultando o boletim oficial (*Boletim do Ministério da Justiça*) que compilava a jurisprudência dos tribunais superiores entre as datas de 1993 – quando da entrada em vigor do Decreto-Lei n.º 15/93 – e, por exemplo, 2000, obtemos os seguintes resultados no que respeita às penas aplicadas.

Penas menores de 6 anos de prisão correspondem a meros 3% do total; penas de 6 anos a 8 são aplicadas em 34%; de 8 até 10 anos de prisão corresponde a 33%; maiores de 10 e até 12 anos de prisão são aplicadas 23%; superiores a 12 anos de prisão são aplicadas 7%.

Constata-se, portanto, que a preponderância da punição está entre os 6 e os 8 anos, logo em seguida, pelas penas de 8 a 10 anos, sendo o conjunto destas 67% da totalidade, estamos perante uma diversidade contida. Já os restantes 33% constituem penas absolutamente díspares entre si pois aplicadas a casos em tudo semelhantes.

A aludida disparidade pode pôr em causa o princípio da igualdade em direito penal, um dos princípios estruturantes do direito penal (os outros são o da individuação e o da legalidade).

Este princípio da igualdade implica que as pessoas em igualdade de circunstâncias sejam tratadas paritariamente pelo direito penal, tanto na fase da estatuição como na da aplicação da lei.

No direito penal hodierno, o princípio da igualdade sofre especiais enfoques motivados pelo princípio da individuação o qual permite ou, mesmo, exige grande variedade de sentenças para casos aparentemente semelhantes.

Ora, o princípio da igualdade em direito penal não conhece um desenvolvimento especial na doutrina e na jurisprudência, pese o facto de ser um princípio basilar em direito penal.

E, actualmente, será na medida concreta da pena que este princípio mais questões levanta. Se o princípio permite a distinção por força da individuação da pena já impede a discriminação ou, por outras palavras, veda a distinção arbitrária.

Estudos penitenciários recentes vêm evidenciando que a disparidade da pena concreta em situações similares é das situações que origina mais revolta na população prisional (Danti-Juan, 1987; Rocha, 2001a). Esta sensibilidade vinda das consequências da aplicação da pena, remete--nos para a questão fulcral da medida concreta da pena conjugada com o princípio da igualdade em direito penal.

Após o abandono do sistema de penas fixas em prol do poder decisório do julgador, coloca-se hoje o desafio de minimizar as disparidades na aplicação da pena, será esta a pedra de toque da problemática da medida concreta da pena, a par com o da escolha da própria pena que vem merecendo a atenção de alguns investigadores da área das ciências sociais (Kensey, Lombard, & Tournier, 2002, 2006; Tournier, 2005).

A atitude

A atitude deriva da palavra latina *aptitudo* que significa a disposição natural para realizar determinadas tarefas.

A abordagem clássica tem considerado as atitudes como sendo multidimensionais com uma organização relativamente estável.

Vejamos o que sobre o assunto se tem referido no campo da psicologia.

A noção de atitude qualifica uma disposição interna do indivíduo face a um elemento do mundo social que orienta a conduta que ele adopte em presença, real ou simbólica, desse elemento (Doron & Parot, 2001).

Introduzida no séc. XIX, no âmbito da psicologia experimental, e tornada um dos conceitos centrais da psicologia social, a atitude representa a avaliação (positiva ou negativa) de diversas entidades, por exemplo: indivíduos, grupos ou instituições. A atitude ou reacção avaliativa a algo ou a alguém é, ainda, susceptível de medição.

Segundo o modelo tripartido clássico, proposto por Rosenberg e Hovland (1960), a atitude é uma disposição que deriva da organização de três componentes: afectiva, cognitiva e comportamental. A componente afectiva de uma atitude refere-se aos sentimentos subjectivos e às respostas fisiológicas que acompanham uma atitude. A componente cognitiva, refere-se às crenças e opiniões através das quais a atitude se expressa, ainda que, nem sempre sejam conscientes. A componente comportamental diz respeito ao processo mental e físico que prepara o indivíduo a agir de determinada forma.

A maioria das definições de atitude consideram apenas uma destas componentes, isto é, apresentam uma perspectiva unidimensional das atitudes, ou seja, uma atitude expressa a resposta avaliativa, favorável ou desfavorável, relativamente a um objecto da atitude (Fishbein & Ajzen, 1975; Ajzen & Fishbein, 1980).

Neste âmbito, Fishbein e Ajzen (1975) definiram a atitude como uma predisposição aprendida para responder de forma continuadamente favorável ou desfavorável em relação a um determinado objecto. Já,

Thurstone, em 1928, definiu a atitude como a intensidade de afecto favorável ou desfavorável em relação a um objecto psicológico.

As atitudes, numa perspectiva psicanalítica, são formas profundas de se ver a si próprio e a realidade. É através das atitudes que o ser humano coordena e delimita a sua relação e conduta com o meio envolvente.

Jaspars (1986) afirmou que as atitudes são adquiridas, ou seja, são o resultado da história de cada um de nós, sem negar que, como seres humanos, nascemos com determinadas predisposições iniciais que delimitam as nossas possibilidades e que constituem a nossa essência biológica. São estáveis, pois dificilmente se alteram e apresentam uma estrutura consciente. Todavia, são flexíveis, susceptíveis de adaptação e de alteração. Podem desenvolverem-se, enraizarem-se, dissiparem-se ou, até, perderem-se. A sua natureza é dinâmica e não estática. As atitudes mobilizam processos afectivos, volitivos, que favorecem (ou não) os impulsos da razão. Comportam uma carga motivacional, na medida em que os valores pretendidos pelas nossas atitudes são atingidos, conduzindo os nossos desejos, sensibilidades e vontades como segundo princípio motor de todos os actos e hábitos do ser humano.

A atitude enquanto realidade psicológica, apresenta diversas características provenientes das realidades físicas. Pode-se analisar como um *continuum* psíquico, ou seja, uma entidade que possui um início e um término, de forma a que se possa passar de um ao outro, através de variações de grau. Deste *continuum* destacam-se três características distintas: intensidade, dimensão e acessibilidade da atitude.

A intensidade da atitude expressa-se pela força da atracção ou da repulsa em relação ao objecto. Recorre-se a esta característica sempre que seja necessário determinar o grau de mudança da atitude. Uma sub-característica associada à intensidade é a extremidade. Se um indivíduo apresentar um sentimento positivo, pode manifestá-lo através de uma atitude positiva desde "ligeiramente" a "totalmente positiva". Quanto mais a opinião manifestada se aproximar das categorias extremas do *continuum* "discordo totalmente" ou "concordo totalmente" mais se está perante uma atitude polarizada.

A dimensão da atitude, reporta-se à complexidade e definição do seu objecto. Desta forma, uma atitude pode ser unidimensional se acarreta apenas um domínio da actividade comportamental e multidimensional se abrange vários domínios.

A acessibilidade da atitude define a durabilidade da associação entre o objecto da actividade e a sua avaliação afectiva. Quanto mais acessível, mais a latência da resposta é breve e mais a atitude é preditora do comportamento.

Para além destas características, as atitudes têm outras características básicas. Em primeiro lugar, as atitudes são inferidas da forma como os indivíduos se comportam. Em segundo, são dirigidas a um determinado objecto. E, em terceiro, são aprendidas, ou seja, advém da experiência.

Assim, e uma vez que as atitudes são aprendidas, podem ser alteradas. A atitude que se tem em relação a um determinado objecto pode facultar-nos uma razão para nos comportar de determinada forma relativamente a esse objecto.

As atitudes podem ter três funções: ajudam a definir grupos sociais; a estabelecer as nossas identidades, bem como, a desenvolver o nosso pensamento e comportamento (Schlencker, 1982; Pratkanis & Gweenwald, 1989). A primeira permite que um grupo de pessoas partilhe a mesma atitude relativamente a um mesmo objecto; por exemplo, a atitude partilhada em relação ao racismo pode conduzir a pessoa a desenvolver uma associação anti--racista. Assim, as atitudes são elementos relevantes para manter os grupos.

Uma outra função das atitudes é que estas contribuem para a auto--representação. Desta forma, as atitudes são relevantes nas representações que as pessoas têm de si próprias.

Por último, elas constituem elementos relevantes da vida cognitiva das pessoas. Conduzem à forma como se pensa, sente e age.

É possível afirmar que as atitudes são inferidas e não directamente observadas.

Ainda que existam divergências relativamente à definição do conceito de atitude, estas apresentam pontos em comum, isto porque consideram que as atitudes se referem a experiências subjectivas, pois exprimem o posicionamento de um indivíduo, ou grupo, construído através da sua história e por se referirem sempre a um objecto.

Desta forma, pode-se pressupor que diferentes pessoas podem ter atitudes diferentes face a um mesmo objecto. Assim sendo, esta variedade de posicionamentos não deverá ser vista como uma característica idiossincrática ou estável. As atitudes não se desenvolvem num vazio social mas são fruto da interacção social dos processos de comparação, identificação e diferenciação sociais que nos permitem situar a nossa posição face a de outros indivíduos num determinado período de tempo.

Metodologia

No presente estudo, não se aplicou uma escala de atitudes ou qualquer outro instrumento avaliativo mas apenas se pretendeu captar o sentido da valoração feita pelos reclusos quanto à pena que lhes foi aplicada.

Tal como investigações recentes (Manis, 1999) que estudam empiricamente as relações entre atitudes e crenças e o relacionamento entre as atitudes e o comportamento, ensaiou-se, de forma perfunctória, captar o sentido destas relações com base no discurso dos reclusos.

1. Descrição da amostra

A amostra é composta por 102 indivíduos, reclusos em vários estabelecimentos prisionais portugueses. Todos estes reclusos já haviam beneficiado de saída precária, razão pela qual haviam cumprido um tempo substancial da pena em que foram condenados. Dos 102 reclusos, 89 eram indivíduos em que a saída precária se efectuou com sucesso e 13 são referentes a casos de insucesso.

De uma forma sintética, as características da amostra mais relevante a destacar são:

- ✓ Quanto ao sexo, a amostra compõe-se de 93 homens e 9 mulheres;
- ✓ No que respeita à idade, a maioria da amostra (61,8%) situa-se entre os 25 e os 39 anos de idade;
- ✓ O estado civil é, prevalecentemente de solteiro, seguido de casado/ /união de facto, depois divorciado e, residualmente viúvo;
- ✓ Quanto às habilitações literárias, 33% possui o primeiro ano do ensino básico, 24,5% o segundo ciclo e 17% o nível de escolaridade mínima obrigatória;
- ✓ A nível de emprego, pese a diversidade, a maioria dos homens inclui-se na construção civil, e as mulheres são, sobretudo, domésticas ou vendedoras ambulantes;
- ✓ O crime prevalente é relacionado com estupefacientes, seguido por crimes contra o património e residualmente crimes contra pessoas e a vida em sociedade;
- ✓ O tempo de pena varia, para 76,5%, entre 3 a 9 anos.

É possível surpreender diversos vectores tendenciais na amostra se a considerarmos separadamente em razão do sexo.

Assim:

> No que respeita à idade as mulheres são, em média, mais novas do que os homens; as mulheres não ultrapassam em média o patamar dos 30 anos de idade, estando os homens prevalecentemente na faixa dos 40 anos de idade;

O sexo feminino tem menor escolaridade e regista maior percentagem de analfabetismo;
Em termos de média percentual as mulheres são mais severamente punidas do que os homens;
Contudo, entre as mulheres existe um maior equilíbrio (ou equivalência) entre as penas aplicadas, sendo que nos homens se regista uma maior disparidade nas penas aplicadas;
As respostas das mulheres são menos ambivalentes comparativamente com as dos homens.

2. Descrição do local

Os reclusos encontravam-se nos seguintes estabelecimentos prisionais: Alcoentre, Caxias, Funchal, Linhó, Lisboa, Monsanto, Sintra, Vale de Judeus, Hospital Prisional de S. João de Deus, Tires, Angra do Heroísmo, Horta, Caldas da Rainha, Montijo, Ponta Delgada e Polícia Judiciária de Lisboa.

Os primeiros 8 estabelecimentos são classificados de Estabelecimentos Prisionais Centrais, o Hospital Prisional de S. João de Deus e Tires são Estabelecimentos Prisionais Especiais e os restantes 6 são Estabelecimentos Prisionais Regionais.

3. Instrumento utilizado e sua aplicação

O instrumento utilizado para abordar os 102 indivíduos que compõem a amostra foi uma entrevista semi-directiva. Esta entrevista foi conduzida por uma equipa de psicólogas, sendo que as entrevistas se realizaram de forma individualizada garantindo a confidencialidade da pessoa que, voluntariamente, colaborou na sua realização. Para a realização das entrevistas foram obtidas as autorizações da Direcção-Geral dos Serviços Prisionais e, em cada um dos estabelecimentos prisionais, do respectivo director.

A entrevista tinha como objecto diversos âmbitos da vida do entrevistado (familiar, educativo, social, laboral, penitenciário) e como alcance último as saídas precárias prolongadas. É neste contexto que surge a questão objecto do presente estudo.

Essa entrevista já havia sido objecto de um pré-teste que assegurou a sua viabilidade.

4. Procedimento

A análise de dados iniciou-se com uma leitura flutuante de todo o acervo das entrevistas que revelou uma prevalência do discordar sobre as duas outras categorias. Com efeito, o discordar representa 59.81%, sobre 38.23% do concordar e 1.96% da recusa em formular um juízo.

Na categoria discordar, a sub-categoria com maior representatividade foi a de pena excessiva (25.49%), seguida por não cometimento do crime (19.61%) e, com menor expressão, a (não) individuação da pena (4.9%), recusa de oportunidade (3.92%), dificuldade na reinserção (2.94%), aversão à reclusão (1.96%) e, por fim, execução da pena (0.99%).

Por seu turno, na categoria concordar a prevalência destacada refere-se à adequação à pena (29.41%), seguida com valores muito inferiores a submissão à autoridade (5.88%) e pena inferior à esperada (2.94%).

Por fim, a recusa em formular um juízo (1.96%).

Quadro 1. Ordenado por categorias

N.º	Categoria	Sub-categoria	%
30	Concordar	Adequada à Pena	29,41
6		Submissão à Autoridade	5,88
3		Inferior à Esperada	2,94
26	Discordar	Pena Excessiva	25,49
20		Não cometimento do Crime	19,61
5		Não Individuação da Pena	4,90
4		Recusa de Oportunidade	3,92
3		Dificultar a Reinserção	2,94
2		Aversão à Reclusão	1,96
1		Execução da Pena	0,99
2	Recusa Formular Juízo		1,96
102	Total		100

De acordo com uma análise mais detalhada foram identificadas sub--categorias em duas das ccategorias, conferindo racionalidade a todo esse acervo de informação.

Quadro 2. Ordenado por ordem decrescente

N.º	Categoria	Sub-categoria	%
30	Concordar	Adequada à Pena	29,41
26	Discordar	Pena Excessiva	25,49
20	Discordar	Não Cometimento do Crime	19,61
6	Concordar	Submissão à Autoridade	5,88
5	Discordar	Não Individuação da Pena	4,90
4	Discordar	Recusa de Oportunidade	3,92
3	Discordar	Dificultar a Reinserção	2,94
3	Concordar	Pena Inferior à Esperada	2,94
2	Discordar	Aversão à Reclusão	1,96
2	Recusa Formular Juízo		1,96
1	Discordar	Execução da Pena	0,99
102	Total		100

É interessante verificar que, embora, a categoria do discordar represente 59.81% das respostas, é uma sub-categoria da categoria concordar que maior representatividade tem em todas as sub-categorias, referimo-nos a concordar por adequação da pena, com 29.41% de respostas.

Importa chamar a atenção, ainda, para o facto de apenas três sub-categorias terem uma expressão significativa, nomeadamente: adequação à pena (29.41%), pena excessiva (25.49%) e, finalmente, não cometimento do crime (19.61%). Todas as restantes sub-categorias oscilam entre 5.88% e 0.99%.

Em todo este cômputo, a categoria recusa em formular um juízo aparece com uma expressão residual.

Cruzando as categorias com as variáveis sexo, tipo de crime, habilitações literárias e tempo de pena, é possível surpreender algumas evidências significativas.

A maior discordância em relação à pena é-nos facultada pela faixa masculina no patamar etário dos 30 anos de idade que se encontra punida com a pena entre os 4 e os 7 anos de prisão.

É no crime de tráfico de estupefacientes que se encontra maior número de indivíduos que negam o cometimento do crime.

Verifica-se uma tendência para quanto maior forem as habilitações literárias, mais se expressa a discordância em relação à pena aplicada.

Nas penas mais elevadas a discordância prevalecente é a consideração de que a pena é excessiva.

Sendo as mulheres nas suas respostas menos ambivalentes, elas não registam caso algum de recusa em formular um juízo sobre a pena aplicada.

Algumas categorias e sub-categorias apenas se verificam na amostra masculina, assim: o concordar por a pena ser inferior à esperada; o discordar por não individuação da pena, por recusa de oportunidade, por dificultar a reinserção social, por aversão à reclusão ou, ainda, por motivos referentes à execução da pena.

Análise dos dados

Existem duas atitudes matriciais em relação ao assunto que nos ocupa: a dos que concordam e a dos que discordam da pena aplicada. Na análise dos dados separam-se as categorias de acordo com as ditas atitudes, acrescendo, por não se enquadrar em nenhuma destas, uma terceira categoria constituída por aqueles que se recusaram a formular um juízo sobre a adequação da pena.

Concordar...

Concordar é estar de acordo, em consonância, é aceitar algo. É dar aprovação ou considerar certo, consentir ou admitir.

Concordar é, ainda, estabelecer uma relação de equivalência ou proporção; condizer, no sentido de estabelecer o assentimento entre duas realidades.

Concordar é conformar-se, o que pode significar, a alteração de crenças ou de comportamentos por efeito de pressão de um grupo, no sentido de se pôr de acordo com as normas aprovadas socialmente (Fisher, 1996).

No presente estudo, surgem diversas respostas de reclusos que concordam com a pena que lhes foi aplicada e cumprem.

No entanto, a sua "conformação" à pena não é unívoca, no sentido em que a aceitação manifestada tem diversos enfoques ou "razões". São essas "razões" ou ideias preponderantes que se agrupam nas subcategorias que se passa a analisar.

Das respostas emergiram três grandes perspectivas: os que concordam por lhes ter sido aplicada pena inferior à esperada, os que entendem ser a pena a adequada ao crime cometido e os que aceitam a pena por submissão à autoridade.

Nem sempre estas perspectivas são absolutamente estanques havendo, por vezes, uma interpenetração que exige uma interpretação no sentido de verificar a ideia prevalecente, o que é um risco do intérprete que se assume.

(Pena) inferior à esperada

Perante o cometimento de determinado crime existe uma expectativa da pena que lhe corresponde, a oscilar dentro da respectiva penalidade, isto é, para cada crime existe uma pena que será concretizada pelo juiz entre um limite mínimo e um limite máximo, definidos na lei penal.

E, para além dessa moldura penal, existem circunstâncias que podem originar um agravamento ou uma diminuição da pena.

Ora, os reclusos disso têm conhecimento, de forma mais ou menos informada. Para além desta ideia, existem os casos semelhantes, já julgados e condenados, que lhes permite, por comparação, ter uma ideia aproximada da pena que lhes irá ser aplicada.

> "Claro que sim, claro que concordo! Uma pessoa comete um crime, tem que pagar por esse crime. Acho que... eu até levei uma pena leve... num processo que vai de 2 a 8 anos, eu levei 2 anos e 4 meses, foi o mínimo, não é?! E já reincidente... Sempre me mentalizei para levar 4 anos. Acho que é mais ou menos... depois a gente faz uma norma pré-estabelecida, não é? Fala com uns, fala com outros... O crime foi o roubo de um carro. A gente roubou... roubámos as pessoas que estavam dentro do carro e roubámos o carro."
>
> Manuel, solteiro, 32 anos de idade, marmorista, 6.º ano de escolaridade, cumpria 2 anos, 4 meses e 15 dias, por crime de roubo, no E. P. de Lisboa.

"Perante o que fiz... sinceramente, perante o que fiz... tinha consciência que não o devia ter feito... Foi um esticão, foi um esticão... tentativa de um esticão. Foi a primeira vez que o fiz... pronto, e... ia mentalizado para mais... Para mais do que 2 anos, pelo menos já me tinha preparado para mais... tinha que me preparar... Ao início poderia até não achar mas depois acho que teria que me ter mentalizado".

Márcio, solteiro, 22 anos de idade, pedreiro, cumpria 2 anos de prisão, por crime de roubo, no E. P. de Lisboa.

"Então, a pena vai de três a doze anos, deram-me o mínimo, quatro anos (...) três não, de quatro a doze... Eu sabia que um dia mais tarde podia-me acontecer isso, mas a gente, na altura sempre diz que só acontece aos outros, nunca acontece à gente. Quando a gente se vê na situação fica assim um bocadinho..."

Luís, solteiro, 33 anos de idade, motorista, cumpre pena de 4 anos de prisão, por tráfico de estupefacientes, no E. P. de Lisboa.

Em todos estes casos, existia uma expectativa por parte dos reclusos de que lhes seria aplicada uma pena mais gravosa. Nota-se o conhecimento das molduras penais e, ainda, dos casos semelhantes. Assim, o juízo de aceitação é formulado com base num conhecimento aproximado da lei e da prática judiciária que os entrevistados possuem mesmo antes da reclusão e/ou, em prisão preventiva, lhes chega dos casos de outros reclusos.

Também é interessante verificar que todos estes reclusos não só admitem o cometimento do crime como têm uma expectativa, mais ou menos remota, na data do cometimento do crime, de que lhes possa ser aplicada uma pena que aceitam como contrapartida do mal que sabem ter cometido.

A questão da pena inferior à esperada remete-nos para o problema da ineficácia da própria pena na medida em que o carácter punitivo desta supõe que ela seja sentida pelo destinatário como sanção. Como os estudos sobre a avaliação da pena vêm sublinhando, a modificação do comportamento por via de uma pena não prescinde do carácter punitivo desta (Azrin, 1960; Lovaas, Schaeffer & Simmons, 1965), embora sempre exista uma margem para as consequências não esperadas nem desejadas

(Walters & Grusec, 1977). Existem, ainda, as consequências da pena nas outras pessoas que não no arguido e, neste particular, uma pena demasiado leve para o crime cometido, surge como desadequada, pese o facto de o enquadramento arguido/vítima/outros seja incorrecto para conceptualizar a punição (Newburn & Stanko, 1994)).

Esta razão do concordar é privativa da amostra masculina porquanto não se registou esta resposta no universo feminino.

Adequada ao crime

A noção de adequação ou equivalência pressupõe a avaliação de situações, isto é, o conhecimento de duas realidades distintas as quais se encontram, de alguma forma, relacionadas. Em princípio, a avaliação pressupõe, por parte do indivíduo que avalia, conhecimento e liberdade. Com efeito, o indivíduo como sujeito psíquico e social tem a capacidade de pensar de forma autónoma e original, quaisquer que sejam os interditos. Assim, o caso dos reclusos que pese os interditos intrínsecos ao sistema em que estão inseridos, têm a capacidade de avaliar a situação em que se encontram (Sirota, 2005).

Mas existem casos em que a aceitação não provém de uma avaliação do binómio crime/pena, assumindo contornos *sui generis*.

"... eu até aceito o que me deram porque eu sou uma pessoa muito crente... à partida se Deus tinha esta missão para eu cumprir... eu só tenho que aceitar e levanto as mãos a deus e digo «obrigado meu Deus porque me trouxeste presa», porque compreendi o quanto eu estava a errar e que não tinha o direito de andar a matar os filhos dos outros lentamente, porque eu também tenho um filho que está numa instituição, da REMAR, ou como se chama... também era toxicodependente e graças a Deus que ele está a curar-se, por isso eu sinto na carne agora o que os pais dos outros sentiram também, por isso eu aceito a minha pena."

Maria, casada, 48 anos de idade, doméstica, cumpria pena de 5 anos e 6 meses de prisão por crime de tráfico de estupefacientes, no E.P. de Tires.

O percurso de aceitação da pena presente no discurso de Maria não passa por um juízo de equivalência ou de proporção, a correcção ou adequação da pena advém sim da sua justeza ou oportunidade a qual atribui a Deus que, desta forma, a fez compreender o mal do seu comportamento.

"Eu concordo porque no fundo o juiz tentou ajudar-me e eu menti... por isso tenho de concordar, não é? E em relação aos 5 anos de prisão... Tenho de aceitar porque no fundo eu não colaborei com a justiça, o que eu devia ter feito, se fosse hoje eu teria feito!»

Anabela, divorciada, 43 anos de idade, comerciante, cumpria pena de 5 anos de prisão por crime de tráfico de estupefacientes, no E.P. de Tires.

Mais um caso em que existe aceitação mas a resposta interpreta a pergunta não no sentido da adequação crime/pena mas sim como a pena sendo uma consequência necessária de toda a conduta da arguida. A pena é aceite face a atitude global da arguida, ela resulta correcta, na perspectiva da Anabela, pois é consequência do crime e da sua postura em julgamento.

"Concordo. Para aquilo que eu andava a fazer é. Foram 6 crimes de furto e 6 de roubo. Assumo todos. Porque é assim: o que andava a fazer era grave, não é? Eu metia-me na paragem a engatar os clientes, e é mesmo assim que se fala, não é? Levava-os para casa... Obrigava-os a darem-me tudo o que tinham com eles, ficavam lá fechados e eu ia levantar o dinheiro ao Multibanco, vinha entregava o cartão e assim... e muitos tentavam reagir e havia ali, pronto... puxei muitas vezes pistola, puxei muitas vezes faca... E acabavam por ceder, não é?"

Isabel, solteira, 27 anos de idade, doméstica, cumpria pena de 6 anos e 9 meses de prisão por furto qualificado e roubo, no E.P. de Tires.

No caso da Isabel, além de concordar com a pena que lhe é imposta, existe um juízo de adequação da pena aos crimes. Entende que a gravidade dos crimes justificam a pena aplicada.

Diferente dos juízos formulados pela Maria e pela Anabela, a Isabel é mais concreta e objectiva, aproximando-se das respostas da amostra masculina, como se irá verificar.

"Eu concordo, sim. Porque eu cometi crime... falta-me meses para 2/3...Nem maior, nem pequena, foi justo... Foi justa a pena de cinco anos. Cometi o crime."

Mamadú, solteiro, 43 anos de idade, carpinteiro, cumpre 5 anos e 6 meses por tráfico de estupefacientes, no E. P. de Alcoentre.

Além de adequada este arguido considera a sua pena proporcional, isto é, na justa medida.

"Concordo. Porque estou a pagar por aquilo que fiz. Tráfico... Sim foi justo, porque para além de consumir também... acho que foi uma pena justa. "

Hélder, solteiro, 39 anos de idade, pintor, cumpria pena de 6 anos, por crime de tráfico de estupefacientes, no E. P. de Lisboa.

"Concordo. Foi justa, foi justa, cometi o crime, a lei permite isso, pronto, tenho que cumprir. Foi de lição, serviu de lição."

Frederico, solteiro, 36 anos de idade, motorista, cumpria pena de 10 anos e 6 meses de prisão, por crime de tráfico de estupefacientes, no E. P. de Vale de Judeus.

Tanto o Helder como o Frederico vêem a adequação no sentido de uma correspondência necessária: ao mal cometido corresponde um outro mal, a pena.

"Em relação ao crime que foi, não, não vejo qualquer objecção... tinha uma pena de 12 anos e 9 meses, era um cúmulo jurídico, a pena era nove anos, eu recorri, não baixou nem aumentou, por isso. Era mau, era mau é se tivesse subido, aí é que era um bocadinho pior."

João, casado, 34 anos de idade, motorista, pena de 9 anos de prisão, por crime de tráfico de estupefacientes, no E. P. de Vale de Judeus.

A adequação surge no caso destes reclusos como uma aceitação. Não que exista um conhecimento da adequação técnica da pena ao crime cometido, mas sim uma conformação a um mal que advém dos factos porque foram condenados. Como se referiu no início do presente estudo, aceitar é concordar com algo que não depende de nós, configura um acto de vontade que, isso sim, depende do que somos.

A noção de justiça que emerge do discurso dos reclusos não é explicitada mas apenas assumida.

A menor densificação ou ausência desta nas noções de adequação e justiça, pode conduzir à ideia de que estes reclusos não interiorizaram as penas que lhes foram aplicadas mas apenas transmitem um sentimento de conformação. Com efeito, a conformação pode ser o resultado da necessidade de estar em harmonia com a sociedade, o que exige a aceitação das normas do grupo em que se insere e, portanto, das sanções. Mas a conformidade pode, ainda, significar dependência, no sentido em que o sistema impõe a submissão à norma e, portanto, a sua efectiva submissão produz aprovação social e, consequentemente, manutenção do indivíduo no grupo.

No último caso, o do João, a concordância com a pena é ambivalente porquanto, embora a aceite, ele recorre da decisão o que, em princípio, significa divergência em relação ao decidido. No entanto, o recurso pode ser utilizado como forma de "ver se pega", beneficiando o recorrente, independentemente de existir uma situação de injustiça que importe reparar.

Submissão à autoridade

Um dos aspectos essenciais da influência social é a submissão. A submissão apresenta-se de duas formas: a consentida e a que advém da força da autoridade. Força que se pode manifestar das mais diversas formas, sendo a mais insidiosa a que se traduz em rotinas, programas e práticas institucionais e que surge ao público com o rótulo de tratamento, educação, boas práticas, disciplina ou controlo.

A submissão consentida resulta da influência que impele outrém a comportar-se de forma diferente àquela que seria natural. Tem como causa a manipulação, a qual implica que se faça algo, julgando-se de forma livre, quando o não é.

Por seu turno, a submissão à autoridade consiste na modificação do comportamento por ordem de um poder, fonte de influência social. A autoridade coerciva corresponde ao "poder educativo" (Lobrot, 1973), o qual consiste em moldar as personalidades a fim de as tornar obedientes ao sistema (Lobrot, 1973; Mucchielli, 1979).

A submissão é a negação da razão, na medida em que nega a acção livremente reflectida. Como tal, o juízo de adequação que lhe subjaz é apenas formal ou aparente.

A punição feita pelo Estado tem como fundamento último, ao nível psicológico individual e colectivo, a instalação da sujeição e do medo, com vista a produzir conformidade e, por fim, concordância (Adams, 1998).

A conformação e a concordância dos indivíduos em relação a determinados factos e situações provém de diversos mecanismos, nem sempre racionais, sendo que uma vez assumida determinada prática, em regra, deixa-se de possuir sentido crítico em relação a ela, aceitando-a e, mesmo, defendendo-a.

Na arqueologia da punição, esta postura dos reclusos insere-se nas teorias imperativas (Henting, 1937), das quais a mais remota é a que atribui a punição a um comando divino; depois substituída pela noção de justiça, ideia impessoal e abstracta; posteriormente a de reparação jurídica, teorizada por Kant e Hegel. Nesse sentido histórico, a noção de dever compõe-se de três elementos: uma entidade superior; uma norma emanada dessa autoridade; e, uma crença na necessidade de acatamento dessa norma.

A obediência radica, assim, na obrigação de agir ou acatar segundo «uma regra de conduta heterónima» (Mendes, 2007). E, a convicção desse imperativo depende de uma interpretação que o sujeito faz das regras de conduta, este factor pode descaracterizar o carácter absoluto da imperatividade, relativizando a obediência e o dever.

Será o Juiz, investido de autoridade estatutária e, como tal, impessoal, quem, no caso dos reclusos, é a fonte da ordem ou do poder que importa acatar.

> "Concordo. Porque é justo! Porque possivelmente eu não podia deixar isto para outra pessoa vir cumprir no meu lugar. Eu pratiquei os roubos e se de alguma maneira eu tinha que pagar por isto, acho que... Eu não cheguei a ir a julgamento. Não pensava, nem se podia ser preso, nem nas consequências, não tinha consciência do que é que podia acontecer."
>
> Rui, solteiro, 26 anos de idade, padeiro, cumpria 3 anos e 6 meses de prisão, por crime de roubo, no E. P. de Lisboa.

"Concordo. Porque eu acho que... tinha de ser, não é? Chega a uma certa altura que a gente... por vezes até é bom... acontecer estas coisas às pessoas... Tive culpa... ninguém... como é que hei-de dizer? Eu não posso acusar terceiros... Outra pessoa qualquer que tenha andado comigo, que tenha influenciado a entrar nisso, mas não me obrigou, eu entrei naquilo porque quis."

Francisco, solteiro, peixeiro, 41 anos de idade, cumpria pena de 4 anos de prisão, por crime de tráfico de estupefacientes e furto qualificado, no E. P. de Sintra.

"Que remédio tenho eu. Não, não, eu até acho que está bem, dado o que aconteceu. Eu sou o próprio a dizer-lhes que o que eu fiz não se faz. E ainda por cima para 1.º castigo que eu levo desta natureza, porque eu nunca tive nada com a justiça, nunca me portei mal para ninguém. Nunca matei uma perdiz para comer... Concordo, concordo com tudo."

Manuel, viúvo, 50 anos de idade, carpinteiro, pena de 15 anos de prisão, por homicídio qualificado, no E. P. Vale de Judeus.

Nestes casos, os reclusos assumem o cometimento do crime e entendem que é "justo" a pena que lhes foi aplicada. No entanto, o "justo", não tem a ver com verdadeira adequação mas exprime, tão-só, a aceitação.

O "tive que pagar", "tinha de ser" e "concordo com tudo" são expressões que significam demissão dos reclusos no que respeita à avaliação da pena. Aceitam-nas sem as questionar o que é uma forma de se submeterem ao poder, à obrigação de acatar. Ora, o poder ou autoridade é das mais importantes fontes de influência social e, como tal, a postura assumida pelos reclusos constitui um processo psicológico de obediência (Fisher, 1996), desejado pela autoridade.

Esta aceitação é, também, uma obediência e uma resignação.

"É um bocado complicado mas eu, eu concordo, não posso concordar, mas aceito."

Pedro, solteiro, 31 anos de idade, desenhador, pena de prisão de 4 anos e 10 meses, por furto qualificado, no E. P. de Sintra.

O Pedro é exemplo de uma ambivalência em que concordar e aceitar se parecem excluir num jogo de palavras sem sentido. Ao fim ao cabo, o aceitar é concordar, pelo que o Pedro embora não queira verbalizar, acaba por concordar. O sentido útil da distinção estará em que ao dizer que aceita assume a decisão da autoridade como correcta, o que é diferente de dizer que concorda porque aqui implicava ser ele a aceitar.

O que está em causa, no caso do Pedro, como nos outros, é a submissão à punição, sendo esta a expressão da autoridade. Será, mesmo, a manifestação do "reflexo de submissão" (Mendel, 1971). O condicionamento, quebrando a resistência, origina que se crie a incorporação da ordem e do sistema de ordens até que o superego, auto-punitivo, passe a reflectir as regras e sanções impostas, obrigando a "partir de dentro" (Freud, 1905, 1922, 1988, 1989).

No limite, é possível afirmar que no caso destes reclusos o mecanismo de autoridade estatal produziu o seu efeito último: o de conformidade e/ou concordância.

Discordar...

Das respostas obtidas às entrevistas, resulta que os reclusos percepcionam a não adequação da pena de prisão – que cumprem –, de diversas formas. Com efeito, não aceitam nem se conformam com a pena que lhes foi imposta pelos mais variados motivos que, por vezes, nem sequer têm a ver com a pena propriamente dita, entre eles destacam-se os reclusos que discordam por considerarem a pena excessiva, comparativamente com o crime efectivamente cometido, por considerarem que não cometeram o crime, por entenderem que a justiça em Portugal não funciona, por entenderem que o crime e a pena deveriam ser outros que não os aplicados, etc.

Vejamos algumas das considerações mais expressivas, acompanhando-as de um breve comentário individual. Esses excertos, retirados dos discursos de diversos reclusos, podem ser agrupados em várias sub-categorias de acordo com a ideia preponderante. Embora, em alguns casos, se verifique num mesmo discurso diversas "razões" ou "fundamentos" para a discordância, por regra, a justificação é apenas uma. E, mesmo no caso de vários fundamentos, é possível destacar uma ideia principal.

Os grupos ou categorias encontrados são: (não) cometimento do crime; (não) individuação da pena; recusa de oportunidade; pena excessiva; dificultar a reinserção; aversão à reclusão; e, execução da pena.

(Não) cometimento do crime

Alguns reclusos discordam da pena de prisão que lhes foi aplicada, pois consideram que não cometeram o crime e foram privados da liberdade injustamente.

Em rigor, nestes casos não se formula um juízo sobre a adequação da pena porquanto ela nunca seria adequada, antes, não havia de ter sido aplicada.

"Não. Sou sincero, é assim. Não concordo, eu acho que cada um que está preso, ninguém concorda com a pena em si, é a realidade, é essa... Considero-me uma vítima sim porque eu acho que a lei não funciona, a lei não existiu para mim, não trafiquei, não trazia droga nas malas como está escrito no processo... Por isso eu não concordo, mas aceito-a porque eu aceito a vida, no dia-a-dia a vida, tenho que aceitar mesmo, não é? Estou cá vão fazer sete anos, mesmo que eu não aceite, tenho que a levar da melhor maneira. Não concordo. Acho que a lei devia ser revista, devia ser mais explicada, e expor mesmo ao fundo e os porquês... a justiça, é um peso incerto, acho que a justiça não devia ser seca, porque é assim, enquanto a justiça for seca, nunca se sabe quando está a fazer uma boa condenação ou uma má condenação, não é? Porque eu acho que as coisas têm que ser vistas com força e com calma, e não dizer assim: é mais um, é mais um que vai para o monte, não, eu acho que as pessoas deviam parar primeiro para pensar, não é? Porque é assim: não fiz mal... A justiça em Portugal merecia ser mexida, mas mexida ao fundo, não é aquelas coisas superficiais, que se mexem, altera-se uma vírgula, um ponto, vai tudo dar ao mesmo, não é?".

Quaresma, 36 anos de idade, modelo, cumpre 10 anos de prisão, por crime de tráfico de estupefacientes, no Hospital Prisional de S. João de Deus, Caxias.

O recluso parece afirmar que não cometeu o crime ou, pelo menos, não o cometeu como vinha descrito no processo; e, portanto, não pode concordar com a pena. Paradoxalmente diz aceitar a pena. Apesar de se conformar com aquela, considera-se injustiçado, uma vítima. Segundo ele, a lei portuguesa não funciona, uma vez que é aplicada sem ter em atenção factores que podem ser relevantes para a concretização do tempo de prisão. Não será uma resposta muito coerente, uma vez que, se não cometeu o crime havia de ser absolvido e qualquer pena sempre seria uma injustiça, nunca a poderia aceitar.

A atitude do arguido mais do que fundamento racional parece assentar na crença de que a justiça não funciona, esta relação entre a atitude e a crença poderá estar na base do referido paradoxo.

"Não, de maneira nenhuma. Quer dizer, se eu, se não há provas contra mim, não há provas contra mim, sou condenado à convicção, só porque há uma pessoa que disse que eu fui levar droga à Peneira, nunca me apanharam nada, só porque há uma pessoa... Que eu fui lá levar droga... Deram-me 7 anos e meio. Por isso não posso concordar de maneira nenhuma. Não cometi o crime, aliás, não fui só eu a "des-concordar" dessa... Porque os próprios advogados, não meus, os próprios advogados, que tiveram, muita gente, havia muitos advogados, os próprios advogados pediram recurso dos outros constituintes deles, isso quer dizer que fui mal condenado."

António, 49 anos de idade, carpinteiro, cumpre pena de prisão de 7 anos e 6 meses, por tráfico de estupefacientes, no E. P. de Vale Judeus

O António acha que foi condenado de forma injusta, pois não existiam provas suficientes para o incriminarem. Basearam-se, segundo ele, somente em factos que foram relatados por uma testemunha. Neste caso, não se coloca a questão da adequação da pena mas sim a verificação ou não do crime. Como para o recluso não houve crime, a pena sempre seria desadequada.

Como já foi referido anteriormente, esta categoria é prevalente nos casos do crime de tráfico de estupefacientes. Também é possível afirmar que, percentualmente, esta categoria é sobretudo do universo masculino.

(Não) individuação da pena

Existem reclusos que entendem que é aplicado o mesmo tipo de pena indiferentemente, sem que se tenha em linha de conta factores individuais relevantes na concretização desta. Segundo este grupo, havia de se ter em consideração a pessoa e as suas circunstâncias, o tipo de crime e o contexto em que foi cometido, a intenção (ou falta de) em cometer o crime. Desta forma, uns consideram que o crime foi cometido acidentalmente, isto é, não tinham intenção em cometê-lo, outros verbalizam a necessidade de analisar o motivo que esteve na base do crime. A estas razões, aditam outro tipo de motivos que não têm a ver com a aplicação da pena mas sim com a sua execução, o que tudo redunda na expressão da sua insatisfação.

Esta sub-categoria introduz no presente estudo a questão da personalização da pena que constitui um paradigma penal (Dréan-Rivette, 2005) ou um instrumento para pensar e aplicar a pena. Como já em 1724 Mabillon dizia (Thuillier, 1724) e, depois, em 1888 repetia Seileilles (1927), a pena deve ser adaptada à natureza física e espiritual do seu destinatário, é esta ideia que, a pouco e pouco, no séc. XIX, construiu o conceito da pena individualizada e, hoje, encontra-se plasmada na noção de personalização da pena, a qual não só pretende a adaptação da pena mas também a adesão do arguido à sua pena.

No entanto, a partir dos anos 70, os discursos sobre a neutralização e a prevenção geral (Christiansen, 1975; Blumstein e al., 1978; Buikhuisen, 1975; Guibentif, 1981) vêm pondo em causa a individualização da pena e, por via desta, a individualização do tratamento penitenciário.

"Quer dizer a justiça está para incriminar as pessoas, mas às vezes também depende dos crimes como eles são. E em Portugal não querem saber disso. Não devia ser assim. Está bem que houve uma morte. Seria culpado eu levar a mulher ao outro lado, mas nunca pensei de a mulher estar morta e, uma pena assim...penso que quando é assim deveria haver mais perguntas... Quando há pessoas que têm intenção de o fazer... mas eu não tinha intenção de o fazer. A justiça existe, ela é preciso existir porque há pessoas que... os crimes não são todos iguais, tem várias maneiras de serem feitos, os crimes não são todos iguais, por isso as penas deveriam de ser todas diferentes."

Joaquim, 64 anos de idade, trabalhador da construção civil, cumpre 13 anos de pena de prisão, por homicídio, no Hospital S. João de Deus.

Embora concorde que é necessário punir os crimes cometidos, considera que a pena de prisão que lhe foi aplicada não foi adequada ao crime que cometeu, uma vez que não tinha a intenção de o cometer.

Neste caso, a pena não é adequada ao crime porque, entende o recluso, o homicídio não foi voluntário. Tal, significa que a discordância do Joaquim é em relação ao crime porque foi condenado e, só por via deste, em relação à pena. No entanto, ele expressa a ideia da individuação da pena na medida em que apela à adequação do crime à pena.

"Não concordo, porque é assim, a respeito da justiça está bem feita, está é mal aplicada. Está mal aplicada porque, no meu caso, quem diz no meu caso diz o caso de muitas outras pessoas que andam a trabalhar honestamente, no meu caso, por exemplo, teve de ser... andar a trabalhar para as pessoas que não pagam, uma pessoa chega a uma altura que...Está certo que errar é humano, mas realmente a mente humana é um pouco perversa, muda rapidamente... Agora os 4 anos em que fui condenado foi injustamente, está certo que é reincidência, em certo aspecto eu sei que errei e não digo o contrário. Eu quando saí da primeira vez fui logo para a tropa... uma pessoa não é como que precisasse de dinheiro, mas uma pessoa vem a casa por uns dias de dispensa, para poder trabalhar, pois sempre é mais algum que entra... Há uma coisa que eu tenho metida na cabeça, é assim, não gosto de ser injusto para ninguém e não gosto que ninguém seja injusto para mim. Eu gosto de trabalhar, sempre fui uma pessoa que trabalhou e, pronto, é como toda a gente diz, é a lei da sobrevivência. "

Luís, 23 anos de idade, pedreiro, cumpre 4 anos de pena de prisão, por furto qualificado, no E.P. das Caldas da Rainha.

O recluso utiliza uma estratégia de culpabilização (Neuburger, 2008) a fim de se desculpabilizar a si próprio.

Luís não concorda com a sua pena de prisão, pois considera que cometeu efectivamente um crime mas tinha motivos para tal. Acha que foi injustamente penalizado, pois o seu comportamento apenas é resultante de um acto menos correcto proveniente de terceiros, os culpados. Como Luís afirma, apenas cometeu o crime de furto porque a sua entidade patronal não lhe pagava. A discordância do recluso é um pouco ambivalente, pois mais do que em relação à pena, se centra na própria condenação pelo crime. O recluso entende que existe uma cláusula de justificação ou uma verdadeira necessidade que descaracteriza o crime. No entanto, parece que a medida da pena também está em causa pois, afirma, quatro anos são "excessivos".

"Concordar, não concordo! Chego a um certo ponto de pensar que já é demais! Mas que fez bem, fez... Não sei... digamos que se formos ver a lei é assim, mas eu acho que eles regem-se muito pela tabela... é *deste crime*, não querem saber do passado, não querem saber o presente, é v*ais lá para dentro, se for preciso levas mais dois ou três*... e é como a gente costuma dizer aqui: *dão anos como quem dá... doces*, ou assim".

Ricardo, 26 anos de idade, pedreiro, cumpre 6 anos e 6 meses de pena de prisão efectiva, por furto qualificado, no E. P. de Lisboa.

Tal como o recluso anterior, também o Ricardo não tem uma ideia definida sobre a correcção da pena que lhe foi aplicada. Curiosas são as suas afirmações sobre a aplicação concreta da pena. A maneira de percepcionar a aplicação da pena como tabelar, por um lado, e discricionária, por outro, conduz a uma visão algo anárquica, porquanto se tratam de duas formas opostas e, entre si, excludentes de aplicação da pena. O que prevalece no seu discurso é, no entanto, a ideia de a pena ser algo de acidental, imprevisível e discricionária. Retira-se, ainda, do discurso do recluso, uma insurgência pela não personalização da pena "não querem saber do passado, não querem saber do presente", isto é, a pessoa histórica do condenado não é tida em conta.

A perplexidade do recluso, justificada ou não, introduz uma questão muito actual sobre o estado da problemática da individualização da pena, a saber: os valores previsibilidade e protecção da sociedade parecem sobrepor-se a todos os outros. Tal significa que se desenha um recuo em relação aos valores do início do séc. XX, sendo que se vem impondo uma doutrina neoclássica (Salas, 2001) que exige aos profissionais da justiça o proferirem decisões previsíveis e que acautelem, sobre todos os outros valores, a protecção da sociedade.

É interessante verificar que esta sub-categoria não se verifica entre o universo feminino, sendo privativa da amostra masculina.

Recusa de oportunidade

A ideia de oportunidade é utilizada por alguns reclusos como reacção à pena que lhes foi imposta, isto é, entendem que perante o crime e as circunstâncias em que foi cometido, além das suas condições de vida, seria conveniente a pena ser mais benévola. E mais benévola, tanto pode ser de tempo inferior como uma pena diferente ou, então, ser aplicado o mecanismo da suspensão da execução da pena. Essa pena mais benévola seria, no limite, conferir-lhes uma oportunidade na medida em que não sendo privados da liberdade manteriam os seus laços sociais, podendo provar que não mais delinquiriam.

Esta noção de oportunidade não coincide, assim, com a do princípio da oportunidade do exercício da acção penal, consagrada no nosso processo penal. Antes se reporta à fase de aplicação da pena, incidindo sobre a adequação desta ao caso concreto.

"Na minha opinião, acho que foi excessiva, para aquilo... Não, não concordo, eu acho só que é excessiva. Sim senhor, que condenassem, tudo bem, agora com o meu comportamento anterior, eu penso que com a pena suspensa, não ficaria nada mal a ninguém... E, dava oportunidade ao meu trabalho, eu mereço uma oportunidade, agora assim não me deram oportunidade nenhuma."

Jorge, 56 anos de idade, director de produção e exploração agrícola e similares, cumpre 9 anos de pena de prisão efectiva, por tráfico de estupefacientes, no E. P. de Vale de Judeus.

O Jorge, apesar de reconhecer ter cometido um crime, não concorda com a sua pena de prisão face ao seu comportamento anterior e considera que lhe deveriam ter aplicado uma pena de prisão suspensa na sua execução, dando-lhe, assim, uma oportunidade. Como não lhe foi dada essa oportunidade, a pena é excessiva.

"Não concordo muito... Então porque acho que deviam dar uma oportunidade às pessoas, porque se é a primeira vez qualquer pessoa pode errar, não é? E da primeira vez acho que deviam dar a pena mínima, e pronto ao ½ da pena dar uma oportunidade às pessoas. Pelo menos das pessoas que desconfiam, que é o meu caso, pronto até à data de hoje não tive problemas em estabelecimento nenhum, sempre trabalhei, respeito, sou respeitado e pronto acho que me deviam dar uma oportunidade, pelo menos ao ½ da pena, não é?"

Carlos, 35 anos de idade, estucador, cumpre 5 anos de prisão, por crime de tráfico de estupefacientes, no E. P. de Sintra.

O Carlos não concorda com a sua pena de prisão, pois considera que lhe deveriam ter dado uma oportunidade, pois foi a primeira vez e errar "qualquer pessoa pode errar". Além disso, o recluso refere a fase da execução da pena, fazendo alusão à concessão da liberdade condicional que, entende, deve ser concedida ao meio da pena. Existe, por parte deste recluso, uma discordância em relação à pena aquando aplicada e, depois, na sua execução. Curiosamente, não refere o crime cometido, abstraindo qualquer correlação entre este e a pena.

"Eu não concordo, não é?! Estava a pensar que ia levar uma pena suspensa. ... Só que nunca tinha feito, não é?! Prontos, podia dar-se uma oportunidade... podia ir a Tribunal e darem-me uma oportunidade.... Não, para aquilo que eu fiz não se justificava levar a pena que eu levei. Levei quase o mínimo do artigo que eu 'tava a levar, 'tava a levar o artigo 210, salvo erro, que era de 3 a 158 meses, depois fizeram o cúmulo, vim quase praticamente com o mínimo."

Pedro, 26 anos de idade, carpinteiro, cumpre 3 anos e 3 meses de pena de prisão efectiva, por furto qualificado, no E. P. de Lisboa.

A expectativa do Pedro de que lhe fosse aplicada uma pena suspensa na sua execução tinha como fundamento a ideia de que lhe dariam uma "oportunidade". E, a "oportunidade" traduzir-se-ia na suspensão da execução da pena pois, segundo ele, a pena de prisão foi "praticamente" o mínimo, tanto no crime agora condenado como, ao que parece, no cúmulo jurídico desta pena com outra(s).

O discurso do Pedro é particularmente confuso pois refere que a pena aplicada foi o "mínimo" mas, mesmo assim, entende que não se justificava. Ora, uma coisa é a pena e outra é o mecanismo de suspensão da execução da pena. O Pedro parece conferir ao mecanismo de suspensão da execução da pena o carácter de pena. Daí que a "oportunidade" que refere seja, na prática, o não cumprimento de pena.

Esta "razão" de discordar da pena aplicada foi apenas avançada pela amostra masculina, entre as mulheres não se registou esta resposta.

Pena excessiva

É duvidoso que a severidade das penas seja eficaz para apartar o agente da prática do crime. A dimensão histórica das penas confirma, precisamente, a ineficácia das penas severas (Rusche & Kircheimer,

1984). No entanto, a repressão surge como a mais simples e económica das respostas ao crime, sendo a alternativa seguida por todas as sociedades hodiernas, até porque proporciona a ilusão de segurança, ocultando as disfunções sociais com juízos morais e legais.

Nesta perspectiva, a maior gravidade da pena parece ser uma consequência natural de uma sociedade em que a insegurança constitui um problema crescente.

Do ponto de vista do destinatário, a pena é sentida como excessiva quando o mal infligido é supostamente mais grave do que aquele que é adequado ao mal cometido. Este sentimento de reciprocidade tem a ver com a noção de justiça e de injustiça, princípios éticos que expressam distintas valorações morais dos fenómenos sociais, sendo que o primeiro está ligado às noções de justificação e aprovação, e, o segundo, desaprovação e condenação.

Embora, exista uma carga subjectiva na aferição da adequação da pena ao crime, os reclusos pautam o excesso por comparação com outros casos semelhantes aos seus. Existem, ainda, as situações em que o excesso provém de o crime cometido não ter sido o crime porque se é condenado. Esta discrepância que, em rigor, não tem a ver com a adequação da pena num sentido estrito, pode, no entanto, provocar no recluso a sensação de injustiça, por "excesso" da pena aplicada. Por fim, existe o excesso derivado do próprio tempo de cumprimento da pena, é o do tempo excessivo.

A equivalência crime/pena é usualmente analisada numa perspectiva racional, insere-se na racionalidade da pena. No entanto, a (não) equivalência referida pelos reclusos é-o, sobretudo, sentida ou intuída.

Esta "intuição" da (não) equivalência vem chamar a atenção para um registo de conhecimento da pena que não usualmente equacionado pelos cultores da ciência da pena (Poncela, 1995).

Com efeito, a cultura ocidental é omissa quanto à teorização do grau de resistência à pena. Após a abolição das penas corporais, esta questão do excesso de pena que, objectivamente ou, então, na perspectiva do recluso pode configurar uma vitimização deste, não consta das preocupações académicas de qualquer um dos ramos do saber. Como Adams (1998) refere, é um assunto que fica fora do discurso popular, isto é, constitui uma questão "não grata" ou incómoda.

A adequação da pena ao crime tem uma tradução jurídica no Código Penal, concretamente nos artigos 70.º a 74.º. Curiosamente, os reclusos não evocam as razões jurídicas para fundamentar a sua discordância, antes recorrem a motivos que, ponderados, implicam um abaixamento na moldura penal, a fundamentos subjectivos que vêm da comparação de situações ou, então, da percepção pessoal do tempo.

"Sei lá, sinceramente, não... Não, deram-me dez anos, depois passou para oito... entretanto saiu o perdão de 99 e ficou em seis anos e seis meses. Sei lá, para o que eu fiz penso que é muito... Nunca pensei vir para a cadeia, mas assim fiz uma cura... sei lá, mas depois, pronto, comecei outra vez a consumir, e prontos, e depois optei, sei lá, em parar mesmo."

António, 28 anos de idade, electricista, cumpre 4 anos e 6 meses de pena de prisão efectiva, por furto qualificado, no E. P. de Lisboa.

Há reclusos que, apesar de não concordarem com a pena, conseguem nela reconhecer algum benefício. No caso do António é um benefício efémero, restrito ao tempo em que está recluído. Considera que a pena de prisão que lhe foi aplicada não foi justa, por excessiva, comparativamente com o crime que cometeu, contudo reconhece alguns benefícios, no sentido em que lhe permitiu fazer uma "cura" do problema da droga. Não explica, no entanto, porque considera que a pena não foi adequada ao crime que cometeu, embora sobre a pena inicial tenha recaído duas reduções. Parece, assim, haver uma desqualificação, por parte do arguido, em relação à gravidade do crime que é, concretamente, de furto qualificado.

"É assim, se eu concordo com a pena que me foi aplicada, para mim acho que é excessiva porque estou aqui por um acidente. Agora se formos a ver os valores, eu acho que a pena não é excessiva porque não há condenação que pague a vida de outra pessoa. Pronto nesse caso aí, mas agora o que eu acho é que eu estando preso doze anos (é quando faço os 5/6) eu acho que é muito tempo aqui que a pessoa perde, a desabituação de todos os hábitos que se tinha em liberdade, porque é muito tempo fechado."

Noel, 43 anos de idade, empresário, cumpre 14 anos de prisão, por crime de homicídio, no E. P. de Alcoentre.

Noel coloca a resposta em dois patamares diferentes: em termos gerais ou abstractos entende que a pena é adequada ao crime; no entanto, concretamente, isto é, no seu caso, reputa a pena excessiva. E é excessiva por duas razões: primeiro porque o crime teve como causa um acidente; segundo, porque a pena é demasiado longa, levando o recluso a perder hábitos da sua vida em liberdade.

Será, assim, possível afirmar que para este arguido a medida abstracta da pena é adequada mas a medida concreta, isto é, a aplicação feita pelo tribunal é desadequada, por excessiva, ao crime efectivamente cometido.

"Discordo. Discordo por isto, porque estava a traficar só para mim, e deram-me esta pena, de três anos e três meses... Exacto. Porque é um bocado pesada. Sim, acho que merecia menos. Mas foi o Juiz... Pelo facto de a quantidade ser pouca, e não haver provas em como não era para mim..."

Paulo, 34 anos de idade, electricista, cumpre 3 anos e 3 meses de prisão, por crime de tráfico de estupefacientes, no E. P. de Sintra.

Paulo considera injusta a sua pena, pois considera que o crime que ele cometeu, foi outro diferente do que foi condenado e que não ficou provado.

Porque ao crime que considera ter cometido, corresponde uma penalidade menos grave, o recluso entende que a pena é excessiva.

Mais um caso em que a adequação não é vista em sentido estrito, isto é, não em relação ao crime porque se é condenado, mas sim, em relação à situação que o recluso entende ter-se verificado, a situação sentida.

"Mais ou menos. Acho que é injusto, foi uma condenação muito alta para o crime que foi. Foi uma condenação muito elevada... Sim, estou mais revoltado porque foi injusto, foi uma condenação elevada... Eu sei cometi um crime mas não foi um crime por aí além."

Luís, 30 anos de idade, armador de ferro, cumpre pena de prisão de 4 anos e 1 mês, por deserção qualificada, no E.P. de Sintra.

A revolta é, não raras vezes, um dos sentimentos experienciado pelos reclusos, uma vez que julgam que a sua pena de prisão foi aplicada injustamente. O Luís é um, entre muitos outros reclusos, que se sente revoltado porque considera que a pena que lhe foi aplicada é excessivamente elevada para o crime que efectivamente cometeu. No entanto, não fundamenta a discordância, apenas a manifesta.

"Não concordo. Sinceramente não concordo. Para quem está aqui é muito... sete anos aqui dentro são muito tempo."

Manuel, 24 anos de idade, servente de pedreiro, cumpre pena de prisão de 10 anos e 3 meses, por crime de tráfico de estupefacientes, no E. P. do Linhó.

A razão da discordância do Manuel radica no próprio tempo de pena. Aqui, o excesso refere-se à dimensão temporal, o que introduz duas perspectivas diferentes: a objectiva e a subjectiva. A objectiva implica que o tempo da pena seja excessivo independentemente da percepção individual, corresponde à pena injusta, por excesso, de um ponto de vista legal e jurisprudencial. A subjectiva radica na percepção do indivíduo, isto é, introduz uma componente relativa.

No caso do Manuel, será a componente subjectiva que justifica a sua discordância.

Embora, o tempo seja, quando visto de uma perspectiva subjectiva, uma componente relativa, ele constitui um problema fundamental da existência humana, nele se traça o destino do homem. O homem cumpre-se no tempo. E, se para o homem o tempo assume o duplo sentido: de temor e de actividade criadora, em reclusão a redução desta origina o potenciar daquela, tornando o decurso do tempo mais penoso.

É neste enquadramento que se pode colocar a questão da resistência ao castigo que a pena em si constitui. Sendo a resistência perspectivada como uma dimensão do caminho para a mudança, ela havia de ser equacionada no momento da aplicação da pena. Ora, não se fala sequer do que seja a resistência à pena...

Esta resposta do discordar, por a pena ser excessiva, como se referiu, está directamente ligada a penas mais longas.

Dificultar a reinserção

A reinserção social é um dos objectivos prioritários do sistema penitenciário, sem ela a reclusão não é mais do que um castigo sem sentido. Sabendo isso, alguns reclusos verbalizam a sua discordância apelando ao facto de que a prisão apenas serve para dificultar a sua reinserção social.

A atitude destes reclusos assenta na crença da prioridade da reinserção social, não havendo uma preocupação de cumprimento ou expiação da pena por um crime cometido.

"Claro que não! ... Porque há outras maneiras! Por exemplo, eu não digo que não me prendessem logo, na altura... a partir do momento... Acho que sim! É muito tempo!... O tempo passa e eu tenho que orientar a minha vida, não é? Quanto mais tarde eu sair, mais tarde começo a orientar-me."

Luís, 39 anos de idade, cumpre 2 anos de pena de prisão efectiva, por tráfico de estupefacientes, no E. P. de Lisboa.

Luís não concorda com a pena de prisão. Considera que o tempo em que está recluído não lhe traz qualquer benefício, pois a prisão apenas lhe vai atrasar mais o processo de resocialização. A resposta traduz um repúdio pela pena de reclusão, na medida em que constitui um tempo inerte na vida do recluso. Não refere o crime, evitando equacionar a pena como consequência de um mal cometido. O raciocínio é de índole utilitária e individualista, a pena não lhe traz benefício, por isso não concorda com ela.

"É assim... eu concordar com a pena que me foi aplicada, não concordo. Não concordo só pelo simples facto de me estar a atrasar todo o processo de reinserção social. Porque eu sei que a minha recuperação e a minha reabilitação, vou ter que a continuar a fazer durante a minha vida inteira, mas que aquilo que foi, o que aconteceu, aos anos que aconteceu e dada a minha boa conduta, desde há sete anos para cá, inclusive o juiz que me condenou referiu isso no processo, não é?... que já dei provas de boa conduta e tudo isso... achei injusto, em parte eu sei que deveria de pagar o mal que fiz... Sim, claro que cometi o crime, só que eu sempre pensei que depois de tantos anos pudesse haver outra maneira de eu poder pagar o mal que fiz, não é?"

Paulo, 30 anos de idade, segurança, cumpre 1 ano e 6 meses de pena de prisão, por furto qualificado, no E. P. de Lisboa.

O Paulo discorda da sua pena de prisão, uma vez que, considera que esta dificulta o seu processo de resocialização.

Independentemente das finalidades teóricas dos sistemas penitenciários, a prisão, na sua dimensão prática e concreta, surge como um verdadeiro sistema social alternativo (Molina, 1997), com os seus sistemas de informação e comunicação, os seus agentes de controlo, as suas regras. Ora, este sistema alternativo vigora à margem da própria instituição penitenciária como sistema de controlo social, sendo que as finalidades de uma estão, em regra, em divergência ou, mesmo, em oposição com a outra.

Além de todos os reparos teóricos possíveis sobre o penitenciário, o certo é que o sistema alternativo pode, por si só, inviabilizar o desidrato da reinserção, objectivo prioritário do sistema penitenciário.

Esta subcategoria é mais uma resposta privativa do universo masculino.

Aversão à reclusão

A aversão é a conduta pela qual alguém se desvia de algo, constitui um comportamento de escapamento ou de evitamento. De uma perspectiva psicológica, constitui uma tendência afectiva que se opõe às pulsões, apetência e desejo, com as quais se incompatibiliza, originando conflitos. Em relação às pessoas, situações e objectos, atribui-lhes a ideia de perigo e/ou repugnância, originando reacções de fuga, defesa e agressão.

"Não, não concordo com a pena, nunca na vida pensei ser presa, eu tenho a 4.ª classe e do pouco que sei... ao longo do tempo que estou aqui nunca aprendi nada, porque isto não é uma escola. É insuportável..."

Angelina, 48 anos de idade, empregada fabril, cumpre 17 anos de pena de prisão, por crime de tráfico de estupefacientes e associação criminosa, no E. P. de Tires.

Angelina não concorda com a pena de prisão, pois entende que a prisão não lhe traz qualquer benefício, sendo "insuportável". O mal decorrente do cometimento do crime não é equacionado, apenas se pondera a própria reclusão. É uma resposta evasiva, no sentido em que não refere a adequação da pena ao crime cometido, reportando-se apenas à própria reclusão. Reclusão que lhe merece uma conduta aversiva, reportando-a de inútil.

Se inicialmente a postura da Angelina se aproxima daquelas inseridas na sub-categoria «dificultar a reinserção», a afirmação da insuportabilidade da prisão introduz um elemento novo, conducente a uma outra realidade.

Podemos caracterizar a atitude da Angelina como uma atitude polarizada em que a intensidade atinge um extremo.

É, no entanto, curioso que se aponte uma ausência de formação, na pendência da reclusão. Esta questão da ocupação do tempo de cumprimento da pena prende-se com as finalidades da reclusão as quais se traduzem na ocupação do tempo livre e no próprio trabalho prisional.

A utilização do tempo numa instituição total é da máxima importância para o equilíbrio psicológico do recluso (Molina, 1997).

Execução da pena

Uma vez aplicada a pena de prisão, o recluso entra numa nova fase, a da execução da pena. Embora jurisdicionalizada, esta fase compreende tempos e procedimentos distintos da precedente, a fase jurisdicional.

Será, em última análise, a fase da execução da pena que o recluso vê concretizar o tempo de reclusão, isto é, o tempo que efectivamente se vê privado de liberdade. Esta fase obedece a regras e princípios próprios (Rocha & Gomes, 2005), tendo como órgão jurisdicional próprio o Tribunal de Execução de Penas.

"Mais ou menos. Vão-me dar cinco anos quando, quando tinha resolvido logo a minha situação na altura, eu cumpri dezasseis meses, se também cumpri dezassete naquela altura cumpria mais algum que me dessem destas penas... Não foi depois de eu estar um ano e meio na rua, que me voltaram a pôr aqui dentro."

Nuno, 26 anos de idade, empregado de balcão, cumpre 5 anos de pena de prisão, por roubo e sequestro, no E. P. de Sintra.

O Nuno insurge-se quanto à execução da pena pois, podendo ser cumprida de forma contínua, não o foi. Acarretando a descontinuidade da reclusão com todos os inconvenientes daí decorrentes. Quanto à adequação da pena ao crime ele não se pronuncia.

Esta resposta apenas foi encontrada na amostra masculina.

Recusa em formular um juízo...

Um terceiro grupo é constituído por aqueles que se recusam em formular um juízo face à pergunta: concorda com a pena que lhe foi aplicada?

Um juízo é a expressão de um pensamento sob a forma de preposição enunciativa na qual se afirma algo sobre as coisas.

Perante uma situação hostil, geradora de angústia, é possível reagir de formas diversas, um expediente possível consiste em omitir uma posição ou um juízo sobre a situação. Este mecanismo, revela, sobretudo, desconforto ou aversão sobre essa situação. No entanto, ele surge como uma defesa, omite-se para não tornar demasiado patente uma situação desconfortável.

O evitamento é uma das vias para escapar à angústia, ele constitui uma recusa em relação à situação, ideia ou sentimento gerador de desconforto e sofrimento. O evitamento pode ser consciente ou mero mecanismo de defesa não consciente (Horney, s/d), sendo que, quando a recusa se produz automaticamente, ela configura o fenómeno da inibição, a incapacidade de fazer, sentir ou pensar determinadas coisas.

A postura do recluso pode, ainda, constituir uma rejeição, isto é, uma reacção negativa, de indiferença. Indiferença perante uma realidade que lhe é hostil, penosa e que se impõe de forma incontornável.

"Não concordo nem discordo, não penso muito, não penso muito sobre isso. Só penso que... é verdade que eu estava a traficar, é verdade..."

Paulo, 32 anos de idade, vendedor, cumpre 4 anos e 6 meses de pena de prisão efectiva, por tráfico de estupefacientes, no E. P. de Lisboa.

Em determinado tipo de situações, ditas de crise, é possível desenvolver alguns mecanismos de defesa (rejeição em aceitar o facto). O Paulo é um bom exemplo deste tipo de situação, prefere não pensar muito sobre a questão da adequação da sua pena de prisão. Esta operação defensiva mantém fora do campo da consciência pensamentos e sentimentos, perante uma situação ou realidade exterior adversa que lhe é imposta.

Este tipo de resposta não foi encontrado na amostra feminina.

Discussão

Estando em causa a percepção do justiçado, cumpre sublinhar que o estudo incide sobre a forma mais gravosa da repressão penal, isto é, a pena de prisão. Os resultados devem ser lidos à luz da aludida restrição.

Um outro reparo que deve ser feito ao presente trabalho é o de que ele se inscreve numa postura metodológica que parte da investigação empírica para, depois, chegar aos discursos sobre a prisão e o penitenciário.

Esta postura metodológica insere-se numa tendência recente (Faugeron, 1996) para a qual é a realidade que determina o modelo e não o inverso.

A assunção desta postura produz resultados mais fiáveis mas menos abrangentes.

Vejamos, então, o que resulta do presente estudo.

Categorias e subcategorias

De uma perspectiva quantitativa o estudo revelou alguns resultados surpreendentes.

O primeiro é que, embora a nível geral (de categoria), a resposta vá no sentido da discordância da pena, a um nível mais concreto (de subcategoria), a prevalência vai para a concordância da pena, por ser adequada.

Esta disparidade, leva-nos a questionar as subcategorias, no sentido de perceber a racionalidade dos resultados.

Assim, a subcategoria "adequada à pena" e a de "pena excessiva" constituem 54,9% das respostas, traçando as opiniões em dois campos opostos: os que aceitam a pena por adequada e os que a não aceitam por excessiva.

Com expressão aproximada destas duas subcategorias, existe apenas uma outra, a que discorda por negar o cometimento do crime (19,61%). Ora, esta subcategoria coloca um problema de equiparação com as precedentes, se aquelas são respostas a uma pena esperada, esta última supõe que não houvesse pena alguma.

Recorde-se que a pergunta era: "concorda com a pena que lhe foi aplicada?". Esta pergunta aberta permitiu um leque amplo de respostas que, nem sempre, tem a ver com a adequação da pena. Tal é o caso da discordância por não cometimento do crime, aqui não tem sentido a condenação e, por via da respectiva consequência que é a absolvição, a própria pena.

Assim, se retirarmos a subcategoria de discordância da pena por não cometimento do crime, o resultado geral inverte-se, sendo a categoria concordar com expansão de 56%, a de discordar em 42% e a recusa em formular um juízo em 2%.

O que se referiu vem, certamente, mitigar qualquer conclusão peremptória, no sentido de imputar uma prevalência nítida a uma atitude de aceitação ou de negação perante a pena aplicada.

As três aludidas subcategorias – adequada à pena, pena excessiva e não cometimento do crime – representam 74,51% da amostra, dando uma pequena margem percentual a um elevado número de outras subcategorias.

Estas restantes subcategorias têm uma expressão quantitativa muito reduzida, assumindo interesse apenas de um ponto de vista qualitativo.

Ora, será a abordagem qualitativa que confere maior interesse ao presente estudo.

Inseridas na categoria concordar, existem as subcategorias: "adequada à pena", "submissão à autoridade" e "inferior à esperada". A primeira e última subcategorias radicam num juízo de correspondência, a "adequação" por correcção e a "inferior à esperada" por defeito. A subcategoria "submissão à autoridade" introduz um outro tipo de atitude, já não está em causa uma aferição mas uma mera aceitação. Em suma: mais do que uma variedade de respostas, encontra-se uma diversidade de atitudes que radicam em pressupostos diferentes.

Passando à categoria discordar e dela retirando a subcategoria "não cometimento do crime", por se fundar em pressupostos diferentes das restantes, como se referiu, restam: "pena excessiva", "não individuação da pena", "recusa de oportunidade", "dificultar a reinserção" e "aversão à pena".

Analisando cada uma destas subcategorias individualmente, verifica-se que a resposta pela "pena excessiva" radica num juízo de correspondência ou adequação; a "não individuação da pena" já apela ao processo de aplicação da pena; a "recusa de oportunidade" e a "dificuldade de reinserção" são respostas que não se dirigem à pena propriamente dita mas sim às consequências desta; e, a "aversão à pena" que constitui uma atitude de evitamento.

Por fim, a "recusa em formular um juízo" como categoria autónoma, a qual, em rigor, não é um juízo sobre a adequação da pena mas sim uma atitude perante a pergunta "concorda com a pena que lhe foi aplicada?".

Resumindo: em termos de apreciação da pena imposta existem, verdadeiramente, apenas quatro subcategorias: "adequada à pena", "inferior à esperada", "pena excessiva" e " não individuação da pena".

As restantes subcategorias não se referem a uma apreciação da pena mas sim a questões que se prendem com a execução da pena ou com as consequências da execução da pena, e com estratégias de evitamento perante a pena.

A circunscrição do trabalho às categorias estritamente referentes à pena pode permitir um maior rigor metodológico mas perde em riqueza de análise pois, a diversidade das restantes subcategorias, permite desvendar horizontes que enriquecem a problemática do objecto de estudo. E, esses horizontes prendem-se com as preocupações e expectativas dos reclusos em relação à pena que lhes é aplicada, eles dizem de realidades que apenas mediatamente têm a ver com a aplicação da pena mas que para o destinatário dessa pena surge como prioritário ou determinante.

Concretizando: para 5,88% da amostra, a questão da adequação da pena não se lhes coloca pois, sendo ela aplicada por um juiz, não tem de ser questionada mas simplesmente aceite, é a "submissão à autoridade"; para 3,92% da amostra, a pena sempre seria desadequada pois a sua aplicação constitui uma recusa de nova oportunidade, é a "recusa de oportunidade"; para 1,96% da amostra, a pena sempre seria desadequada pois a prisão não é uma alternativa válida, é a "aversão à reclusão"; para 0,99% a questão da adequação não se coloca na pena em si mas sim na execução desta, é a subcategoria "execução da pena". Todas estas atitudes, marginais em relação à equivalência da pena ao crime cometido, merecem reflexão individualizada.

A primeira, com pequena mas não insignificante expressão, reporta-se a uma atitude, que é prática referir, como estando em crise: a "submissão à autoridade". Esta atitude evita o questionamento, aceitando o resultado como bom, com referência à fonte ou origem do mesmo. A autoridade, por respeito, obediência ou medo, impõe-se como fonte incontestável de decisão. Ela faz supor uma relação de subordinação ou dependência. Esta concepção de autoridade é considerada arcaica (Ardoino, 2005) por contraposição com noções mais recentes que aproximam o conceito aos termos autorização, reconhecimento e poder.

A propositada ausência de juízo quanto à pena que lhe é aplicada, por respeito à autoridade, revela uma subordinação ou, então, uma auto-exclusão de qualquer referencial, isto é, uma indiferença intelectual perante a pena. Essa indiferença, a existir, inscreve-se na excepcionalidade em que o recluso se encontra, como Frankl (s/d) refere "dentro de uma situação anormal, a atitude normal é uma reacção anormal".

A "recusa de oportunidade" é uma subcategoria que encerra uma atitude de evitamento em relação à pena. A oportunidade tem a ver com o que é apropriado a determinado momento, a um dado lugar, a uma certa circunstância. Para os reclusos que se inserem nesta subcategoria, a pena de prisão não lhes é oportunamente aplicada pois revela-se prejudicial nas concretas circunstâncias da sua aplicação, pretenderiam estes reclusos que se susta-se na aplicação da pena a fim de o decurso do tempo conferir sentido ou, pelo contrário, inconveniência na sua concretização. Este adiamento que em termos legais equivale ao instituto da suspensão da execução da pena ou, em fase anterior do processo, à suspensão provisória do processo, supõe um juízo de prognose favorável que, nestes casos, os reclusos têm por verificado. A avaliação que de si fazem, destacando-se do cometimento do crime e da consequência jurídica do mesmo, permite a estes reclusos uma atitude que não questiona a pena mas sim a aplicação ou concretização da mesma.

Uma outra atitude que evita a avaliação da pena é a que afasta a pena privativa de liberdade como uma solução para o crime. A reclusão, segundo estes reclusos, não tem justificação, é um mal inadmissível, inútil e prejudicial, razão pela qual a pena de prisão nunca é adequada, independentemente do crime cometido.

Esta atitude de evitamento ignora o juízo de reparação que subjaz à pena. Constitui uma recusa de avaliação por verificação de uma crença impeditiva do processo reflexivo.

Curiosamente, esta postura de inadmissibilidade da prisão como solução para o crime é perfilhada por numerosos estudiosos (Rivera Beiras, 2003; Worral, 1997). O que no fundo se questiona é a inutilidade do tempo de reclusão, a desumanização desse tempo de reclusão e a despesa pública na manutenção desta solução. No nosso estudo, o fundamento referido pelos reclusos é o da inutilidade...

Por último, a subcategoria "execução da pena", a fazer deslocar a apreciação da pena para a sua execução. A questão de execução da pena surge porque é na execução da pena que se traduz, concretamente, o tempo de efectiva reclusão. Como tal, a atitude dos reclusos quando confrontados com um juízo de aferição da pena, a transferir esse juízo para a própria forma de concretização da pena.

Esta última subcategoria revela a preocupação pragmática do recluso perante um tempo que importa ser concretizado, a pena de julgamento não é a pena que efectivamente se cumpre, é sim a estabelecida pelo juiz de execução das penas que, a partir do momento em que transita a decisão condenatória, realmente interessa ao recluso.

A racionalidade punitiva

A racionalidade punitiva corresponde à coerência e inteligibilidade de cada discurso sobre a pena. Como refere Foucault (1980), não existem práticas sem um certo regime de racionalidade.

De entre as diversas possibilidades de destrinçar as racionalidades punitivas, uma existe que distingue a racionalidade prospectiva da racionalidade restitutiva (Poncela, 1995). A prospectiva contém um projecto de futuro. A restitutiva aspira à equivalência.

O título do presente estudo sugere uma perspectiva restitutiva, isto é, ao questionar-se pela adequação da pena ao crime, coloca-se o problema ao nível da pena merecida e proporcional. Esta perspectiva, a coberto de um neo-kantismo penal, foi defendida por Von Hirsch (1976, 1987) e Rawlls (1973) mas a ideia de equivalência, sem mais, pode resvalar para sistemas vindicativos que actualmente carecem de racionalidade.

Por outro lado, a noção de equivalência é utópica, seja ao nível do crime cometido/pena aplicada, seja ao nível da consciência do juiz/consciência do justiçado. Como Hegel (1821) demonstrou, não é conforme a razão proporcionar o castigo ao crime, isto é, a equivalência crime/pena é impossível e apenas se coloca ao nível do entendimento e não da prática.

Ora, então, o que justifica o título do presente estudo?

Tal como Hegel refere, colocar a pena como equivalência ao crime cometido só é possível na esfera da abstracção, no direito abstracto. É esse exercício de abstracção que permite o título, não havendo qualquer assunção de racionalidade punitiva. Aliás, hoje, as diversas racionalidades punitivas complementam-se, não sendo defensável sustentar uma em exclusividade.

O termo adequação é introduzido para significar a relação de equilíbrio crime/pena pois a expressão percepção da pena não possui, por si só, essa dimensão relacional.

Posto este esclarecimento, importa enquadrar as respostas obtidas nos sobreditos sistemas de racionalidade punitiva.

As subcategorias "adequação à pena", "inferior à esperada", "pena excessiva" e, de certa forma, a "execução da pena" pressupõem um tipo de racionalidade restitutiva que pode radicar na expiação, reparação ou retribuição. Ora, a pena, neste tipo de racionalidade, funciona como uma restituição medida em função do crime cometido, pretende atingir a equivalência, com a expiação da pena, a pagar o mal cometido.

Por seu turno, as subcategorias "recusa de oportunidade" e "dificultar a reinserção", inserem-se numa racionalidade prospectiva, a pena deve ser útil.

Também a "(não) individuação da pena" se situa, na perspectiva dos reclusos, no mesmo tipo de racionalidade prospectiva, ela pressupõe uma aplicação e execução da pena calculada para, mediante, a sua especificidade e adequação ao caso, servir como melhor dissuasão, emenda ou correcção.

As restantes subcategorias não permitem uma inclusão clara numa das duas racionalidades punitivas, em rigor, elas não manifestam uma racionalidade que tenha a ver com a pena. Apenas, aparentemente, constituem uma posição sobre a pena, concretizando: o "não cometimento do crime" posiciona-se antes da pena, evita a pena; a "submissão à autoridade" e a "aversão à reclusão" são reacções à pena que não a problematizam, uma aceita e outra recusa mas ambas por razões exteriores à lógica da aplicação da pena.

Será interessante registar que o universo feminino não apresenta um número apreciável de "razões" quando concorda com a pena aplicada e, sobretudo, quando discorda dessa pena.

Motivos como concordar por a pena ter sido inferior à esperada ou, então, discordar por a pena não estar individualizada, por a pena negar uma oportunidade que se esperava, por a pena dificultar a reinserção, por motivos relacionados com a execução da pena, além de respostas ambivalentes ou, ainda, na recusa em formular um juízo, estão ausentes nas respostas da amostra feminina. O que significará esta disparidade? Será que existe uma racionalidade punitiva masculina e outra racionalidade punitiva feminina?

Explicar o porquê do acordo ou, então, da discordância revela a estrutura subjacente ao indivíduo, as suas crenças e receios. Tudo isso configura uma postura perante os outros e a realidade. E, insiste-se, a atitude é preditora do comportamento.

A ausência de ambivalência nas respostas e a constatação de não haver recusa em formular um juízo face à pergunta sobre a pena que lhes é aplicada já é em si significativa. Se a tal se aditar a ausência de todas as outras respostas, é possível questionar se a razão que lhe está subjacente não irá além de uma postura mais pragmática e constituirá, mesmo, uma outra postura distinta da dos homens.

Avaliação das penas

Sendo uma realidade social que remonta às origens do homem, a pena é um fenómeno que tendo chamado a atenção de filósofos e pensadores, persiste em manter um discurso sobretudo teórico. Com efeito, além de se reequacionar sistematicamente as teorias das penas, pouco se tem estudado cientificamente sobre a pena e, concretamente, a eficácia das penas, assunto este fulcral para o sistema penal.

Os escassos estudos avaliativos das penas restringem-se à sua eficácia.

A questão da eficácia que é, normalmente, reduzida à recidiva (Lipton, Martinson & Wilks, 1975; Kellens, 1982; Mortinson, 1974; Tournier, 1988; Kensey & Tournier, 1991; Faugeron & Le Boulaire, 1992).

Quando não é reduzida ao problema da recidiva, aborda as questões das representações sociais da dissuasão (Chiricos & Waldo, 1972), da interiorização mínima das penas (Zimring & Hawkins, 1973), da necessidade de manutenção da aplicação da ameaça penal (Buikhuisen, 1974; Riley & Mayhew, 1980), da interiorização da ameaça penal (Zimring & Hawkins, 1973; Moffitt, 1983; Killias, 1991), da importância da certitude e severidade na aplicação das penas (Moffitt, 1983; Le Boef & Landreville, 1988; Ross, 1982; Jacobs, 1988) e, ainda, sobre a eficácia das penas (Killias, 1991), esta restrita a uma análise meramente estatística.

Todos os referidos esforços de investigação, representam as primeiras tentativas num objecto de estudo praticamente por explorar.

O presente trabalho inscreve-se no âmbito alargado do objecto de estudo da pena e, privilegiando a simbólica representada pelos reclusos, pretende desvendar o lado do destinatário da pena para, com ela, iluminar o problema no seu conjunto.

No entanto, o presente estudo mostrou que, a percepção da adequação da pena não constitui uma preocupação prioritária de muitos reclusos e, ainda menor, é a preocupação pela relação crime/pena, por muito paradoxal que isso possa ser. Parece, assim, haver no horizonte de preocupações dos reclusos realidades diferentes da correcção jurídica da equivalência pena/crime.

Conclusão

Não pode o presente estudo apresentar uma conclusão inequívoca quanto ao sentido das duas principais categorias. E, não o pode fazer pelas razões metodológicas referidas no capítulo precedente.

Essa impossibilidade de fazer prevalecer a atitude que concorda com a pena aplicada, sobre a atitude que discorda da pena aplicada (ou vice-versa), é, ela própria, uma conclusão interessante. Essa indecisão pode significar uma partilha de atitudes de expressão muito semelhante, o que afasta a ideia de que existe uma atitude prevalecente por parte dos reclusos quanto à pena que lhes foi aplicada.

Perante esta divisão, é possível destacar as atitudes que equacionam a aplicação da pena como uma questão de equivalência ou de justa medida (crime/pena) e, entre estas, a maior expressão corresponde ao entendimento de que a pena aplicada é adequada, das que equacionam a pena de formas diversas e, porventura, fora da lógica da equivalência crime/pena.

Diversidade que, sendo em termos percentuais diminuta, tem a particularidade de introduzir diversas questões referentes à pena num sentido amplo: a reinserção, a reclusão, o princípio da oportunidade, a obediência à autoridade, a execução da pena, ...

Ao chamarem à colação todos estes assuntos, os reclusos dizem das suas preocupações. O assentimento (ou não) à pena é, nestes casos, mero pretexto para manifestar outro tipo de preocupações, desde o desagrado pela reclusão, a desilusão pela não aplicação de critérios de oportunidade, até ao desespero por uma execução da pena tortuosa. Ao fim ao cabo, é todo o sistema jurídico-penal e penitenciário que se evoca nas respostas dos reclusos.

Um dado que ressalta da amostra é o da não assunção do crime por uma parte significativa (19,61%) dos reclusos. Teria sido interessante averiguar qual fôra a postura destes reclusos em audiência de julgamento.

Uma ausência relevante é a supressão quase absoluta do raciocínio jurídico para avaliar ou censurar a medida da pena aplicada. Porque a pena lhes foi aplicada segundo critérios jurídicos, seria de esperar que este tipo de argumentação surgisse, ainda que de forma incipiente, nas razões dos reclusos. Esta ausência pode ter diversas explicações do ponto de vista dos reclusos: falta de formação/informação sobre o jurídico, baixa escolaridade e falta de motivação para se inteirarem da decisão que sobre eles recai, incapacidade/aversão a aceder a uma realidade (a jurídica) que lhes é distante/inacessível, ... Mas pode, ainda, ser explicada de um ponto de vista exterior, a do aplicador e do sistema: as opacidades do sistema judicial, o distanciamento entre os órgãos decisórios e o seu utilizador ou destinatário, o elitismo da cultura jurídica ...

A esta perplexidade, adita-se a categoria "recusa em formular juízos", a atitude de evitamento a uma situação hostil.

No que respeita à lógica de equivalência crime/pena, tanto a concordância como a discordância constituem, na maioria, atitudes matricialmente carentes de fundamentação, isto é, concorda-se por se entender adequado ou justo, discorda-se por se entender injusto e desadequado ao crime. Manifesta-se o sentido da atitude, sem aditar razões. A componente subjectiva prevalece sobre o discurso racional e fundamentado. É, assim, possível afirmar que o trabalho evidenciou sentidos, atitudes, carecendo de "razões" que os fundamentassem. No entanto, a indicação de sentidos e atitudes é, por si só relevante, pois se o primeiro identifica questões e problemas, o segundo conduz aos comportamentos.

Destoando do conspecto geral, neste particular da equivalência, é possível surpreender algumas componentes de fundamentação: os que inserem a pena concreta na moldura penal do crime cometido; os que pautam a pena por casos semelhantes; os que reputam o tempo da pena excessivo.

Os que apelam à pena abstracta demonstram um conhecimento da lei, sabem do tempo máximo e do tempo mínimo de prisão a que estão sujeitos ao serem condenados. São reclusos "instruídos", conhecedores da lei penal. No entanto, na maioria, o seu conhecimento queda-se pela moldura penal, a operação de concretização é, para eles, omissa.

Depois, os reclusos que pautam a pena de acordo com casos semelhantes aos seus. Trata-se, em regra, de um conhecimento adquirido em reclusão e radica num juízo de justiça equitativa, de nivelação: crimes iguais implicam penas iguais. A desadequação oriunda deste tipo de racionalidade dá origem à sensação de revolta dos reclusos em relação ao sistema sancionatório e, em particular, ao decisor, isto é, ao magistrado judicial. Esta perplexidade é, no entanto, complexa porquanto se insere na compatibilização entre o princípio da legalidade, o princípio da igualdade e a individualização da pena. Recorde-se que a disparidade das penas perante situações semelhantes não mereceu, no presente estudo, a evidência que seria de esperar face alguns trabalhos teóricos, já citados, neste domínio da aplicação da pena.

Por fim, os reclusos que reputam o tempo da pena excessiva. Este juízo quanto ao cumprimento excessivo da pena tanto radica na percepção subjectiva dos reclusos como advém da comparação com outras penas (e outros crimes) e, ainda, do conhecimento de outros sistemas penais estrangeiros nos quais as penas são, concretamente, sensivelmente mais baixas.

Num conspecto geral, será possível afirmar que existe um divórcio entre a aplicação concreta da pena, feita por um juiz e, eventualmente, discutida por advogado e Ministério Publico, e a percepção dessa aplicação pelo destinatário da pena.

Esta conclusão é paradoxal e preocupante, na medida em que a fundamentação da sentença, na qual se insere a expressa concretização da pena, tem como uma das suas principais razões o de esclarecer o destinatário. A não compreensão da pena e/ou a justiça dessa pena, por parte do destinatário será um mau presságio quanto à eficácia da própria pena.

Existindo esta clivagem, arrastando consigo não só a aberração e falta de racionalidade que lhe está intrínseca mas, ainda, a deficiente eficácia que lhe está subjacente, é pertinente questionar o sistema legal e judicial que permite e/ou impõe que se verifique essa clivagem. Esta questão está umbilicalmente relacionada com um sistema de justiça que adequado a um determinado modelo de sociedade, vigora, ainda, quando esse modelo foi sendo substituído por outro em que os valores, os tempos e as expectativas dos cidadãos se configuram de forma novel e distinta da pretérita.

Para que tal clivagem se atenue, seria necessário, por um lado, simplificar a aplicação da justiça, aproximando-a da compreensão do cidadão e, por outro lado, instruir o comum cidadão sobre a própria justiça e o seu funcionamento. Por fim, importaria esclarecer o cidadão recluso de todo o enquadramento legal do qual depende o seu encarceramento.

Um outro aspecto digno de registo nesta temática, prende-se com as diferenças registadas entre os géneros feminino e masculino. As mulheres surgem menos ambivalentes e mais assertivas. Por outro lado, ao restringir as suas "razões", a amostra feminina sugere um tipo de racionalidade distinto da amostra masculina, sendo pertinente questionar, como já se fez neste trabalho, se existem dois tipos de racionalidade punitiva, uma masculina e, outra, feminina.

Sendo a pena de prisão um "mal necessário" em todas as sociedades actuais, o mínimo que se pode pedir a quem se debruce sobre este assunto, é que contribua para racionalizar as práticas, minimizar os seus malefícios (para os reclusos, vítimas e sociedade), eliminar os abusos físicos e psicológicos que podem surgir na punição em concreto e, de uma forma geral, reduzir as consequências desumanas que esta prática lamentável sempre acarreta. É neste conspecto que o presente estudo se insere. Oxalá as suas conclusões, mesmo quanto às imprecisões e omissões, permitam que outros prossigam e cheguem mais além no nosso desidrato.

Bibliografia

ABRUNHOSA, M. & LEITÃO, M. (1998). *Introdução à Psicologia*, Lisboa: Edições Asa.
ADAMS, R. (1998). *The Abuses of Punishment*. New York: St. Martin's Press.
AGUILERA, A. (1998). *Los Sistemas penitenciários y sus Prisiones. Derecho y realidad*. Madrid: Edisofer.
AJZEN & FISHBEIN (1980). *Understanding Attitudes and Predicting Social Behaviour*. Englewood Cliffs. Nova Jérsia: Prentice-Hall.
ALBUQUERQUE, P. (2006). *Direito Prisional Português e Europeu*. Coimbra: Coimbra Editora.
ALCÁNTARA, J. (1998). *Como Educar as Atitudes*. Lisboa: Departamento Plátano.
ARDOINO, J. (2005). Autoridade. In J. Barus-Michel; E. Enriquez & Levy, A. (coord.). *Dicionário de Psicossociologia*. Lisboa: Climepsi.
AZRIN, N. (1960). Effects of punishment intensity during variable interval reinforcement. *Journal of the experimental analysis of behaviour*, 3, 123--142.
BARBERGER, C. (2001). Égalité et individualisation de la peine. In R. Ottenhof, *L' índividualisation de la peine*. Saint-Agne: Éditions Erès.
BECCARIA, C. (1766). *Dei Delitti e Delle Pene*. Harlem.
BEIRAS, J. (1996). *La Carcel en el Sistema Penal (Un análisis estructural)*. Barcelona: Bosch.
BLUMSTEIN, A., COHEN, J. & NAGIN, N. (1978). *Deterrence an Incapacitation: Estimating the Effects of Criminal Sanction on Crime Rates*. Washington: NAS.
BOULOC, B. (1998). *Pénologie. Exécution des sancions adultes et mineurs*. Paris: Dalloz.
BUIKHUINSEN, W. (1974). General deterrence: Research and Theory. *Abstracts in Criminology and Penology*, 14, 285.
―――――. (1975). General Deterrence: Research and Theory. In AAVV, *General Deterrence. A Conference on current research and standpoints*. Stockolm: National Swedish Council.
CABALLERO, R. (1982). El Preso y la Prision. Distintos Modos de Adaptción. *Cuadernos de Política Criminal*, 18.
CHAPLIN, J. (1981). *Dicionário de Psicologia*. Lisboa: Publicações D. Quixote.
CHIRICOS, T. & WALDO, G. (1972). Perceived Penal Sanction and Self-Reported Criminality: A Neglected Approach to Deterrence Research. *Social Problems*, 19, 522.

CHRISTIANSEN, K. (1975). On General Prevention from na Empirical Viewpoint Discussion. In AAVV, *General Deterrence. A Conference on current research and standpoints*. Stockolm: National Swedish Council.

DANTI-JUAN, M. (1987). *L'ègalité en droit Penal*. Paris: Editions Cujas.

DORON, R. & PAROT, F. (2001). *Dicionário de Psicologia*. Lisboa: Climepsi Editores.

DRÉAN – RIVETTE, J. (2005). *La Personalisation de la Peine dans le Code Penal*. Paris: L' Harmattan.

FAUGERON, C. (1996). Introduction: une théorie de la prision est-elle possible? In C. Faugeron, A. Chauvener & P. Combessie, *Approches la prison*. Bruxelles: de Boeck.

FAUGERON, C. & LE BOULAIRE, J. (1992). *Quelques Remarques à Propos de la Récidive*. Paris: CESDIP.

FISHBEIN, M. & AJZEN, I. (1975). *Belief, Attitude, Intention and Behavior: an Introduction to Theory and Research*. Massachussets: Addinson-Wesley.

FISHER, G. – N. (1996). *Les Concepts Fondamenteaux de la Psicologie Social*. Paris: Dunod.

FOUCAULT, M. (1980). *Punishment in the Community: The Future of Criminal Justice*. London: Longman.

FRANKL. V. (s/d). *Um Psicólogo no Campo de Concentração*. Lisboa: Editorial Aster.

FREUD, S. (1989). *Textos Essenciais da Psicanálise*. Lisboa: Publicações Europa-América.

———. (1988). *A interpretação dos sonhos*. Lisboa: Pensamento.

———. (1905). *Três Ensaios sobre a teoria da sexualidade*. Lisboa: Edição Livros do Brasil.

———. (1922). *Para além do princípio do prazer*. Rio de Janeiro: Imago.

FRIZE, N. (2004). *Le Sens de la Peine. État de l'idéologie carcérale*. Paris: Editions Léo Scheer.

GAUQUELIN, M & GAUQUELIN F. (1080). *Dicionário de Psicologia*. Lisboa: Verbo.

GONÇALVES, R. (1993). *A Adaptação à Prisão: Um Processo Vivido Observado*. Lisboa: Direcção Geral dos Serviços Prisionais.

———. (1999). *Psicopatia e Processos Adaptativos à Prisão. Da Intervenção para a Prevenção*, Braga: Centro de Estudos de Educação e Psicologia. Universidade o Minho.

———. (2002). *Delinquêcia, Crime e Adaptação à Prisão*. Lisboa: Quarteto.

GUIBENTIF, P. (1981). Retour à la peine: contexte et orientation des recherches recentes en prévention générale. *Déviance et société*, 3, 293 – 11.

HEGEL (1821). *Príncipes de la Philosophie du Droit*. Paris: Vrin.

HENTING, H. (1937). *Punishment. Its origin, purpose ans psychology*. London: William Hodge and Company.
HORNEY, K. (s/d). *A Personalidade Neurótica do Nosso Tempo*. Lisboa: Editorial Minotauro, Lda.
JACOBS, J. (1988). The Law and Criminology of Drunk Driving. In M. Tonry & N. Morris (ed.), *Crime and Justice*. Chicago: The University of Chicago Press.
JASPARS, J. (1986). Attitudes. R. Harré e R. Lamb (eds). *The Diccionary of Personality and Social Psychology*. Oxford: Basil Blackwell.
KELLENS, G. (1982). *La Mesure de la Peine*. Liége: faculte de Droit.
KENSEY, A., LOMBARD, F. & TOURNIER, P. (2002). *Aménagements des peines d' eprisonnement et récidive dans le department du Nord, rapport d'étape*. Montreal: Ministère de la Justice.
———. (2006). *Sanctions alternatives à l' emprisonnement et "récidive"*. Montreal: Ministère de la Justice.
KENSEY, A. & TOURNIER, P. (1991). *Le Retour en Prison, Analyse Diachronique*. Paris: SCERI.
KIDDER, L. & CAMPBELL, D. (1970). The indirect testing of social attitude. In G. Summers, Attitude Measurement. Chicago: Chicago Press.
KILLIAS, M. (1991). *Précis de Criminologie*. Berne: Editions Staempfli & Cie, SA.
KNOLL, L. (1982), Dicionário de Psicologia Prática. Lisboa: Círculo de Leitores.
LE BOEF, M. – E. & LANDREVILLE, P. (1988). *Analyse de la production des normes pénales du code criminel canadien dans le domaine de la circulation routiére*. Montreal: Université de Montréal.
LEFEBVRE, A. (1979), *L' Intervention Psychologique en Milieu Carceral*, Thése de Doctorat: Université Libré de Bruxelles.
LIPTON, D., MARTINSON, R. & WILKS, J. (1975). The Effectiveness of Correctional Treatment. *A Survey of Treatment Evaluation Studies*. Springfield: Praeger.
LOBROT, M. (1973). *Pour ou contre l'autorité*. Paris: Gauthier-Villars.
LOCKE, J. (1999). *Ensaio Sobre o Entendimento Humano*. Vol. I e II. Lisboa: Gulbenkian.
LOVAAS, O, SCHAEFFER, B. & SIMMONS, J. (1965). Experimental studies in childood schizophrenia: building social behaviour in autiste children by use of electric shock. *Journal of Experimental Research in Personality*, 1, 99-109.
MABILLON, J. (1724). Réflexions sur les prisons des ordres religieux. In V. Thuillier, *Ouvrages posthumes de D. Jean Mabillon et de Therri Ruinard, Bénédictines de la congregation de St. Maur*, 1724. Paris.
MAIA, R. (2002). *Dicionário de Sociologia*. Porto: Porto Editora.

MANIS, M. (1999). Atitudes. In A. Kuper & J. Kuper, *The Social Science Encyclopedia*. London: Routledge.
MENDEL, G. (1971). *Pour décolonizer l'enfant, sociopsychanalyse de l'autorité*. Paris: Payot.
MENDES, P. (2007). *O Torto Intrinsecamente Culposo como Condição Necessária da Imputação da Pena*. Coimbra: Coimbra Editora.
MOFFITT, T. (1983). The Learning teory model of Punishment. Implications for Delinquency Deterrence. *Criminal Justice and Behavior*, 10:2, 131-158.
MOLINA, J. (1997). *La Cárcel y sus Consecuencias. La intervención sobre la conduta desadaptada*. Madrid: Editorial Popular, S. A.
MOREIRA, J. (2003). Do isolamento celular. In J. Neto, *22474*. Lisboa: Assírio & Alvim.
MORTINSON, R. (1974). What Works? Questions and Answers about Prison Preform. *The Public interest, 35,22*.
MUCCHIELLI, R. (1979). *Psicologia da Relação de Autoridade*. São Paulo: Martins Fontes.
NETO F. (1998). *Psicologia Social – Vol. I*. Lisboa: Universidade Aberta.
NEUBURGER, R. (2008). *L'art de culpabiliser*. Paris: Payot.
NEWBURN, T. & STANKO, E. (1994). *Just Boys Doing Business? Men, masculinities and crime*. New York: Routledge.
OTTENHOF, R. (2001). *L' índividualisation de la peine*. Saint-Agne: Éditions Erès.
PENSIER, F. – J. (1994). *La peine et le droit*. Paris: PUF.
PONCELA, P. (1995). *Droit de la Peine*. Paris: PUF.
PRADEL, J. (1989). *Histoire des doctrines pénales*. Paris: PUF.
PRATKANIS, R., BRECKLER, J. & GREENWALD, G. (1989). *Attitude Structure and Function*. Hillsdale: Lawrence Erlbaum.
RAWLS, J. (1973). *A Theory of Justice*. Cambridge: Belknap Press.
RILEY, D. & MAYHEW, P. (1980). *Crime Prevention Publicity: Na Assessment*. London: Home Office.
RIVERA BEIRAS, J. (2003). El Castigo y las Ciencias Sociales. In A. Dores, *Prisões na Europa*. Oeiras: Celta.
ROCHA, J. (1996). Correios de Droga. *Revista Portuguesa de Ciência Criminal*, 6, 2.
————. (1997). Co-autoria, agravação do tráfico. Medida da pena, perda de coisas ou direitos. Colaboração. Correio de droga. In AAVV, *Droga Decisões de Tribunais de 1.ª Instância (1994)*. Lisboa: Gabinete de Planeamento e de Coordenação do Combate à Droga.
————. (2000). Crimes, penas e reclusão em Portugal: uma síntese. *Sub Júdice*, 19, 101-110.

―――. (2001a). *Principio da igualdade em direito penal. Tráfico internacional de droga. O cartel. Correio de droga.* In AAVV, *Decisões de Tribunais de 1.ª Instância 1998-1999.* Lisboa: IPDT.

―――. (2001b). *Reclusos Estrangeiros: Um Estudo Exploratório.* Coimbra: Almedina.

―――. (2005a). *Entre a Reclusão e a Liberdade. Estudos Penitenciários Vol. I.* Coimbra: Almedina.

―――. (2005b). *Ordem Pública e Liberdade Individual: Um estudo sobre a Prisão Preventiva.* Coimbra: Almedina.

ROCHA, J. & GOMES, C. (2005). Algumas Notas sobre o Direito Penitenciário. In J. Rocha (coord.), *Entre a Reclusão e a Liberdade. Estudos Penitenciários vol. I.* Coimbra: Almedina.

ROSENBERG, M. & HOVLAND, C. (1960). Cognitive, affective, and behavioral components of attitudes. In C. I. Hovland and M. J. Rosenberg (eds.), *Attitude Organization and Change – an Analysis of Consistence among Attitude Components.* Nova Haven: Yale University Press.

ROSS, H. (1982). *Deterring the Drinking Driver.* Lexington: Lexington Books.

RUSCHE, G. & KIRCHEIMER, O. (1984). *Pena Y Estrutura Social.* Bogotá: Temis.

SALAS, D. (2001). Une relecture de l'individualisation de la peine. In R. Ottenhof, *L' individualisation de la peine.* Saint-Agne: Éditions Erès.

SCHLENCKER, B. (1982). Tranlating actions into attitudes: An identity-analytic approach to the explanation of social conduct. In L. Berkowitz (Org.). *Advances in experimental social psychology.* (Vol. 15, 151-181). Nova Iorque: Academic Press.

SEILEILLES, R. (1927). *L'Individualisation de la peine. Étude de criminalité sociale.* Paris: Félix Alcan.

SIROTA, A. (2005). Normas e Desviância. In J. Barus – Michel, E. Henriquez & A. Levy (coord.). *Dicionário de Psicossociologia.* Lisboa: Climepsi.

SPINOSA, B. (1962). *Ética.* Livro II. Coimbra: Atlândida.

TARDE, G. (1894). *La Criminalité Comparée.* Paris: Félix Alcan.

―――. (1972). *La Philosophie Penal.* Paris: Cujas.

THINES, G. & AGNÉS, L. (1984). *Dicionário Geral das Ciências Humanas.* Lisboa: Edições 70.

THUILLIER, V. (1724). *Ouvrages posthumes de D. Jean Mabillon et de Therri Ruinard, Bénédictines de la congregation de St. Maur.* Paris:s/l.

THURSTONE, L. (1928). Attitudes can be measured. *American Journal of Sociology.*

TOURNIER, P. (1988). *Reflexion Méthodologiques sur L' Ávaluation de la Récidive.* Paris: SCERI.

——. (2005). Peines d' emprisonnement ou peines alternatives: quelle récidive? *Actualité juridique. Penal.* Paris: Dalloz.

VALA J. & MONTEIRO M. (1996). *Psicologia Social.* Lisboa: Fundação Calouste Gulbenkian.

VON HIRSCH, A. (1976). *Doing Justice. The Choice of Punishment.* New York: Hill and Wang.

——. (1987). *Doing Justice. The Choice of Punishment.* New York: Hill and Wang.

WALTERS, G. & GRUSEC, J. (1977). *Punishment.* San Francisco: W. H. Freeman & Co.

WORRAL, A. (1997). *Punishment in the Community: the Future of Criminal Justice.* London: Longman.

ZIMRING, F. & HAWKINS, G. (1973). *Deterrence: The Legal Threat in Crime Control.* Chicago: The University of Chicago Press.

——. (1987). *Past or Future Crimes.* London: Rutgers University Press.

RECLUSÃO E MUDANÇA

João Luís de Moraes Rocha
Juiz Desembargador

Sónia Maria Silva Constantino
Psicóloga Criminal
e do Comportamento Desviante

Introdução

Para Aristóteles o problema moral é, essencialmente, o problema do bom uso dos prazeres e das dores. Assim, o erro sobre a qualidade dos prazeres conduz, involuntariamente, à dor.

Como a vida não tem necessidade de prazer, diz Aristóteles, o homem é livre de o procurar usando a razão. E porque para um homem honesto, o prazer está ligado às acções conforme a virtude, o desvio conduz a falsos prazeres, isto é, à dor.

Deste forma, o homem pode, ao longo da vida, aprender a conformar as suas acções à virtude. Aprender é, neste caso, mudar.

No mundo das ideias nada desaparece completamente, apenas muda de teatro e de aparência. Assim, como ontem, hoje a concepção de Aristóteles a poder ser aplicada à realidade humana, ao comportamento individual, no seu mérito e demérito.

Conduta individual que é capaz de mudar...

A mudança, a capacidade de modificar, por contraposição ao estático, à permanência.

Capacidade de mudar, de alterar comportamentos, é algo que os humanos possuem, tal como os restantes seres vivos, com a particularidade de a modificação nos humanos poder advir da razão.

Mas o que é mudar?

A Mudança

O termo mudança não tem um sentido técnico preciso, o seu uso exige uma determinação do objecto a que se refere.

Dos vários enfoques possíveis, optou-se, no presente trabalho, por perfilhar uma acepção ampla do termo mudança, aplicada ao comportamento humano, abrangendo toda a modificação operada e/ou percepcionada na estrutura da personalidade.

Assim, abarca-se uma diversidade de gradações, de processos e, do mesmo passo, de sentidos que serão concretizados e analisados ao longo do presente estudo.

Estudo que é encetado com algumas sínteses que permitam não só o enquadramento do tema como a precisão de alguns dos termos utilizados.

Síntese vocabular

Em termos de raiz vocabular mudança advêm do latim *mutare*, do verbo mut-are, mudar, alterar, contração de movitare (mov-it-are), de movére, variante que abranda o t em d em mud-ar e substantivo definido muda, mud-ança (Góis, 1945).

Mudar é tornar ou ficar diferente, causar ou sofrer mudança, este é o seu significado corrente (Academia das Ciências de Lisboa, 2001).

E, é esse o sentido antigo do vocábulo.

Dizia Bluteau (1716) que mudar é dar ou tomar outro ser, ou outra natureza, ou outro estado, figura, lugar, etc. E, depois, enumera um número elevado de exemplos de situações em que se aplica a palavra mudar, fazendo evidenciar a multiplicidade de sentidos.

Essa multiplicidade de equivalências permite que o vocábulo seja empregue no mesmo sentido de alteração, mutação, variação, modificação, entre outras palavras.

No entanto, mudança constitui uma alteração completa o que a distingue da mera alteração que é referida à ordem e disposição das partes ou ao funcionamento de todas elas. Distingue-se de mutação que é algo de particular, constitui uma mudança especial, determinada (Nascentes, 1957). Distingue-se de variação por esta ser uma mudança num mesmo sujeito ou objecto. E, por fim, da modificação que é a alteração conveniente (Brunswick, 1899). Em suma, mudança é algo de mais forte do que os restantes termos, ela significa uma alteração total ou completa, não um mero acidente ou simples arranjo de disposição ou funcionamento.

A mudança só é possível no ente que é mudável ou mutável, isto é que se pode mudar.

A noção de mudança assume múltiplos sentidos e significados, de acordo com o contexto, sendo frequentemente utilizada tanto na linguagem corrente como no universo científico.

Síntese filosófica

Em filosofia, como nas ciências, o conceito de mudança corresponde ao processo pelo qual um ser material varia de forma substancial ou acidental. Mudança abarca todo o movimento e toda a interacção, a passagem de um estado a outro, contrapondo-se à estabilidade das propriedades, da estrutura ou das leis.

Tendo, frequentemente, o mesmo alcance que os vocábulos "movimento" e "devir", na história da filosofia o termo mudança presta-se a alguns equívocos, razão pela qual Kant distinguia a mudança enquanto modificação do sujeito e a mudança equivalente à transformação de uma coisa noutra. Esta distinção chama a atenção para o facto de se dever sempre precisar do que se está a referir quando se aborda o conceito de mudança.

Desde a filosofia grega pré-socrática que o problema da mudança concitou atenção. Assim, Heraclito a negar a realidade do ser porquanto, entendia, só haver a mudança eterna e contínua das coisas. O ente enquanto muda ou varia, é e não é.

Esta concepção do Ser em mudança é retomado por diversos filósofos como Hegel, Nietzsche, Bergson, Sartre, Merleau-Ponty, entre muitos outros, para os quais só é possível o Ser temporal. Também a concepção marxista, fundamentando-se no processo de Hegel das três leis – união de contrários, negação da negação e transformação –, vem reequacionar a mudança como um processo dialéctico. Pese os diversos enfoques das variadas concepções destes filósofos defensores da mudança, estas teorias dinâmicas padecem de algumas perplexidades, pois só se pode mudar permanecendo e, por outro lado, o que muda é o que permanece, sendo preciso durar para mudar e é necessário mudar para durar.

Não é de admirar que a filosofia registe crítica e oposição às perspectivas do conceito de mudança como seja Parménides e a imutabilidade do Ser, Zenão de Eleia com os seus argumentos contra o movimento e, desde logo, em relação à escola antinomica eleática, Aristóteles mediante as teorias hilemórfica e do acto e potência, depois seguidas por São Tomás e toda a escolástica. Mais recentemente McTaggart (1921) a defender que há uma contradição na noção de mudança pois esta é aparente, sendo um mero produto de uma perspectiva mental, tal como Bradley (1893). Com efeito, dizem estes pensadores, a explicação da mudança constitui-se através do que não muda.

Desta forma, a filosofia vê o problema da mudança em relação com o tempo e com a subjectividade do indivíduo, daí a estranheza que o conceito suscita: a mutação do quotidiano tem algo de irreal, por contraposição com uma realidade fundamental que há-de ser imutável.

Síntese psicológica

O termo mudança é frequentemente utilizado no quotidiano e nos diversos domínios das ciências sociais e humanas.

Na Psicologia, em concreto, o conceito é abordado de forma implícita em quase todas as vertentes da disciplina, "podem assim estudar-se os processos de mudança nas organizações sociais ou nas estruturas de personalidade" (Widlocher, 2001). Embora seja com a Psicologia Social, nomeadamente no que diz respeito à mudança de atitudes que o conceito surge de forma mais explicitamente descrito.

Importa salientar que existem diferentes níveis de análise do conceito e uma panóplia de teorias sobre mudança.

Uma das teorias – "dinâmica da mudança" – é conceptualizada pelo psicólogo alemão Kurt Lewin, nos anos cinquenta. Este teórico elabora uma abordagem da mudança "...caracterizada pela preocupação de fundar uma teoria científica das relações entre as pessoas, à imagem das ciências da natureza: Física e Matemática." (Doron & Parot, 20001).

Lewin (1936,1937) cria o conceito de campo psicológico, para definir um conjunto de factores capazes de influenciar, num determinado momento, o comportamento do sujeito ou do grupo: por um lado, as variáveis psicológicas (necessidades, motivações) e, por outro lado, variáveis sociais, biológica e físicas.

Assim, o campo psicológico é teorizado como um espaço de vida constituído por dois conjuntos de regiões, uma ligada à pessoa e outra ao meio ambiente, e rodeadas por uma fronteira que compreende as variáveis não psicológicas. Em concordância com este enquadramento, a teoria da "dinâmica da mudança" postula que o comportamento é determinado pela partilha de forças na totalidade do campo psicológico e só através da desestabilização dessas forças se pode modificar uma conduta.

Segundo uma outra teoria, denominada de sistémica, o ser humano vive inserido em sistemas de relações, os quais o influenciam e são, por sua vez, influenciados por ele. Como tal, não se deve isolar o homem dos sistemas a que ele pertence.

Para os sistémicos "... o indivíduo parte de um grupo estruturado como unidade original, regido por regras particulares próprias desse sistema e cujo fim é preservar a sua homeoastasia."(Allilaire, 2001).

Assim, a totalidade dos sistemas interdependentes (sistema individual, grupal e social) formam-se em interacção com um ambiente e são susceptíveis de se manter ou mudar de acordo com os processos de regulação. Neste sentido, a teoria geral dos sistemas ensina que todo o sistema vivo se caracteriza pela capacidade de transformação e uma tendência para o equilíbrio.

Como tal, o processo de mudança preconizado pelo modelo sistémico tem por objectivo a modificação da qualidade do sistema de relações.

Por seu turno, John Dewey (1933) define a sua de teoria da mudança – "planning of change" – como uma réplica operacional na vida quotidiana do raciocínio científico-experimental.

Segundo esta teoria, o processo de mudança implica três factores essenciais: uma motivação, um plano de acção e uma intervenção.

Assim, a mudança individual ou grupal concretiza-se no interior de um processo racional, estratificado e direccionado para o alcance de um ou vários objectivos. Para tal, deve ser estabelecido um plano, no qual se define a sequência de etapas a seguir, se identificam os obstáculos e os procedimentos a adoptar para atingir o objectivo, que na maioria das situações é a resolução de um problema. Este plano, deve orientar a actividade do sujeito ao longo do seu processo de mudança tal como acontece no método científico.

O conceito de mudança conceptualizada pelos teóricos do desenvolvimento, coloca o enfoque na continuidade isto é, na evolução progressiva e faseada desde o estado embrionário até à fase adulta "o organismo desenvolve as suas formas caracteristicas de comportamento no seio da vida social, os sistemas de acção que a cada momento da vida de um homem concretizam o seu ajustamento ao mundo, são, ao mesmo tempo, função do passado que nele subsiste sob o aspecto de hábitos complexos racionais de toda a espécie humana e função das exigências actuais do meio, do campo psicossocial. Daí as possibilidades de transformação que estão sempre presentes: não só porque há, efectivamente, transformação, evolução da infância para a idade adulta" (Filloux, 1966).

Nesta perspectiva, o homem é encarado como um ser em "transformação" o que significa que cada indivíduo se modifica à medida que as suas vivências se desenrolam ao longo do tempo cronológico. A natureza dinâmica atribuída à formação da personalidade decorre das pessoas serem capazes de mudar, a partir das interacções que estabelecem. São também estas interacções que proporcionam o crescimento e o desenvolvimento do homem.

Segundo este modelo teórico, a mudança não implica uma ruptura com o estado anterior mas uma evolução, no sentido de uma maior maturação integrativa.

Síntese sociológica

A sociologia era inicialmente definida como o conhecimento das mudanças sociais. Recorde-se a querela entre Saint-Simon e Comte quanto à causa da mudança, se era a industrialização ou, pelo contrário, era o devir intelectual.

Em meados do século XIX, Marx distingue dois tipos de mudança, um progressivo, outro revolucionário. São as contradições surgidas no primeiro tipo de mudança que levam ao segundo tipo.

A esta concepção revolucionária de mudança opõem os evolucionistas uma leitura progressiva das alterações, apoiadas sobre diferentes dinamismos. Spencer (1891) confere à mudança o caracter de processo universal que vai do simples ao complexo. Neste mesmo sentido da passagem à complexidade, Durkhein (1893).

Mais recentemente, Levi-Strauss (1958) e Parsons (1951) a colocar a história entre parêntesis, centrando a atenção nos processos endógenos da mudança. Em jeito de critica, Balandier (1970) sublinha a necessidade de considerar os processos exógenos do sistema, a multiplicidade das mudanças impõe que a sociologia considere o conjunto das causas, bem como a diversidade das formas que assumem. As causas são, em regra, diversas e estão interligadas como Malthius e Durkhein insistiam, operando sobre o plano económico, institucional ou cultural.

As transformações científicas e técnicas modificam as condições de trabalho e do consumo, reflectindo-se sobre as práticas culturais. Os valores e as crenças, as ideologias, factores de regulação e de conflito, têm efeitos multiplicadores. É trabalho da sociologia eleger os tipos de mudança mais significativos de entre todas as inter-relações destes factores.

A mudança, entendida como uma transformação significativa, parcial ou geral, do sistema social nas suas diversas componentes e formas de acção, é encarada na sociologia de acordo com os aludidos modelos, mesmo os do século XIX que não estão obsoletos (Ansart, 1999), assim, será possível, na diversidade das alterações sociais, identificar evoluções, revoluções ou mutações.

No entanto, a expressão mudança social é vaga e confusa, podendo significar uma multiplicidade de alterações, tanto progressivas como regressivas, gerais ou parciais, espontâneas ou comandadas, temporárias ou perduráveis, positivas ou negativas, de acordo com a finalidade que se pretende. Enfim, tal como noutras áreas do conhecimento, a expressão mudança em sociologia adquire uma pluralidade de sentidos que lhe furta a necessária precisão, pese a sua importância inquestionável para a leitura da realidade social.

Síntese legal

a) Finalidade da execução da pena de prisão

A aplicação de penas e de medidas de segurança visa a protecção de bens jurídicos e a reintegração do agente na sociedade, é esta a finalidade das penas e das medidas de segurança, conforme dispõe o artigo 40.º, n.º 1, do Código Penal.

É esta a finalidade do direito penal ou, mais especificamente, da pena.

A opção do legislador é composta por uma dimensão garantística e por uma dimensão preventiva. O ponto de equilíbrio entre uma e outra dimensão, varia de acordo com os sistemas jurídicos e, mesmo, do enquadramento histórico dentro de um mesmo sistema jurídico.

Do ponto de vista do sistema penitenciário, o grande desafio coloca-se na tarefa de socialização do agente.

O efeito socializador visa fazer aceitar ao agente as normas básicas que vigoram na sociedade. Não se trata de uma imposição coactiva de valores mas sim na promoção da assunção de um comportamento não criminal.

A integração na sociedade supõe, assim, que o agente se conforme com as leis vigentes, isto é, a legalidade penal. Para tal importa uma interiorização de valores, voluntária, que exteriormente se manifesta pelo respeito pela legalidade penal.

Neste sentido, o sistema penitenciário mais não oferece do que uma pedagogia de autodeterminação ou uma terapia emancipadora no sentido da promoção social.

O recluso não perde, desta forma, a sua liberdade, e a almejada socialização, resultado de um tratamento, só é possível com a sua participação voluntária.

Pelo que a vontade do recluso é absolutamente determinante em todo o processo de reclusão com vista à socialização, daí que a percepção da mudança constitua ou pode constituir, um ponto de viragem (turning point) no seu percurso de vida.

Percurso rumo à socialização.

Socialização que, antes de ser promoção de socialização, é a de evitar a dessocialização, atento os efeitos dessocializadores da prisão.

Com efeito, a socialização não é a única finalidade da pena, esta deve intimidar o agente e o quotidiano prisional «segrega o indivíduo do seu estatuto jurídico normal, atinge a sua personalidade, favorece a aprendizagem de novas técnicas criminosas e propõe valores e normas contrárias aos "oficiais"» (Rodrigues, 2000).

Neste paradoxo de finalidades e práticas qual o papel do indivíduo objecto da reclusão? Será que a finalidade da pena nele opera mudança? E em que sentido se verifica a mudança?

b) Enquadramento legal do "tratamento penitenciário"

A partir do momento em que o recluso entra em cumprimento de pena, o Estado deve propor-lhe um projecto de reintegração na sociedade, preparando-o para, uma vez restituído à liberdade, conduzir a sua vida de modo socialmente responsável, sem praticar crimes e, mesmo, prevenindo a prática de outros factos criminosos (artigo 2.º, n.ºs 1 e 2, do Decreto-Lei n.º 265/79, de 1-8).

Desta forma, a execução das penas de privação de liberdade deve ser norteada pelo princípio da inclusão social e pelo princípio da responsabilidade.

O princípio da inclusão social traduz-se na aproximação, tanto quanto possível, das condições da vida no estabelecimento prisional às condições de vida em liberdade (artigo 3.º, n.º 2, do Decreto-Lei n.º 265/79, de 1-8), concitando a colaboração da própria sociedade no desiderato dos fins de reinserção social (artigo 4.º, n.º 3, do Decreto-Lei n.º 265/79, de 1-8).

Quanto ao princípio da responsabilidade, ele consiste no incentivo à participação do recluso na sua própria reinserção social (artigo 3.º, n.º 4, do Decreto-Lei n.º 265/79, de 1-8) e pelo estímulo à co-responsabilização do recluso pelos "assuntos de interesse geral que (...) possam suscitar uma colaboração adequada" (artigo 5.º do Decreto-Lei n.º 265//79, de 1-8).

Com efeito, nos termos do regime estabelecido no Decreto-Lei n.º 265/79, de 1-8, a execução da pena privativa de liberdade superior a seis meses e a pena relativamente indeterminada, iniciavam-se com a observação sobre a personalidade, meio social, económico e familiar do recluso, com vista ao estabelecimento do seu tratamento durante a execução da medida e da sua reinserção social, esta programada por via de um plano individual de readaptação, na gíria penitenciária PIR.

O plano individual de readaptação deve conter a identificação do internamento (regime aberto ou fechado), a afectação a um certo estabelecimento ou secção, a definição do trabalho e/ou da formação profissional, a frequência do ensino, das actividades de formação e de ocupação dos tempos livres, a definição das medidas especiais ou de flexibilização, de assistência ou de tratamento e das medidas de preparação para a liberdade.

A elaboração e, eventualmente, modificação do plano são levadas a efeito com o conhecimento e, de preferência, colaboração do recluso.

O plano obedeceria à dinâmica da própria execução da medida privativa de liberdade, tendo em vista o progresso do recluso no sentido dos aludidos princípios de promoção de responsabilida e de inclusão social.

Na prática, o plano individual de readaptação vem sendo restringido a uma parte pequena da população reclusa porquanto o aumento desta, não acompanhada por estruturas de apoio, veio tornar impossível a concretização do desiderato legal. Assim, o plano vem sendo aplicado aos reclusos com penas relativamente indeterminadas e aos reclusos com penas mais elevadas.

Após 2005, a Direcção-Geral dos Serviços Prisionais (Circular n.º 3/GDG/5, de 1-03-2005) parece ter querido implementar a filosofia do plano individual; no entanto, a concretização de um plano no percurso prisional que, para cada recluso, estabeleça metas e caminhos no sentido da promoção da sua responsabilidade e da sua reinserção social, permanece mais uma intenção do que uma realidade.

Com efeito, não interessa redigir um plano se, depois, não existe acompanhamento efectivo e intervenção activa.

O que a doutrina (Dias, 1984; Rodrigues, 1982) apelida de prevenção especial de socialização e que constitui a finalidade primeira da execução da pena privativa de liberdade, exige, por parte do Estado, uma participação activa, sem ela os princípios que norteiam a execução das medidas de privação de liberdade estão, desde logo, comprometidas.

c) O trabalho na prisão

O trabalho em reclusão merece um destaque especial dentro do "tratamento penitenciário".

As primeiras doutrinas penológicas atribuíam ao trabalho uma função de regeneração moral e "normalização social".

Mas o trabalho que durante muito tempo teve um carácter obrigatório, hoje surge como uma prerrogativa do recluso a qual não se confunde com a execução da condenação imposta.

De acordo com o Decreto Lei n.º 265/79, de 1-8, no seu artigo 63.º, n.º 1, o trabalho prisional visa "criar, manter e desenvolver no recluso a capacidade de realizar uma actividade com que possa ganhar, normalmente, a vida após a libertação, facilitando a sua reinserção social".

Está em causa o aspecto reeducativo e de reinserção que subjaz ao actual sistema.

Sendo a ocupação laboral algo que directamente diz respeito à reinserção social do recluso, seria suposto que o sistema prisional garantisse trabalho para todos que, podendo, o quisessem. No entanto, tal não sucede e mais de metade da população prisional não tem acesso à ocupação laboral (Provedoria da Justiça, 2003).

Esta situação paradoxal é devida a uma progressiva desactualização das infra-estruturas que permitem e deviam implementar a ocupação laboral em reclusão.

A nível formal, o da lei, o trabalho deveria ser facultado ao recluso que teria, ainda, a possibilidade de frequentar cursos de formação e aperfeiçoamento profissional, de mudar de ofício ou profissão e de participar noutras modalidades de instrução e aperfeiçoamento profissional.

No entanto, a lei, adivinhando a dificuldade em concretizar as aludidas intenções, prescreve no artigo 63.º, n.º 5, do Decreto Lei n.º 265/ /79, de 1-8, que na impossibilidade de facultar um trabalho economicamente produtivo ou, então, um curso de formação ou aperfeiçoamento profissional, deve ser proporcionada uma "ocupação adequada à sua situação".

Tal significa que ao nível da teoria a mudança operada pelo trabalho é uma terapia importante na ressocialização do recluso. Contudo, na realidade a concretização de tal desiderato está longe de ser atingida pois as infra-estruturas prisionais e de apoio social não conseguem responder, por incapacidade estrutural, a qual só pode ser suprida por vontade política.

Metodologia

O presente estudo pretendeu captar a percepção dos reclusos quanto à mudança (ou não) que a reclusão neles operou.

Tal como as investigações mais recentes (Manis, 1999) que estudam empiricamente as relações entre atitudes e crenças e o relacionamento entre as atitudes e o comportamento, ensaiou-se, de forma perfunctória, captar o sentido destas relações com base no discurso dos reclusos.

1. Descrição da amostra

A amostra é composta por 102 indivíduos, reclusos em estabelecimentos prisionais portugueses. Todos estes reclusos já haviam beneficiado de saída precária, razão pela qual haviam cumprido um tempo substancial da pena em que foram condenados. Dos 102 reclusos, 89 eram indivíduos em que a saída precária se efectuou com sucesso e 13 são referentes a casos de insucesso.

De uma forma sintética, as características da amostra mais relevante a destacar são:

- ✓ Quanto ao sexo, a amostra compõe-se de 93 homens e 9 mulheres;
- ✓ No que respeita à idade, a maioria da amostra (61,8%) situa-se entre os 25 e os 39 anos de idade;

- ✓ O estado civil é, prevalecentemente de solteiro, seguido de casado/união de facto, depois divorciado e, residualmente viúvo;
- ✓ Quanto às habilitações literárias, 33% possui o primeiro ano do ensino básico, 24,5% o segundo ciclo e 17% o nível de escolaridade mínima obrigatória;
- ✓ A nível de emprego, pese a diversidade, a maioria dos homens inclui-se na construção civil, e as mulheres são, sobretudo, domésticas ou vendedoras ambulantes;
- ✓ O crime prevalente é o relacionado com estupefacientes, seguido por crimes contra o património e, residualmente, crimes contra pessoas e a vida em sociedade;
- ✓ O tempo de pena varia, para 76,5% da amostra, entre 3 a 9 anos.

É possível surpreender diversos vectores tendenciais na amostra se a considerarmos separadamente em razão do sexo.
Assim:

> No que respeita à idade as mulheres são, em média, mais novas do que os homens; as mulheres não ultrapassam em média o patamar dos 30 anos de idade, estando os homens prevalentemente na faixa dos 40 anos de idade;
> O sexo feminino tem menor escolaridade e regista maior percentagem de analfabetismo;
> Em termos de média percentual, as mulheres são mais severamente punidas do que os homens;
> Contudo, entre as mulheres existe um maior equilíbrio (ou equivalência) entre as penas aplicadas, sendo que nos homens se regista uma maior disparidade nas penas aplicadas;
> As respostas das mulheres são menos ambivalentes comparativamente com a dos homens.

2. Descrição do local

Os reclusos encontravam-se nos seguintes estabelecimentos prisionais: Alcoentre, Caxias, Funchal, Linhó, Lisboa, Monsanto, Sintra, Vale de Judeus, Hospital Prisional de S. João de Deus, Tires, Angra do Heroísmo, Horta, Caldas da Rainha, Montijo, Ponta Delgada e Polícia Judiciária de Lisboa.

Os primeiros 8 estabelecimentos são classificados de Estabelecimentos Prisionais Centrais, o Hospital Prisional de S. João de Deus e Tires são Estabelecimentos Prisionais Especiais e os restantes 6 são Estabelecimentos Prisionais Regionais.

3. Instrumento utilizado e sua aplicação

O instrumento utilizado para abordar os 102 indivíduos que compõem a amostra foi uma entrevista semi-directiva. Esta entrevista foi conduzida por uma equipa de psicólogas, sendo que as entrevistas se realizaram de forma individualizada, garantindo a confidencialidade da pessoa que, voluntariamente, colaborou na sua realização. Para a realização das entrevistas foram obtidas as autorizações da Direcção-Geral dos Serviços Prisionais e, em cada um dos estabelecimentos prisionais, do respectivo director.

A entrevista tinha como objecto diversas facetas da vida do entrevistado (familiar, educativo, social, laboral, penitenciário) e como alcance último as saídas precárias prolongadas. É neste contexto que surge a questão objecto do presente estudo.

Essa entrevista modelo já havia sido objecto de um pré-teste que assegurou a sua viabilidade.

4. Procedimento

A análise de dados iniciou-se por uma leitura flutuante de todo o acervo das entrevistas que revelou a existência de respostas a esta temática, no seguimento de uma pergunta feita no questionário sobre a percepção da mudança operada pela reclusão, respostas estas revelando sentidos diversos que permitiram a sua ordenação em três grandes grupos, estes com diversas subdivisões.

Assim, as entrevistas foram agrupadas segundo esse critério e, delas, escolhidas as que se podem considerar como representativas de cada uma das ideias preponderantes.

São essas entrevistas seleccionadas que estruturam a fase seguinte do trabalho, a análise.

Apresentação dos resultados

A selecção e análise dos textos teve como critério a ideia prevalecente consignada no depoimento de cada entrevistado. Quando existem mais do que um sentido no discurso, e os dois sentidos se equivalem, o caso é agrupado numa categoria que se considerou de ambivalente.

A ideia prevalecente corresponde a um juízo que pode ser mais objectivo ou, então, subjectivo, um mero juízo de valor.

Embora o juízo de valor, pela sua carga subjectiva, opere uma ruptura epistemológica, pois na mentalidade contemporânea a ciência é eminentemente positiva, o seu estudo não é desprovido de interesse pois, embora não sendo juízos objectivos, eles revelam o entrevistado na sua individualidade como, ainda, todo um sistema de valores, crenças, conhecimentos, e, finalmente, podem vir a ser verificados e, então, assumem um cariz que não é meramente subjectivo.

Os resultados são, assim, agrupados em três grandes opções: mudar, permanecer e ambivalência.

Em termos quantitativos responderam pela mudança 78,4%, afirmam a permanência 15,6%, respondem de forma dubitativa 4% e, finalmente, surgem 2% de respostas nulas.

Quadro 1 – Total por Categorias

Categoria	n.º	%
Mudar	80	78,4%
Permanecer	16	15,6%
Ambivalente	4	4%
Nulas	2	2%
Total	102	100%

Se quisermos reportar o resultado ao universo masculino e feminino, obteríamos os seguintes resultados.

Quadro 2 – Universo masculino

Categoria	n.º	%
Mudar	73	78,5%
Permanecer	16	17,2%
Ambivalente	3	3,3%
Nulas	1	1%
Total	93	100%

Quadro 3 – Universo feminino

Categoria	n.º	%
Mudar	7	77,8%
Permanecer	-	-
Ambivalente	1	11,1%
Nulas	1	11,1%
Total	9	100%

A prevalência da mudança em ambos os universos – masculino e feminino – é destacada em relação às demais opções.

Digno de registo é o facto de no universo feminino não se verificarem respostas que se reconduzem à não mudança, isto é, à permanência.

Análise dos resultados

A análise dos resultados é apresentada de acordo com as grandes divisões encontradas no acervo das respostas e, dentro dessas divisões, sendo caso, em subdivisões que correspondem às principais ideias força em cada uma das opções nucleares, isto é, mudar, permanecer e ambivalência.

Mudar...

A reclusão constitui algo no percurso de vida de um indivíduo que não lhe pode ser indiferente. Como tal, ela há-de deixar marcas em quem a experenciou.

E, as "marcas" podem traduzir-se em diversos tipos de mudança, pois, como subjaze às respostas deste grupo: «Pode alguma coisa ocorrer sem que haja mudança?» (Marco Aurélio, 18).

A verbalização da mudança assume nos discursos registados diversas perspectivas, isto é, os reclusos identificam diverso tipo de mudanças e, mesmo, a soma de várias mudanças.

Com base na ideia preponderante que representa 78,4% da totalidade, apresentam-se as principais mudanças identificadas na nossa amostra.

Idade

A idade, o número de anos que uma pessoa conta, é uma das mudanças verbalizada.

No entanto, a idade é referenciada sob diversas perspectivas, umas vezes significa, apenas, o passar dos anos, o decorrer do tempo cronológico e, eventualmente, a assunção da velhice, da degradação física e/ou mental. Outras vezes, a idade é sinónimo de maturidade, esta significando a aquisição de algo em termos de postura, de saber...

Existem, assim, formas diversas de racionalizar/sentir/percepcionar o efeito do decurso do tempo.

Idade: Maturidade

«Eu entrei aqui com vinte e quatro anos e já tenho trinta e dois fiquei, mais maduro e ainda, mais a partir do momento que fui de precária e não vim. Realmente, estou muito mais mudado, nunca me interessei por nada agora, já me interesso pelas coisas. (Por exemplo?) Se uma pessoa é má vai ter, de pagar pelo que faz e o crime não compensa. Aqui na cadeia tenho aprendido muitas coisas: já aprendi a ser caceteiro e a trabalhar com máquinas que não sabia, assim quando sair já tenho trabalho para electrecista e para calceteiro mas não sei qual vou escolher, os dois dão bom dinheiro.»

«Estou mais maduro, penso mais só sei que quando sair daqui vou fazer, os possíveis e os impossíveis, para não voltar para aqui porque nem sequer os passarinhos gostam de estar presos na gaiola.»

Gonçalo, EP de Ponta Delgada, 35 anos de idade, divorciado, 6.º ano de escolaridade, pedreiro, 5 anos de prisão, crime de furto, antecedentes criminais.

Idade que é sinónimo de maturidade e, esta, começa, nas palavras do recluso, por se manifestar no interesse que se tem pelas coisas.

«... Mudei, mudei e aprendi...
Melhorei, acho que melhorei! Acho que melhorei, sinto-me mais maduro, mais calmo, com muita vontade de perceber os outros, também, coisas que, se calhar, eu muitas vezes não pensava assim. Mas para quê...?
(Dá mais valor hoje a coisas que não valorizava naquela altura?)
Dou, à vida. Principalmente...
Às pessoas, claro que sim. Porque a vida envolve isso tudo. As pessoas que são muito importantes para nós e que, se calhar, muitas vezes não pensava em nada, a amizade, os amigos, que têm muito valor.»

Paulo, EP de Lisboa, 31 anos de idade, divorciado, 11.º Ano de escolaridade, Vendedor, crime de Tráfico de Estupefacientes, 4 anos e 6 meses de prisão, sem antecedentes criminais.

A maturidade que se traduz numa postura calma, em interesse pelos outros e pelas coisas, em perceber...

Idade: Envelhecimento

«Tem mudado no aspecto de ficar mais envelhecido: tenho mais reumatismo, mais dores no corpo, nós aqui envelhecemos mais depressa, estamos sempre fechados, no mesmo sitio, não temos nada para fazer, não conversamos com ninguém são sempre as mesmas pessoas, não se vê ninguém, são sempre as mesmas pessoas é muito isolamento. Isto é muito complicado para a pessoa que já tem uma certa idade como eu, só quem passa por aqui é que sabe.»

Manuel, Cadeia da Horta, 57 anos de idade, casado, 4.ª classe, agricultor, pena de 10 anos e 6 meses, crime de homicídio, sem antecedentes criminais.

A mudança operada pela prisão é, neste caso, um processo de envelhecimento mais rápido. Uma degradação física e mental. O isolamento, a inércia, conduz à ideia da mortificação, aqui verbalizada como envelhecimento.

«Olhe, eu, a única coisa que eu sinto é a idade, é a idade a ir avançando. Avançando. É a idade. A única coisa. (Sente-se mais velho?) Sim, sinto, sinto. Já não tenho paciência para certas coisas, quero o meu sossego.»

António, EP de Vale Judeus, 49 anos de idade, divorciado, 4.ª classe de escolaridade, carpinteiro, 7 anos e 6 meses de prisão, tráfico de estupefacientes, sem antecedentes criminais.

De novo o tempo e a idade. Sente-se o tempo cronológico, sente-se a idade ir avançando. Identifica-se o envelhecimento e as suas manifestações.

«Modificações? Certamente... o que, é que eu ainda não sei... só depois de eu estar lá fora é que vejo o que é que ela me fez. (Neste momento não consegue ver o que mudou em si?)
Não quero fazer esse exercício... houve mudanças, houve uma evolução: entrei com 19 e estou agora com 30 anos... tem de haver uma mudança qualquer, houve uma mutação, uma metamorfose qualquer... há qualquer coisa que mudou, ainda não me apercebi bem o que é que é, quando chegar lá fora e conviver com pessoas que não são delinquentes, nem são marginais, nem têm qualquer tipo de postura relacionada com esse comportamento... são pessoas cívicas, têm a sua vida normal... quando eu me começar a dar com elas, se calhar vou-me aperceber das minhas mudanças.»

Hugo, EP de Caxias, 29 anos de idade, solteiro, 9.º ano de escolaridade, ladrilhador, pena de 2 anos e 8 meses, crime de roubo, antecedentes criminais.

Não se apercebendo do que em si mudou, o recluso reconhece haver uma "evolução", "mutação", uma "metamorfose qualquer", uma mudança ditada pelos anos, pelo decorrer do tempo, a qual identificará uma vez em liberdade. Por não identificar a mudança, este caso não foi inserido na categoria maturidade a qual supõe algo mais do que o simples passar dos anos, impõe a aquisição de algo que no caso do recluso este ainda não identificou.

Os onze anos de prisão que o recluso verbaliza correspondem, certamente, a pena(s) anterior(es) àquela que cumpre e que podem representar penas sucessivas e, assim, uma encarceração ininterrupta.

Personalidade

O termo personalidade não é utilizado pelos reclusos no seu sentido técnico mas sim significando «a maneira de ser» do indivíduo.

E, «maneira de ser» como sendo o carácter essencial de uma pessoa, a sua exclusiva individualidade. Tal significa que, neste conspecto, a personalidade constitui aquilo que distingue uma pessoa de outra.

Personalidade: Outra pessoa...

«... é radical, uma mudança radical, eu sinto mesmo!
Em tudo... Eu era manipulador, falso, usava drogas compulsivamente, quanto mais tinha mais queria... e isso levou a que a minha personalidade mudasse, porque foram muitos anos, a personalidade não mudou só porque "tava" a usar drogas, mudou completamente aquilo que eu era. E agora para eu voltar a ser uma pessoa boa, em que as pessoas possam confiar... eu mesmo sinto isso, eu analiso isso... eu para "tar"... para eu me dar com as pessoas e saber "não, esta pessoa pode confiar em mim, não vou fazer nada...", para isso vai ter que levar um processo porque eu habituei-me a esquemas de vida completamente diferentes...
Sou! Mais sensível, mais amigo dos outros, completamente... eu dou com coisas... eu dou com situações em mim que eu às vezes digo assim "tou" a ficar mas é maricas! Sinto coisas, às vezes sinto pena das pessoas...
Podiam morrer ali, chegavam a morrer ao meu lado, eu olhava, continuava a consumir e não ligava a nada. E hoje em dia se eu vir assim uma pessoa a pedir, ou assim aleijada, ou isso, parece que fico comovido.
E isso dá a sensação de que nós "tamos" a ficar mais maricas! Na altura o confronto que se tem é "tou" a ficar......
Além de andar assim um pouco confuso, às vezes... há dias... aqui dentro é como na rua, também, não é, a pessoa tem dias bons, tem dias difíceis, tem dias em que apetece-lhe ir embora, tem outros

dias em que até se sente bem aqui... e além de sentir revolta e de querer outras coisas e ver que já é muito tarde também... há dias que sinto que já tenho trinta e tal anos e não tenho nada...
Aí uma pessoa vai um bocadinho abaixo. Se eu tivesse 20 anos e tivesse passado com 20 anos por este processo teria sido muito melhor, ou se calhar nem era possível porque...
Às vezes sinto preguiça, não é? Agora vou ter que ir trabalhar, vou ter que ter aquela vida que as pessoas todas têm, será que vale a pena? será que...? Prontos, tenho montes de interrogações, mas eu acho que isso é perfeitamente normal.
A resposta é esta que eu costumo dizer, é a pessoa viver uma vida perfeitamente normal e acho que o resto vem por acréscimo. Porque quando eu me começo a espalhar, quase sempre, é nisso, é eu querer misturar a recuperação com o trabalho, com o carro e a mulher e... acabo por me espalhar! Eu acho que uma pessoa deve ter, basicamente, treino de recuperação, não usar drogas. Depois, claro, ter um trabalho, que eu não sou rico, para me manter, comer, vestir e isso, e depois o resto vem por acréscimo. Eu acho que o resto vai aparecer...
A companheira, os amigos, a vida do dia-a-dia...
Isso vem por acréscimo. Vem como às pessoas normais.
Mesmo esse nível de contenção que eu tenho tido aqui, eu na rua, se o puser em prática, acho que sou uma pessoa mais esperta, sei lidar melhor com as situações, isso só é bom, não é? Isso é um factor, o outro factor é eu "tar" na minha vida... pá, uma vida normal, assim mais pacata. Eu acho que ainda vou ser mais contido e mais pacato do que uma pessoa normal porque eu vou "tar" sempre com um pé atrás, sempre receoso...
Vou conseguir ser uma pessoa mais pacata mesmo do que as pessoas normais... acho eu! Pelo menos espero que sim.»

Manuel, EP de Lisboa, 32 anos de idade, solteiro, 6.º ano de escolaridade, marmorista, 2 anos e 4 meses de prisão e 15 dias de multa à taxa de 1000$00, crimes de roubo na forma tentada e consumo de estupefacientes, com antecedentes criminais.

O recluso, em determinado momento da sua vida, era um consumidor «compulsivo» de drogas, a interrupção deste comportamento produz em si uma mudança radical, passando a ser uma pessoa diferente, em diversos aspectos que enumera. É interessante a comparação que o recluso faz de si, agora, com as pessoas "normais".

Personalidade: Desconfiado

Desconfiar é duvidar, suspeitar, ter receio de ser enganado.

A verbalização desta mudança traduz-se numa postura mais receosa perante os outros e a vida em geral, como tal, ela afecta a «maneira de ser» do indivíduo e, assim, a personalidade.

> «A prisão, esta tem mudado. Mudou, esta prisão mudou, para já, para melhor. Esta prisão depois, com esta nova direcção, mudou. Sim, mudei. Mudei e em muito, para já a alegria que eu tinha não tenho porque eu sinto, sinto remorso de, dos meus filhos, de virem a saber... pronto já sabem, não é? que o pai esteve preso. E isso é uma coisa que me incomoda muito. E depois há outra questão que é a seguinte, hoje, pelo menos, já sei de uma série de coisas que eu podia ter feito e já não faço. Uma delas é que eu ter recebido aqueles sacos que eu recebi, que eu hoje não recebia. Ao menos, hoje... saindo lá fora já vou saber que... pelo menos já sei quais são os amigos que eu devo andar e não devo andar. Que na altura não conhecia perigos, pronto. Havia sempre receio de uma pessoa hoje poder estar aqui. E naquela altura não conhecia, porque eu na altura... dei por mim a receber esse objecto, podia até ser droga, mas eu naquela altura, pronto, como não era meu. Pronto, isto fica aqui, guarda-me isto que eu de aqui a pouco venho buscar. E naquela altura pensei que não estava a cometer crime nenhum, mas hoje sei que é crime. Hoje já não fazia aquilo que eu fiz.»

> Eduardo, EP de Vale de Judeus, 46 anos de idade, união de facto, 6.º ano de escolaridade, armador de ferro, 15 anos de prisão, tráfico de estupefacientes, sem antecedentes criminais.

«É assim, a prisão a mim mudou-me no sentido que, não se deve confiar em toda a gente. Aqueles que aparentam ser nossos amigos, não são nossos amigos. Lá fora.
Serviu-me de lição, é assim, já passei por hospitais, cadeias já passei, agora só falta o cemitério, são as 3 coisas que eu classifico na vida. Exacto e é nessas alturas difíceis que se vê quem é que está ao nosso lado.
É complicado, que a pessoa é assim, aqui temos um ritmo, que é assim, a pessoa acorda de manhã... pega no termozinho, p'ró refeitório, saco do pão, vem para cima, quando chega a hora da refeição,

é assim, eu acho, eu ainda não fui a jogo nenhum de futebol, porque na altura que foram os jogos de futebol, só o apito do árbitro, vai-me levar a pensar que ou é uma das refeições, ou é a hora do fecho, porque é assim, não digo que criei esse vicio, aquilo não foi propositado, é o hábito que uma pessoa cria, embrulhei os talheres, meti no bolso e o meu irmão perguntou o que é que estas a fazer, eu disse, olha, é do hábito, é costume, até me desabituar vai levar algum tempo.»

Frederico, EP de Vale Judeus, 36 anos de idade, solteiro, 6.º ano de escolaridade, motorista de veículos pesados, 10 anos e 6 meses, tráfico de estupefacientes, sem antecedentes criminais.

A mudança operada na maneira de ser destes reclusos prende-se com a sua postura perante os outros.

Personalidade: Calmo

Uma mudança recorrente é a da prisão tornar o indivíduo recluido «mais calmo».

Calmo significa mais sereno, sossegado, tranquilo e sugere um estado prévio de impetuosidade, agitação ou arrebatamento.

No discurso dos reclusos "calmo" não se prende apenas com o temperamento, é algo mais...

A verbalização desta mudança prende-se com uma outra, a de pensar, isto é, reflectir sobre a conduta antes de agir. A sua autonomia em relação ao pensar advém desta ser um estado independente do agir. Com efeito estar ou não estar calmo, situa-se num patamar da acção.

Porque o reputar-se de mais calmo tem a ver com uma «maneira de ser» distinta daquela vivida antes da reclusão, esta mudança insere-se no âmbito da personalidade.

«Tornou-me mais calmo porque, se fosse à anos atrás não seria possível termos esta conversa agradável já estava, aqui a transpirar, estava todo molhado e já me tinha ido embora. A prisão tornou-me mais calmo, mais sereno, mais consciente.
O que tive, durante dois anos e pouco, ajudou-me.
Naquela altura foi fundamental, foi uma altura muito complicada daí esse trabalho (trabalho psicológico), ter sido excelente.

... antes só pensava no dia-a dia agora penso, um bocadinho mais longe do que o dia-a-dia estou mais aberto com as pessoas sempre tive, dificuldade em falar da minha intimidade hoje falo, muito mais e acho que isso era uma falha minha porque, falar sobre essas coisas ajuda.»

José, EP de Funchal, 32 anos de idade, casado, 6.º ano de escolaridade, pedreiro, pena de 8 anos de prisão, crime de tráfico de estupefacientes, sem antecedentes criminais.

«Estou mais calmo. Antes era uma pessoa assim um bocado, era agressivo, prontos. Mas era mais... As pessoas diziam-me isto ou aquilo eu respondia. Era mais... Se era para responder, eu respondia. Era mais frontal. Agora não, ás vezes, pronto posso ter razão se tiver razão também não me calo, mas já não é aquela coisa de ter que me chatear com qualquer coisa, se tiver que me chatear, é por alguma coisa de importante, do resto não, estou mais calmo.
O único hábito foi aprender a viver com isto como o tempo.
A escola foi uma boa maneira de passar o tempo aqui dentro e de conhecer mais qualquer coisa.
É assim o toxicodependente vai vivendo o dia-a-dia, e cada dia que passa, cada dia que passa podemos disser hoje foi mais um. Amanhã nunca sabe. Pode acontecer eu ir para baixo e chatear-me ou não sei, e acontecer eu, graças a deus, já estou assim á dois anos e faço tensão de continuar assim, apanhei o hábito da medicação, depois passo o tempo comecei a ver que a minha cabeça conseguia. Acabou por apanhar esse hábito da medicação. Tem que ser. Acaba também por ser um hábito que foi adquirido.»

Nuno, EP de Sintra, 26 anos de idade, solteiro, 6.º ano de escolaridade, empregado de balcão, pena 5 anos, roubo e sequestro, sem antecedentes criminais.

«Sim, até a minha mulher diz que estou muito mais calmo... Mesmo quando falamos ela diz que sou mais calmo com as palavras. Antigamente bastava qualquer coisa que a minha mulher disse-se para me chatear, agora já não sou assim. Acho que foi o tempo que passei aqui dentro que fez com que desse valor a outras coisas, a convivência com outras pessoas, com outra educação que me mudou e tar longe da família.»

João, EP de Vale Judeus, 34 anos de idade, casado, 4.ª classe, motorista veículos pesados mercadorias, pena 9 anos de prisão, tráfico e outras actividades ilícitas, sem antecedentes criminais.

«Olhe, eu, a única coisa que eu sinto é a idade, é a idade a ir avançando. Avançando. É. A idade. A única coisa. Porquê, acha que aqui ... Já não tenho paciência para certas coisas, quero o meu sossego. Sim, mais calma. Mais calma. Mais calma. Apesar de tudo, de estar aqui á tanto tempo, mas mais calmo. Muito mais calmo. Muito mais calmo, o tempo também faz pensar, estar aqui. Se fosse noutros tempos... Exaltava-se, se calhar com mais facilidade. Muita facilidade, estou aqui quase á 3 meses, 3 meses e tal... Pois. Ainda não me entregaram todas as coisas que... Que... Que me tiraram quando, foram buscar lá á cela. Á cela. Quando eu fiquei de precária, ainda não me entregaram o rádio, ainda não mo entregaram. Pois e o rádio para ouvir o futebol. Eu por acaso até, tenho lá outro, mas aquele que é meu, já vem comigo da Madeira, ainda não me entregaram, se fosse noutros tempos, já tinha estrebuchado, já tinha barafustado, mas prontos, apenas os chamei... Á atenção. Á atenção. Mas com mais calma. Sinto-me muito mais calmo.»

António, EP de Vale Judeus, 49 anos de idade, divorciado, 4.ª classe de escolaridade, carpinteiro, 7 anos e 6 meses de prisão, Tráfico de estupefacientes, sem antecedentes criminais.

O tempo e a reclusão ou, melhor, o tempo em reclusão a moldar o indivíduo, no temperamento, na "maneira de ser".

Personalidade: Responsável

A ideia de que a prisão modifica no sentido de obrigar a pessoa a responder por actos que cometeu, isto é, que transforma o sujeito de forma a que este se apresente responsável pelos seus actos, é uma das mudanças verbalizadas.

No entanto, o que entendem os reclusos por «ficarem mais responsáveis» não é absolutamente evidente.

O que sobressai dos discursos é a conotação de responsabilidade fazer parte da nova maneira de ser do indivíduo e, como tal, surge na mudança da personalidade.

«Muito. Responsabilidade. A tornar-me mais responsável, pontual e a fazer planos.
Estou livre de drogas e isso já indica cinquenta por cento do resto da mudança. Sim, muito: foi condenado em Junho e em Julho fui tirar um curso comecei, a ter psicóloga dia sim dia não e a ir aos encontros de ajuda. Depois a prisão ajudou-me a escolher os meus amigos faço um gráfico e só confio em alguns. Eu confiava nas pessoas que me denunciaram.
Lá fora era mais solidário aqui, cada um cumpre a sua pena. Neste momento faço, mais por mim do que pelos outros agora, sou eu e depois os outros e antes não era assim.»

Paulo, EP do Funchal, 31 anos de idade, divorciado, 6.º ano de escolaridade, técnico de informática, pena de 8 anos de prisão, crime de tráfico de estupefacientes, sem antecedentes criminais.

«A mim mudou-me um bocado. Tornou-me mais adulto, mais responsável... Em tudo, em todos os sentidos.
Tornou-me mais homem, mais honesto, mudou-me em todos os sentidos. Coisas que eu não via antigamente quando andava metido na toxicodependência, e que agora vejo. Antigamente não ligava a ninguém (no mundo do toxicodependente, tal como todo o toxicodependente não liga a ninguém) e hoje em dia já me custa ver pessoas a sofrer, a passarem aquilo que eu já passei (mesmo aqui dentro da prisão).
Antes era um bocado egoísta, e deixei de ser egoísta, o que tenho se o meu colega não tiver, até mesmo visitas, eu divido com ele, não gosto de ver ninguém sem uma coisa, se eu tiver... se eu puder ajudar ajudo.»

Helder, EP de Lisboa, 39 anos de idade, solteiro, 4.ª classe, pintor, 14 anos de prisão, tráfico de estupefacientes, sem antecedentes criminais.

Assumir a responsabilidade é um passo fundamental no processo de recuperação do indivíduo recluso, sem essa etapa dificilmente poderá existir a ressocialização pretendida pelo sistema. No entanto, a verbalização da responsabilidade, acima transcrita, não se reporta ao crime mas sim à maneira de ser do recluso, trata-se de uma alteração da sua personalidade o que tem igualmente relevo em termos de ressocialização.

Pensar

Uma das mudanças verbalizadas é o começar a pensar, pensar mais ou, então, pensar diferentemente.

Quando se diz que se começa a pensar, significa que se raciocina de maneira diferente, que se formam ideias distintas das que até então se formava, porque por muito irreflectido que se seja, o homem não se escapa a pensar.

Vejamos, então, as diversas perspectivas desta mudança, muitas delas interligadas entre si.

Começar a pensar

«Sim, talvez. Para melhor. Eu acreditava... eu pensava muito nos outros e não tanto em mim. Só isso, porque aqui nada de bom se aprende. A única coisa que aprendi foi a pensar mais em mim e nas pessoas que me querem bem. A minha mãe, os meus irmãos... de resto... foi a única coisa de bom foi isso.»

Pedro EP do Linhó, 26 anos de idade, solteiro, 7.º ano de escolaridade, empregado de mesa no Verão e pescador ou trabalhador na construção civil no Inverno, cumpre 5 anos e 3 meses de prisão por crime de tráfico de estupefacientes, tem antecedentes criminais.

A prisão obriga a pensar e, neste caso, o recluso aprendeu a pensar em si e nos que lhe "querem bem".

«Mudou, em muitas coisas. Em quê? Em todos os aspectos. Eu não era uma pessoa rebelde, para já (nunca fui), não era mau, nem nada, só que levou-me a pensar que a vida não é feita de maravilhas, que a vida é bastante difícil e que a gente tudo o que fizer é pelos nossos filhos. Levou-me a pensar uma coisa que eu não pensava lá fora, pronto é os meus filhos, eu gosto muito dos meus filhos, mas fiz muitas asneiras, e então levou-me a pensar que a minha vida não pode ser aquela, nem é a vida que eu queria. Tem que ser uma vida de trabalho/casa, casa/trabalho, passear com a mulher e com os filhos, e ajudar os meus filhos a crescer para não lhes falte alguma coisa. Foi isso que me levou a pensar em ser outra pessoa. E outras coisas, em que é que mudou? Disse-me que mudou em muitas coisas. Mudou em tudo, a pessoa que eu era, o que sou hoje, eu era uma pessoa que não ligava aos conselhos de ninguém, vivia a minha vida, aquilo que me dava na cabeça era para fazer e eu vi que, cheguei a um ponto e vi que não podia ser assim. Tenho que aceitar os conselhos das pessoas pronto, acho que mudou muita coisa, mudou. Se calhar deixei de trabalhar, agora penso para já no trabalho, não é? se calhar eu penso em sair daqui e trabalhar, fazer a minha vida normalmente. Ter as coisas que quero, é ter eu, ter a minha esposa, os meus filhos, dar tudo o que puder aos meus filhos, e espero continuar a dar. Poupar muito, e espero continuar a dar o que posso aos meus filhos.»

Carlos, EP de Sintra, 34 anos de idade, casado, 9.º ano de escolaridade, 4 anos e 10 meses de prisão, tráfico de estupefacientes, com antecedentes criminais.

Outro caso em que se "começa a pensar"...

Pensar positivo

«Ao principio estava preso e não estava. Estava agarrado à droga, tinha pessoas que me apoiavam, não é que não tivesse lá fora, mas lá fora sabia que se quisesse falar falava, mas cá dentro já pensava de outra maneira. Depois mudei de cadeia para o reduto Norte, trabalhei, para o reduto Sul, tive apoio. Ainda a mais dolorosa foi esta aqui no Linhó. Agora está melhor, agora na ala já é como um pequeno quarto. Acho que está muito melhor, tanto a nível de roubos, como de comportamento de reclusos, acho que está melhor. Está tudo diferente.
Como é que hei-de explicar. Principalmente porque andava a pensar negativo e agora já penso positivo. Sobre tudo. Sobre as pessoas, sobre mim, sobre tudo o que se passava em meu redor. Via tudo negativo. Agora penso positivo e é o que interessa.»

Luís, EP do Linhó, 27 anos de idade, Solteiro, 4.ª classe de escolaridade, servente e distribuidor gráfico, pena de 14 anos, Crimes de roubo e furto, com antecedentes criminais.

A reclusão e o pensar de outra forma que, no caso do recluso, é reputada de positiva, por contraposição com o pensamento negativo que vivia na fase da sua vida prévia à reclusão.

«Eu sinto-me mudado. Certo tipo de coisas... não sei explicar sobre as coisas que falo. (O que é que mudou?) A maneira como pensava é totalmente diferente da maneira como penso agora.
(É diferente em quê?) Em tudo, eu só pensava nas coisas para o lado torto; agora, penso positivamente e no futuro. Antes de fazer alguma coisa tenho que pensar três vezes antes. O que me vinha á cabeça era o que eu fazia, agora não.
(Que outras coisas que a prisão o tenha mudado?) Agora, só penso no dia da minha liberdade. (Outras coisas?) "Conselhos", também, tenho melhorado porque, a minha experiência aqui foi bastante má. Espero que com a força que tenho, como já disse, nunca mais volte a experimentar drogas. (Porquê é que acha que teve necessidade de experimentar?) Foi uma experiência que vivi aqui dentro! Experimentei para esquecer os problemas foi, bom até a um ponto, pelo menos, já sei o que é que passei. É um risco que tenho que passar porque, se cair na asneira de consumir mais drogas nunca mais vou deixar, de por mais drogas no meu organismo.»

Roberto, EP do Funchal, 32 anos de idade, viúvo, 6.º ano de escolaridade, servente de pedreiro, pena de 14 anos de prisão, crime de homicídio, sem antecedentes criminais.

Mais um caso em que pensar não é só pensar é, isso sim, pensar positivo. E, pensar positivo é importante num contexto adverso como é o da reclusão.

Pensar antes de agir

«Tem-me mudado muito, tenho tido muita força também, eu penso que sim. Tem-me feito mais adulto, penso antes de fazer as coisas. Pronto, antes de estar preso fazia as coisas todas aéreas, não pensava, era na balda, agora não, quando vejo algumas coisas de mal já não faço, já penso um bocadinho, porque penso logo na cadeia. (Está a querer dizer que lhe deu alguma maturidade?) Sim, deu-me alguma maturidade. Porque fazia as coisas inocentemente, sem pensar e agora já penso um bocadinho antes de fazer as coisas, vejo que é de mal já não faço, já me desvio, tento desviar-me ao máximo. Já vejo com outra qualidade, outra maturidade, é assim que se diz. Mas ao mesmo tempo a gente sente um bocadinho de revolta também, sente-se ao mesmo tempo revolta. (Revolta porquê, em que aspecto?) De estar fechado, às vezes sente-se um bocadinho de revolta. É esse o medo que eu tenho quando sair é não ter revolta, é esse medo que eu tenho. Fiquei mais responsável, que já tinha a minha responsabilidade, mas acho que fiquei mais responsável ainda. Ah, como é que ei de dizer, ouvir primeiro as pessoas, eu às vezes, falavam comigo e eu estava a responder-lhes sem saber o que estavam a perguntar. Aliás, aqueles pequenos pormenores que... tenho apanhado mais calo. Era um bocado impulsivo e agora...»

Mário, EP de Alcoentre, 32 anos de idade, divorciado, 4.ª classe de escolaridade, empresário, 3 anos de prisão, por furto qualificado, com antecedentes criminais.

«Mudou, mudou, mudou muito, aquele tempo de não pensar em si primeiro e pensa depois, terminou. Agora penso mais. Antes de fazer alguma coisa deve-se pensar. É importante, para não voltar a cometer algum erro. Arranjei mais calos, arranjei mais calos. (Sente-se mais calmo, era uma pessoa nervosa?) Não quer dizer que fosse nervoso, agia primeiro antes de pensar. (E nesse aspecto mudou?) Não sei se foi pela idade, isto também pesa, aqui os anos. A idade também ajuda, o estar aqui dentro. Pois, o estar aqui dentro, foi uma grande remodelação que eu levei.»

Manuel, EP de Vale Judeus, 50 anos de idade, viuvo, 4.ª classe de escolaridade, carpinteiro, 15 anos de prisão, homicídio qualificado, sem antecedentes criminais.

Pensar antes de agir é ponderar. Essa capacidade parece advir da mudança operada no recluso pela privação de liberdade.

Tempo para pensar

«A minha maneira de pensar. A prisão ajuda-me a pensar mais. Nos erros que cometi, também na altura era novo. (Acha que aquilo que fez foram erros?) Muitos grandes. Conhecia as vítimas? Algumas conhecia. O que é que as pessoas diziam sobre isso? Apenas as

conhecia de vista, mas não falava com elas. Acha, então, que a prisão o tem ajudado a pensar mais sobre os erros que cometeu? E são muito grandes.
Em que é que isso o ajuda a ser diferente? Pelo menos a não cometer os mesmos erros, não cometo de certeza! Porquê? Porque para mim isto não é vida, é triste estar aqui! Já perdi seis anos da minha juventude, aqui dentro.»

Márcio, Cadeia da Horta, 23 anos de idade, solteiro, 6.º ano de escolaridade, electrecista, pena de 8 anos e 10 meses de prisão, sem antecedentes criminais.

«Acha que a prisão o tem mudado? Neste momento já não. Mas antes mudou-o? No início fez-me pensar muito naquilo que eu tinha feito, pronto e cheguei à conclusão que antes queria ter partido as duas pernas e os dois braços, (que hoje já estava curado) e neste momento não sei, não sei quando é que esta doença está curada. E eu reflicto em tudo isso, antes queria que isto não tivesse acontecido, porque perdi a vida, perdi a família, perdi a confiança dos amigos, e quando sair de aqui vou ter que começar uma vida nova.»

Noel, EP de Alcoentre, 43 anos de idade, solteiro, 6.º ano de escolaridade, empresário, 16 anos de prisão, crime de homicídio, sem antecedentes criminais.

A obrigação de pensar imposta pelo tempo de reclusão conduz a que se pense "mais", "muito"... de forma a que se possam identificar erros, perdas...

«Eu ando a sentir-me cansado da prisão. A cadeia mata muito uma pessoa. Não se sente alegria, não há momentos de alegria, mata neste aspecto. É um cansaço! A prisão dá para reflectir em muita coisa, a pessoa tem tempo para tudo: pensa-se no que se fez, no passado, de bem e de mal; a pessoa quando está lá fora no seu dia-a-dia, no correr da vida, não tem tempo para parar e pensar.»

Durval, EP de Angra do Heroísmo, 42 anos de idade, viuvo, 9.º ano de escolaridade, assistente administrativo, pena de 6 anos de prisão, crime de homicídio, sem antecedentes criminais.

A verbalização do muito tempo para se pensar, imposto pela reclusão... A autonomia desta perspectiva em relação a "começar a pensar" é resultante da identificação do tempo como causa do pensar, ao invés de ser apenas a reclusão que impele o pensar.

Ponderar as coisas

«Em parte sim, tornou-me mais calmo. Estou mais falador, ver mais os prós e os contra das coisas pensar, bem nelas temos de ser, positivos porque quando vêem as coisas negativas nós abafamos com as positivas.
(À pouco referiu que a prisão o mudou em parte e o que aconteceu à outra parte?) A outra parte foi a prejudicada. (Em que foi prejudicada?) No sentido de eu querer organizar a minha vida e não posso sair daqui. (Mais coisas que a prisão o tenha mudado?) Dar mais valor a pequenas coisas. (Como por exemplo?) Eu ir de precária e quando é para voltar, chegar ao meu quarto e ter lá um saquinho com coisas para trazer, (comida e essas coisas assim) dou bastante valor.»

Rogério, EP de Caldas da Raínha, 35 anos de idade, solteiro, 6.º ano de escolaridade, canalizador, pena de 5 anos de prisão, crime de tráfico de estupefacientes, com antecedentes criminais.

Ver os prós e os contras das coisas, isto é, ponderar as coisas... Curiosamente, o recluso não questiona o sentido da sua vida, apenas vê «os prós e os contras» o que o distingue da perspectiva seguinte em que o pensar se dirige ao sentido do percurso de vida.

Pensar na vida

«Acha que a prisão o tem mudado? Mudou, em muitas coisas. Em quê? Em todos os aspectos. Eu não era uma pessoa rebelde, para já (nunca fui), não era mau, nem nada, só que levou-me a pensar que a vida não é feita de maravilhas, que a vida é bastante difícil e que a gente tudo o que fizer é pelos nossos filhos. Levou-me a pensar uma coisa que eu não pensava lá fora, pronto é os meus filhos, eu gosto muito dos meus filhos, mas fiz muitas asneiras, e então levou--me a pensar que a minha vida não pode ser aquela, nem é a vida que eu queria. Tem que ser uma vida de trabalho/casa, casa/trabalho,

passear com a mulher e com os filhos, e ajudar os meus filhos a crescer para não lhes falte alguma coisa. Foi isso que me levou a pensar em ser outra pessoa. (E outras coisa, em que é que mudou? Disse-me que mudou em muitas coisas). Mudou em tudo, a pessoa que eu era, o que sou hoje, eu era uma pessoa que não ligava aos conselhos de ninguém, vivia a minha vida, aquilo que me dava na cabeça era para fazer e eu vi que, cheguei a um ponto e vi que não podia ser assim. Tenho que aceitar os conselhos das pessoas pronto, acho que mudou muita coisa, mudou. Se calhar deixei de trabalhar, agora penso para já no trabalho, não é? Se calhar eu penso em sair daqui e trabalhar, fazer a minha vida normalmente. Ter as coisas que quero, é ter eu, ter a minha esposa, os meus filhos, dar tudo o que puder aos meus filhos, e espero continuar a dar. Poupar muito, e espero continuar a dar o que posso aos meus filhos.
(Acha que de alguma maneira a prisão o mudou?) Há sim, completamente. Quer dizer, não foi a prisão que mudou... Porque aquilo que a prisão me deu tanto podia ir para um lado como para outro, o que mudei de positivo, fui eu que consegui. (Mas acha que foi por estar preso que houve essa mudança.) Também. (Quais os aspectos que mudaram? As drogas eu já sei.) É isso, a partir daí mudou tudo. ... eu sempre tive uma grande dificuldade em estar preso, mesmo lá fora eu sentia-me preso, que não tinha liberdade nenhuma. Então quando eu penso... Pior. Meteram-me mesmo ao pé do passarinho da gaiola, limitado, deixei de escrever, desenhar... (Não consegue fazer cá dentro?) Não, não consigo. Não o motiva. Nada, nada. Nunca pensou em voltar a estudar, em continuar. É muito difícil, agora preciso de construir a minha vida, o tempo está-se a esgotar, os meus pais, mais velhos um dia vão desaparecer, eu não posso. Claro que não era perder tempo, mas neste momento... (Só tem este irmão?) Só, eles são o único apoio que tenho, eu não pretendo cometer mais crimes, foi um descontrolo, é difícil explicar, eu tento analisar e não consigo. (Acha que de uma maneira ou de outra esse descontrolo já não o voltaria a cometer). Sempre fui controlado a nível de comportamentos. (O estar preso fê-lo mudar e pensar.) Aqui dá-nos muito tempo para pensar nas coisas, esse comportamento eu tenho esperança de não voltar a acontecer, não posso dizer nunca mais, mas já passei por tanta coisa, enfim, que não faz sentido nenhum. Sinto outra coisa dentro de mim, eu sei que vim preso porque tinha um problema, não era por ser criminoso, não andava

a roubar em casa para eu enriquecer, não, era para outros, a pessoa é outra, eu queria aproveitar enquanto tenho condições, para mim é importante. (Sente-se uma pessoa diferente?) Sim, isso a prisão ajudou. Ajudou nisso. Não tenho hipótese de dizer que não. Só o facto de largar as drogas, é uma mudança.»

Pedro, EP de Sintra, 31 anos de idade, solteiro, 2.º ano de escolaridade, desenhador, 4 anos e 10 meses de prisão, furto qualificado, sem antecedentes criminais.

Pensar a vida será a soma de todas as modalidades de pensar e mais, implica conferir um sentido global a todas elas e ao próprio percurso de vida. Pensar a vida implica uma intencionalidade.

Assim, podendo ser englobado em várias modalidades do "pensar", pensar a vida justifica uma autonomia pela riqueza que encerra.

Pela multiplicidade de factos que encerra, pensar a vida poderá significar, como se expressa o recluso, em mudar «em todos os aspectos».

Aprender

Aprender é adquirir conhecimentos, instruir-se, habilitar-se, em suma: aprender é saber.

Alguns reclusos verbalizaram como mudança o facto de a reclusão os ter feito «aprender». E, este aprender que em si é uma mudança, pois o facto de se aprender alguma coisa significa uma aquisição que de si é uma alteração por referência ao estádio prévio a esse saber, tem vários sentidos.

Por um lado, aprende-se a viver em reclusão, é preciso adquirir conhecimentos para se viver no estabelecimento prisional e, ainda, saberes de uma realidade criminogena.

Por outro lado, aprende-se no sentido da socialização, isto é, adquire-se conhecimentos na prisão mediante cursos profissionais que aí são ministrados.

Aprender: Escola do crime

Paradoxalmente, a prisão pode mudar um indivíduo para pior, ao invés de desempenhar um papel de ressocialização, ela potência a carreira delictiva ou, então, vinca um comportamento desviante no sentido do crime.

«As manhas, as manhas que há. Aprende-se aqui... é através daqui. Por exemplo agente sai daqui a... um exemplo, eu nunca roubei um carro, mas há pessoas que saem daqui a roubar um carro, bem como a roubar um carro também saem daqui a roubar um Banco. Sabe como é que é. Percebe isto? Isto é uma escola... isto é uma escola de criminalidade, é mesmo. (E em que mudou mais?) Para além de ter tomado consciência que não se pode voltar a meter na droga? Sei lá. Em tudo, a maneira de pensar, a maneira de ver as coisas. (Acha que o mudou para melhor, ou para pior?) Para melhor, agora tenho consciência mais consciência do que fiz, e do que faço.»

Paulo, EP de Sintra, 34 anos de idade, solteiro, 2.º ano de escolaridade, electricista, pena de 3 anos e 3 meses, crime de tráfico de estupefacientes, sem antecedentes criminais.

«Tem-me mudado um pouco. Para o que isto era, a repressão não é tanta, para o que isto era aqui à oito, nove anos atrás; havia um bocado mais de repressão, agora já está um bocado mudado, mas podia estar melhor... Para melhor, está um bocado melhor. Para melhor. Lá aparece um guarda por outro e tal mais velho e tal, mas já não se compara como era antes.
Quando eu tive o acidente a mesma pessoa, eles aí sabem que é verdade o que eu estou a dizer, eu quando tive o acidente continuei a mesma pessoa. Não uso, porque eu não tenho feitio para isso, simplesmente a prisão a mim, ensina muito mais malandrices, só que eu não tenho feitio para usar. A prisão faz de conta, não faz de conta que é mesmo uma escola do crime, isto...
Custa, dói assim um bocadinho, não é? Dói assim um bocadinho, mas enfim...
(E acha que a prisão não o ajudou?)
Não, não me ajudou em nada.
Não, a prisão nisso só me destruiu. Só me destrui mais nada.
Da primeira vez que vim de precária, a primeira vez que vim, separei-me da vida toda, da família, tive que por filhos em internado por e isso tudo, todos pequenos.
Foi, a mãe depois começou a desprezá-los e coisa assim e, mesmo preso, tive que os por no internato em Portalegre. Essa foi logo uma cambalhota.

Perdi uma casa que estava a paga-la, faltava-me pagar trezentos e vinte sete contos, trezentos e tal escudos. Perdi a casa, uma casa de primeiro andar, que faltava pagar trezentos e tal contos, acabei por a perder. Tem destruído nisso e em experiência de família, tem destruído aí tudo.
Aquela relação que há, por acaso não tenho razões de queixa, não é? Pronto, mas nunca é como era antigamente. Agora a que eu possa dizer que é exactamente igual é a minha filha.
(E acha que houve outras coisas que o possam ter mudado?)
Fiquei um bocado mais frio, por dentro. Um bocado mais frio, em certas e determinadas situações a pessoa fica mais fria.
(Dê-me lá um exemplo).
De repente se há um discutimento qualquer, ou uma coisa assim, com um indivíduo qualquer, era capaz de virar as costas e coisa assim e agora... agora a pessoa, se vê que um indivíduo calha, pronto lá fora não sei como será lá fora. Lá fora pode ser, é que isto aqui também é à base da repressão também, não é? Agora aqui chateiam-me e coisa assim, uma vez duas, quando era à segunda vez ou à terceira, já estava. A pessoa sente-se revoltada.»

Mário, EP de Alcoentre, 48 anos de idade, divorciado, 4.ª classe de escolaridade, reformado, cumpre 14 anos, 10 meses e 15 dias de prisão, por crime de homicídio, sem antecedentes criminais.

Aprender: Viver em reclusão

«(Acha que a prisão o mudou em alguma coisa?) Sim. (Mudou em quê?) Eu penso que uma apreensão é sempre... e eu já não era primário, não é... já era para ter aprendido. Tive mesmo que abrir a pestana. Convém já ter aprendido, por isso eu estive preso. Tive mesmo que aprender. O que é que aprendi? Várias coisas, olha, primeiro que a gente temos um (...) e andamos menos pesados, pronto. Fazer uma vida normal, querer ter cargos menos pesados. Em que é que mudou mais? Em que é que mudei mais? Sim. Se é que mudou em alguma coisa? o que mais mudou, é que agente vai aprendendo, porque isto é uma casa que... sempre é melhor andar aqui, do que andar na rua, só que aqui agente leva com tudo. Não sabe quem é quem, não sabe... eu já vi matarem um companheiro por causa do farnel. É uma casa que agente aqui tem que estar alerta porque se não é morto, temos de ter cuidado com as doenças, porque tanta gente coisa... antigamente no meu tempo as marmitas eram (...) porque eu próprio se fosse doente eu utilizava os meus próprios talheres, e tinha e tenho o meu prato. Eu não recebo nada da cadeia, tenho desde prato, a talheres a tudo porque Hepatite há aí muito, há HIV. E aquilo ali nas celas à noite é só fumo.»

Francisco, EP de Sintra, 41 anos de idade, solteiro, 2.º ciclo de escolaridade, vendedor, 4 anos de prisão, tráfico de estupefacientes, antecedentes criminais.

Aprender a viver em reclusão implica, também, uma mudança que pode ser fundamental para a própria sobrevivência (mental, pessoal e, mesmo, física) do recluso.

Aprender: uma profissão

«(Acha que a prisão o tem mudado?) Não tenho dado por isso. Eu não vou para o pátio estou, sempre na minha cela só saio, da cela quando vou ou venho trabalho, ao Domingo e ao Sábado vou almoçar e mais nada. Nunca vou para o pátio estou, sempre sozinho gosto de estar sozinho porque, aqui não se pode fazer amigos. (A prisão não o ajudou a mudar?) A mim? (Sim.) A mim mudou-me muito, muito.
(Em quê?) Eu entrei aqui com vinte e quatro anos e já tenho trinta e dois fiquei, mais maduro e ainda, mais a partir do momento que fui de precária e não vim. Realmente, estou muito mais mudado, nunca me interessei por nada agora, já me interesso pelas coisas. (Por exemplo?) Se uma pessoa é má vai ter, de pagar pelo que faz e o crime não compensa. Aqui na cadeia tenho aprendido muitas coisas: já aprendi a ser caceteiro e a trabalhar com máquinas que não sabia, assim quando sair já tenho trabalho para electrecista e para calceteiro mas não sei qual vou escolher, os dois dão bom dinheiro.
Estou mais maduro penso, mais só sei que quando sair daqui vou fazer, os possíveis e os impossíveis para não voltar para aqui porque, nem sequer os passarinhos gostam de estar presos na gaiola.»

Gonçalo, EP de Ponta Delgada, 35 anos de idade, divorciado, 6.º ano de escolaridade, pedreiro, 5 anos de prisão, crime de furto, antecedentes criminais.

A par da mudança imposta pela idade que para o Gonçalo equivale a maturidade, a reclusão operou uma outra mudança: o aprender uma profissão, no caso a de calceteiro e de electrecista. Aqui a mudança é algo introduzido pelo sistema penitenciário com vista à reposição responsável do recluso na sociedade. Como estudos recentes têm vindo a sublinhar (Maruna & Ward, 2006) importa que se possibilite ao ex--recluso uma vida após a reclusão que valha a pena preservar, munir o recluso de instrumentos para construir essa vida é, sem dúvida, o melhor investimento que se pode fazer para uma sociedade mais segura.

Conferir valor

Passar a conferir valor às coisas, pessoas ou, mesmo, a certas situações, pode ser uma mudança adquirida em reclusão.

A privação que decorre do encarceramento permite, por carência, que os reclusos possam passar a valorizar algo que lhes era indiferente ou, então, não conferiam o devido apreço.

Dar merecimento a algo é uma operação individual, no sentido em que é o sujeito que, mediante a sua escala de valores, posiciona cada situação numa posição que sendo relativa, lhe pode pautar a conduta.

A verbalização desta mudança é, sobretudo, no sentido de se passar a dar merecimento a algo que anteriormente não teve, na aferição do recluso, valor suficiente para o afastar do acto que o levou à prisão.

Uma das mudanças verbalizadas é a da atitude face a família.

Tal significa que o recluso passa a considerar a família como algo de relevante para si, ou seja, passa a conferir valor à sua família. Assim sendo, a mudança operada é a de passar a conferir valor a um vínculo que, até então, lhe seria indiferente ou sem apreço.

Conferir valor: Família

«Tem-me mudado muito. Em que é que a prisão o tem mudado? A dar mais valor á minha família. Como? Estou mais afastado deles e assim apercebo-me o quanto são importantes, para mim.»

António, EP de Alcoentre, 32 anos de idade, solteiro, 6.º ano de escolaridade, pedreiro, pena de 3 anos e 3 meses, sem antecedentes criminais.

«Mudou, em muitas coisas. Em todos os aspectos. Eu não era uma pessoa rebelde, para já (nunca fui), não era mau, nem nada, só que levou-me a pensar que a vida não é feita de maravilhas, que a vida é bastante difícil e que a gente tudo o que fizer é pelos nossos filhos. Levou-me a pensar uma coisa que eu não pensava lá fora, pronto é os meus filhos, eu gosto muito dos meus filhos, mas fiz muitas asneiras, e então levou-me a pensar que a minha vida não pode ser aquela, nem é a vida que eu queria. Tem que ser uma vida de trabalho/casa, casa/trabalho, passear com a mulher e com os filhos, e ajudar os meus filhos a crescer para não lhes falte alguma coisa. Foi isso que me levou a pensar em ser outra pessoa.
Mudou em tudo, a pessoa que eu era, o que sou hoje, eu era uma pessoa que não ligava aos conselhos de ninguém, vivia a minha vida, aquilo que me dava na cabeça era para fazer e eu vi que, cheguei a um ponto e vi que não podia ser assim. Tenho que aceitar os conselhos das pessoas pronto, acho que mudou muita coisa, mudou. Se calhar deixei de trabalhar, agora penso para já no trabalho, não é? se calhar eu penso em sair daqui e trabalhar, fazer a minha vida normalmente. Ter as coisas que quero, é ter eu, ter a minha esposa, os meus filhos, dar tudo o que puder aos meus filhos, e espero continuar a dar. Poupar muito, e espero continuar a dar o que posso aos meus filhos.»

Carlos, EP de Sintra, 34 anos de idade, casado, 9.º ano de escolaridade, 4 anos e 10 meses de prisão, tráfico de estupefacientes, com antecedentes criminais.

Conferir valor: Relações amorosas

«Mudou. Mudou e em relação à minha relação amorosa, então isso mudou mesmo muito!
(Acha que a sua relação sai fortificada com a prisão?)
Muito fortificada, muito! Muito mesmo!
(É um teste? É você que está diferente?)
... Eu 'tou a ficar diferente dadas as circunstâncias e as verdades que eu vou vendo no dia-a-dia, porque eu 'tava lá fora... vivo com esta moça há dois anos e tal e se calhar nunca me lembrei que vivia com ela durante esse tempo todo.
Não lhe dava o valor real?

Não dava o valor real que ela tem! Tanto não dava o valor real que eu quando vim preso disse-lhe que não a queria aqui a visitar-me e que queria que ela se fosse embora da minha casa e que não queria mais nada com ela. E ela não quis assim, continua a vir e...
Eu queria, eu nessa altura queria porque é muito complicado quando se 'tá preso e se tem uma relação lá fora. É um acréscimo de preocupações e de chatices que não nos é muito benéfico aqui. E eu penso que, se calhar, se 'tivesse sozinho, não tivesse mulher, nem namorada, nem nada disso, não teria muito com que me preocupar. Não teria que me preocupar. Então se ela saiu às 7 do trabalho, são 9, ainda não chegou?, essas coisas normais, não é?, não é de machista nem nada disso mas são coisas que nos preocupam. E, no entanto, lá fora 'tava vinte dias, se fosse preciso, sem aparecer em casa. Porque andava com umas amigas para aqui, outras amigas para ali...
Nem me lembrava dela! E aqui dentro eu vi realmente que... que ela merece que eu faça muito mais por ela do que aquilo que fiz. O que fiz foi muito visto pela família dela e pelas pessoas que nos conhecem, eu acho que ainda foi muito pouco. Pura e simplesmente, eu, quando a conheci ela usava heroína, drogava-se e agora 'tá quase há três anos que nunca mais tocou em nada, não é? E as pessoas todas me consideram um mestre sábio que conseguiu que a Sílvia saísse do pó e tivesse um emprego decente e uma vida organizada e não sei quê, mas eu... naquela altura achava que sim, que ela me devia tudo isso e que tinha que ter muito cuidado, que não se esquecesse que se ela tem aquilo que tem hoje foi graças a mim, mas eu acho que tenho que lhe dar muito mais do que aquilo que fiz, tenho que fazer muito mais!»

Paulo, EP de Lisboa, 31 anos de idade, casado, 4.º ano de escolaridade, segurança, pena de 1 ano e 6 meses de prisão, crime de furto qualificado, com antecedentes criminais.

O afastamento causado pela reclusão tem efeitos nas relações afectivas. Curiosamente, este tema dos afectos e a reclusão não tem concitado a atenção dos estudiosos.
No caso deste recluso, o encarceramento terá fortalecido a sua relação amorosa e, também, as suas preocupações com alguém que «anda lá fora».

Conferir valor: As coisas, os amigos, as pessoas, a vida... a própria pessoa

«Se mudei... comecei a valorizar mais, o que eu perdi, o que era... Dantes era... aqui comecei, digamos que a começar a estruturar--me... comecei a valorizar-me a mim próprio.
Já, objectivos já.... O mais importante... Aproveitar o tempo que me resta aqui.
Para me fortalecer, para preparar-me para quando sair... tenho objectivos...
... o meu pai deu-nos um terreno, quero construir uma casa com a minha irmã... trabalhar, também tenho para onde ir trabalhar...
(Mudou a sua personalidade aqui? É mais forte?)
Mais forte, muito mais optimista... começo a ver as coisas com outros olhos...
Morrer... agora não...
Se mudei hábitos... mudei alguns.
Para melhor.
Eu não era capaz de dizer uma frase sem dizer um monte de asneiras, por exemplo... montes! Acho que nisso também estou diferente. Sim, muito mais calmo, mais controlado...»

Márcio, EP de Lisboa, 22 anos de idade, solteiro, 6.º Ano de escolaridade, ajudante de padeiro, crime de roubo, pena de 2 anos de prisão, com antecedentes criminais.

«É assim, uma pessoa aqui dentro fica a dar mais valor a coisas, aos animais e à liberdade, são factores que uma pessoa, pronto agora a justiça dos homens uma pessoa fica mais revoltada com ela. Porquê? Porque a apreciação, de tudo aquilo que eu me apercebo é feita por pessoas, e eu estou aqui, a lei diz que eu devia ser ouvido para os relatórios, e nunca ninguém me chamou para fazer um relatório, aqui a cadeia, não sei se sabe, metem-nos para um buraco, não sei se sabe, o que é que eu vou fazer? O que é que entregam ao Sr. Dr. Juiz porque é ele que pergunta essas coisas, uma coisa que é o relatório tem de ser feito pela assistente social, tem que ir à zona, pronto eu vou ali ver se as pessoas aceitam, e eu nunca fui informado disso. E nesta altura estou um pouco revoltado é por causa disso. Mas em relação ao resto, em relação ao resto uma pessoa sente, deve ser por causa da falta que uma pessoa sente. Uma pessoa torna-se uma pessoa mais sensível, mais tolerante, mais compreensível. E eu já lá fora gostava muito de animais, e aqui então tenho uma coisa boa porque trabalho com eles, mas, quer dizer não posso ver uma pessoa fazer mal a um animal. Eu tenho um casal de gatos é uma coisa que eu gosto.»

Noel, EP de Alcoentre, 43 anos de idade, solteiro, 6.º ano de escolaridade, empresário, 16 anos de prisão, crime de homicídio, sem antecedentes criminais.

«Sim... Mudei, mudei e aprendi...
Melhorei, acho que melhorei! Acho que melhorei, sinto-me mais maduro, mais calmo, com muita vontade de perceber os outros, também, coisas que, se calhar, eu muitas vezes não pensava assim. Mas para quê...?
(Dá mais valor hoje a coisas que não valorizava naquela altura?)
Dou, à vida. Principalmente...
Às pessoas, claro que sim. Porque a vida envolve isso tudo. As pessoas que são muito importantes para nós e que, se calhar, muitas vezes não pensava em nada, a amizade, os amigos, que têm muito valor.
(O facto de ter deixado de consumir ajudou...?)
Ajudou, claro que ajudou! Ajudou e fez-me, este vazio que a droga me deixou, fez-me obrigatoriamente ter que recorrer a outras coisas para preencher este vazio. Aqui na cadeia é dificílimo!
(Pois, não tem ninguém a quem recorrer...)
Nada! Quase nada... e estando aqui tenho que... tenho as pessoas, tenho aquelas amizades, todas essas coisas que a pouco e pouco vão colmatando este vazio que a droga me deixou. Agora, por exemplo, eu imagino... eu às vezes digo Ainda bem que eu só conheço as cadeias pelas conversas dos outros, porque deve ser um tédio enorme!
(A falta de trabalho é um problema grande aqui, não é?)
As pessoas não se querem sujeitar a trabalhar, sequer. Não querem! Enquanto, por exemplo, nós aqui queremos e pedimos... até pedimos e não sei quê, queremos, uns aqui tentamos... quase todos os faxinas que estão aqui são todos da ala G. Atenção! Resultado da confiança que as pessoas vão tendo em nós e nós também vamos tendo a preocupação de fazer bem feito, mostrar que vale a pena

acreditar e tudo, para que os outros, os próximos que sejam daqui também... Embota tenhamos aí fases que às vezes as pessoas não aproveitam, não querem e não sei quê. O Sr. Director uma vez já disse Ah, mas por que é que são só os da G, por que é não sei quê...?, mas o Chefe dos Guardas disse logo Não, não, mas eu é que quero só os da G!... que ele sabe, o Sr. Director sabe bem mas ele às vezes gosta... ele sabe, mas é...
(Houve muita coisa positiva que aprendeu aqui? Leva amizades para a vida toda?)
Levo! Levo muitas amizades e espero muitas vezes poder voltar a esta casa!»

Paulo, EP de Lisboa, 31 anos de idade, divorciado, 11.º Ano de escolaridade, Vendedor, crime de tráfico de estupefacientes, 4 anos e 6 meses de prisão, sem antecedentes criminais.

Como se refere, com a reclusão, valoriza-se o que se perde e, essa perda, pode ser referida a pessoas, a coisas, a hábitos e situações a que, eventualmente, nunca antes se tinha conferido valia suficiente.

Droga

A mudança quando reportada ao consumo de droga, pode significar uma alteração global do indivíduo, isto é, não se resume a deixar apenas o consumo, implica não só deixar de consumir como alterar todo o comportamento e maneira de pensar do indivíduo.
É claro que existem diversos graus de alteração, dependendo do nível do consumo/dependência e do indivíduo particularmente considerado, de qualquer forma a mudança, girando em torno da droga, nunca é só a de deixar de consumir, mesmo quando se verbalize que a mudança se restringe à simples supressão do consumo.

«Muito, penso muito na minha vida; se eu não viesse para a prisão já tinha morrido: tinha 45 kilos, pouca higiene estava um trapo. Acho que me fez, muito bem vir para aqui fiz, tratamento, recuperei, sem metadona, e agora dou mais valor á vida.
Sim, se estou lá fora já tinha morrido.
(Que outras coisas a prisão a ajudou a mudar?) A minha maneira de pensar: já não quero nem penso em droga, penso em arranjar trabalho e estar em minha casa criar, o meu filho.

Três anos e oito meses quando entrei, para aqui ele tinha três meses. Aprendi muito, limpa, física e psicologicamente e isso é muito importante, fez bem ter vindo. Quando sair daqui já tenho planos: criar o meu filho, a minha mãe já está um pouco velhota e cansada, ir para a minha e fazer uma vida como muitos casais fazem.»

Diana, EP de Angra do Heroísmo, 26 anos de idade, solteira, 4.ª classe de escolaridade, doméstica, cumpria 5 anos e 10 meses de prisão, por crime de tráfico de estupefacientes, não tem antecedentes criminais.

Como se constata no discurso, a mudança está na droga mas não só...

«Acalmou-me um bocado, mas não mudou a minha maneira de pensar.
Sim, tirou-me a vontade de consumir heroína; deve ser á força de não ter.
Meteu-me frio, mais observador, calculista... essas coisas todas. Acho que a prisão me fez pior.
Se não tivesse vindo preso, se me tivessem dito "vais deixar isso e tomar juízo" tinha sido melhor para mim.
(Acha que a prisão não o ajudou?) Num sentido... A deixar de consumir, é uma melhoria para mim noutras condições piorou. Económica, social, não é qualquer pessoa que dá trabalho a um preso tenho, de me sujeitar.
(Outras coisas que a prisão tem mudado?) Mais nada.»

Manuel, EP de Ponta Delgada, 39 anos de idade, casado, 8.º ano de escolaridade, comerciante, pena de 8 anos de prisão, crime de tráfico de estupefacientes, sem antecedentes criminais.

De novo a droga mas a mudança não se restringe à supressão dos consumos. Embora verbalize que não mudou, o recluso reconhece várias alterações.

«Não sei, só em relação às drogas é que mudou, mais nada. Eu não faço mal a ninguém, não quero é que me façam mal a mim! Se não me fizerem mal a mim dou-me bem com toda a gente. Só mudou isso, das drogas.

Eu sempre fui calmo, nunca gostei de arranjar confusões e não sei quê...
(A sua personalidade está a mesma?)
Sempre.
(Os hábitos que tem são os mesmos? Os gostos são os mesmos?)
É... só mudou isso, em termos da droga, parei.
(Acha que vai sair um homem diferente, ou acha que não?)
Não... só a droga... Talvez mais responsável, mais calmo, em não me meter em tantas cowboiadas.
Exacto, vou ser mais responsável. Lá fora não era tão responsável como sou agora, não é? Agora sei que tenho que ir trabalhar... eu lá fora também trabalhava só que podia, numa semana, ir só trabalhar dois dias e aqui sei que tenho que trabalhar todos os dias.
(Acha que entretanto a prisão foi boa?)
Foi! Claro que foi! Tenho que ir trabalhar, venho do trabalho, vou jantar e não sei quê, vou até ao café, tenho que me deitar cedo porque senão não consigo me levantar às sete da manhã, ao fim-de-semana, ao fim-de-semana não se trabalha...»

Pedro, EP de Lisboa, 26 anos de idade, solteiro, 6.º ano de escolaridade, carpinteiro, pena de 3 anos e 3 meses, crime de furto, com antecedentes criminais.

A alteração dos consumos e das práticas, impostas pela reclusão.

«Sim, primeiro... mudou-me... Que Márcio é que entrou?... Nem eu próprio sei! Porque eu não sabia quem era... não tinha nada lá fora... Tinha objectivos... tinha... mas depois perdi-os, completamente...
Pela vida até à data, pela vida até à data! A minha infância, eu já disse que foi um bocado complicada... o que teve a droga como consequência, por um lado... situações em que me meti... eu não estava estruturado, não tinha competências para assimilar e digerir tudo aquilo que me rodeava... deixei-me ir e não lutei.
Perdi tudo... desisti mesmo... não era bem em termos de tentativa de suicídio, mas era usar e abusar das drogas, mesmo sabendo que haveria uma grande dose de risco, só que...
Não era pensar vou exceder a dose para me suicidar...
Não era esse o pensamento, o pensamento era... com isto vou perder a minha vida, não interessa... era quase como se tanto fizesse viver ou morrer...

(Valorizava alguma coisa nessa altura?)
Não, nada.
(E isso mudou aqui na prisão?)
Se mudei... comecei a valorizar mais, o que eu perdi, o que era... Dantes era... aqui comecei, digamos que a começar a estruturar--me... comecei a valorizar-me a mim próprio.
(E agora já tem objectivos?)
Já, objectivos já.... O mais importante... Aproveitar o tempo que me resta aqui.
Para me fortalecer, para preparar-me para quando sair... tenho objectivos...
... o meu pai deu-nos um terreno, quero construir uma casa com a minha irmã... trabalhar, também tenho para onde ir trabalhar...
(Mudou a sua personalidade aqui? É mais forte?)
Mais forte, muito mais optimista... começo a ver as coisas com outros olhos...
Morrer... agora não...
Se mudei hábitos... mudei alguns. Para melhor.
Eu não era capaz de dizer uma frase sem dizer um monte de asneiras, por exemplo... montes! Acho que nisso também estou diferente. Sim, muito mais calmo, mais controlado...»

Márcio, EP de Lisboa, 22 anos de idade, solteiro, 6.º Ano de escolaridade, Ajudante de Padeiro, crime de Roubo, pena de 2 anos de prisão, com antecedentes criminais.

De novo, a alteração dos consumos a operar toda uma mudança, como diz o recluso, na estrutura e valorização de si próprio.

«Mudado em que aspecto? (Como pessoa, mudou a sua vida, mudou os seus hábitos...?)
Sim... e muito! Mesmo em relação àquilo que a gente 'tava a falar há bocadinho, a maneira de a pessoa acordar todos os dias...
(A sua relação com a droga foi totalmente alterada?)
Sim, tanto que ao princípio havia dias em que eu às vezes pensava... até dores de barriga me dava e eu hoje em dia nem sequer penso nisso. Não tem vontade nenhuma?
Nenhuma. Sabe muito bem quando todos os dias... houve uma altura na rua em que eu não havia dia nenhum em que me levantasse mais cedo do que as onze horas da manhã, não conseguia, mesmo!

Hoje em dia, aqui, nem de relógio preciso. Quando é às sete, sete e pouco o mais tardar, eu acordo. Levanto-me, faço a barba, faço a limpeza da cela, tudo, quando chega às oito horas, quando o guarda vem abrir a porta, já eu e o meu parceiro, já 'tamos os dois encostados à televisão à espera que nos abram a porta. Saímos, acabamos de fazer a limpeza...
Não está sozinho, está com um companheiro na cela?
'Tou... 'tamos três, só que um deles 'tá no Hospital de Caxias, agora só 'tamos os dois. Tudo isso, pronto... Depois a gente vai tomar o pequeno-almoço, vai, sabe que tem aquela coisa, que tem que ir trabalhar...
Até essa organização, foi uma coisa que ganhou cá dentro, ou já entrou uma pessoa assim? Levantar às horas...
Isso foi uma das coisas, sinceramente, que eu perdi, perdi mesmo! Mesmo aquela coisa do gosto por mim próprio, as minhas tias mesmo dizem: " Ouve, isso lembro-me, desde pequenininho que eu te conheci, sempre gostaste de andar bem vestido e todo limpinho e não sei quê... e houve agora uma altura, tu antes de seres preso, tu... parecia que perdeste o gosto por ti próprio, barba por fazer e não sei quê"...
(E recuperou-o?)
Recuperei!
Sim e sinto-me bem em ter recuperado tudo isso.
Em certos aspectos, aquelas reuniões que ao princípio me faziam assim tanta espécie e às vezes eu ficava pior que estragado porque o Dr. podia 'tar ali um bocadinho sentado, eu sei que ele já se 'tava a aperceber de tudo, mas como não era eu que 'tava a falar, ele, de um momento para o outro, dizia assim Espere lá..., para um colega qualquer que 'tava a falar, Espere lá um bocadinho..., virava-se para mim e dizia assim Luís, o que é que você 'tá a achar daquilo que o seu colega 'tá a dizer? E eu cá para mim pensava assim 'Pera aí, mas ele é que 'tava a falar e 'tá-me a perguntar a mim o que é que eu 'tou a pensar do que ele 'tá a dizer?! Ele é que sabe! E ele, enquanto eu não respondia, não saía dali, sempre a bater na mesma tecla e às vezes ele dizia mesmo para mim Você deve 'tar com uma vontade enorme de me mandar para qualquer lado! E eu dizia Não, Dr...., Mas se quiser mandar, mande, Luís! E hoje em dia ele é assim para mim O que é que você hoje em dia pensa das reuniões que você teve ao princípio, em que a gente puxava muito por si e

você ficava exaltado e tudo, com vontade de nos mandar para todos os lados, hoje em dia o que é que você pensa disso? Pronto, naquela altura aquelas reuniões, a mim, não me diziam nada! Sinceramente, não me diziam nada, fazia-me confusão!
(E agora, fazem-lhe sentido? Acha que lhe fizeram bem?)
Muito bem! Muitas das vezes... como eu já... uma moça que 'tava comigo, 'tivemos juntos e ela também chegou a consumir, agora há coisa de oito meses que parou os consumos e eu agora, uma das últimas vezes que lá fui, 'tive a falar com ela e disse-lhe a ela A gente pode dizer que 'tamos curados e que isto e que aquilo, mas é o aspecto físico! Porque o psicológico, se a gente não tiver um acompanhamento qualquer do psicológico, um dia mais tarde, um mês, dois, três, um ano, acaba por cair na mesma esparrela...
(Sentiu esse apoio psicológico aqui dentro?)
Eu acho que é uma coisa que faz muita falta hoje em dia. Não é só uma pessoa dizer que vai para uma clínica tal, pagam mil e dois mil contos, uma pessoa 'tá a dormir cinco dias, pelo físico, sinceramente, não sente nada, mas o resto?...
Ainda tenho muito mais para fazer!
Isso depois é com o seguimento do dia-a-dia que uma pessoa vai aprendendo.
Também... Eu sempre achei isso. Aliás, uma pessoa, certas coisas que tem que um dia mais tarde, quando 'tiver lá fora, que pensar em certas coisas que aprendeu aqui e aplicar lá fora.
(Vai ser difícil?)
Espero que não! Mas...
(Sente-se com forças para pôr isso tudo em prática?)
Sinto.
Por isso mesmo, mesmo um dia quando sair, sei que qualquer coisa que tenha para resolver, ou isso assim, tenho que pensar nas coisas duas vezes, mesmo certas situações que possam aparecer no dia-a-dia, sei que não posso fazer as coisas assim do pé para a mão, tenho que pensar duas, três vezes nas coisas, primeiro, antes de resolver seja o que for.
(Está mais responsável? Mais ponderado?)
'Tou. Mesmo quando saio de precária e tudo, o Dr. Manuel João diz assim para mim Luís, quanto dinheiro é que você precisa de levar?, Preciso de levar "tanto". E eu digo-lhe sempre Dr., prefiro levar a mais do que levar a menos, pode-me fazer falta para qualquer coisa. Quando chego ele diz assim para mim Luís, quanto dinheiro é que

você gastou? Gastei "tanto", Dr.., Então, trouxe não sei quanto para dentro?, Trouxe!... e ele fica muito admirado comigo.
(Porque não gastou tudo!)
Não, porque pronto, a gente aqui é as visitas a maior parte das vezes que trazem dinheiro. Eu, o dinheiro que tenho na conta é o dinheiro do que eu trabalho, no meu trabalho de faxina e isso assim.»

    Luís, EP de Lisboa, 26 anos de idade, Solteiro, 2.º Ano do Ciclo, Motorista, crime de Tráfico de Estupefacientes, pena de 4 anos, sem antecedentes criminais.

Neste depoimento é verbalizado todo o trabalho de mudança operado na Ala G do EPL e, de acordo com o arguido, com êxito.

«Sou... não é diferente, vejo as coisas de uma maneira...
É o mesmo Ricardo, só que o outro queria consumir e este não quer! O que muda é só o consumo.
(A sua personalidade não mudou?)
Não é, sei lá, mais responsável, mais...
Não, eu comecei a trabalhar aos 13 anos, porque eu quis ir trabalhar, até aos 16... esses três anos trabalhei sempre para ajudar...
(A sua personalidade não mudou?)
Não... podia era ser menos maduro quando consumia...
Mas isso teria a ver com o consumo, ou tinha a ver com a idade...
Acha, por exemplo, que estar mais velho o mudou, lhe trouxe alguma coisa que não tinha aos 16 anos?
... Trouxe-me... se calhar, sou mais palhaço agora!
Agora brinco e dantes não brincava.
A vida, tinha que fazer pela vida...
(Em termos de gostos e de hábitos na sua vida, mudou-o o estar aqui dentro?)
... Não sei...
(Dá mais valor a algumas coisas hoje que não dava na altura, por exemplo?)
Por exemplo! Então alguma vez eu estava aqui a falar-lhe nos meus sobrinhos?!
(Hoje eles são mais importantes para si?)
Claro que são! Porque é a alegria sincera que eu vejo neles...»

    Ricardo, EP de Lisboa, 33 anos de idade, Solteiro, 4.ª Classe de escolaridade, Pedreiro, Furto qualificado e Roubo, 6 anos e 6 Meses, antecedentes criminais.

Embora a entrevista contenha um grau elevado de sugestão das respostas, este será mais um caso em que o não consumo é mais do que a simples supressão do hábito na vida do indivíduo.

«Sei lá, muda, muda sempre, não é? Sei lá, isto é um sentimento que, sei lá, que eu sei que vai 'tar sempre comigo, sei lá, lembrar-me que eu já 'tive preso. Só que, pronto, em parte foi bom! Sei lá, deixei as drogas e pronto, mesmo aqui dentro da ala A, sei lá, alguma coisa se modificou em mim, sei lá, educação, respeito...
Sim, sei lá, eu sei que 'tou diferente!
Sim, para melhor! Sei lá, já tenho mais responsabilidade nas coisas, coisa que eu não tinha...
(Está mais maduro?)
Sim, eu penso que sim! Agora vejo as coisas de outra maneira, sei lá, 'tou mais maduro... a vida 'tá difícil e eu dantes não pensava nisso, eu queria era dinheiro para consumir e mais nada. Sei lá, agora já penso mais, sei lá, nas coisas da vida, sei lá, que a vida 'tá difícil...
Sei lá, uma pessoa pensa que, sei lá, o trabalho...
Neste momento não tenho, sei lá, tenho promessas, só que, não sei... sei lá, Dra., eu tenho que encontrar uma coisa que eu goste... Aí 'tá, ser electricista é uma coisa que eu gosto! Sei lá, penso em voltar, o meu antigo patrão, sei lá, pronto Dra.... atinar mesmo e, sei lá, começar mesmo bem.»

António, EP de Lisboa, solteiro, 7.º ano de escolaridade, electricista, pena de 4 anos e 6 meses de prisão, crime de furto qualificado, sem antecedentes criminais.

Depois da droga, o recluso diz ter mais responsabilidade nas coisas, afirma ver as coisas de outra maneira...

«A única coisa que mudei foi deixar a droga, mais nada. De resto, continuo a ser a mesma pessoa!
Claro! Lá está, o problema era a droga. Se não fosse a droga, é claro, podia ter projectos de vida diferentes.
Claro! Nem que seja devagarinho... se Deus quiser vai-se ao longe! Não posso querer tudo de uma vez! Vou começar de novo...

primeiro começar a trabalhar, para comer, por exemplo... depois, logo se vê... seja o que Deus quiser!»

Luís, EP de Lisboa, 40 anos de idade, divorciado, secundário, pedreiro, crime de tráfico de estupefacientes, pena de 2 anos de prisão, antecedentes criminais.

No discurso deste recluso toda a problemática está na droga, a mudança é algo que há-de vir "devagarinho..."

«A única mudança que houve é que eu deixei de consumir alguma drogas... com menos frequência. Consumia haxixe assim à brava, era mesmo ao pontapé.... aqui nos EPs haxixe é uma droga como os cigarros.
A cocaína eu deixei... porque eu para dar na branca ou tenho droga que chegue para mim ou não vale a pena, uma grama ou duas não chega... fica-se preocupado a pensar onde é que vai arranjar mais!. No haxixe também... 1.º para mais e depois para exclusão total... deixei de fumar haxixe aqui dentro em Caxias porque no EPL fumava bastante haxixe.
Só por uma razão...aqui não há ambiente, aqui é só miúdos... é só turmazinhas. No EPL era gente mais madura... aquilo era muito aberto...eu ia buscar a um, levar a outro...eu andava lá tipo pombo correio, tinha carta branca para o fazer. Aqui, não há ambiente... tenho de estar deitado e manter o respeito e fazer um esforço para não perder a cabeça com os miúdos!»

Hugo, EP de Caxias, 29 anos de idade, solteiro, 9.º ano de escolaridade, ladrilhador, pena de 2 anos e 8 meses, crime de roubo, antecedentes criminais.

A mudança, no caso deste recluso, restringe-se a um menor consumo.

«Sim. Em tudo. Sei lá. Aprendi a... mudou em... fazer ver que... realmente a droga não nos leva a lado nenhum. Nem isto. É que lá está, eu... agora daqui por três meses saio, senti-me arrependido. E isto é um problema dos grandes. Espero que não mais... espero que nunca mais aconteça isto, já fiz uma asneira, e agora... espero que não aconteça mais.

Para além de ter tomado consciência que não se pode voltar a meter na droga? Sei lá. Em tudo, a maneira de pensar, a maneira de ver as coisas. Para melhor, agora tenho consciência mais consciência do que fiz, e do que faço.»

Paulo, EP de Sintra, 34 anos de idade, solteiro, 2.º ano de escolaridade, electricista, pena de 3 anos e 3 meses, crime de tráfico de estupefacientes, sem antecedentes criminais.

A droga não leva a lado nenhum, esta a conclusão do recluso que afirma ter agora mais consciência do que faz e do que fez.

«Acha que a prisão o tem mudado? Penso que sim. Em quê? Já é a segunda vez que estou aqui... foi uma reflexão enquanto estive fechado, não estava como agora. Às vezes isto aqui... uma pessoa às vezes tem tempo de sair à rua (...). mas talvez se não tenha sido isto, se calhar andava na mesma, ía para a droga. Para além disso, acha que o mudou em mais alguma coisa? Não, penso que não (...) Basicamente serviu para ver que não pode voltar a entrar no mundo da droga! Sim, leva-me a pensar nas coisas. A pensar em quê? Na vida. Na liberdade (quando sair). Especialmente na família (na mulher, no filho).»

Carlos, EP de Sintra, 35 anos de idade, casado, 4.º classe de escolaridade, estucador, 5 anos de prisão, trafico de estupefacientes, sem antecedentes criminais.

A mudança: «Basicamente serviu para ver que não pode voltar a entrar no mundo da droga». Mas não só: «leva-me a pensar nas coisas. Na vida. Na liberdade (quando sair). Especialmente na família (na mulher, no filho).»

«Quer dizer, não foi a prisão que mudou... Porque aquilo que a prisão me deu tanto podia ir para um lado como para outro, o que mudei de positivo, fui eu que consegui. (Mas acha que foi por estar preso que houve essa mudança.) Também. (Quais os aspectos que mudaram? As drogas eu já sei.) É isso, a partir daí mudou tudo. E outros hábitos que tivesse. Não, isso ao fim e ao cabo acabou por se manter, eu sempre tive uma grande dificuldade em estar preso, mesmo lá fora eu sentia-me preso, que não tinha liberdade nenhuma. Então quando eu penso... Pior. Meteram-me mesmo ao pé do passarinho da gaiola, limitado, deixei de escrever, desenhar... Não consegue fazer cá dentro? Não, não consigo. Não o motiva. Nada, nada. Nunca pensou em voltar a estudar, em continuar. É muito difícil, agora preciso de construir a minha vida, o tempo está-se a esgotar, os meus pais, mais velhos um dia vão desaparecer, eu não posso. Claro que não era perder tempo, mas neste momento... Só tem este irmão? Só, eles são o único apoio que tenho, eu não pretendo cometer mais crimes, foi um descontrolo, é difícil explicar, eu tento analisar e não consigo. Acha que de uma maneira ou de outra esse descontrolo já não o voltaria a cometer. Dessa forma a prisão foi uma mudança em relação a isso? Sente-se uma pessoa mais controlada em comportamentos. Sempre fui controlado a nível de comportamentos. Mas estava-me a dizer que isto foi um descontrolo total, ter feito o que fez. Claro. O estar preso fê-lo mudar e pensar. Aqui dá-nos muito tempo para pensar nas coisas, esse comportamento eu tenho esperança de não voltar a acontecer, não posso dizer nunca mais, mas já passei por tanta coisa, enfim, que não faz sentido nenhum. Sinto outra coisa dentro de mim, eu sei que vim preso porque tinha um problema, não era por ser criminoso, não andava a roubar em casa para eu enriquecer, não, era para outros, a pessoa é outra, eu queria aproveitar enquanto tenho condições, para mim é importante. Sente-se uma pessoa diferente? Sim, isso a prisão ajudou. Ajudou nisso. Não tenho hipótese de dizer que não. Só o facto de largar as drogas, é uma mudança.»

Pedro, EP de Sintra, 31 anos de idade, solteiro, 2.º ano de escolaridade, desenhador, 4 anos e 10 meses de prisão, furto qualificado, sem antecedentes criminais.

A partir da droga tudo mudou, esta afirmação do recluso sintetiza todo o conjunto de depoimentos que reportam a mudança à problemática de droga.

«A mim foi, tirou-me o hábito da droga. Mudou, em mim mudou. Mudei muito. Eu era muito rebelde na rua, era mesmo, ninguém me podia dizer nada que eu era logo, levantava os braços... Logo, aqui não. Calmo, também é o tempo que estamos fechados, dá para pensar, dá para reflectir, estou, muito mais calmo, até a minha família diz. Diz, que já não sou o que era dantes. Outros hábitos, não, não tenho mais nada. Foi uma grande, é preciso ter mesmo muita força de vontade. O apoio também conta, se eu tento ou cair outra vez nisso é perco a minha família, perco logo, já me disseram é a última vez, última oportunidade, que eles me estão a dar, quando meteres o pé na argola, as nossas casas, as portas são todas fechadas, depois faz o que tu quiseres, e eu não quero isso. Depois é e é isso que eu não quero, já fui ao fim do poço e custou-me a sair mas não me quero afundar outra vez.»

Hélio, EP de Sintra, 33 anos de idade, casado, 4.ª classe, montador de andaimes, 3 anos e 5 meses, furto qualificado, sem antecedentes criminais.

«Mudar? Sim, já me ajudou em muito, em muita coisa mesmo. A nível de droga. Estou muito mais limpo. Sim, estou mais diferente do que era, era mais revoltado, agora não, agora já sou mais calmo, sim.»

Luis, EP de Sintra, 30 anos de idade, solteiro, 4.ª classe, armador de ferro, 4 anos e 1 mês, deserção qualificada, roubo e furto qualificado, com antecedentes criminais.

Mais dois casos de alteração do consumo mas não só...
A frequência de casos em que a interrupção dos consumos é verbalizada justifica a afirmação de que a reclusão pode ser uma oportunidade na vida do indivíduo para alterar práticas e, assim, interromper a adição (Rocha, 1998). No entanto, o inverso também é verdadeiro pois a cadeia pode ser, e em alguns casos é, o local do início de consumo de estupefacientes. Esta realidade de pendor negativo no percurso de vida do recluso, também foi verbalizada.

«Sim aqui é difícil de fugir. É uma forma de esquecer, de deixar o tempo andar sem doer tanto. Foi aqui que experimentei e agora... Depois logo se vê.»

Paulo, EP de Sintra, 31 anos de idade, solteiro, 4.ª classe, taxista, 3 anos e 2 meses, crime de furto qualificado, sem antecedentes criminais.

Cadeia mata

A cadeia, com o seu regime autoritário, introduz no indivíduo, contra a vontade deste, regras, procedimentos e hábitos que, com o desenrolar dos anos, e dependendo de cada indivíduo, produzem uma mortificação.

Mortificação é o enfraquecimento ou, mesmo, a extinção da vitalidade. Significa um atormentar, no sentido de apagar a vontade de viver. É neste sentido de mortificação que alguns reclusos responderam à pergunta sobre a mudança que em si operou a reclusão.

«Eu ando a sentir-me cansado da prisão. A cadeia mata muito uma pessoa. Não se sente alegria, não há momentos de alegria, mata neste aspecto. É um cansaço! A prisão dá para reflectir em muita coisa, a pessoa tem tempo para tudo: pensa-se no que se fez, no passado, de bem e de mal; a pessoa quando está lá fora no seu dia-a-dia, no correr da vida, não tem tempo para parar e pensar.
Sim, sim eu passei por situações difíceis... e já são três anos de prisão. Tenho notado um certo cansaço a nível de memória, não sei se me fazia, bem falar com um médico para me receitar qualquer coisa.
Por exemplo, a nível do meu trabalho vou precisar de um tempo para recuperar e entrar no meu serviço.
Tem mudado a minha vida... já andava triste a minha vida, também, não era vida para ninguém, uma vida triste, mas vou ter calma e forças para recuperar. Eu tenho fé que quando começar a trabalhar, na rua, vou sentir-me diferente.»

Durval, EP de Angra do Heroísmo, 42 anos de idade, viúvo, 9.º ano de escolaridade, assistente administrativo, pena de 6 anos de prisão, crime de homicídio, sem antecedentes criminais.

O Durval verbaliza um quadro depressivo. É a tristeza, a supressão da alegria, a mortificação que sobressai no seu discurso, embora também refira o pensar como algo que é imposto pela própria reclusão. Aqui a mortificação é apresentada como uma mudança desencadeada pela prisão, será uma modificação de sentido negativo mas não deixa de ser uma alteração.

Não cometer crimes

A verbalização do recluso é a de que a mudança em si operada pela prisão se traduz em «não cometer crimes».

Ora, esta mudança mais não é do que o resultado pretendido pela prevenção especial operado pela pena de privação de liberdade.

«Claro, mudou muita coisa. A mim a cadeia mudou... como é que eu vou dizer, mudança de quê? De alimento ou de...
Aqui a cadeia mudou-me muito porque um gajo tem alimentação bom, não há problema nenhum. Eu acho que isso é importante, não há castigo nenhum, não há problema e isso é muito bom para mim.
Mudou muita coisa. Muita coisa, o comportamento com pessoas. Cá dentro e mesmo lá fora. Isso dá muito trabalho para explicar. Mudou muita coisa aqui e lá fora. Com os colegas, com aquilo que um gajo pode fazer e com aquilo que um gajo não pode fazer, mudou muita coisa já não é como era antigamente.
Por exemplo, fazia muita coisa antigamente que não devia fazer.
É tudo coisa, essa coisa aí da vida. Para tratar a vida, para melhorar as coisas, estás a ver, mudou muita coisa. Agora não pensa fazer mal, não pensa fazer coisas que não devia fazer.
Antigamente, fiz um bocadinho mal, antigamente. Muita coisa estás a ver? É vida, estás a ver. Aqui não dá para explicar.
Tenha feito mal, porque eu cometi crime e por exemplo, o tráfico de droga e não devia fazer, estás a ver. Mudou muita coisa, agora minha cabeça não (...) Nunca mais em nenhum momento eu faço essa coisa porque atrás um gajo, estás a ver, a vida de um gajo mudou.»

Mamadú, EP de Alcoentre, 43 anos de idade, solteiro, 4.º classe, carpinteiro, 5 anos e 6 meses, tráfico de estupefacientes, sem antecedentes criminais.

A verbalização de que muita coisa mudou com a reclusão conduz a uma ideia matriz: já não se faz o que antes se fazia, não volta a cometer crimes. A prisão, em suma, mudou-lhe a vida, como diz:«a vida de um gajo mudou».

Permanecer

A verbalização de de que a reclusão tenha (ou não tenha) operado uma mudança no indivíduo recluído, assume diversas formas, umas mais explicitas e fundamentadas do que outras, recorrendo a perspectivas diversas e, por vezes, caindo em ambiguidade, assumindo a recusa da mudança e, no discurso que se lhe segue ou, então, antecede, contradizendo claramente tal assunção.

A presente abordagem elegeu e, sendo caso, agrupou, as posições mais significativas de acordo com as diversas perspectivas, reconhecendo-se que «cada caso é um caso», ensaiou-se uma apresentação que possibilite uma apreensão da multiplicidade e das semelhanças de forma mais simples, imediata e, do mesmo passo, mais abrangente.

Não sendo a extensão da resposta critério para operar distinções, até porque a exiguidade ou parcimónia de palavras não significa falta de fundamentação, a separação operada é feita de acordo com a ideia prevalecente no respectivo discurso.

A prisão não nos muda

Para alguns reclusos a prisão não opera mudança na sua personalidade.

«(Há alguma mudança na sua forma de ser, de estar, de ver as coisas?)
A esse nível não há diferenças.
(Acha que o pode ter feito crescer?)
Não, não me fiz mais homem. Uma prisão não faz um ser humano mais homem, mais responsável.»

Rui, EP do Linhó, 27 anos de idade, união de facto, 7.º ano de escolaridade, agente de publicidade (distribui propaganda nas caixas do correio) e, por vezes, ajuda o tio na oficina de automóveis, cumpre 3 anos e 6 meses de prisão, por crime de furto, sem antecedentes criminais.

O Rui nega ter mudado pois entende que a prisão não tem a capacidade de o mudar. Como expressamente refere, a prisão não faz uma pessoa mais responsável.

Com efeito, assumir a responsabilidade de um facto ou de uma situação é o caminho para a mudança, sem interiorização da responsabilidade dificilmente será possível alterar comportamentos.

Ao imputar à prisão a incapacidade de o conduzir à mudança, o Rui parece desresponsabilizar-se a si próprio, perante uma situação que deu causa.

Recorde-se o que se referiu sobre os princípios que norteiam a execução das penas de privação de liberdade: o princípio da inclusão social e o princípio da responsabilidade.

O princípio de responsabilidade consiste no incentivo à participação do recluso na sua própria reinserção social e pelo estímulo à co-responsabilização do recluso nos assuntos de interesse geral e que possam suscitar a sua colaboração. Ora, no caso deste recluso, não se vislumbra que o princípio da responsabilidade surta efeito...

Para além do aludido paradoxo, o discurso deste recluso introduz a questão da capacidade do regime penitenciário promover (ou não) aquilo que se denomina de humanização e responsabilização dos reclusos. Tal remete o assunto da mudança em reclusão para a filosofia que preside à pena, à execução da pena e para as finalidades do sistema prisional, bem como às efectivas condições deste sistema que, pela sua proximidade ao recluso, é absolutamente determinante na postura e conduta deste enquanto recluso e ex-recluso, isto é, quando restituído à liberdade.

«Mudar...nada.. A prisão não me mudou, eu sou o mesmo.»

José, EP Caxias, 44 anos de idade, separado, instrução primária, pedreiro, 3 anos e 4 meses de prisão, crime de homicídio tentado, sem antecedentes criminais.

«Acho que a prisão não me mudou em nada, eu sou o mesmo que entrei aqui.»

Mário, EP Ponta Delgada, 27 anos de idade, solteiro, 3.ª classe, lavrador, cumpre 3 anos e 6 meses, por crime de tráfico de estupefacientes, sem antecedentes criminais.

Ainda a incapacidade da prisão para mudar. Tema que concita, como se afirmou, toda a problemática do fim das penas, da execução penal e do sistema penitenciário.

Nestes dois casos, apenas se alude ao processo exógeno da mudança, esquecendo a participação do sujeito, a história individual.

«Não nem por isso. Continuo a ser a mesma pessoa. Com a idade vou mudando; mais adulto mas sou basicamente a mesma pessoa. A pena não adianta nada nesse aspecto. Não me amadurece, não me faz diferente. O castigo só revolta as pessoas, acho eu. Não vejo nada de benéfico em estar preso. Os Serviços Sociais não acompanham. O acompanhamento é só no papel. Pode ser um pouco rude da minha parte mas é pura realidade.»

Demétrio, EP Montijo, 34 anos de idade, casado, 2.º ano de escolaridade, lavrador, cumpre 6 anos e 6 meses, por crime de tráfico de estupefacientes, com antecedentes criminais.

Demétrio é mais detalhado ao aludir à incapacidade da reclusão para gerar a mudança. Ele concretiza o que entende ser uma falha: o não acompanhamento do recluso por parte dos serviços sociais. Afirma que apenas formalmente «no papel» é que existe esse acompanhamento.

Vem a propósito recordar o que está consagrado no Decreto-Lei n.º 265/79, de 1-8, sobre a execução da pena privativa de liberdade, com vista ao estabelecimento do tratamento durante a prisão e a questão da reiserção social, por via de um plano individual de readaptação. Plano que seria, a existir e a ser devidamente executado, importante para a pretendida mudança do recluso e que concitava a colaboração activa deste.

Será, então, possível afirmar que para este recluso o processo exógeno determina o percurso individual, o que remete a questão da mudança para um conjunto de causas, como Balandier (1970) referia no campo da sociologia.

A determinado passo do seu discurso, o recluso afirma que a pena, no que respeita a mudar uma pessoa, não adianta nada. Esta afirmação coloca a questão não ao nível da reclusão mas sim numa fase anterior a esta que é a da própria pena. O que se pergunta, então, é pela função da própria pena privativa de liberdade. Ou, numa perspectiva mais abrangente, sobre a capacidade da dor (Fazenda, 1933; Ménéchal, 1988), do mal (Bellet, 1988; Godin, 1988; Lanzmann, 1988; Neiman, 2002; Pontalis, 1988) ou do sofrimento (Lewis, 1967; Pouillon, 1988; Sontag, 2003), sendo infligidos, alterarem o comportamento humano.

«Com a idade vou mudando mas sou a mesma pessoa». Neste passo, o recluso verbaliza uma ambiguidade recorrente: é-se o mesmo embora se tenha mudado. Como mais detalhadamente se refere adiante, é a questão da permanência na mudança ou, então, a mudança para se permanecer.

Este recluso introduz, por fim, uma outra ideia, a de que o castigo «só revolta as pessoas».

A prisão revolta

Para alguns reclusos, o efeito da prisão é o de revoltar a pessoa que lhe está sujeita.

«Não a prisão em mim nunca mudou nada, antes pelo contrário tem-me revoltado interiormente, tanta hipocrisia, tanto cinismo, tanta falsidade no meio de tudo isto, todo o sistema.»

José, EP Montijo, 48 anos de idade, união de facto, 12.º ano de escolaridade, gerente comercial, cumpre 3 anos e 5 meses de prisão, por crime de tráfico de menor gravidade, com antecedentes criminais.

A prisão não muda mas revolta, causa indignação. E revolta, no juízo de José, porque todo o sistema está eivado de «tanto hipocrisia, tanto cinismo, tanta falsidade». Ora, esta constatação corresponde à descrição que moralistas de todas as épocas fizeram da sociedade. A exterioridade colectiva corresponde, nas palavras de Schopenhauer, a um baile de máscaras, a uma pseudomorfose inexorável sem espaço para a sinceridade. No entanto, como argutamente pondera Ferreira da Silva (2002), tal interpretação corresponde a uma reflexão unilateral, significa mergulhar o homem na alienação e na não verdade, importando colocar a questão não nos termos aludidos mas sim na superação dessa situação pessimista.

Esta resposta, parece supor que o recluso depositava expectativas em relação ao sistema penitenciário que não foram satisfeitas, embora, no seu caso, até existam antecedentes criminais.

O processo de revolta, no aludido sentido de indignação, é, também ele, potenciador de uma mudança que, no entanto, pode ser considerada regressiva ou negativa, de acordo com as finalidades que se pretendam.

«Não sei. Eu como nunca estive preso antes... desde que eu mudei para... desde que eu fui preso... acho que não mudou muito, acho

que não mudou muito, agora talvez vá mudar com estas novas leis e assim, talvez vá mudar...
(E a sua maneira de ser mudou de alguma forma por estar preso? A sua maneira de pensar...)
A minha maneira de pensar estou... estou mais revoltado... muito mais revoltado...
(Devido à justiça como falou à bocado...)
Exactamente, estou revoltado porque se houvesse uma investigação a sério se calhar não me davam seis anos... talvez menos ou pena suspensa. Porque não foram ver aquilo que eu era atrás não, comecei a trabalhar aos dezassete anos, estudei de noite e essas coisas todas fiz alguns sacrifícios... e acho que não merecia... a vida é assim. Estou muito revoltado, muito revoltado mesmo, muito revoltado... porque acho que o que me fizeram acho que não mudou... não vem mudar a minha maneira de ser porque pronto... eu fiz aquilo por uma necessidade e não vai modificar nada a minha maneira de ser, sou a mesma pessoa, gosto de me isolar um bocadinho é claro que gosto imenso de me isolar, tenho amigos claro, como toda a gente mas... nós aqui temos que aprender a dizer não a muita coisa e se nós estamos muito integrados... integrados com várias pessoas às vezes é difícil de dizer não, e quando nós dizemos que não as pessoas como estão... ainda mais revoltadas do que eu e têm mais problemas do que eu certamente, ás vezes utilizam muito a agressão, verbal, psicológico e ás vezes até física.
É muito complicado, muito complicado. Há pessoas que de certeza gostam de estar aqui ou que... ou que gostam ou parecem que fazem para gostar estarem sempre aqui, eu tento fazer o mais... o melhor possível para me ir embora o mais depressa possível.»

Carlos, EP Alcoentre, 46 anos de idade, casado, frequência do ensino secundário, vidreiro, cumpre pena de 6 anos de prisão, por crime de tráfico de estupefacientes, sem antecedentes criminais.

No caso do Carlos a revolta ou indignação provém da "injustiça" da pena, isto é, em rigor, está indignado com a sua condenação e, apenas, mediatamente com o sistema penitenciário.

Este recluso alude, ainda, à adaptação à prisão que pode ser considerada uma mudança regressiva ou negativa, atento o desiderato legal do fim do sistema penitenciário que é a ressocialização, embora, paradoxalmente, seja por este produzido.

«(Então para si, acha que a prisão não o fez mudar em muitas coisas, só mesmo...)
Não, porque eu sempre trabalhei, eu sou igual a mim próprio, sou igual a mim próprio, muito mais desconfiado.
(Mais desconfiado, é isso que sente.)
Só, só mais nada e a revolta é realmente comprovação.
Não me afectou absolutamente, nem o meu comportamento, nem na minha maneira de ser.
(...)
Não tive, não porque fugi sempre, aliás, fugi, para já não me sinto bem, primeiro não gosto nem quero, não estou interessado, depois aproveitei a parte académica que me parece que é a parte mais importante aqui dentro.
Para mim é a parte mais importante e pena é que não seja mais atractivo, que a maioria, alguns, a maioria sobretudo, vão para ali só para não estarem fechados, porque aquilo devia ser mais atractivo e devia de haver um outro tipo de comportamentos, em alguns casos, estou-me a referir, no caso do indivíduo que me agrediu, eu podia estar já a tirar a 12.º ano e já tinhas feito 10 ou 12 ou 15 exames.»

Jorge EP Vale Judeus, 56 anos de idade, divorciado, 6. .º ano de escolaridade, director de Produção e Exploração Agrícola e Similares, 9 anos de prisão, tráfico de estupefacientes, sem antecedentes criminais.

E, no caso do Jorge, além da revolta, a reclusão tornou-o mais desconfiado embora reconheça ser igual a si próprio.
Curiosamente verifica-se que este recluso aproveitou o tempo de encarceramento para investir na parte académica que o beneficiará, embora pareça não querer reconhecer esse benefício conferido pelo sistema.

É só cumprir o tempo

«Acho que a prisão não nos muda. A gente vem aqui para dentro temos que cumprir o tempo. Queremos é ele passado.»

Joaquim, Hospital Prisional S. João de Deus, 64 anos de idade, viúvo, 3.ª classe, trabalhador da construção civil, cumpre 13 anos de prisão por crime de homicídio, primário.

O Joaquim nega que a prisão o tenha mudado. Apenas o tempo a passar, o indivíduo permanece.

A questão do tempo, fundamental em reclusão como na vida de qualquer ser vivo, é, no seu caso, um tempo sem consequências. A reclusão será, assim, um tempo a cumprir, à revelia de toda a filosofia do fim das penas e da sua execução.

O tempo vivido a que o recluso se reporta é o cronológico, não é nem ao tempo biológico, nem ao psicológico nem ao social (Pucelle, 1967). É apenas e tão só ao tempo físico, à sua duração objectiva.

Cumprir o tempo ou cumprir a pena é, na acepção deste recluso, equivalente à expiação constante das teorias retribuitivas, é o mal a compensar o mal do crime. Forma de justiça comutativa, a pena é um imperativo categórico de justiça (Kant, 1971), não tendo de se subordinar a qualquer fim de natureza utilitária, o que, elevado às ultimas consequências, conduz à lei de Talião...

«A nossa cabeça é que manda, aqui ou lá fora... Eu cresci... mas acho que tinha crescido muito melhor noutro lado.»

Cecília, EP de Tires, 29 anos de idade, solteira, 9.º ano de escolaridade, estudante, cumpre 4 anos de prisão, por crime de tráfico de estupefacientes, com antecedentes criminais.

Uma outra percepção do tempo é o do efeito deste em nós o que, vulgarmente, se refere como crescer. Estamos, assim, perante um tempo biológico e psicológico. Para a Cecília que «cresceu» durante a reclusão, a prisão não será o melhor local para se crescer.

Aliás, para esta reclusa o que conta é a «cabeça» que «manda, aqui ou lá fora» e, portanto, as condições de reclusão não são idóneas a operar mudança, antes, de acordo com a resposta, «outro lado» permitiria melhor alteração na personalidade da reclusa.

Não deixa de ser curioso verificar que a Cecília tem antecedentes criminais o que parece indicar não só a ineptidão da pena como a da sua «cabeça» para mudar a atitude... crescer.

Falha, portanto, o efeito socializador do sistema; a condicionante exógena da mudança, no caso desta reclusa, é ineficaz.

«Eu sempre fui assim. Com o mesmo pensar, com a mesma maneira de ser: sociável, comunicativo, extrovertido. Sempre fui assim.

Continuo igual. Na altura tinha vinte e poucos anos e agora tenho quarenta e tal. Não posso fazer as asneiras que fazia.»

Rui, EP de Alcoentre, 46 anos de idade, divorciado, 9.º ano de escolaridade, sem profissão, cumpre 5 anos e 6 meses, por crime de tráfico de estupefacientes, com antecedentes criminais.

«Simplesmente só se for da idade... a mim não mudou nada. A mim é difícil mudar... eu levo isto na descontracção... não ligo a nada... não me meto em problemas.»

José, EP Vale de Judeus, 36 anos de idade, união de facto, 4.ª classe, pedreiro, cumpre 6 anos de prisão, por crime de furto qualificado, roubo e evasão, tem antecedentes criminais.

O reconhecimento de que a pessoa não mudou, pese a alteração da idade, introduz a questão da permanência e da mudança ao longo do tempo. Por outro lado, coloca a questão do uso do tempo.

Para estes reclusos, mesmo o reconhecimento do decurso do tempo nas suas vidas, não é idóneo a operar mudança. O seu discurso despreza a condicionante exógena da mudança e, porque falta a vontade, elemento fulcral no processo de reclusão com vista à socialização, a determinante endógena é, igualmente, inexistente. Tempo e intencionalidade são dois vectores do percurso de vida. Nestes reclusos falta a intencionalidade no processo de maturação e, por via dela, a própria consciência de maturação, senão, mesmo, a maturação.

No entanto, o passar do tempo implica alteração da idade e esta impõe mudanças, quer o indivíduo o reconheça ou não (Baumgartner, 1964; Binstock & George, 2001; Birren & Schaie, 2001; Mansoro & Austad, 2001).

Será, então, um caso de mau uso do tempo, uma alteração na idade sem a consequente maturidade...

A família, a sorte, as saudades...

Embora reconheçam que a reclusão em nada os mudou, alguns reclusos introduzem, ao afirmar esta não mudança, ideias que, não sendo pertinentes para fundamentar a sua afirmação, parecem constituir uma preocupação ou ideia forte que, por alguma razão, não esclarecida, não quiseram deixar de transmitir.

«A minha maneira de ser é a mesma, sou muito ligado à minha família...»

Casimiro, EP Lisboa, 56 anos de idade, casado, 4.º ano de escolaridade, motorista, cumpre 5 anos de prisão, por crime de violação, sem antecedentes criminais.

A família como factor de permanência, mesmo em situações adversas como sejam as da reclusão...

Recorde-se que a família assegura a socialização do indivíduo mas também a individuação desse mesmo indivíduo e, neste particular, tem uma função de fecho (Rocha & Silvério, 2005), protegendo a sua unicidade e singularidade a qual, em reclusão, terá necessidade de ser reforçada.

«Nada mudou em mim, simplesmente acho que tive pouca sorte, nada mudou em mim, sou igual.»

António, EP Montijo, 56 anos de idade, união de facto, 4.º ano de escolaridade, comerciante, cumpre 16 meses de prisão, homicídio negligente, sem antecedentes criminais.

A prisão é pouca sorte, nada mais... A ideia de «sorte» prende-se com a noção de destino, algo de fatal e que radica, desde o pensamento da Grécia antiga, de forma patente nas tragédias de Ésquilo e Sófocles, nas necessidades da natureza, no poder arbitrário dos deuses, absolutamente independente do esforço, mérito ou sabedoria dos humanos.

O destino, para os portugueses, tem uma conotação muito própria, constitui uma força superior e irresistível que rege o curso dos acontecimentos e a vida dos homens, a ele não se pode fugir. Nessa medida, o português acata a dependência ao destino que inscreve em si próprio, razão pela qual aceita uma quase incapacidade de construir a vida por si. O fado, a reconduzir o português às fatalidades, primeira das quais a terra onde nasceu.

O destino, a «sorte» é, assim, uma necessidade a que não se escapa.

«Não mudou, só nestas saudades que eu tenho. É só saudades, portanto a minha pessoa, pronto é a mesma.»

José, EP de Alcoentre, 42 anos de idade, separado, 4.ª classe, pedreiro, cumpre 6 anos e 6 meses de prisão, crime de tráfico de estupefacientes, sem antecedentes criminais.

É-se o mesmo, apenas com saudades... A pessoa vê-se igual mas atormentada pela saudade.

Saudade, palavra radical da língua portuguesa que, no dizer de D. Duarte, é «sentido do coração que vem da sensualidade e não da razão». O especifico significado sentimental do termo faz com que não exista equivalente em outras línguas.

Assim, saudade padece daquela ambivalência do português, é sentimento e pensamento, cinde e une, no tempo, no espaço, e tudo unifica em algo que «devora o tempo» (Gomes, 2004).

Para o recluso, a saudade é, precisamente, algo que lhe sendo agradável e, precisamente, por ser agradável, o atormenta.

Apenas estraga a vida...

A reclusão é, para a grande maioria dos reclusos, uma interrupção num percurso de vida, e, para alguns, essa interrupção apenas veio prejudicar a sua perspectiva de vida, na sua expressão: apenas estraga a vida.

«Mudado, não sei, mas talvez. Nunca tive momentos maus. Não, a mim não me mudou em nada. Não, estragou-me a vida só. A minha mulher tinha vinte cinco anos, agora já tem trinta, já vai fazer trinta e um, não é? Viveu este tempo todo sozinha com a minha mãe, quer dizer, fizeram sempre das tripas de coração, para aguentar a renda de casa, água, luz e telefone, a letra do carro, não é? Pronto, estragou a vida toda. O dinheiro que tinha junto, tive que dar todo ao advogado. É mesmo assim, fiquei sem nada. (Em termos de pessoa, de personalidade?) Não isso é a mesma coisa, não mudei em nada. (Ficou, por exemplo, mais revoltado?) Não, não. Na altura, aceitei bem.»

Luís, EP Alcoentre, 46 anos de idade, casado, 4.ª classe, mecânico de automóveis, pena de 6 anos e 8 meses de prisão, por crimes de furto qualificado, falsificação, burla, detenção de arma proibida, sem antecedentes criminais.

Para o Luís a prisão não o mudou «em nada» embora lhe tenha «estragado a vida».

E, mesmo com a «vida estragada» e preso, o recluso entende que não mudou, sendo a sua pena de 6 anos e 8 meses de prisão...

É uma morte lenta

O processo reclusivo é sentido pelos reclusos de forma diversa, uns adaptam-se com mais facilidade do que outros, uns encaram aquele tempo de forma mais ligeira enquanto outros sofrem seriamente, ficando muito perturbados.

«Eu acho que nada. Só há uma coisa que... Acho que me fez envelhecer! Eu acho que todos os dias tento buscar qualquer coisa para manter aquela criança que eu tenho dentro de mim. Houve uma altura em que eu senti, pronto, com 36 anos, eu senti-me uma pessoa de 80, mas há pessoas de 80 com espírito, com vontade de viver, com alegria, e eu perdi, não é? então de há um mês para cá, mesmo esta minha precária de oito dias ajudou-me mais porque eu já devia ter ido e estar mais um mês e pouco à espera de precária, porque se esqueceram de meter a minha precária ao juiz, acho que ainda me fez amadurecer mais e entristecer mais! Porque tinha o aniversário da minha mãe, não houve, não é? E então isso, altera logo tudo, a nossa disposição, a nossa maneira de estar, fico triste. Eu acho que morri, então comecei a pouco e pouco a despontar, digamos assim. A tentar me encontrar, acho que esta história de eu querer mexer no jardim, mexer nas flores, é uma forma de mostrar a mim próprio que ainda tenho carinho para dar, porque é numa flor que a gente vê se tem carinho para dar ou não, não é? Tou a ir a pouco e pouco, acho que a única coisa que a cadeia me fez é que me está a fazer morrer por dentro. Aquela coisa, de vontade de viver lá fora e de lutar pela vida, acho que sinto-me velho, não sei, quando se sai há muitas dúvidas, há muitos pontos de interrogação, porque já são sete anos, a idade também já não é nova, não é? Porque, muito que digam: ah! ainda és novo. Mas é um facto, em relação a trabalho, já somos consideradas pessoas velhas no mundo da moda, tenho que me pôr de parte, vou para a prateleira, que é mesmo assim, não é? E de vez em quando haverá alguém que há-de apanhar o pó. Tudo isto mexe comigo, acho que foi isso que me fez mudar a pouco e pouco, eu envelheci muito interior, tive que manter e regar essa planta, para ver se continua (a rir-se), estou a conseguir, mas estou sempre a rezar todos os dias, porque eu sou uma pessoa muito, não é católica, não, não,... fui muito na igreja, eu tenho a minha fé em Deus e não é na igreja, nem ver Santos, nem nada disso, talvez, tente-me agarrar a qualquer coisa para não deixar morrer na totalidade, não é dizer assim, sinto-me a morrer vou-me enforcar, não, isso eu não tenho coragem. Tenho coragem sim, para entrar cá para dentro quando venho de precária para isso não (a rir-se), eu acho que isso é um tipo de coragem que eu não tenho, não tenho, mas é aquela dor, pronto, é como se tivesse a morrer, é envelhecer, muito envelhecido, já não consigo compreender uma criança de cinco/seis anos, compreendo-a talvez já num aspecto cansativo, de velhice, digamos assim. Eu acho que às vezes ouço o meu pai e a minha mãe, e digo assim: eu acho que estou mais velho que eles, infelizmente. E então, uma frase que a minha mãe me dita: tu pareces que paraste no tempo. Estás a envelhecer mais do que eu, que eu com setenta e três anos estou tão jovem! E acho que isto é que me fez despontar nesta precária, não posso deixar que isto aconteça, isso é o que nos acontece diariamente, sentimo-nos a morrer. Lentamente, isto é uma morte lentamente, é um sofrimento interior, a gente vive! Como se fossemos um bicho. Morde, mexe, faz isto, faz aquilo, mas acho que tudo deixou de perder interesse, então, agora é que comecei a correr (a rir-se), a correr mesmo para sentir que ainda estou vivo, é isso que fez mudar a minha vida, porque de resto acho que estou na mesma (a rir-se). É tudo igual! É tudo igual, é, nunca deixei, nunca permiti que isto tentasse mudar a minha maneira de estar, isto é assim, estamos em guerras constantes, que eu tenho. Noto noutras pessoas aqui, quando entraram comigo para cadeia, logo ao principio da Judiciária, eles entraram já 90 % assim, um bocadinho rebeldes, hoje estão a 380. completamente opostos, porquê? Porque se deixaram ir, ou as companhias, ou elas próprias deixaram-se perder, e dificilmente voltam atrás, porque isso é que eu digo: a cadeia com muitos anos não nos deu nada! Piorou, porque não têm ninguém que os ouça, não têm ninguém que os compreenda, não têm ninguém que lhes diga o que está certo e o que está errado. Porque a gente também não sabe quando é que está certo ou está errado, não é? O ser humano é normal cometer erros, como é normal cometer coisas certas. Mas acho que isso é um dos problemas, é extremamente complicado, tudo isso, porque eu acho que tem que se ir lá ao fundo, é verdade, isso foi das coisas que mais me fez mudar aqui, foi única. A minha maneira de estar, a minha maneira de ser, de tentar compreender as pessoas, de ouvir, ouvi muito os problemas dos outros e pronto, eu hoje falo com a Dr.ª, mas à meses que eu não falava isto com ninguém, não sei porque acho que nem toda a gente, tem aquela coisa de tentar compreender, acho que as pessoas quando nos querem ouvir é para saber da nossa vida, não é? Aqui dentro é para saber de nós, o que nós temos, o que fazemos o que não fazemos. O que há outra coisa que eu acho engraçado cá dentro, é assim, se tem muito dinheiro é boa pessoa se não tem nada (a rir-se), mete-se de parte. Não sou se me estou a fazer entender? Mas a realidade é esta! É só isso, a única coisa que me fez mudar.»

Luís, Hospital Prisional S. João de Deus, 36 anos de idade, solteiro, 4.ª classe, modelo, cumpre 10 anos de prisão, por tráfico de estupefacientes, primário.

Para o Luís a reclusão é uma morte lenta que não muda a pessoa. É um sofrimento interior que o recluso não quer permitir que lhe mude a maneira de ser. Tal parece significar que a reclusão produz, mediante o sofrimento que inflige, a mortificação do recluso. Mortificação e sofrimento são dois padecimentos que o homem não pode ignorar e, na história, constituem instrumentos poderosos de conformação e alteração de situações (Lewis, 1967).

Mas a resposta do Luís é mais completa, ela refere todo o processo de vivência carceral e a mudança no sentido negativo, isto é, da dessocialização. Tal referência vai contra o efeito socializador pretendido pelo sistema penitenciário.

E, na sua resposta, o recluso não foge à ambiguidade pois refere que não mudou para, no final reconhecer a mudança. Ambiguidade que nos surge como aparente pois o recluso não concretiza a mudança que alude no final do seu discurso, em contraposição com a representação de permanência tematizada ao longo da entrevista.

Aparências

Os ritos, jogo de interesses e poder no interior de uma prisão, impõem que os reclusos desempenhem diversos papéis que não correspondem à sua maneira de ser, trata-se de uma questão de sobrevivência em que a máscara escolhida pode ser fundamental...

«O mudar como pessoa não mudei mas aqui sou obrigado a ter uma atitude que não é bem a minha, aqui conhecem o lado mais duro, se não se é minimamente duro é-se tomado como otário, se se é tomado por otário fazem o que querem e bem lhes apetece. Tem de se arranjar um equilíbrio entre o respeito e... este pessoal está habituado a resolver coisas ao soco e à facada, se não se arranja um meio termo de respeito e... é só chatices.»

Carlos, 43 anos de idade, solteiro, 11.º ano de escolaridade, técnico de electrónica, cumpre 29 meses de prisão, por crime de moeda falsa, tem antecedentes criminais.

O Carlos distingue a sua maneira de ser da sua atitude, no sentido de postura, em reclusão. Como pessoa não mudou mas vê-se obrigado a assumir uma máscara de «duro» para melhor lidar com a realidade prisional.

Talvez o facto de ter antecedentes criminais tenha aconselhado o recluso a optar por uma estratégia de adaptação que o defendesse da situação hostil que é a reclusão mas, como reconhece, estruturalmente é o mesmo, sendo outro o que representa na prisão. Aqui a prisão obriga a mascarar mas não muda.

Esta argumentação remete-nos, novamente, para a capacidade da reclusão alterar comportamentos mas num sentido distinto do proclamado na lei...

Mais uma vez é posto em crise o efeito socializador pretendido pelo sistema penitenciário.

Ambivalências

A realidade é extremamente diversificada, complexa e contraditória, sendo particularmente difícil racionalizar certo tipo de situações, sobretudo se elas evocarem uma forte carga emocional, a fim de formular juízos.

Perante a diversidade e complexidade que surge, por vezes, de forma contraditória, uma postura possível é a de tentar conciliar o inconciliável, simplificar o que não pode ser simplificado dado a sua complexidade intrínseca.

Dizia Cunha Leão (s/d) que o português tem o génio de harmonizar opostos, isto porque ilude as contradições e as subverte.

Ora, algumas das respostas são claramente ambivalentes, senão, mesmo, contraditórias.

«Da minha parte eu acho que sou a mesma pessoa.
Foi uma grande lição, perdi muita coisa lá fora.
Muito, mudou muito, é muito bom começarmos a ver as coisas de outra maneira.»

Regina, EPTires, 48 anos de idade, 4.ª classe, empregada fabril, pena de 17 anos de prisão, por tráfico de estupefacientes e associação criminosa, sem antecedentes criminais.

A Regina é um caso flagrante de ambivalência. Começa por reconhecer que é a mesma pessoa e acaba por afirmar que mudou muito.

Esta ambivalência pode ser interpretada de formas diversas, uma vez que não foi esclarecida.

Por um lado, significará uma aporia em que se afirma, numa mesma pessoa, a permanência e a mudança, em função de uma só situação causal.

Mas, por outro lado, essa ambivalência pode ser real pois, reconhecendo-se a mesma, a reclusa verifica em si alterações.

Finalmente, a ambivalência pode apenas ser aparente porquanto a verbalização da permanência reporta-se, apenas, à identidade e, na realidade, a reclusa mudou pois vê «as coisas de outra maneira».

De qualquer forma, como referem as teorias filosóficas de pendor dinâmico, só se pode mudar permanecendo, o que muda é o que permanece, sendo preciso durar para mudar e é necessário mudar para durar.

A esta ambivalência dinâmica, dificilmente se pode escapar como bem ilustra o depoimento da Regina.

«Sou... não é diferente, vejo as coisas de uma maneira...
É o mesmo Ricardo, só que o outro queria consumir e este não quer!
O que muda é só o consumo.
(A sua personalidade não mudou?)
Não é, sei lá, mais responsável, mais...
Não, eu comecei a trabalhar aos 13 anos, porque eu quis ir trabalhar, até aos 16... esses três anos trabalhei sempre para ajudar...
(A sua personalidade não mudou?)
Não... podia era ser menos maduro quando consumia...
Mas isso teria a ver com o consumo, ou tinha a ver com a idade...
Acha, por exemplo, que estar mais velho o mudou, lhe trouxe alguma coisa que não tinha aos 16 anos?
... Trouxe-me... se calhar, sou mais palhaço agora!

Agora brinco e dantes não brincava.
A vida, tinha que fazer pela vida...
(Em termos de gostos e de hábitos na sua vida, mudou-o o estar aqui dentro?)
... Não sei...
(Dá mais valor a algumas coisas hoje que não dava na altura, por exemplo?)
Por exemplo! Então alguma vez eu estava aqui a falar-lhe nos meus sobrinhos?!
(Hoje eles são mais importantes para si?)
Claro que são! Porque é a alegria sincera que eu vejo neles...»

Ricardo, EP de Lisboa, 33 anos de idade, Solteiro, 4.ª Classe de escolaridade, Pedreiro, Furto qualificado e Roubo, 6 anos e 6 meses, antecedentes criminais.

Embora a entrevista contenha um grau elevado de sugestão das respostas, este será mais um caso em que o não consumo é mais do que a simples supressão do hábito na vida do indivíduo. E, ao expressar esse "mais", o recluso produz um discurso ambivalente: «O que muda é só o consumo», sendo que vai dizendo que está diferente, mais responsável...

Existem outros casos de ambivalência patente, conforme se pode verificar em alguns dos depoimentos transcritos nas precedentes rubricas, e deles parece resultar uma ideia prevalecente, isto é, assume-se a mudança ou, então, a permanência como matriz e a outra opção é meramente acessória. Neste conspecto, optou-se por inserir essas perspectivas na respectiva opção matricial.

De qualquer forma, a ambivalência aparente ou secundária, não será uma constante na opção pela mudança ou, então, pela permanência mas ela está presente num elevado número de casos, sobretudo nesta última.

Discussão

Em termos quantitativos o resultado mais saliente é o da prevalência em 78,4% da resposta pela mudança. Esta resposta apresenta igual relevância nos universos masculino (78,5%) e feminino (77,8%).

A distinção operada pelo género revela, no entanto, que a resposta pela permanência é privativa do universo masculino, em 17,2%, sendo ausente no universo feminino.

As respostas claramente ambivalentes, em número reduzido, apenas 4 (4%), não têm significado para os resultados prevalecentes.

Quanto à ambivalência considerada aparente e, portanto, reconduzida a uma opção matricial, ela também não é de tal forma relevante que possa influir nos resultados apresentados, caso se considerasse a opção matricial duvidosa, sendo, então, de reconduzir a resposta à ambivalência.

Aliás, a ambivalência aparente quando desconstruida, apresenta uma opção gradativa ou, então, histórica ou cronológica.

Questão mais melindrosa é a da sugestão das respostas em algumas das entrevistas. A expressão de algumas expressões matriciais – personalidade, responsável, maturidade, ... – pela entrevistadora, poderá ter induzido algumas das respostas ou, pelo menos, a forma como a resposta se expressou.

Neste particular, o estudo tentou minorar essa indução por uma leitura aprofundada da entrevista, na tentativa de descortinar se a expressão induzida era, efectivamente, a pretendida pelo interlocutor.

Quanto à análise das opções, ela vem revelar uma pluralidade de enfoques nas grandes opções.

Assim, «mudar» apresenta uma variedade de possibilidades que vão desde a idade, a personalidade, o pensar, o aprender, a conferir valor, à interrupção do consumo de droga, à mortificação e à inibição do cometimento de crimes. Mas nem sempre essa mudança tem um sentido positivo na vida dos reclusos, tendo sido verbalizadas mudanças que vão no sentido do crime, no sentido do consumo de estupefacientes, no sentido da não socialização.

Nesta panóplia em que se traduz a mudança operada pela reclusão é, ainda, possível destacar perspectivas que, dentro das possibilidades acima referidas, melhor caracterizam o pensamento dos entrevistados.

Assim, quanto à idade, é possível surpreender duas perspectivas, uma que se prende com o crescimento etário e pessoal, que se nomeou de maturidade e, outra, que sublinha o aspecto cronológico ou temporal da vida, esta referida por envelhecimento. São duas perspectivas diferentes e que se prendem com o desenrolar dos anos. Uma é mudança social e pessoal, a outra é, sobretudo, biológica.

Os casos que reportam a mudança à personalidade, distinguem várias facetas, assim: reconhece-se "ser outra pessoa" ou, então, admite-se ter adquirido suspeição em relação aos outros, uma postura calma ou de responsabilidade. Sublinha-se, desta forma, vários traços da personalidade.

Pensar é outra mudança reportada na amostra e, aqui, existem diversas possibilidades que vão desde o aprender a pensar, a pensar positivo, a pensar antes de agir, etc. Embora todas estas possibilidades se reconduzam a uma ideia matriz, elas perspectivam-na diferentemente, iluminando facetas distintas de uma mesma realidade.

Sendo a mudança reportada ao aprender, ela não é unívoca pois em reclusão aprende-se o crime, a viver em reclusão e uma profissão. Existem, assim, realidades diferentes e antinómicas do aprender em reclusão, sendo possível afirmar que esta mudança nem sempre tem um sentido positivo no percurso de vida dos reclusos.

Uma outra mudança verbalizada é o conferir valor que se traduz em outorgar valia à família, às relações amorosas, aos amigos, às pessoas, às coisas e, mesmo, a si próprio ou, em suma, à vida. Conferir valor é uma operação pessoal que pressupõe uma escala e, de acordo com a amostra, a consciência da existência de mais valia reportada a algo é, em si mesmo, uma mudança.

A droga, a mortificação e a inibição de cometer crimes são outras mudanças reportadas. Sobretudo a droga, pelo seu "peso" na amostra, revela a importância da gestão dos consumos de estupefacientes no meio prisional. Como se refere, a interrupção do consumo não é apenas a interrupção do consumo, é toda uma alteração do indivíduo que está em causa.

Quanto à mortificação, ela pode revelar um aspecto que decorre necessariamente do cumprimento de penas longas de privação de liberdade em que será importante, pelo carácter negativo que tem no indivíduo, o sistema acompanhar, mediante a intervenção de psicólogos vocacionados para o efeito.

Não cometer crimes corresponde à alteração prioritária do sistema. No entanto, é interessante que esta resposta surja apenas em um dos reclusos entrevistados, isto é, este efeito pretendido pela reclusão representa 0,9% da amostra. Como resposta expressa é pouco... Por outro lado, como já se referiu, a cadeia está umbilicalmente ligada ao crime, podendo fomentá-lo, isto é, serve de escola, não sendo raro a prática de crimes no próprio estabelecimento criminal.

Uma outra grande opção é a de "permanecer", isto é, não conferir à reclusão a capacidade ou a potencialidade de fazer mudar os reclusos. Neste particular, é possível descortinar diversas matizes que iluminam várias realidades dentro da verificação da ideia de permanência.

Cumpre evidenciar que a opção de "permanecer" é eivada de uma ambiguidade latente. Com efeito, mais do que na opção "mudar", "permanecer" é algo que, na maioria dos discursos, não está consolidado.

A ambivalência quando patente e não aparente, tem uma dimensão reduzida na amostra, apenas de 3,9%, mas a ambivalência aparente ou secundária perpassa um número elevado de entrevistas.

Essa ambiguidade aparente, suprida mediante uma interpretação do discurso produzido, vem revelar não só uma riqueza das respostas como uma gradação de realidades e valores que surgem por ordem cronológica ou outra ordem, e só devidamente contextualizados e interpretados revelam o seu arrimo.

É esse contexto específico de cada caso que permite que duas realidades similares como "a cadeia mata" e "é uma morte lenta", as quais se traduzem num processo de mortificação operado pela reclusão, possam ser inseridos em duas opções antagónicas entre si.

Essa ambiguidade que é, do mesmo passo, uma riqueza, poderia ter sido melhor explorada caso a entrevista fosse vocacionada apenas para o tema que nos ocupa. O facto de o nosso tema ser um dos vários assuntos constantes da entrevista, permitiu que algumas entrevistas não tenham explorado de forma suficiente cada uma das respostas, e esta em particular, o que redundou na menor informação do acervo a analisar, seja nas ambiguidades patentes, seja nas respostas que vieram a considerar-se nulas.

Conclusão

O presente estudo evidencia que a reclusão, na percepção da maioria dos reclusos, opera uma mudança. Assim foi a verbalização de 78,4% da amostra.

O sentido dessa mudança não é, no entanto, unívoca, antes surgem diversas possibilidades que, nem sempre, assumem um cariz positivo atento a finalidade do sistema penal e, em particular, do sistema penitenciário.

Essas perspectivas de sentido não positivo, merecem a atenção do sistema penitenciário pois representam uma contrariedade à sua finalidade de ressocialização dos reclusos.

A constatação da não mudança do recluso, pese a imposição da privação de liberdade, constitui uma expressão não desprezível da amostra, isto é, representa 15,6%.

Mas também na permanência se registam diversas perspectivas que fundamentam o não mudar. Será no não mudar que melhor se revela o que se pode e deve fazer no sentido da eficácia do sistema penal e penitenciário pois permanecer o mesmo que comete o crime, pese a reclusão que lhe foi imposta por via desse crime, revela a ineficácia da pena e do sistema.

Com efeito, sobretudo nos últimos vinte anos, a investigação empírica no domínio da criminologia vem revelando que a punição, por si só, não basta para apartar do crime quem delinquiu (Maruna, 2001; Maruna & Immarigeon, 2004; Maruna & Ward, 2006; Petersilia, 2003; Sparks, Bottoms & Hay, 1996), é necessário mais, impõe-se uma intervenção do sistema no sentido da promoção de uma vida que valha a pena preservar e a redução/ eliminação dos factores de risco que se colocam àquele indivíduo em particular.

No que respeita às perspectivas compreendidas em cada uma das categorias matriciais, importa tecer algumas considerações. Assim, algumas realidades são transversais às ditas categorias, como seja o tempo. Desta forma, o tempo, seja o seu simples decurso, o meramente cronológico, seja a sua repercussão na vida humana, está presente no mudar e no permanecer. De alguma forma ligada ao tempo, a mortificação é outra realidade transversal às categorias matriciais, a extinção da vitalidade constitui uma representação comum. Um outro vector comum é a família, esta tanto é um factor reportado na mudança, sendo algo a que se confere um novo ou renovado valor, como é reportado na permanência, aqui como factor de conservação da individualidade do recluso. Tal como a família, existem outros valores que estão patentes, em sentidos divergentes, nas duas categorias fundamentais. Estes valores verbalizados como os amigos, as namoradas, os vizinhos, constituem a rede social do recluso e, esta, tanto pode ser relevante no mudar como no não mudar. Este assunto já foi abordado num estudo anterior (Rocha & Silvério, 2005), surgindo, de novo, no presente trabalho. A divergência nas realidades transversais depende do sentido – o qual supõe a intenção do sujeito – em que se interpreta, representa e utiliza uma mesma realidade. Assim, o tempo de reclusão pode ser algo de positivo na vida do recluso ou, então, carecer de sentido ou, mesmo, ser algo de nefasto num percurso de vida, tudo depende das circunstâncias particulares (endógenas e exógenas) e, sobretudo, da intencionalidade... O que faz que uma mesma realidade, dentro de um mesmo enquadramento – a reclusão –, tenha sentidos tão dispares entre os reclusos? Esta questão a que se respondeu com as circunstâncias e a intencionalidade de cada, merece, só ela, um novo estudo o qual certamente exigirá a averiguação do percurso de vida de cada um dos reclusos, de forma a que a intencionalidade e o seu enquadramento adquira sentido no tempo e, assim, ilumine e identifique a razão dessa opção. Para além das realidades transversais, existem as privativas de cada um dos sentidos matriciais. No mudar, surge a identificação da alteração na personalidade, a verbalização do pensar no sentido positivo para o sujeito, o reconhecimento de se aprender, o facto de se passar a conferir valor a realidades que antes não assumiam dignidade na determinação da acção, a assunção da abstenção da criminalidade e a problemática do consumo de droga. De todas elas, a questão da droga emerge com uma constância que justifica, por parte dos serviços penitenciários, uma sempre renovada atenção. No permanecer são identificadas diversas realidades privativas desta categoria, assim: o reconhecimento de que a prisão não tem capacidade para mudar, a constatação do sentimento de revolta causado pelo encarceramento, a prejudicialidade da prisão no percurso de vida e, ainda, a confissão da mudança assumidamente aparente operada por força das condições da prisão.

Por fim, a ambivalência que, no presente trabalho, se apresenta em duas modalidades.

Uma ambivalência aparente ou secundária que perpassa uma parte substancial das respostas da amostra, sem que impeça discernir uma das duas opções matriciais, isto é, "mudar" e "permanecer".

A outra ambivalência, já não aparente, a produzir discursos contraditórios, numa expressão de 4% da amostra.

Pode-se afirmar que a primeira das ambivalências é normal, no sentido de ser algo esperado nas respostas, revelando uma ambiguidade compreensível, eventualmente geradora de uma riqueza na resposta, reportando--se a perspectivas superadas cronologicamente ou, então, de diferentes gradações, já a segunda modalidade apenas constitui uma aporia e, como tal, sem valor em termos de posicionamento face as opções matriciais.

Tanto quanto a relevância pela mudança, expressa na amostra, a presença do discurso ambivalente, aparente ou efectivo, é algo patente no presente estudo. Com efeito, a dificuldade da percepção da mudança, pela sua complexidade intrínseca, e, ainda mais, a afirmação da permanência, pese a mudança que num percurso de vida a reclusão sempre constitui, não se escapam a contradições e, estas, não raro se traduzem em ambiguidades. E, por ser relevante a verificação do discurso ambivalente, importa reconhecer a importância da intervenção da ajuda psicológica no sistema penitenciário, assumir a mudança para a socialização será o primeiro e fundamental passo do recluso no sentido desta, que mais não é que o desiderato de todo o sistema punitivo e carceral.

Bibliografia

ACADEMIA DAS CIÊNCIAS DE LISBOA. (2001). *Dicionário da Língua Portuguesa Contemporânea*. Lisboa: Verbo.
AGRA, C. (2001). Elementos para uma epistemologia da criminologia. In AAVV, *Estudos em comemoração dos cinco anos (1995-2000) da Faculdade de Direito da Universidade do Porto*. Coimbra: Coimbra Ed.
ALBUQUERQUE, P. (2006). *Direito Prisional Português e Europeu*. Coimbra: Coimbra Editora.
ALLILAIRE, J. (2001). Sistémico. In R. Doron & F. Parot, *Dicionário de Psicologia*. Lisboa: Climepsi.
ANSART, P. (1999). Changement social. In A. Akoun & P. Ansart, *Dictionnaire de Sociology*. Paris: Seuil.
BALANDIER, G. (1970). *Sociologie des mutations*. Paris: Anthropos.
BAUMGARTNER, P. (1964). *O Homem e a sua Idade*. Lisboa: Empresa Nacional de Publicidade.
BELLET, M. (1988). Le Dieu-mostre. In J.-B. Pontalis, *Le mal*. Paris: Gallimard.
BINSTOCK, R. & GEORGE, L. (2001). *Handbook of Aging and the Social Sciences*. New York: Academic Press.
BIRREN, J. & SCHAIE, K. (2001). *Handbook of the Psychology of Aging*. New York: Academic Press.
BLUTEAU, R. (1716). *Vocabulario Portuguez & Latino*. Tomo V. Lisboa: Officina de Pascoal da Sylva.
BRADLEY, F. (1893). *Appearence and Reality*. London:
BRUNSWICK, H. (1899). *Diccionario de Synónymos da Língua Portugueza*. Lisboa: Francisco Pastor.
DEWEY, J. (1933). *How We Think*. New York: Heath.
DIAS, F. (1984). O sistema sancionatório no Direito Penal Português no contexto dos modelos da Política Criminal. In AAVV, *Estudos em Homenagem ao Professor Eduardo Correia*, vol. I. Coimbra: Coimbra Editora.
DORON, R. & PAROT, F. (2001). *Dicionário de Psicologia*. Lisboa: Climepsi.
DUARTE, D. (1982). *Livro dos Conselhos de El-Rei D. Duarte*. Lisboa: Editorial Estampa.
———. (1982). *Leal Conselheiro*. Lisboa:INCM.
———. (1999). *Leal Conselheiro*. Lisboa:INCM.
DURKHEIN, E. (1893). *De la division du travail social*. Paris: PUF.
FAZENDA, P. (1933). *A Crença e a Dor*. Lisboa: Livraria Morais.
FILLOUX, C. (1966). *A Personalidade*. São Paulo: Difusão Europeia do Livro.
GODIN, A. (1988). «Délivre-nous du mal» perspectives théologiques. In J.-B. Pontalis, *Le mal*. Paris: Gallimard.
GÓIS, C. (1945). *Dicionário de Raízes e Cognatos da Língua Portuguesa*. Rio de Janeiro: Paulo de Azevedo & Cia. Ltda.
GOMES, P. (2003). *Dicionário de Filosofia Portuguesa*. Lisboa: Dom Quixote.

JESUÍNO, J. (1982). *Anomia e Mudança na Sociedade Portuguesa*. In A. Knoke, E. Figueiredo, H. Tajfel, J. Leyens, J. Jesuíno, L. Caeiro, M. Bonami, M. Croisier, S. Stoer & W. Doise, Mudança Social e Psicologia Social. Lisboa: Livros Horizonte.
KANT, E. (1971). *Métaphysique des moeurs*. Paris: Vrin.
LANZMANN, C. (1988). Porquoi le mal? In J.-B. Pontalis, *Le mal*. Paris: Gallimard.
LEÃO, F. (s/d). *Ensaio de Psicologia Portuguesa*. Lisboa: Guimarães Editores.
LEWIN, K. (1935). *A Dynamic Theory of Personality*. New York: Ronald.
———. (1936). *Principles of Topological Psychology*. New York: Ronald.
LEWIS, C. (1967). *Le Problème de la Souffrance*. Paris: Desclée de Brouwer.
LEVY-STRAUSS, C. (1958). *Anthropologie structurale*. Paris: Plon.
MACTAGGART, J. (1921). *The nature of existence*. London:
MANSORO, E. & AUSTAD, S. (2001). *Handbook of the Biology of Aging*. New York: Academic Press.
MARCO AURÉLIO. (1964). *Meditações*. São Paulo: Editora Cultrix.
MARUNA, S. (2001). *Making Good: How Ex-convicts Reform and Rebuilt their Lives*. Washington, DC: American Psychological Reform.
MARUNA, S. & IMMARIGEON, R. (2004). *After Crime and Punishment. Pathways to offender reintegration*. Devon: Willan Publishing.
MARUNA, S. & WARD, T. (2006). *Rehabilitation*. New York: Routtledge.
MBANZOULOU, P. (2000). *La réinsertion sociale des détenus*. Paris: L'Harmattan.
MÉNÉCHAL, J. (1988). Une femme est brûlée. In J.-B. Pontalis, *Le mal*. Paris: Gallimard.
MISCHEL, W. (1971). *Teorias da Personalidade*. São Paulo: McGraw-Hill.
NASCENTES, A. (1957). *Dicionário de Sinónimos*. Coimbra: Livraria Atlântida.
NEIMAN, S. (2002). *Evil in Modern Thought*. Princetown: University Press.
OSÓRIO, A. (1974). *A Mitologia Fadista*. Livros Horizonte.
PARSONS, T. (1951). *The social system*. New York: The Free Press.
PETERSILIA, J. (2000). *Challenges of Prisoner Reentry and Parole in California*. Berkley: California Policy Research Center.
———. (2003). *When Prisioners Come Home*. Oxford: University Press.
PONTALIS, J.-B. (1988). Argument. In J.-B. Pontalis, *Le mal*. Paris: Gallimard.
POUILLON, J. (1988). Consoler Job. In J.-B. Pontalis, *Le mal*. Paris: Gallimard.
PROVEDORIA DA JUSTIÇA (2003). *As Nossas Prisões. III Relatório*. Lisboa: Provedoria da Justiça.
PUCELLE, J. (1967). *Le Temps*. Paris: PUF.
RHÉAUME, J. (2005). Mudança. In J. Barus-Michel, E. Enriquez & A. Lévy, *Dicionário de Psicossociologia*. Lisboa: Climepsi.
ROCHA, J. (2001). *Reclusos Estrangeiros: um estudo exploratório*. Coimbra: Almedina.
ROCHA, J. & SILVÉRIO, S. (2005). Determinante Rede Social. In J. Rocha (coord.), *Entre a Liberdade e a Reclusão. Estudos Penitenciários*, vol. I. Coimbra: Almedina.

ROCHA, M. (1998). Comentário. In AAVV, *Droga Decisões de Tribunais de 1.ª instância 1996*. Lisboa: GPCD.
RODRIGUES, A. (1982). A posição jurídica do recluso na execução da pena privativa de liberdade. Seu fundamento e âmbito. *Boletim da Faculdade de Direito*, suplemento XXIII, 1-199.
———. (2000). *Novo olhar sobre a questão penitenciária*. Coimbra: Coimbra Editora.
SILVA, V. (2002). *Dialética das Consciências e outros ensaios*. Lisboa: INCM.
SONTAG, S. (2003). *Olhando o Sofrimento dos Outros*. Lisboa: Gótica.
SPARKS, R., BOTTOMS, A. & HAY, W. (1996). *Prisons and the Problem of Order*. Oxford: Claredon Press.
SPENCER, H. (1891). *Essais de Morale de Science et D'Esthétique. Essais sur le progrès*. Paris: Félix Alcan.
WIDLOCHER, D. (2001). Mudança. In R. Doron & F. Parot, *Dicionário de Psicologia*. Lisboa: Climepsi.

DISCURSOS PRECÁRIOS

Rui Simões
Professor-adjunto, Escola Superior
de Comunicação Social de Lisboa

Margarida Cardoso
Mestre em Antropologia dos Movimentos Sociais

Fluxos e imobilidades

O presente trabalho procura compreender o campo em que se enquadram os reclusos como agentes do seu próprio discurso, tendo em conta o relevo evidenciado nas entrevistas pela memória de saídas precárias anteriores, e a carga emocional de antecipação. Procura explorar algumas dimensões patentes no discurso produzido pelos reclusos sobre a saída precária, nomeadamente as referências sociais, espaciais e temporais, cruzando-as com a estrutura causal e argumentativa enunciada.

Assumindo uma perspectiva de escala da realidade social, podemos partir de um conjunto de fluxos e movimentações que denunciam a relevância da mobilidade. No entanto, como refere Touraine (2000), há que atentar que a vida social também pode corresponder a um conjunto de influências e conflitos, com origem nos ângulos de posicionamento dos actores: o interesse, o poder e a liberdade. Como o autor advoga,

> "A sociologia deve assim aprender a viver sem recorrer à ideia de sociedade – assim podemos definir o campo actual da sociologia, multipolar e atenta a todas as formas de encontros, conflitos ou combinação dos diversos polos de acção na formação da experiência e da organização social" (Touraine, 2000, p. 130, trad. livre).

Mas podemos restringir o nosso objecto e abordá-lo sob uma lógica própria, como aliás refere Turner (2007). Este autor, assinalando a existência de paradoxos que é preciso ponderar, sugere uma *sociologia da imobilidade*, onde enquadra as prisões. Embora com referências alargadas que derivam do fenómeno da globalização, o facto é que, em vez de mobilidade, a sociedade assiste à emergência de um conjunto de comunidades delimitadas. Turner refere os velhos (nos lares), os *ghettos*, a prisão, bem como uma série de recursos de sinalização social delimitadora, destinados aos criminosos e desviantes (Turner, 2007). Neste contexto, as prisões podem ser consideradas como *instituições pré-modernas de regulação espacial para fins políticos* (Turner, 2007, p. 287). Os destinatários são anónimos, têm um défice específico nos direitos de cidadania e são membros de uma qualquer sub-classe, destinados a trabalhar numa qualquer espécie de economia paralela (Turner, 2007) – como a economia ilegal da droga (Cunha, 2000), ou o trabalho dos reclusos. Confirmando esta abordagem, Wacquant (2002) refere a gestão penal da pobreza e uma nova visibilidade da instituição prisional, acompanhadas de algum afastamento da sociologia e da antropologia (reportado, contudo, para a situação prisional da Califórnia).

Estigma, exemplo e ganhos secundários

Para Wacquant (2002), as prisões são alimentadas pelas "regiões inferiores do espaço social". Os trabalhadores, desqualificados e precários, são eventualmente aqueles que rejeitam o trabalho mal pago/*escravo* e optam pela economia paralela e o tráfico de droga. O autor advoga uma nova perspectiva social sobre o crime, o castigo e a imoralidade – torna-se necessário observar de perto as relações interpessoais na prisão. Manuela Ivone Cunha concretiza, a propósito do seu regresso etnográfico a um estabelecimento prisional feminino, a constatação dos enunciados que previamente expomos: a penetração dos media na prisão, fluxos específicos (associáveis à globalização?) que alteram o contexto, o que a leva a afirmar que o modelo de instituição total de Goffman deixa de ser adequado (Cunha, 2004). Como salienta Touraine, o primeiro pressuposto da Sociologia passará, certamente, pela decomposição das falsas unidades de análise (Touraine, 2000). Por outro lado, Cunha (2000) realça a transferência dos universos prévios dos reclusos para dentro dos limites da prisão, confirmando um sistema poroso e composto. A trama da prisão deixa de ser fechada, passa a ser translocal, revelando-se uma alteração significativa na composição socio-demográfica das reclusas, que faz sobressair os bairros de origem e o estigma (Goffman, 1981) previamente associado a eles.

O conceito de estigma, que apropria também as *abominações de carácter* (Goffman, 1981), projecta-se na questão da aceitação ou da rejeição, traduzindo a desqualificação social da reclusão. Torna-se necessário projectar uma imagem reconstruída para o outro, o que implica a selecção e distorção de aspectos (reutilizáveis), com o objectivo de produzir um *self* de acordo com uma dada estereotipia, ao fim e ao cabo apologético do agente (Goffman, 1974). A expressão do percurso identitário dos reclusos constrói-se sobre uma identidade-reflexo, estigmatizante, e uma produção simbólica da marginalidade (Pais, 2001), origem e necessidade da transposição para enunciados que favorecem a aceitação e a adopção de sucessivas perspectivas situacionais (Goffman, 1975). Estas, por seu turno, implicarão padrões de normalidade/ regularidade. A contextualização do discurso sob uma lógica de atribuições causais, a enunciação de um campo causal que condiciona as narrativas (MacKay & McKiernan, 2006), manifesta-se em função dos referidos padrões. No presente trabalho, procura-se a lógica dos discursos sujeitos a um campo, pistas para a causalidade sujeitas a um conjunto de elementos relacionais que estão dependentes também da fragilidade humana, da simplificação ou das distorções (MacKay & McKiernan, 2006).

A narração dos agentes (Bourdieu, 2001) é redundante na contraposição entre as práticas dos "outros", de "alguns companheiros" e as descrições dos respondentes: "às vezes os companheiros nossos é que procuram as situações, eu não me meto em nada, nem defendo um nem outro, eu ando sozinho, não ligo, estou aqui para moer a minha cana, não para levar com a dos outros, às vezes uma pessoa tenta sempre evitar..." [HR06]; o discurso institucional é apropriado e torna-se mesmo consequente, tanto em causa própria: "é um bocado chato, eu penso assim, é um bocado complicado, uma pessoa fez mal, tem que cumprir" [HR10], como na descrição da relação com outros reclusos: "há muitos reclusos que parecem gostar disto, fazem da vida deles isto, entram, saem, entram, saem. Depois de estarem cá dentro, provocam coisas, há muita gente que está dentro da cadeia e está metido na droga". [HR39], como na forma de projectar esta perspectiva na trajectória de outros reclusos: "O futuro, mas há muitos que não pensam assim, pensam que quando vão de precária, a primeira coisa que lhes vem à cabeça é "lá fora vou fazer aquilo, vou fazer isto", é essas ondas. Às vezes digo aos meus companheiros, "com esse pensamento a tua vida é dentro e fora e se for preciso nunca mais sais e andas sempre aqui nisto, que não interessa a ninguém", tudo bem que a prisão foi feita para ao homens, mas se uma pessoa poder evitar, evita-se." [HR44].

O estigma associado ao indivíduo compõe não só a capacidade de tradução de símbolos do outro (Yun-Hee, 2004), como se reflecte sobre esta construção da sua personalidade situacional. Ou seja, sob uma perspectiva micro, o discurso sobre si mesmo inclui um conjunto de disposições plurais, cruzadas com os *quadros de referência situacionais,* em função de diversos princípios de coerência (Lahire, 2005). Bourdieu (2001) aponta para um *espaço social* que engloba o agente como um ponto e a partilha de perspectivas coincidentes como compatíveis com a partilha de um espaço. A posição do agente adapta-se, assim, em função de princípios de coerência sucessivos, expectativas de *palco* ou *bastidores* (Goffman, 1974), um ajuste sucessivo aos mecanismos de poder e expectativas que visam demonstrar a eficácia do *controlo exercido* (Foucault, 1975). O respondente procura manter ou reganhar a face, retornando a *memórias comuns* (ou perspectivadas como tal) ao grupo (Lechner, 2006), sejam elas referências da reclusão ou do bairro, mas sempre, no entanto, sinais de hegemonia.

A partilha de categorias comuns faz surgir a dúvida, a noção clara de que um conjunto de inferências sobre os indivíduos se adquirem através de uma série de *estereótipos a partilhar* (Goffman, 1993), mais do que sobre o resultado de afirmações validadas, uma vez que a percepção é difícil (Granhag et al., 2004). Com efeito, a passagem de informações contraditórias torna-se óbvia, quer através da comunicação verbal quer pelas expressões (Goffman, 1993).

A trama do discurso. Pressupostos de análise

Para além da importância da co-ocorrência dos elementos patentes nas entrevistas, interessa-nos ponderar os elementos que, embora suscitados no quadro de um guião, tenham sido articulados com uma margem de liberdade na elaboração. Nestes, importa ponderar os seguintes elementos próprios à enunciação de um discurso (cf. Barker & Galasinski, 2001):

1. Quanto às contextualizações da sua elaboração, nomeadamente em função dos papéis relativos praticados no decurso da entrevista. Portanto, os papéis que o indivíduo vai assumindo, as personali-

dades situacionais, tal como o personagem de conformidade – aquele que mesmo quando não trabalha se mantém discreto, cumpre os compromissos com o director, com os guardas, se manifesta arrependido ou coopta a necessidade da pena – em função do campo em que se posiciona (MacKay & McKiernan, 2006). De uma forma mais detalhada, será possível situar o entrevistado, em diversos momentos, numa relação de distanciação (com os outros reclusos (inmates) ou antigas companhias/passado), afinidade (família, trabalho), cooptação (sistema prisional: director, guardas), como se apresenta na fig. 1.

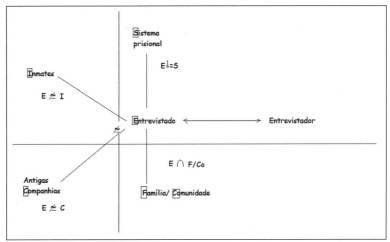

Fig. 1

2. A temática e a carga de ansiedade presumivelmente implicadas; coloca-se a questão de ser património de uma produção cultural interna, na construção de um discurso esperado, que articule um conjunto de valores favoráveis a um presumível enunciado "propiciatório" à situação de atribuição e usufruto da precária. Estaria em causa saber se a entrevista realizada se situa no quadro mais geral dos discursos – eventualmente praticados com visitas, outros internos ou reflexivamente – legitimador da atribuição da saída temporária, em causa própria ou alheia. É possível equacionar a existência de um conjunto de argumentos que estejam previamente enunciados e experimentados, que se afirmam mais adequados à percepção do entrevistador.

3. Como forma discursiva, o quadro das respostas elaboradas é potencialmente interdependente, pelo que os enunciados se articulam com os restantes, dando à sequência lógica a possibilidade de se lhe determinar o nexo. Nesse sentido, cada entrevista realizada deu lugar a uma estrutura organizada de respostas, ponderando-se a referida sequência lógica, enunciada, na estrutura analisada. A indução da sequência e da organização temática na entrevista – colocadas pelo cumprimento de um guião –, limitam a análise realizada: se a sequência continua a estar presente nos discursos praticados, não seria adequado extrapolar a partir desta. Assim sendo, cumpre situar a análise na amplitude de soluções de discurso que as questões, abertas, podem permitir. Coube ponderar do mesmo modo a inclusão de casos em que ocorre um eventual fechamento da questão, para precisar os dados a recolher ou como consequência de uma forma fáctica de acompanhamento do discurso por parte do entrevistador.
4. Está presente, nas respostas produzidas, a hierarquização de alguns temas face aos restantes, transversais ao questionário ou precedentes na sua enunciação face às perguntas. Esses tópicos, levantados no curso de uma primeira fase de tratamento, evoluíram posteriormente para categorias de análise segundo as quais se organizam as dimensões temporais e territoriais propostas.
5. A legitimidade é um resultado próprio e autónomo do discurso, independente das questões que são colocadas. Todos os elementos podem ser mobilizados como factores de legitimação: a estrita associação entre o respondente e a sua família, o respeito pela instituição prisional, o seu trabalho, a manutenção de um perfil discreto, o respeito pelo director, a relação com os guardas, médicos, psicólogos, professores.
6. É dada atenção à utilização discursiva da primeira e terceira pessoas, ao recurso alternativo no singular e no plural, à construção distanciada da sua própria personagem, à utilização dos condicionais e de metáforas ou figuras de estilo.

Os inquiridos têm a experiência de uma ou mais saídas em precária; trata-se, pois, de uma vivência de contornos concretos (daí os contrastes atributivos entre o interior e o exterior); surge na sequência de experiências de permanência extensas, cumpridos já dois terços da pena (de onde a atenção aos elementos de percepção do tempo que articulam as respostas).

Elementos transversais

Os elementos transversais determinados decorrem das figuras e argumentos colocados, com alguma regularidade, na construção das respostas ao guião. Note-se que o protocolo de aplicação do guião oferecia a possibilidade de se ajustar à diversidade de comportamento dos respondentes, independentemente da exaustividade procurada face aos temas colocados.

1. O primeiro elemento fundamental, estruturante, corresponde à situação do estabelecimento prisional como território, por oposição ao contexto exterior. Se, como ficou já dito, se encontra uma crescente porosidade entre a prisão e a sociedade, os discursos comportam contrastes fundamentais. Cumpre dizer que a percepção da permanência se associa à sua duração, pelo que as expressões qualificativas narram o território pela forma como pauta a organização do tempo. É neste quadro que se inscreve a problemática da ordem e da sua regulação. Estão presentes os estatutos (director, guardas, psicólogos, reclusos), e o discurso articula-se à volta das competências, articuladas num conjunto de finalidades colocadas em comum. É neste quadro que se constitui a dimensão contratual, da "confiança" gerada no ambiente prisional, particularmente associado à decisão de voltar. A contratualização interna, que fundamenta a precária, articula-se com a finalidade externa, de reintegração familiar, para que o cumprimento da precária se capitalize numa dimensão probatória, de boa fé.
2. O segundo elemento estruturante, presente, assenta na construção valorativa da relação com a família [assinale-se a ampla discussão realizada sobre os múltiplos papéis da família no primeiro volume desta série, Rocha (2005). *Entre a reclusão e a liberdade* (1), Coimbra: Almedina]. A família constitui-se como mais um dos territórios do discurso, invocada em diferentes tempos: no quadro inicial, de pertença, e face ao qual são frequentes as posições de autocensura das atitudes assumidas; a família como território que figura o exterior, o contexto para onde se reenvia o recluso, nomeadamente na precária, e do qual recebe apoio; e, finalmente, a família como território de projecto, para onde no final, de forma generalizada, as respostas se articulam como contexto de destino.

3. O terceiro elemento presente é o do sujeito com agenciador de acção e de mudança; esta pode ser activa, reportando-se ao trabalho, ao estudo, ou passiva, não "arranjando problemas", afastando-se de uma possível "agitação" ou conflitualidade potencialmente existente. Note-se que, dada a discricionariedade de atribuição da precária, ela pode, precisamente, incidir sobre aqueles que se afastam dos problemas enunciados; está em causa a presença, nos discursos, dessa atitude como um valor a destacar na construção da legitimidade em causa. O "bom comportamento" emerge assim como uma categoria de convergência, e concretiza-se no desempenho de uma actividade profissional ou no investimento académico. Estes territórios são frequentemente equacionados face ao passado, ora por haver uma continuidade de exercício de competências, ora por reporem – no caso das aulas – uma situação em falta face ao passado.

Os elementos inventariados são manifestamente interdependentes: Os territórios do trabalho e do estudo virtualizam o universo de conformidade que é também atribuído à inserção familiar. O compromisso entre estes dois universos articula-se, comprometendo-se, no caso em que, na sequência do assassinato do irmão e da separação dos pais, LC argumenta não ter voltado: "Para mim é óptimo, prontos, à última... os meus pais separaram-se, depois eu perdi o controlo (...) Não praticamente não [voltei a consumir], foi poucas vezes, foi por causa dos meus pais, vi os meus irmãos, um para cada lado. (...) Sete, agora são seis. Pois, infelizmente. Depois não tive coragem para me vir entregar" [LC24]. A família é associada ao universo profissional, na lógica de uma participação económica: a problemática da confiança invoca-se nos compromissos entre a necessidade de apoiar a família e cumprir a pena, tomadas como complementares.

Tempos de ordem, tempos de desordem

O regime da prisão cruza-se com as categorias trabalho e tempo, mas responde a um pressuposto individual mais do que a um pressuposto organizacional, na expressão da conformidade com as expectativas do outro. "O emprego do tempo é uma velha herança", segundo Foucault (1975, p. 175, trad. livre). A organização social implica a organização do tempo (Goody, 1977).

A percepção da duração da pena situa-se num quadro argumentativo sobre o valor do tempo externo versus o valor do tempo interno. Tomada a duração como elemento fundamental da dimensão punitiva da reclusão, a apropriação dos discursos sobre a inserção articula a adequação da precária ou a atribuição da condicional a duas ordens: a primeira, situada no mérito do desempenho, no uso do tempo e dos espaços internos como essencialmente remissivos (universos construtivos – estudar e trabalhar) e a segunda, de adequação, pelas vantagens numa posterior reinserção: o tempo da precária avaliza-se nos universos conviviais da família e das experiências de trabalho ocasional. O futuro é, neste quadro, o desenho de uma vida para lá da pena: na terceira pessoa, enuncia-se um quadro de alternativas: "Cada um, à partida, escolhe o que fazer à sua vida, não é, e aqui dentro cada um tem que ser por si mesmo, agora se cada um deve achar que deve trabalhar, se cada um achar que deve estudar, estuda, se cada um achar que rouba, rouba" [NC70]. Alternativas essas que o mesmo entrevistado tinha antes já delimitado: "eu quero é resolver, sair daqui, fazer a minha vida (…) Quanto mais depressa sair, [poderei] ver se ainda consigo fazer alguma coisa da minha vida." [NC34]; Encontramos, pois, a construção de uma distância face a uma possível população problemática, tomada em abstracto, base para o argumento segundo o qual a decisão assumida impunha recato e conformidade às regras da instituição.

O discurso desliza entre a ausência de conflitos e a clara demarcação face à restante população prisional, como refere PP: "A minha maior dificuldade é dialogar com os meus companheiros." [PP15], fundamentando-se no contraste de perfil implícito: "existe uma certa falta de formação das pessoas que estão presas" [PP16], "mas isso é natural, por essa mesma razão é que as pessoas estão presas, por falta de soluções que não lhes deram e enfim, torna-se um bocado complicado. Mas de resto consigo adaptar-me bem às situações e ao sistema" [PP17]. Ou "porque as pessoas são violentas" [PP23], "é a vida, todas elas, estamos no sítio que estamos, obrigados a conviver com essas pessoas (…) não, isso torna-se um bocado complicado, uma pessoa que tenha uma formação diferente, mas seja virado para a violência, uma pessoa que goste de fazer a sua vida, goste de ter as suas coisas, ali é difícil, compreende" [PP24]. A distância a "essas pessoas" contrapõe estilos violentos à "pessoa que goste de fazer a sua vida, goste de ter as suas coisas". Este enunciado é recorrente: "eu não me meto com ninguém, tenho a minha vida, se eu não arranjo problemas com ninguém (…) ali na ala era pior, havia pessoas que já queriam era arranjar problemas (…) Em princípio vou levar a minha (…), seja até ao fim da carreira, se Deus quiser, sossegadinho, não me meto com ninguém, as pessoas também não (...)" [NC10]; "Eu por acaso não, sempre fui um indivíduo que sempre teve amigos em todo o lado, nunca me dei mal com ninguém (...) fico com o meu e não chateio mais ninguém [MT17]. Noutros reclusos, o ponto de partida recapitula-se: "há bonzinhos e mauzinhos, isto é como na rua. Não provocar ninguém, procurar o melhor para nós, nós também vamos ser assim. Se procurarmos ser bandidos na rua, a vida não vai por aí." [AC52]. A escolha feita, nesta dicotomização, renova-se, para o mesmo entrevistado: "sou das pessoas que ninguém (...), mesmo dos guardas como aqui da directora, não têm por onde apontar, sempre tive um bom comportamento, [a não atribuição de precária] foi mesmo baseado no crime." [AC25]. Mais uma vez a conformidade é situada: "desde o princípio em que me puseram estas condições, fui aliciado para várias coisas, isso é verdade, uma não fiz porque tenho um espírito, que diz assim, pronto, nunca cuspas no prato da sopa que ponham na mesa... [FG48]".

O trabalho como manifestação de conformidade

Para os agentes, o trabalho assume um duplo significado simbólico, externo e interno à instituição, na sua autonomização, bem assim como na sua colocação e deslocação no espaço social (Bourdieu, 2001), constituindo-se para o exterior, como um capital simbólico. Este capital parece ser independente das redes de socialização no contexto prisional, não definindo pertenças ou produzindo identidades da mesma forma (Cunha, 2008), ou pelo menos não sendo referido como tal... mas não o é certamente no contexto da conexão às redes exteriores, na medida em que permite – ou é suposto permitir – a saída (precária). Esta dualidade torna-se curiosa, uma vez que o trabalho vale como capital nas redes sociais. A regulação social interna não associa, portanto, o trabalho a um capital. Trabalhar é, no entanto, um testemunho de conformidade.

O trabalho e o estudo, que aqui se associam, apresentam-se como as formas de ocupação do tempo construtivas, orientadas – são, de resto, factores a ponderar para a própria atribuição da precária. O acto de trabalhar é mais frequentemente enunciado pelo seu valor ocupacional que económico: "eu também tenho um trabalho, ganho uns... p'rái 60€, 70€, o que é isso para mim, tenho que comprar tabaco, fumo, telefone para casa. Tenho que viver o meu dia-a-dia..." [NC16], como forma de construir rotinas; o acto de estudar enuncia-se como valorização, enuncia a reinserção. Estudar pode ser dado como remissivo: se não foi valorizado no passado, recupera-se agora. Trabalhar associa-se-lhe como uma forma de "dar confiança", "Estou sempre a trabalhar, estou, distrai-me, mas mesmo assim, o tempo para mim parece uma eternidade, custa, custa a passar claro." [AC08], registando-se a necessidade de construir para obter: "Aqui ninguém me deu nada de graça" [NC70]. O trabalho é invocado como um compromisso inevitável; perante a possibilidade de fuga, MT argumenta: "o meu meio de vida é a trabalhar, tudo o que fosse a trabalhar, fosse num lado, fosse no outro, (...) mais dia menos dia, iam dar comigo outra vez, eu não ganhava nada com isso" [MT32].

No quadro desta construção da confiança os discursos organizam-se, frequentemente, com recurso ao enunciado de uma decisão: "Fico a pensar, mas de resto, quando vou, essa ideia já está, já decidi, foi à primeira, sei que vêm as outras (...) O bem é para mim." [NC64]

No tempo da descrição, a decisão, enunciada na 1.ª pessoa, comporta já o seu resultado: cumpriu-se. Aos comportamentos adequados dá-se a densidade da mudança de atitude: "Estou mais calmo. (...) era uma pessoa assim um bocado..., era agressivo, prontos (...) diziam-me isto ou aquilo eu respondia." [NC80], mas "agora não (...) já não é aquela coisa de ter que me chatear com qualquer coisa, se tiver que me chatear, é por alguma coisa de importante, do resto não, estou mais calmo." [NC81].

Da identidade enunciada decorre um estilo de comportamento que se define, regularmente, pela demarcação face a outros comportamentos possíveis; a fórmula mencionada assume um carácter propiciatório: "se procurarmos ser sempre boas pessoas, dar bem com todos, trabalhar, aqui temos que procurar o fio, se não tivermos uma ponta por onde pegar, quando se vai à rua, a vida anda sempre aos ziguezagues. Temos que ter força de vontade, sairmos daqui com aquela vontade de trabalhar." [AC51]; a fórmula ajusta-se a uma imagem calma: "Mudou muito, lá fora passava a vida a correr e quando sair não vou passar a vida a correr (...) mas sim com mais calma, não viver com stress, como eu vivia quando estava na rua" [AC59].

A família como território

A família constitui-se como uma esfera de referência permanente, presente na ausência (Cunha, 2008), na medida em que os intervenientes denotam a clara noção do afastamento familiar em função das ausências, e confirmam a referência de que o enquadramento familiar propicia (também como forma de obter trabalho) uma reintegração mais bem sucedida (Visher & Travis, 2003).

Associada ao discurso anterior, a família é enunciada como suporte ou como projecto: os avós, pais ou irmãos, eventualmente os filhos, como figuras de quem se depende – tanto no plano logístico como no plano afectivo – e, com maior carga para os filhos menores: "Andar fugido para quê? Acabo por andar preso à mesma, porque fugido também não podia estar ao pé do meu filho nem ao pé da família." [NC46]. Eventualmente incluem-se também os pais, que carecem de um apoio prestado em liberdade. A família define-se, assim, como um território. Nas descrições das saídas avultam referências familiares: os filhos requerem a presença, "Então, eu vou a um salão de jogos com ele no sábado, ele a jogar numa máquina, eu estive ali quase uma hora à espera que acabasse o jogo." [NC45], ou "É bom. Na rua estou pouco, eu então saio com o meu filho, vou ver o mar ou ele escolhe onde quer ir."

Os irmãos acompanham e prestam apoio "Depois à noite é que vou ter com o meu irmão, vamos sozinhos, pode haver confusão e não quero estar no meio, estar ali no meio, eu, preso, ter problemas, então vou com o meu irmão." [NC76]. As mães fazem comida e a família reencontra-se e convive. Para lá do valor factual que se retira das descrições, a figuração simbólica destes quadros de relações assume um valor autónomo.

É frequente encontrar enunciados de desagregação da estrutura familiar inicial: "Não [a mãe não está com ele]. [O menino está] com os meus irmãos (...) que estão a criar ele. E pronto, cá dentro faço por ele, trabalho (...) e dou metade do meu ordenado para ele, para ajudar ele. Ele não é culpado das minhas maluqueiras." [AC05]. Assumem-se novas relações "tive mais tempo. (...) Com ele e com a mãe da minha filha actualmente" [AC16], ou novos planos para as relações: "É ter a minha casinha quando sair da prisão, que agora quando sair tenho uma casa dos meus irmãos, mas quero outra coisa para estar com a mãe do meu filho, está a ver, tenho que pensar nisso, hoje vou sair, vou ficar em casa do meu irmão, na casa dos pais da minha namorada, isso não é vida para mim." [AC19].

Se a prisão aparece como o contexto narrativo que agencia a mudança, a identificação da família como entidade de destino e continuação da reinserção é evidenciada, como se reflete no argumento do ultimato: "já me disseram: é a última vez, última oportunidade, que eles me estão a dar, "quando meteres o pé na argola, as nossas casas, as portas são todas fechadas, depois faz o que tu quiseres" e eu não quero isso. Depois é [muito mais complicado] e é isso que eu não quero, já fui ao fim do poço e custou-me a sair mas não me quero afundar outra vez." [HR56]. Na ausência do apoio familiar, o projecto não parece ser exequível: "Aqui, muitos nem têm família, o que é que vão lá fazer fora, desgraçar-se mais do que o que estão" [HR42].

O argumento de continuidade entre a finalidade da prisão e o projecto familiar – entre o desejo do próprio e as condições de acolhimento subjacentes – neste corolário de reinserção, é contrastivamente tratado no plano do ambiente; as condições de permanência com a família são demonstradas posteriormente: "o que me custa mais é a pessoa habituar--se aquele ritmo, estar com a família, sair, companheirismo e depois de um momento para o outro é que deixa isso tudo, a pessoa já se está a habituar à rua, depois é que se lembra, "é pá espera aí, daqui a umas horas tenho que regressar outra vez", já é outro ambiente, é diferente" [HR57], ou "tive oportunidade de almoçar e jantar com a minha família, tios, tias e foi bom. Foram 5 dias em que me diverti muito (...) agora está-me a custar este tempo que tenho de esperar, tanto para o fim da pena, como para a próxima precária. Este tempo é que... é como se tivesse vindo novamente a primeira vez para aqui." [PF68]

Consumos e distanciação

Os intervenientes acentuam a ideia de poluição total (Douglas, 1991), centrada num período prévio ao encarceramento ou, por posição antagónica, como referência ao predomínio de uma ideia do consumo de drogas simbolicamente predominante (Valentim, 2000), associada a desvio, transgressão dos limites e descontrolo, paradoxal portanto, ao interiorizar esperado das normas. A este aspecto, acresce uma noção de desigualdade e vulnerabilidade associada ao consumo (Crewe, 2005).

O peso e a presença da toxicodependência no universo prisional inclui os consumos num território a distanciar, internamente. Antes de mais, como causa: "puseram-me" aqui dentro (...) se não fosse a droga, e o roubo não tinha este processo." [NC36], ora porque se abandonaram, ou se atenuaram a heroína e a cocaína num consumo episódico de haxixe ou pontual de álcool – mitigado no interior, comemorativo no exterior: "Cheguei a casa, vi os meus irmãos, depois fomos sair à noite, apanhar uma bebedeira." [NC30] Também o tabaco, referido para passar o tempo: "Toda a gente fuma, praticamente (...) Há uns quantos, há quartos de quatro/cinco pessoas que não fumam. (...) tem-se logo vontade de fumar." [NC84].

Mas também porque pertencem a um universo sugerido – limitadamente delimitado ou descrito, um universo latente nas entrevistas como figura exterior relacionada com o passado criminalizado: "É pá, não sei como é que consegui gostar de uma coisa daquelas, que até a prisão me deu." [NC54]. Ou, por outro lado, relacionado com o contexto interno, associado à confusão, ao tráfico, à violência, oposto à ordem carcerária simbolizada no território dos guardas, da direcção, mas também dos responsáveis pelas áreas ocupacionais.

Sobre o passado como toxicodependente, na terceira pessoa: "É assim, o toxicodependente vai vivendo o dia-a-dia, e cada dia que passa, cada dia que passa podemos dizer – "hoje foi mais um" e conclui-se, na primeira pessoa: "pode acontecer eu ir para baixo e chatear-me ou não sei, e acontecer eu, graças a Deus, já estou assim há dois anos e faço tenção de continuar assim, apanhei o hábito da medicação, depois passou o tempo... comecei a ver que a minha cabeça conseguia." [NC83]. A mesma estrutura de superação é apresentada por PP: "Custa-me não estar com a família, principalmente saber que tenho condições de recomeçar uma nova vida" [PP12], "derivado aos problemas que tive relacionados com o consumo, neste momento também estão ultrapassados para mim, é bastante positivo e o principal de tudo, porque ao fim ao cabo foi por isso... ultrapassou isso cá dentro ou... Cá dentro, com uma grande força, tinha mesmo que optar, ou andava e largava desta vez, ou então era o outro lado da vida (...) decidi experimentar e por enquanto está tudo a correr bem. Consegui sair, isso é importante". [PP13]

A proximidade de um exemplo de recuperação é apresentada, por analogia: "Eu tenho um caso especial, o meu irmão também é toxicodependente, nunca esteve preso e há cerca de seis meses atrás foi para a A.[país], também com a mulher, e conseguiu livrar-se disso e tem uma vida fantástica e maravilhosa, têm uma filha e o que temos falado, é que eu um dia mal a justiça me permita sair do país, é uma coisa que vou fazer de imediato é ir para ao pé dele." [PP21] O exemplo encerra em si a carga do projecto de saída: "e é isso que ele quer também, é esse o meu objectivo, as próprias condições do país são outras, apesar de ser um país complicado a nível de (...), para eles não é complicado nada, nós aqui é que somos diferentes...".

A ligação entre o universo da família e a toxicodependência faz emergir a acção do estabelecimento prisional como mediadora: no período anterior, a família era ignorada; o recluso assume-se como agente da ruptura, negociando-se, pela pontuação e atribuição, se os consumos são causa ou consequência. Passado esse processo, por força de vontade e por uma pontual acção benéfica, instaurada no quadro do estabelecimento prisional, a *cura* – o abandono do consumo – instaura uma recuperação do contexto familiar, doravante central, face ao qual o recluso se afirma devedor. "Dizia que ia-me curar e ao fim de dois dias voltava ao mesmo, desde que vim preso, nunca mais, nem penso nada disso. (...) Tive apoio de um psicólogo e medicação" [HR14]; "desde que a minha vida (...), me meti na droga, não convivia com os meus familiares. Tenho três raparigas. Filhos que não dei atenção nenhuma a eles por causa da droga, agora cada vez que vou a casa custa-me a vir, fico envolvido na família, depois voltar..." [HR12]

Casos

Dois casos são propostos para análise, incidindo sobre quatro ordens temáticas de fundo, indiciadas na estrutura do guião: pena, reclusão, precária, família e comunidade. Os elementos salientados podem ser situados na estrutura de discurso proposta (fig. 2), onde se procura situar a centralidade da saída precária no discurso sobre alguns processos de mudança invocados.

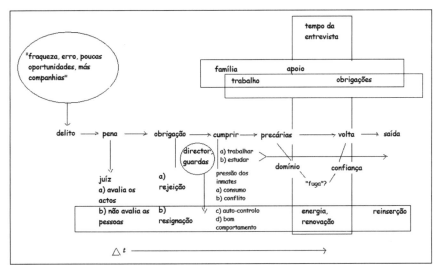

Fig. 2

JC (56 anos)

Pena: JC discorda da pena aplicada: "concordar? na minha opinião, acho que foi excessiva, para aquilo... não provou para o tribunal que era até transportador," [JC03] e posiciona o juiz: "é soberano, é..., é tudo o que ele quiser." [JC08] Justifica a distância face ao que é acusado: "Não, não tive noção, até porque eu trabalhava quase quinze horas por dia" e o tráfico, de que o acusam, emerge no seguinte contexto: "eu cobrava a cento e tal escudos o quilómetro, não era muito, o que eu sei é que me ofereceram dez contos o quilómetro (riu-se), claro, eu tenho a impressão que não há nenhum mortal, independentemente da formação de cada um" [JC09] e conclui: "Eu cometi o meu erro, independentemente de não estar de acordo com a parte excessiva da pena", salvaguardando: "condenassem, tudo bem, agora com o meu comportamento anterior, eu penso que com a pena suspensa..." [JC11]. Enuncia uma razão particular para aceitar a situação: "fui tropa especial e para mim cumpre-se o castigo e depois reclama-se" [JC67]. Assim, uma outra pena justificar-se-ia, mas esta é inadequada. À inexorabilidade da pena contrapõe a percepção de si próprio: "condenaram-me como se fosse o pior dos indivíduos, que eu conheci aqui indivíduos com a mesma pena que eu, e digo-lhes que faz favor, quer dizer, nunca fizeram nada, nunca trabalharam, têm montanhas de dinheiro" [JC12]. Fará depois o corolário, assente no contraste com outros condenados: "o que a justiça me fez foi uma traição, acho que não me avaliou (...) não me sinto de maneira nenhuma, um preso com a condenação que me deram" [JC100] e adiantará: "sou comparado a um traficante do outro mundo, enquanto eu não tenho nada a ver com esse tipo de situação" [JC07]; já no final da entrevista enfatiza, referindo-se a si na terceira pessoa: "com os antecedentes todos, este homem não pode ter sido marginal, não vivia nas barracas, esses é que têm as antenas à porta e os carros e não sei quê."[JC126]

O carácter é retomado num outro plano de argumentação, em que é enunciada, e rejeitada, uma hipotética fuga: "só podia ir para África do Sul ou para a América do Sul, porque o tratado Schengen agarrava-me em qualquer lado, apesar dos documentos e eu, como gosto das coisas legais, de andar direito e de andar sem olhar para trás." [JC81] Estão lançados alguns elementos fundamentais, recorrentes: o valor do trabalho, a disparidade entre o sujeito visado pela pena e o sujeito presente e a conformidade às regras, no presente e no futuro em projecto.

Reclusão: A permanência revela-se pouco segura: "se um indivíduo em termos de cela tem um problema qualquer, de noite, são doze horas, treze horas fechado e tem um problema de saúde não pode avisar" [JC24] salvaguardando a posição do guarda; a posição é novamente cooptada: "Aliás, batem às portas, toda a gente, o guarda chateia-se, é normal." [JC24] Assinalando que "aqui há falta de autoridade, a pessoa aqui vale pouco e a segurança não é nenhuma," num contexto em que "a cadeia é muito fechada, há uma sobrecarga em termos psicológicos muito forte e o tempo é demasiado" [JC26]. Descreve o comportamento como recluso: "Eu nunca tive (...) pormenores nem com guardas nem com reclusos, não tenho, não faço distinção" e sublinha, pelo possessivo, essa rotina: "faço a minha vida, trabalho, vou para a cela, vejo a minha televisão, ouço as notícias" [JC52] assinala, simultaneamente, a distância sobre si e a disposição para a conformidade: "nunca fui um indivíduo muito desequilibrado em termos do não aceitar determinadas imposições e de não aceitar determinadas regras" [JC69].

Coopta-se um discurso equidistante, no olhar sobre o quotidiano e os seus actores: "realmente, independentemente de não ter razão de queixa, felizmente de não ter razão de queixa dos guardas, no tratamento, mas há coisas que enervam, com menos clareza, também se calhar não têm culpa, mas pronto, são coisas que o comportamento de alguns reclusos, se calhar eu estou deslocado, se calhar digo eu (riu-se), às vezes começo a pensar, eles têm razão, eles vêm aqui ganhar o seu dinheiro para dar de comer aos filhos, e se calhar não é (...) daquelas situações atacam tanta gente, com comportamentos irregulares" [JC79]. Também como *observador* do sistema, assume a posição e o papel dos guardas: "o caso da assistência aqui dentro, as pessoas que mais ouvem o recluso e mais conhecem os reclusos são os guardas, que lidam com a gente todos os dias, sabem qual é o comportamento da pessoa e esses não são ouvidos, (...) o chefe de ala, por exemplo dá informação diária sobre o seu comportamento, da pessoa, penso que isso devia, devia, devia pesar" [JC89] Inscreve-se uma comparação com o sistema de reclusão espanhol: "a gente cá ganha muito poucochinho, quer dizer, a gente sai, muitos casos, cinco contos, por acaso nunca precisei, até hoje nunca pedi nada a ninguém, mas pronto, sai de liberdade condicional com cinco contos ou dez contos, chega ali, almoça e depois o que é que faz." [JC90] A relação entre o interesse político e prisional é enunciada como uma trama que se alimenta da reclusão, que vitimiza o recluso: "Acho que há pouco acompanhamento (...) as pessoas caem uma vez, acho que são obrigados a cair, já faz parte do sistema (...) o próprio governo, já conta com isto como arma, como arma política,(...) e então pode ser utilizado conforme eles querem: aumentou a criminalidade, aumento da polícia, abre mais postos de trabalho (...) penso que nisto há pouca humanidade [... a] reclusão é para recuperação da pessoa." [JC91]

Solicitada a descrição das mudanças percebidas, atribuídas à reclusão: "não mudou absolutamente nada, aliás (...) alguns hábitos, a prisão aqui fez-me mudar, fez-me pior (...) fez-me desconfiar, eu não era um indivíduo fraco. Era confiante, de coração aberto e hoje já não se pode confiar em ninguém." [JC106] Instado sobre os consumos, refuta: "Há outros que nunca tiveram e são tentados a ter. Se quer que lhe diga, até fumar quero ver se deixo. (...) drogas é que nem, é que nem uns charros, vulgar charro, aquilo que eles chamam charro, nada disso." [JC112]

Refere ter sido objecto de um episódio de agressão. Este é sucessivamente avaliado, quanto à ordem interna: "o próprio director devia ter feito, ou transferir-me a mim ou a ele," [JC118] pelas limitações criadas a um futuro "no caso do indivíduo que me agrediu, eu podia estar já a tirar a 12.º ano e já tinhas feito 10 ou 12 ou 15 exames" [JC114], quanto ao quotidiano: "Mal, mal porque não me sinto como devia sentir, nunca tive problemas com ninguém, tenho que me andar a proibir de ter canto. Os pavilhões, têm dois pavilhões por dia, se ele estiver, já não vou ao pátio." E, em função deste, ponderando a ameaça: "É uma questão de conservação, atenção (riu-se, tira os óculos e esfrega os olhos), quero ver se não saio aos bocadinhos, já agora, se passar mais uns anos com saúde." [JC122]

Precária: Descreve o impacte da saída e da entrada, na terceira pessoa: "as pessoas quando saem, aliás, as pessoas quando entram, acho que a vida para, fica na cabeça" [JC61] enunciando-se a perturbação: "quando voltou à prisão? Mal, mal, mal, mal, mal, mal (fez um ar muito insatisfeito) (...) quando estamos a ser desejadas, nas ultimas precárias dos nove dias voltamos para cá de volta, uma pessoa começa a querer se integrar, mas depois há uma faca que corta" [JC75]; o que se figura numa descrição de sentimentos antagónicos: "é assim uma coisa, uma luta muito grande entre a responsabilidade e a não-aceitação da situação" e, numa valoração face à decisão: "é preciso ter uma grande cabeça e ser um indivíduo para cumprir, sim, sim, aquele portão ali, aquele portão ali arrepia." [JC78]

O tema da saída assenta no argumento de comportamento conforme, testemunhado por terceiros: "A pessoa do Sr. F... disse-me, inclusive, que o meu comportamento está acima da média, nunca tive nenhum castigo, tirei o nono ano aqui..." [JC14] e, polarizando **ocupação (trabalho e estudo) / crime**: "comecei a trabalhar aos 11. Pois comecei [a trabalhar cedo], por isso é que não tive tempo de ser criminoso. Pois é, tive azar" e acrescenta: "Eu só vivo do trabalho, eu não vivia a assaltar bancos" [JC37] e o comportamento adequado justifica a saída: "nunca tive sequer problemas, nem psicológico nem físico, não me sinto diminuído, até porque na minha consciência, não me sinto criminoso" [JC40] e retoma a justificação para nova atribuição "tirei o nono ano em dois anos". [JC50]

O segundo quadro de argumentação situa a **duração da precária/ inserção,** cooptando o discurso institucional da reinserção: "três dias. Depois fui cinco e mais um, depois deram-me as 48 horas, depois já me deram oito e mais um, que é razoável já, já, assim é que vale a pena" [JC44] pontuando o valor da duração. Instauram-se as premissas, recorrendo à terceira pessoa: "vai-se tantas vezes de precária, que já não se justifica tantas vezes, quer dizer, ou havia uma maior abertura em termos de seis em seis meses (...) já teve provas que tinha maturidade, responsabilidade" [JC35]; a duração deveria, pois, ser mais dilatada: "não é seis meses, porque eu estou a preparar efectivamente a minha saída, independentemente de estar a precaver a minha reforma para evitar aquele choque" [JC21], e o comportamento é reiterado: "se a previsão da liberdade condicional é de cinco anos, máximo, se uma pessoa vai, inclusive quase ao fim da pena" arquitecta-se a sequência lógica: "penso que em termos de comportamento, em termos de desenvolvimento, em termos de assiduidade, em termos gerais de responsabilidade, inclusive, sempre trabalhei, antes de ser julgado, eu estava a trabalhar." [JC36]

A atitude de investimento face ao exterior legitima-se no discurso sobre a formação: "era um curso de computadores, que era, parece-me para mim que era uma mais valia, que poderia (...), eu tenho uma proposta para ir trabalhar, para um escritório de venda de imobiliário" [JC28] inserida numa perspectiva biográfica (tem 57 anos à data da entrevista) "já estou a pensar em mais que dez aninhos de vida." [JC30] Perto da conclusão da entrevista é questionado sobre a saída, e retrata a inserção: "já não posso viver marginalizado, mas repare, eu quero ter uma vida normal, sabe, normal como todas as pessoas." [JC125]

Família e comunidade: No exterior, no decurso da precária, as relações familiares: "Os meus filhos é que são todos chegados a mim.

Pronto, tive naturalmente, não sei porquê, se calhar, porque sou bom pai, não é, naturalmente e isso a mim agrada-me, satisfaz-me, preenche-me" [JC65] reportando a situação em diálogo com o filho: "porque é que está preso?" e eu não sou capaz de dizer porque, é um bocado complicado, é um bocado, com 12 anos, está numa fase de formação" [JC83], cruzando o paradoxo da situação da reclusão no discurso da criança: "uma das ultimas vezes, não sei se foi esta se foi a outra, "ó pai tu já te vais embora, mas tu fazes falta aqui fora", "faço falta para quê, tens a tua vida?", "só para falar contigo", deixando ao entrevistador o corolário. Sobre a necessidade de estudar do filho, acrescenta: "são valores, ele tem que subir mais, porque hoje em dia a formação é a parte mais importante da vida." [JC86]

Retrata o seu enquadramento no contexto, que pretende retomar: "falo com algumas pessoas minhas amigas, eu nunca tive problemas nenhuns na área da minha residência. (...) Era uma pessoa que não tive... [vou para a minha área de residência) Sim, sem problema nenhum, aliás, a maioria, acho que as pessoas nem sabem que eu estou preso, a maioria, não é. (...) Eu normalmente por brincadeira digo que estou, como estou um bocado branco, agora não claro, digo que estou emigrado" [JC98] e sublinha a aceitação: "... eu me dava muito bem e que realmente me aceitam, como pessoa, em termo de valores humanos, aliás com eu fui." [JC105]

PP (31 anos)

Pena: PP discorda da pena atribuída: "não posso concordar, mas aceito." [PP03] e recorda o início da pena: "Está quase (...) antes já não era bem assim, eramos resignados com o tempo que tinhamos que cumprir. Nem se pensava bem nisso, pronto" [PP09]. Diferencia delito e identidade: "Sinto outra coisa dentro de mim, eu sei que vim preso porque tinha um problema, não era por ser criminoso" [PP71].

Enuncia a determinação face à pena: "nunca esteve em causa o voltar e o acabar de cumprir a minha pena" [PP32], "fugir? Sinceramente nunca pensei fugir, aliás eu a esse nível (...) Pagar pelo que fiz, não devo nada a ninguém, poder viver a minha vida de cabeça erguida (...) neste país vai ser complicado, por isso quero sair para outro sítio que ninguém me conheça." [PP49] e, mais adiante: "não tenho feitio para fugir, só tive pensamentos esporádicos que toda a gente tem, de não voltar" [PP58], marca, contudo, o contraste com outros reclusos: "Há muita gente que eu tenho a certeza se lhe dessem a precária não voltava" [PP59]. Acresce aos argumentos o reforço da família: "eu disse agora já não volto, mas sempre na brincadeira, e o olhar de reprovação da minha mãe" [PP53].

Reclusão: sobre os consumos, refere: "Cá dentro, com uma grande força, tinha mesmo que optar, ou andava e largava desta vez, ou então era o outro lado da vida" [PP13]; perto da conclusão, sobre a transição biográfica consagrada na precária expressa-se também nos consumos: "a partir deste momento estou à vontade, o que é irónico; o que me levou à cadeia foi as drogas e hoje convivo com elas ao meu lado e não... [PP66] "Faz-me confusão e estava a mentir, se não dissesse [que sinto necessidade]. Claro. Estou a ser mais forte" [PP67].

A construção da distância aos outros reclusos é manifesta: "as pessoas são violentas [PP23], é a vida, todas elas, estamos no sitio que estamos, obrigados a conviver com essas pessoas não (...) uma pessoa que goste de fazer a sua vida, goste de ter as suas coisas, ali é difícil, compreende [PP24]." Ao afirmar que "a minha maior dificuldade é dialogar com os meus companheiros. [PP15]", atribui e justifica: "existe uma certa falta de formação das pessoas que estão presas mas isso é natural, por essa mesma razão é que as pessoas estão presas, por falta de soluções que não lhe deram" [PP16]; mais adiante, parece superar essa dificuldade: "Neste momento, medos não tenho. Eu dou-me bem com toda a gente e falo com toda a gente (...) não me ponho nem acima nem abaixo deles" [PP29] O ambiente de que se demarca é descrito: "(...) não há dúvida que é um meio violento, o dia das visitas, o dinheiro, esse meio existe, é violento, os sacos, as cantinas, é um *stress*." [PP26]

Contudo, a transição entre territórios e regimes, no estabelecimento prisional, emerge como suporte de viragem: "na realidade é diferente o acompanhamento que as pessoas tinham na ala, quando passam para o RAVI tem que mudar esse comportamento se não, então como pena (...) de voltarem outra vez para a ala." [PP27] A descrição do regime anterior a esta passagem: "sentir as portas dois anos fecharem-se e abrirem-se, o *stress*, a minha vida, nem vinha almoçar, ali não podemos regressas à cela quando queremos (...) a minha vida era ver televisão acordado, quando a televisão acabava adormecia, mais ou menos na hora de jantar vinha cá a baixo, depois voltava para a cela" [PP45]. "de repente eu comecei a encarar a ala e aquele corredor que eu considerava que me andava a destruir diariamente, encarei aquilo de maneira diferente com outras cores porque sabia que daqui não sei quanto tempo ia..." [PP46]; na volta, o contraste de atitude é figurado: "queria o RAVI, queria ir para o pavilhão, dos pavilhões, trabalho, mais saídas..." [PP57].

Os atributos ou qualidades pessoais são acentuadas: "aquilo que a prisão me deu tanto podia ir para um lado como para outro, o que mudei de positivo, fui eu que consegui" [PP68], atribuído a uma qualidade precedente: "sempre fui controlado a nível de comportamentos" [PP70]; instado sobre os efeitos da reclusão, refere que: Sim, isso a prisão ajudou. Ajudou nisso [a sentir-me diferente]" [PP72]; "a reinserção social nas cadeias não existe. O que é certo é que as pessoas quando saírem saem sem nada." [PP76]

Precária: O universo de reclusão opõe-se ao exterior: "muda um bocado estarmos cada vez mais perto de novamente (...) de encarar o mundo real (...) felizmente tenho apoio lá fora" [PP05]. Inventaria as saídas: "A primeira vez de três dias, segunda de cinco dias. A precária evidente é importante, tanto pode servir, depende da nossa cabeça, para estabilizar como desestabilizar as pessoas (...) se a pessoa sair com vontade de se ir drogar, vai, evidente que isso vai desestabilizar a pessoa" [PP30] e contrasta a primeira e a segunda centrando-as na situação de dependência: "na primeira precária (...) foi a saída com uma grande vontade de me ir drogar completamente à vontade, sem qualquer limite" [PP31]. A alteração de trajecto é narrada aqui: "a segunda vez já correu melhor (...), foi aí talvez que aproveitei melhor o tempo, depois de ter vindo da primeira precária, pouco tempo depois foi a passagem para o RAVI, então depois tive mesmo que por um ponto final [ao consumo], já não faz sentido nenhum." [PP40].

A confiança e a família são referenciadas: "à segunda opção ou passamos com a família ou gozamos a precária a fazer coisas que não têm nenhum sentido" [PP33] e, "a partir do momento que estamos na situação que estamos e saímos da droga, queremos provar às pessoas que nós transformámos a nossa vida noutra coisa" [PP39], pontuando com a posição institucional: "eu nunca mais me esqueço das palavras do chefe, [que] me disse lá em cima: "olhe, isto é o começo de tudo" [PP56] e prossegue o raciocínio: "Aprendi quando, no dia do meu regresso, (...) ter pensado assim, bom, estive três dias fora da cadeia, o que é que eu fiz de positivo, absolutamente nada" [PP34]. A transição é bem sublinhada: "Senti que era um começo de vida (...) quando me disseram que "o senhor tem três dias para gozar", aquilo foi uma recarga de energias (...)

Disse, olha afinal parece que vai tudo começar outra vez" [PP43]. A viragem é enunciada numa combinação de confiança e responsabilidade: "as pessoas já estão a depositar confiança em nós e se nós aceitamos que estamos em situação, que estamos por um erro que nós cometemos e prejudicámos outras pessoas, que são as regras que a sociedade impõe, em que nós temos que as respeitar para vivermos nesta sociedade" [PP54].

A intensidade da saída é figurada na percepção do tempo (na *vida real*): "Ia sair à rua, ia estar com a minha família, ia poder ver as coisas transformadas [PP42] (...) entrei num centro comercial e parecia que tinha vindo de Marte [PP47] (...) tudo a andar mais rápido e nós parados, as pessoas andam de um lado para outro na sua vida, e nós estamos ali, temos a nossa vida mas não nos pertence naquele momento" [PP48]. A vivência da precária e a percepção da pena são descritas de forma ambivalente: "vou ter que voltar àquele inferno entre aspas, mas vai valer a pena (...) quando depositam confiança em mim, eu tento corresponder a isso" [PP55]. "É uma recarga de energias positivas que as pessoas precisam para aguentar o resto do tempo que falta enquanto estão presos. [PP73]. É utilizada uma figura de narração para reforçar o valor da saída temporária: "vai ali três dias, estás a ver o que podias ter e não tens e não estás, e agora anda cá, já viste agora pensa lá mais um bocadinho naquilo que fizeste, ver umas coisas, o mundo e depois ir lá para ver outra vez, é formar a pessoa (...); mesmo junto à família, é positivo receber a pessoa em casa, para não se esquecerem dele" [PP74]; e torna mais substantivo o período de saída: "tento estar com a família e tento, o tempo é curto, sempre curto, tento tirar tempo para mim, fazer as coisas que gosto" [PP60]. "Pegar no carro, ir à praia, à esplanada, gosto da natureza, era tentar fazer parte daquilo que não há na prisão" [PP61].

O valor do trabalho e da ocupação precedem a (não) obtenção da precária: "estava inactivo, (...) as pessoas não viram nada positivo no processo, este não trabalha, não faz isto, não faz aquilo. Apesar de não ter mau comportamento, é uma coisa que ninguém me pode apontar aqui dentro da cadeia" [PP41]"

Família e comunidade: A relação familiar questiona a confiança: "a vez de dar confiança à minha família [PP35], com a minha família tento (...) como toxicodependente, eles ainda não acreditam [PP36] há treze anos, eles nunca (...) e é compreensível e eu entendo perfeitamente, aliás, eu tenho uma brincadeira com a minha mãe, que é quando chego a casa ela costuma ter lá uns testezinhos de opiáceos, até costumo brincar, vai lá buscar os testes para ficares descansada [PP37] e ela fica toda contente e pronto" [PP38]; a sublinhar o contraste, acrescenta: "Claro, a nossa cabeça só pensa uma coisa que é a droga, droga, droga. A primeira vez foi mais complicado, na altura em que o meu irmão veio de [H...] com a família e tive que andar com ele e ao mesmo tempo tinha que fugir de ao pé dele" [PP42]; mais adiante, contudo, retoma a necessidade do contexto familiar: "É muito difícil, agora preciso de construir a minha vida, o tempo está-se a esgotar, os meus pais, mais velhos um dia vão desaparecer (...) Só [tenho este irmão], eles [pois] são o único apoio que tenho, eu não pretendo cometer mais crimes, foi um descontrolo, é difícil explicar, eu tento analisar e não consigo" [PP69]. A presença da família como entidade de referência entre o exterior (a *vida real*) e a situação de reclusão é o argumento determinante: "a pessoa que está presa ainda pertence pela família, vê-se muitas experiências que as famílias desapareceram, fazem a vida deles e a pessoa vai fazendo (...) ficando aqui dentro esquecido (...) sai lá fora já não tem família, já não tem trabalho, não tem amigos, já não tem nada" [PP75].

Presente em toda a entrevista, é sobre a toxicodependência que se desenha a transição passado – futuro: "quando eu me drogava, as pessoas tentavam-me ajudar e eu puxava para outro lado e foi um bocado complicado, mas acabou tudo bem (...). A ruptura com a toxicodependência sublinha-se enunciando a necessidade de alterar a rede de relações: "Os meus antigos amigos, não eram carne nem peixe, eram iguais a mim. Tenho pena mas tenho que me desligar deles" [PP63]; "Agora realmente é que pretendo procurar amigos, naquela altura era aquelas pessoas que me dava, era aquele meio, uma mão lava a outra (...). Agora não, estares numa esplanada com uma imperial à frente não se fala em drogas e falamos coisas banais" [PP64].

Retrata as preocupações sobre a identidade de recluso, no contexto de origem, antecipando a exposição: "o que é que se passa com aquela pessoa, já esteve presa, na rua as pessoas comentam, já esteve preso, isso é complicado" [PP50], concluindo pela necessidade de um novo domicílio: "Quero ir para um sitio onde as pessoas não me conheçam e não saibam a minha vida e sei aquilo que fiz, foi um erro, um descalabro total, tudo na minha vida, trabalhei, estudei, acabei por construir alguma coisa e acabei por destruir." [PP51]

Conclusão

Partindo da relação com o entrevistador, o agente constrói um campo sujeito ao cruzamento de um conjunto de poderes, onde se coloca. As colocações no campo podem ser narrativas ou virtuais, hipotéticas, em que o indivíduo coopta relações de poder diversas, ou paralelismos com situações que, de forma mais ou menos plausível, se assemelham ao processo que lhe diz respeito. Permanecem, no entanto, as ligações ocultas entre os ângulos de referência do campo – o sistema prisional, o entrevistador, a família (enquanto referência idealizada, estereotipada). Supõem-se, por outro lado, um conjunto de referências na sombra: os companheiros, na reclusão ou no exterior.

A associação ente algumas formas de discurso e o posicionamento face aos poderes, tal como se tentou evidenciar, não deve ser lida nem como uma dúvida recorrente sobre o conteúdo das entrevistas – não nos parece legítimo questionar a sua sinceridade – mas sim sobre a forma como se associa a presença das entidades/poderes mencionados e as formas de discurso que permitem construir a distância ou a impessoalidade, a generalização ou a identificação, a contraposição como realce da posição pessoal, a legitimação pela atribuição causal, o duplo sentido, entre outras. Nas cerca de duas dezenas de entrevistas trabalhadas e, de forma mais detalhada, nos dois exemplos seleccionados, estas figuras propõem-nos os ângulos de referência de campo mencionados, nos quais se propõe projectar a leitura de outros discursos em, e sobre, o contexto da reclusão.

Bibliografia

ALASUUTARI, Perti (1995). *Researching culture. Qualitative method and cultural studies*. London, Thousand Oaks, New Delhi: Sage.

BARKER, Chris & GALASINSKI, Dariusz (2001). *Cultural studies and discourse analysis. A dialogue on language and identity*. London, Thousand Oaks, CA, New Delhi: Sage.

BOSWORTH, Mary & SPARKS, Richard (2000). New directions in prison studies: some introductory comments, *Theoretical Criminology*, 2000, 4, pp. 259--264, http://tcr.sagepub.com [Consultado a 24.03.2008]

BOURDIEU, Pierre (2001). *Razões práticas. Sobre a teoria da acção*. Lisboa: Celta.

CAMP, Scott D. & GAES, Gerald G. (2005). Criminogenic effects of the prison environment on inmate behaviour: some experimental evidence, *Crime & Delinquency* 2005, 51, pp. 425-442.

CARDOSO, Margarida (2007). Santuário: transição, percursos e resistência no contexto de uma instituição total. Lisboa. [Monografia de Mestrado em Antropologia dos Movimentos Sociais, apresentada à FCSH/UNL]

COMBESSIE, Philippe (2002). Making the carceral boundary. Penal stigma in the long shadow of the prison, *Ethnography*, 3 (4), pp. 535-555.

COMFORT, Megan L. (2002). Papa's house. The prison as domestic and social satellite, *Ethnography*, 3 (4), pp. 467-499, http://eth.sagepub.com/cgi/content/abstract/3/4/467, [Consultado a 24.03.2008].

CREWE, Bem (2005). Prisoner society in the era of hard drugs, Punishment Society, 2005, 7, pp. 457-481, http://pun.sagepub.com, [Consultado a 24.03.2008].

CUNHA, Manuela Ivone (2000). A criminalidade (re)vista e comentada a partir da prisão, in Moisés de Lemos Martins, (Ed.), *Crime e castigo: práticas e discursos*. Braga: Instituto de Ciências Sociais da Universidade do Minho, pp. 79-90, http://hdl.handle.net/1822/5227, [Consultado a 28.03.2008]

CUNHA, Manuela Ivone (2004). A prisão e as suas novas redundâncias, *Direito e Justiça,* vol. Especial, 2004, pp. 119-126, http://hdl.handle.net/1822/5226, [Consultado a 28.03.2008].

CUNHA, Manuela Ivone (2008). Prisão e sociedade: Modalidades de uma conexão, in Manuela Ivone Cunha (Ed.). *Aquém e além da prisão. Cruzamentos e perspectivas.* Lisboa: 90.º Editora.

DOUGLAS, Mary (1991). *Pureza e perigo. Ensaio sobre as noções de poluição e tabu.* Lisboa: Ed. 70.

FAIRCLOUGH, Norman (2008). *Linking analysis of media texts to Social analysis: Methodology in Critical Discourse Analysis.* [Suporte documental, Departamento de Jornalismo, Abril 2008], Lisboa: Escola Superior de Comunicação Social. [cedido pelo autor]

FODDY, W. (1996). *Como perguntar: teoria e prática da construção de perguntas em entrevistas e questionários.* Oeiras: Celta, pp. 89-96.

FOUCAULT, Michel (1975). *Surveiller et punir. Naissance de la prison.* Paris: Gallimard.

GOFFMAN, Erving (1974 [1961]). *Asylums. Essays on the social situation of mental patients and other inmates.* Middlessex: Pelican Books.

GOFFMAN, Erving (1975). *Frame analysis. An essay on the organization of experience.* Norwich: Penguin Books.

GOFFMAN, Erving (1981 [1963]). *Stigma. Notes on the management of spoiled identity.* New Jersey: Prentice-Hall.

GOFFMAN, Erving (1993 [1959]) *A apresentação do eu na vida de todos os dias.* Lisboa: Relógio d'Água.

GOODY, Jack (1977). Tiempo. Aspectos sociales, in David L. Sills (1977). *Enciclopedia internacional de las ciencias sociales*, vol. 10. Madrid: Aguilar, pp. 329-340.

GRANHAG, Par Anders, Andersson, Lars O., Stromwall, Leif A. & Hartwig, Maria (2004). Imprisoned knowledge: criminals' beliefs about deception, *Legal and Criminological Psychology*, 2004, 9, pp. 103-119, www.bps.org.uk, [Consultado a 24.03.2008].

KENDIG, Daun G. (1993). Acting on conviction: reclaiming the world and the self through performance, *Anthropological Quarterly*, vol. 66 (4).

LAHIRE, Bernard (2005). Patrimónios individuais de disposições: para uma sociologia à escala individual, *Sociologia, Problemas e Práticas*, 49, pp. 11-42.

LECHNER, Elsa (2006). A face do outro face ao outro: ética e representação etnográfica, in Antónia Pedroso de Lima & Ramon Sarró (Ed.). *Terrenos metodológicos. Ensaios sobre produção etnográfica*. Lisboa: ICS, pp. 97-109.

MACKAY, Brad & MCKIERNAN, Peter (2006). Back to the future. History and the diagnosis of environmental context, *International Studies of Management & Organization*, 3, Fall, pp. 93-109.

PAIS, José Machado (2001). Jovens "arrumadores de carros" – a sobrevivência nas teias da toxicodependência, *Análise Social*, XXX (131-132), 2.º-3.º.

ROCHA, João Luís Moraes (Coord.) (2005). *Entre a Reclusão e a Liberdade*. Vol. I. Coimbra. Almedina.

SIMÕES, Rui (2000). Palo Alto. *Sub Judice: Justiça e Sociedade*, (15/16), *Justiça e Comunicação Social*, Coimbra, Junho/Dezembro, pp. 192-3.

TOURAINE, Alain (1998). Sociology without society, *Current Sociology*, April 1998, 46 (2).

TOURAINE, Alain (2000). Du système à l'acteur, in Jean Baechler, François Chazel & Ramine Kamrane (Ed.) (2000). *L'acteur et ses raisons. Mélanges en l'honneur de Raymond Boudon*. Paris: Presses Universitaires de France, pp. 113-129.

TURNER, Bryan S. (2007). The enclave society: towards a sociology of immobility, *European Journal of Social Theory*, 10 (2), pp. 287-303, http://est.sagepub.com/cgi/content/abstract/10/2/287, [consultado a 24.03.2008].

VALENTIM, Artur (2000). O campo da droga em Portugal: medicalização e legitimação na construção do interdito, *Análise Social* XXXIV, 153, pp. 1007-1042.

VISHER, Christy A. & TRAVIS, Jeremy (2003). Transitions from prison to community. Understanding individual pathways, *Annual Review of Sociology*, 2003, 29, pp. 89-113, http://est.sagepub.com, [Consultado a 24.03.2008]

WACQUANT, Loïc (2002). The curious eclipse of prison ethnography in the age of mass incarceration, *Ethnography*, 3 (4), pp. 371-397, http://eth.sagepub.com, [Consultado a 24.03.2008].

YUN-HEE, Jeon (2004). The application of grounded theory and symbolic interactionism, *Scandinavian Journal of Caring Sciences*, 18, pp. 249-256.

O MEDO EM RECLUSÃO

João Luís de Moraes Rocha
Juiz Desembargador

Sofia Morais Silvério
Tânia Pereira Dinis
Psicólogas Clínicas

Preâmbulo

O presente estudo constitui um contributo para uma leitura do medo aquando em reclusão.

O tema do medo no contexto dos estudos sobre o crime tem vindo a desenvolver-se desde há trinta anos a esta data, mas apenas e especificamente, na vertente do medo do crime. Não comunga a presente investigação das mesmas preocupações das abordagens criminológicas desenvolvidas desde a década de oitenta, pois não se procurou estudar o medo do crime e do criminoso. O que se pretende com o presente estudo é abordar o fenómeno medo na reclusão, isto é, como e porque se manifesta, quais as suas consequências nos indivíduos encarcerados e no próprio quotidiano carceral.

Para tal, empreendeu-se uma recolha e posterior análise do discurso de reclusos.

A abordagem desses discursos será precedida de uma tentativa de precisão e contextualização do conceito medo. Com efeito, o medo é um fenómeno inerente à existência do homem, manifestando-se de formas diversas e com distintas gradações, razão pela qual não é um conceito fácil de circunscrever. Um estudo sobre o medo impõe, assim, uma tentativa de apreender, esclarecer e delimitar o que se entende por medo, separando-o de outros fenómenos que lhe estão próximo. Tal desiderato pode ser levado a efeito de perspectivas diversas dado a pluralidade de manifestações do fenómeno e enfoques na sua abordagem.

Das diversas abordagens possíveis foram eleitas cinco, a saber: vocabular, religiosa, filosófica, psicológica e criminológica.

Outras abordagens seriam possíveis, entre elas a do papel do medo na política, objecto de interessantes estudos desde Maquiavel (1945) a Gustave Le Bon (1912) e, hoje, de grande pertinência. No entanto, restringe-se a abordagem aos enfoques que surgem como mais adequados ao presente estudo.

A vocabular será incontornável pois a precisão do significado da palavra face às restantes impõe-se por uma necessidade de rigor, qualquer que seja a ciência eleita para o estudo do fenómeno.

As componentes religiosa e filosófica constituem marcos culturais de referência, sendo necessárias para contextualizar qualquer tentativa de compreensão mais genérica do fenómeno.

As vertentes da psicologia e da criminologia, atento o estudo que se propõe levar a efeito, não poderiam ser olvidados pois se o primeiro permite explicar e enquadrar muito dos comportamentos estudados, o segundo diz-nos do estado do conhecimento no particular domínio dos estudos do crime que é, precisamente, aquele aonde, na sua especificidade, se insere o presente trabalho.

Abordagem vocabular

A abordagem vocabular, isto é, a que incide sobre a palavra própria de certo registo, campo de conhecimento ou actividade, constitui um passo obrigatório na precisão de um conceito.

O termo "medo" é um vocábulo activo, pois usado habitualmente na escrita e na fala, constando de todos os glossários, vocabulários e dicionários, desde os mais remotos, da língua portuguesa, pese as excepções como seja a de Viterbo (1798; 1966) que não o aborda especificamente mas sim a palavra "receança", a qual faz equivaler a medo, registando como sinónimos susto, receio e temor.

De uma forma detalhada, no *Vocabulário Portuguez & Latino* (...), Bluteau (1716) define o medo como uma "Perturbação d'alma, causada da apprehensão de algum mal, imminente, ou remoto." E explica: "O medo he a causa porque o sangue, os espíritos, & o calor natural, que neles se sujeita, se recolhem ao coração, do qual recolhimento se segue resfriarem-se as extremidades, descorar-se o rosto, tremer o corpo, embaraçar-se a língua, prostrarem-se as forças, & quando he demasiado, & em pessoas fracas, ou delicadas, mata de repente; & esta he a causa, porque algumas pessoas sendo muito moças, & tendo o cabello negro, amanhecerão com ele branco, porque lhes faltou o calor natural naquellas partes; & esta também he a causa, porque se arripião os cabellos aos que tem grande medo; porque a pelle por causa do temor se esfrie, faltandolhe o calor natural, se apertão os poros, que antecedentemente estavam largos, & por isso se levantam os cabellos." Refere, ainda, que temor, formido, pavor e terror significam medo "mais que ordinário".

No *Thesouro da Língua Portuguesa* que Benedito Pereira acrescentou à Prosódia, de 1732, refere o medo como "Timor" e "Formido".

Nos inícios de oitocentos, a ideia corrente era de que medo constituía um "Temor com perturbação do ânimo", assim o definia o *Novo Diccionario*, sem autor, editado pela Rollandiana em 1835, e que correspondia a extractos do trabalho de Costa e Sá. Sendo a palavra equivalente a pavor, susto, temor, sobressalto, horror, tremor, assombramento, covardia e pusilanimidade (Fonseca, 1833).

Constâncio (1844) define-o como "temor habitual procedido de cobardia, pusillamidade ou de noções erradas sobre perigos imaginários (...) temor de perigo imminente e que parece inevitável".

Por seu turno, Faria (1852) refere-o como a "palavra genérica que explica a situação aprehensiva do animo preoccupado com a ideia do perigo". Acrescenta, ainda, "o medo é uma paixão que se apodera da pessoa, e que esta não sabe livrar-se".

Domingos Vieira (1873), define medo como "Receio de algum mal, a que se julga que se não pode resistir." Ao abordar os sinónimos, refere: "O medo é um erro dos sentidos. O espanto é uma perturbação maior, causada pela presença real, ou pela ideia fortíssima de um grande perigo. Receio é geralmente uma emoção incommoda que chega até a perturbar o espírito: é a aparência do mal que a produz. A aprehensão é a ideia presente de um perigo (...)"

Também Moraes e Silva, nas primeiras edições do seu *Dicionário* (Silva, 1822, 1844, s/d), definia o medo como o "Temor de algum mal, a que se julga, que se não pode resistir". Nas edições mais recentes (Silva, 1954, 1990), a palavra medo surge como sendo "Temor, susto violento, grande inquietação em presença de perigo real ou imaginário". Definição seguida por outros dicionários recentes como o de Machado (1981), ou o da Convergência (1985).

O *Diccionario Contemporâneo* (1881) segue a noção da "perturbação que se sente com a ideia de um perigo real ou apparente ou com a presença de alguma coisa extranha ou perigosa".

José de Carvalho e João de Deus, no seu *Diccionario Prosódico* (1905), definiam medo como "impressão que nos causa um perigo". Também nos inícios de 1900, Mendes (1905) referia medo como "Hesitação do animo, devido à ideia d'um perigo real ou hypothetico, ou à presença de uma coisa perigosa, inesperada, ou extranha; receio; temor; susto".

Cândido de Figueiredo definiu-o como "temor ou susto, resultante da ideia de um perigo real ou apparente, ou causado pela presença de objecto perigoso ou estranho" (Figueiredo, 1899, 1913, 1996, s/d).

Esta ideia de susto, temor de perigo, receio, consta da maioria dos dicionários recentes (Bastos, 1928; Moreno, 1944, 1947; Bívar, 1952; Silva, 1965; Bueno, 1987; Coelho, s/d; Costa & Melo, s/d; Ferreira, s/d).

No seu *Dicionário da Língua Portuguesa Contemporânea* (2001), a Academia das Ciências de Lisboa, define o vocábulo como "Fenómeno psíquico de carácter afectivo, resultante da consciencialização de um perigo real ou imaginário ou provocado por súbita ameaça e geralmente acompanhado de reacções fisiológicas, variáveis consoante o grau de intensidade do sentimento (...) Falta de coragem perante o perigo, tomada como traço de carácter (...) Sentimento de inquietação, de preocupação pela possibilidade de ocorrência do que é tido por desagradável."

Também as enciclopédias registam o significado do termo. Lacerda (1870) ensina que o medo "é a palavra genérica que explica a situação apprehensiva do animo preocupado com a ideia do perigo".

Lemos (s/d) refere-o como "perturbação que se sente com a ideia de um perigo real ou apparente ou com a presença de alguma coisa extranha ou perigosa."

A *Grande Enciclopédia Portuguesa e Brasileira* (s/d), para além de diversos sinónimos, regista uma entrada bastante detalhada, na perspectiva da pedagogia e da psicologia, na qual se afirma: "Binet foi um dos primeiros psicólogos a estudar sistematicamente o medo. Este apresenta variados aspectos. (...) Quando, porém, falamos do medo, referimo-nos habitualmente a um sentimento despropositado, que se aplica, quer a um perigo imaginário, a escuridão, os fantasmas, por exemplo, quer a um perigo possível, mas improvável e exagerado". Segue, referindo os diversos tipos de medo, as suas causas e alguns trabalhos de autores que estudaram o fenómeno, sobretudo nas crianças.

Mais recentemente, Oliveira, no verbete medo, inserto na *Enciclopédia Luso-Brasileira de Cultura* (1972), numa abordagem que rotula da psicologia, afirma que constitui uma "perturbação angustiosa causada pela presença ou perspectiva de uma situação em que se arrisca a segurança presente ou futura; é uma das principais manifestações das emoções". Adiante, refere: "A sensação do medo tem repercussões no organismo que fica em estado de alerta: altera-se o ritmo da digestão, aumentam na corrente sanguínea as reservas de energia, sobe a pressão arterial. Se estas modificações fisiológicas se repetem com demasiada frequência, o organismo poderá sofrer consequências mais ou menos graves de carácter permanente."

Para além da contribuição do dicionário ou enciclopédia tradicional, no qual o vocábulo regista um ou mais significados, a definição básica, as diferentes acepções e o sentido figurado, existem outro tipo de dicionários como o reverso ou o de sinónimos.

O dicionário reverso procura apresentar um termo apropriado à representação que se tem em mente.

Exemplo de dicionários reversos são os de Faria (1853), Pereira (1940), Fernandes (1945), Melo (1949) e, mais recentemente, o *Dicionário Mais* (1998). Estes dicionários fornecem um número elevado de sinónimos ou de termos conexos: temor, susto, espanto, apreensão, terror, fantasma, alma de outro mundo, aparência, coisa vã, sucho, consternação, pavor, sobressalto, assombramento, covardia, trepidação, pusilanimidade, alma penada, perturbação de ânimo, cólica, acobardamento, fujeca, nojo, fobia, grima, cagaço, cagueira, cerol, cólicas, susto, fraqueza, receio, inquietação, ansiedade, angústia, aversão, repulsa, repelência, horror, anginofobia, aflição, fobofobia.

Esta dispersão é mitigada pelos denominados dicionários de sinónimos em que se pretende, perante termos análogos, elucidar o significado de cada termo, precisar o sentido.

Assim, alguns estudiosos da língua preocuparam-se em circunscrever o vocábulo na sua precisa acepção, distingui-lo dos sinónimos, melhor precisando o significado.

No seu *Ensaio sobre alguns synonymos da Língua Portuguesa* (1828), Francisco de S. Luiz escreveu: "Medo he a apprehensão de hum mal grave, que talvez julgamos imminente, acompanhada de hum sentimento, que nos excita vivamente a evitalo. A apprehensão do medo he ordinariamente nascida de opiniões erradas, e o sentimento, que a acompanha, quasi puramente mecânico. Nisto nos parece que se diferença o medo do temor.

Temor he a aprehensão rasoavel, e bem fundada do mal que nos pode provir, ou seja parte dos fenómenos naturaes, ou de algum poder legitimo irritado."

Adiante acrescenta: "O medo nasce de ignorancia, cobardia, ou pusillamidade."

No *Diccionario de Synonimos com Reflexões Criticas* que Lacerda fez seguir ao *Diccionario Encyclopedico* (1870), após considerar o medo como um termo genérico que abarca a cobardia, o temor, o receio e o pavor, distingue-os da seguinte forma: "Cobardia é effeito do medo com relação à repugnância que o medo inspira de correr algum perigo, a que todavia alguém por dever tem de expor-se", "Temor é a apprehensão de um perigo próximo, pelo mal que delle nos pode provir", "Receio é a suspeita, ou antes, a dúvida, se acontecerá ou não o mal, que se nos afigura ameaçar-nos, junta ao temor de que se realise, e aconteça", "Pavor é a realização do medo, e o sobressalto e espanto que a acompanha."

Bensabat, no *Novo Livro de Synonymos Portugueses* (1887), define o medo como "um temor violento que procede d'um amor excessivo da nossa conservação". Separa-o de apreensão pois esta "é uma inquietação causada pela percepção ou a previdência d'um perigo possível; mas com uma certeza quasi egual no bem como no mal". Do susto, pois este "é uma viva apprehensão causada pela approximação ou o annuncio imprevisto d'um perigo imminente e que se julgava distante". Já o temor "é uma inquietação do espírito causada pela consideração d'um mal próximo". O pavor é "uma perturbação de espírito muito maior, muito mais insistente que o medo". Terror "é um medo violento causado pela presença real ou pela ideia muito forte d'um grande perigo, augmentado pela imaginação". Por fim, o espanto é "um medo excessivo, ou antes um terror misturado de pavor".

Também Roquete & Fonseca (1848), definindo medo como a "palavra genérica que explica a situação aprehensiva do animo preoccupado com a ideia do perigo", acrescentando que "é uma paixão que se apodera da pessoa, e que esta não sabe livrar-se", distingue-a da cobardia, o efeito do medo, do temor, a predisposição do ânimo para fugir de um perigo próximo, do receio, que é a suspeita de que aconteça um mal que desejaríamos evitar, e do pavor, que é o medo realizado.

Brunswick (1899), na esteira dos ensinamentos anteriores, refere: "medo é palavra genérica que explica a situação aprehensiva do ânimo preocupado com a idea de perigo", adiante acrescenta "o medo é uma paixão que se apodera da pessoa, e que esta não sabe livrar-se." E, acrescenta: "O temor é uma predisposição no ânimo para fugir de um perigo que vemos próximo. Receio é a suspeita ou cuidado de que aconteça um mal que desejaríamos evitar. O pavor é o próprio medo quando chega o caso de realizar-se um acontecimento funesto".

Mais recentemente, Nascentes (1957) esclarece: "Alarme é a grave comoção trazida por perigo iminente ou que se crê iminente. Apreensão é a inquietação causada pela incerteza do futuro. Assombro é um grande espanto que maravilha e imobiliza a pessoa. Espanto é a impressão forte, causada por aquilo que sobrevém sem se esperar e repentinamente. Medo é um sentimento espontâneo e irresistível, é um sobressalto repentino e violento. Pânico é o terror, às vezes infundado, que se apodera de multidão de pessoas repentinamente. Pavor é um grande espanto, que faz fugir. Receio é o estado de dúvida, causado por alguém ou alguma coisa que pode ser favorável ou contrário; às vezes leva à inacção. Sobressalto é o estado de inquietação, cuidado, preocupação, de quem se vê atacado por um mal. Susto é o medo que nos primeiros momentos tolhe os movimentos; passa logo. Temor é a perturbação causada por um mal que a reflexão faz ver como possível ou provável. Terror é a grave perturbação, trazida por um perigo imediato, real ou imaginário, mas actual."

Embora se tenha restringido a pesquisa da palavra medo à língua portuguesa, será possível, empreendendo o mesmo tipo de busca, verificar noutras línguas as mesmas sintonias e dificuldades sobre o conceito que se surpreendem na língua lusa. Por outro lado, a extensão do trabalho a outras línguas foi, cedo, afastada, pois não seria comportável, nem fundamental, na economia do presente estudo.

Cumpre, assim, encerrar o percurso vocabular.

Encetou-se a investigação por uma pesquisa cronológica das definições, seguida por uma busca também cronológica de verbetes de sinónimos para, então, empreender uma recolha de obras de clarificação da palavra face a outras que lhe estão próximas.

Findo tal excurso, foi possível constatar a dificuldade em definir com precisão a palavra medo. Tal dificuldade, agrava-se quando se recorre aos sinónimos e, apenas, num esforço de clarificação se consegue remeter o vocábulo para uma acepção mais precisa e diferenciada de outros que lhe estão próximos.

O grau de indefinição será, então, conatural a este conceito que, pela sua universalidade e omnipresença, se manifesta de plúrimas formas, podendo ser abordado das mais díspares perspectivas. Tal diversidade é avessa a um espartilho perfeitamente circunscrito, daí o grau de indefinição que, no entanto, não elimina a noção que nos é possível, findo o aludido percurso, reter.

No presente trabalho foi utilizado um conceito abrangente de medo, com maior ênfase numa ou noutra acepção, consoante o enquadramento necessário para a análise concreta.

Abordagem filosófica

O medo, como objecto de reflexão, não constitui tema de eleição em filosofia.

A comprovar tal afirmação está a omissão do vocábulo na quase totalidade dos dicionários de filosofia. Tanto aqueles que são expressão da filosofia continental, de Voltaire (1764) a Franck (1875) e Lalande (1926), até aos mais recentes como Cuvillier (1956), Júlia (1964), Mora (1978), Schifres (1980), Legrand (1986) e Clément et al. (1999). Como na abordagem analítica, enquadrada na tradição anglo-saxónica, de Blackburn (1994), Audi (1995), Mautner (1995) e Lacey (1996). Ou, mesmo, outras vertentes divergentes das aludidas orientações como o de Rosental e Iudin (1972).

Existem excepções como seja o *Code de L'Humanité* (1778), na tradição iluminista francesa que entendia o medo como um estado de alma que nos faz ver certos objectos como formidáveis, de onde resultam fortes impressões, reportando a sua causa à fraqueza do espírito ou, então, à grandiosidade do perigo. Ou, mais recentemente, o dicionário de Comte--Sponville (2003) em que o tratamento do termo pouco difere de um vulgar dicionário vocabular. Desta forma, refere-se ao medo como "emoção que nasce em nós ao perceber ou mesmo imaginar um perigo", distinguindo-o da angústia por ser determinado ou objectivamente justificado.

Tal não significa que os filósofos não se refiram ao medo. Existem referências ao conceito mas este não constitui objecto específico de reflexão, apenas surge a propósito de um outro tema que, esse sim concita a atenção do pensador.

Assim, Descartes que o refere (peur) a propósito das paixões particulares, como sendo uma perturbação e um espanto da alma, que lhe retiram o poder de resistir aos males que ela julga iminentes (Descartes, 1649). Para este filósofo, o medo é um excesso de covardia, de espanto e de receio, excesso sempre vicioso, sendo a sua causa a surpresa.

Também Kant alude ao medo (furcht) como sendo a repulsão face ao perigo, de natureza sobretudo física (Kant, 1798). O medo surge, assim, como uma realidade, de alguma forma, já adquirida, algo que, por ser evidente, não constitui objecto de estudo mas que pode co-existir, sem preocupações conceptuais, com o próprio tema, outro, da reflexão. Como aversão emocional ao perigo, o medo manifesta-se em vários graus, que vão desde a angústia ao pavor, passando pela ansiedade e o horror (Kant, 1778, 1978).

E os existencialistas não deixam de referir o medo, inserindo-o na problemática mais vasta da angústia (Kierkegaard, 1966-1984; Sartre, 1938, 1939,1943; Merleau-Ponty, 1942, 1945, 1966).

No entanto, a aludida parcimónia em focar o conceito de medo é bem patente em ensaios recentes como os de Duhamel (1993) em que enumera os medos dos franceses e tematiza nove tipos de medo sem ter tido a preocupação de o definir, o de Gil (2004) no qual, agora sobre Portugal, se reconhece a omnipresença do medo sem que dedique ao próprio conceito qualquer precisão ou reflexão.

Outro tipo de ensaios denotam uma maior preocupação, nem sempre conseguida, em definir o medo (Viana, 1947) ou, então, tentam circunscrever o conceito face a realidades como a biologia e a cultura (Ferraris, 1989). De qualquer forma, mesmo nos esforços mais abrangentes (André & Légeron, 1995), não se conhece na filosofia e, num domínio mais alargado desta disciplina, abarcando os ensaios em que a reflexão oscila entre a literatura e outras disciplinas do conhecimento, uma tentativa séria e sistemática de tematizar o conceito.

Abordagem da religião

O medo está intimamente ligado ao fundamento de todas as religiões. Mesmo em religiões mais contemplativas, como seja o budismo, o medo desempenha um papel fulcral. Com efeito, o budismo baseia muito da sua filosofia no medo do sofrimento. Recorde-se que o Buda histórico empreendeu a sua demanda espiritual ao constatar que toda a gente sofre, daí que o budismo seja, sobretudo, um método prático para eliminar o sofrimento.

E o sofrimento está directamente ligado ao medo. O medo é uma reacção a algo que pode acontecer no futuro, sendo realidade ou não, mas sempre algo desconfortável, logo uma forma de sofrimento. Como processo mental, o medo é uma projecção da mente.

Muitos dos medos são simples ilusões, como se pode retirar da colecção de ditos de Buda (*Dhammapada*, § 213): "Do que é amado, nasceu sofrimento. Para alguém apartado do que seja amor, não existe sofrimento – então porquê o medo?"

Relacionado com possível sofrimento físico ou mental, ou perda de bens, nestes incluindo a família e os demais entes queridos, o medo, para ser ultrapassado exige trabalho individual para que cada um se liberte do seu sofrimento.

Restringindo uma análise mais detalhada à religião cristã, será possível afirmar que o medo tem uma presença constante na Bíblia. Tanto no Velho como no Novo Testamento.

O medo de Adão após o pecado, Agar e o medo de ver morrer o seu filho no deserto, Jacob tem medo de Esaú e foge, os irmãos de José, do Egipto, sentindo o medo de sua culpa, o medo dos egípcios perante as pragas que sobre eles caíam,..., e segue através de sucessivas gerações, omnipresente, dirigindo a conduta humana.

No entanto, o vocábulo não consta de todos os importantes dicionários de teologia (Bergier, Goussete & Doney, s/d; Wetzer & Welte, 1863; Schaff, 1891; Bricout, 1927). E, quando consta (Hastings, Selbie & Lambert, 1906) consignam diversas acepções do vocábulo.

Enumera-se, restringindo-se agora a análise ao Novo Testamento, em primeiro lugar o medo como motivo de omissão ou, então, da acção de conduta humana no decurso da vida. O homem tem medo e dirige a sua conduta, em parte, em função dos seus medos (Mateus, 2, 14, 21 e 25; Marcos, 6, 9, 11 e 12; Lucas, 9, 19, 20 e 22; João, 7, 9, 19 e 20). Nesta perspectiva, o medo umas vezes impede as más acções mas também inibe as boas acções.

Depois, o medo do homem face o sobrenatural. Assim, as manifestações daqueles que presenciaram os milagres de Jesus (Marcos, 4, 5, e 6; Lucas, 1, 2, 5, 7 e 8; Mateus, 14, 17, 27 e 28; João, 6).

De alguma forma interligada à segunda manifestação do medo, enumera-se a exortação de Jesus a quem O ouvia: "não tenham medo" (Marcos, 5; Lucas, 5, 8 e 12; Mateus, 10, 14 e 17). Esta exortação prende-se com a coragem moral do cristianismo. A fé é o antídoto do medo.

Em quarta manifestação surge o medo de Deus. Embora nos Evangelhos não seja uma menção recorrente, ela surge no Magnificat (Lucas, 1), na parábola do juiz injusto (Lucas, 18) e no ladrão penitente aquando na cruz (Lucas, 23), como injunção directa de Jesus apenas existe uma menção (Mateus, 19; Lucas, 12).

Por fim, refira-se que de acordo com os ensinamentos de Jesus, na sua globalidade, mais do que apelo ao medo, Jesus exorta o homem a ter fé. No entanto, Ele não afasta o medo, como um motivo, para conseguir a conduta correcta. A severidade de Deus não pode ser ignorada, o medo é necessário aos homens (Mateus, 5, 7, 11, 12, 16, 21 e 26).

Será possível, assim, referir que tanto do Velho Testamento como do Novo Testamento, o medo acompanha a vida humana, assumindo diversas funções e manifestando-se de plúrimas formas. Sendo a religião cristã uma religião da fé e do amor, ela não descura o medo como uma realidade presente na vida do homem, sendo, mesmo, necessária para a sua orientação.

Abordagem da criminologia

O medo como tema de debate criminológico tem-se desenvolvido desde os anos oitenta, sobretudo na vertente do medo do crime.

E, se não for imediatamente relacionado com o crime, o medo inscreve-se na temática da (in)segurança do mundo moderno, pese o paradoxo de se viver – sobretudo nos países ocidentais – nas sociedades mais seguras que existiram (Castel, 2003; Bauman, 2005).

Com efeito, estudos quantitativos vêm alimentando o debate público sobre a insegurança e a criminalidade. A questão tem, assim, sido a de quantificar e identificar as variáveis demográficas e socio-psicológicas que caracterizam os grupos mais receosos.

Essas investigações empíricas têm conceptualizado o medo a partir de duas componentes: componente afectiva e componente cognitiva.

A dimensão afectiva emerge como uma "reacção emocional negativa que surge ante a ideia de ser vítima de diferentes condutas delituosas ou violentas ou face a símbolos a estas associados na vida quotidiana" (Ferraro & LaGrange, 1987). A dimensão avaliativa ou cognitiva é ligada à percepção de risco, isto é, à probabilidade de ser vitimado (Machado & Agra, 2002).

Outros autores introduzem uma diferente dimensão, a de que o medo deve integrar a antecipação das consequências da vitimação e a própria gravidade das consequências (Rountree & Land, 1996). Ou, ainda, a dimensão dos valores, isto é, a preocupação com os diferentes tipos de desvio (Duprez, 1991). Por fim, refira-se a atitude como componente do medo: o comportamento preventivo do delito (Madriz, 1997).

Os ditos estudos optam por conceitos mais ou menos restritos de medo e é frequente problematizar o medo de acordo com a gravidade dos crimes, relativando os resultados obtidos.

Neste conspecto, o medo surge relacionado com o crime mas de forma complexa. O medo não resulta apenas dos níveis de actividade criminal, existem outros factores não demográficos nem quantitativos que se impõem para uma correcta compreensão do fenómeno.

Um desses factores, estudado nos anos noventa, é o da variabilidade contextual do medo. Assim, de entre as diversas variáveis ambientais, a escuridão do local surge como a mais óbvia condição geradora do medo (Warr, 1990), seguida pela novidade e pela solidão.

A própria desordem ambiental, social ou económica desempenha um papel desencadeador ou multiplicador do medo (Skogan, 1990).

Sobre os resultados das investigações empíricas, pesem todas as limitações e dificuldades, é possível concluir que existem sectores sociais e áreas geográficas mais afectados pelo medo do que outras (Besson, 2004). Razão pela qual o sujeito concreto, na específica situação de tempo e lugar, ocupa uma posição charneira na problemática do medo.

O presente estudo tematiza o medo relacionado com a reclusão, já não é o crime como causa do medo mas sim a relação do medo com aquele que cometeu um crime. E, não só o medo em reclusão como ainda o medo da pós-reclusão.

Trata-se de uma abordagem menos vulgar do medo e, como tal, sem investigações empíricas que a precedam. Desta forma, a abordagem que surge como mais adequada num momento exploratório é a do discurso do medo aquando em reclusão. Mais precisamente dos medos verbalizados pelos reclusos.

Abordagem Psicológica

Não se pretende neste capítulo fazer uma revisão exaustiva sobre o modo como a Psicologia conceptualiza o medo, mas destrinçar o conceito de medo das suas definições análogas e apresentar algumas perspectivas teóricas, de modo a facilitar a compreensão do conceito e dos fenómenos associados.

Em qualquer abordagem que seja feita sobre o tema do medo, é da máxima importância ter em conta que as reacções a determinada situação podem ser de natureza cognitiva (pensamentos e crenças sobre o próprio e a situação), comportamental (resposta de luta, fuga ou outra), emocional (sentimentos associados) ou fisiológica (activação fisiológica do organismo), em relação directa com as experiências de vida e as aprendizagens do indivíduo. Também no presente estudo se levou em atenção este reparo, sob pena de omitir aspectos importantes para a compreensão do tema.

Medo vs ansiedade

Os termos medo e ansiedade, apesar de distintos, são usados frequentemente em conjunto, uma vez que os seus padrões de resposta cognitiva, afectiva, fisiológica e comportamental são semelhantes (APA, 1987). Existem aliás dados teóricos e clínicos que sugerem uma relação entre ansiedade e medo, ou seja, os indivíduos mais ansiosos são tendencialmente mais receosos (King, Gullone & Ollendick, 1990). No entanto, esta relação entre medo e ansiedade tem sido explorada mais extensivamente em populações de estudantes universitários (e.g. Geer, 1965; Grossberg & Wilson, 1965; Kilpatrick & McLeod, 1973), pelo que a extrapolação de conclusões para outras populações deverá ser cautelosa.

Uma das distinções possíveis é aquela que reputa a angústia como um medo que condensa essencialmente um factor subjectivo (Horney, s/d), isto é, sendo o medo e a angústia, ambos, reacções ao perigo, o medo é perante um perigo evidente e objectivo, enquanto na angústia o perigo é oculto e subjectivo.

Fazer uma distinção exacta e objectiva dos termos é difícil, uma vez que são construtos hipotéticos, referentes a acontecimentos observados de forma subjectiva, a partir de auto-relatos de pensamentos e sentimentos, associados a sinais comportamentais e respostas fisiológicas.

Apresentam-se, em seguida, algumas definições dos conceitos, numa tentativa de salientar as suas especificidades.

O medo é uma das emoções básicas do indivíduo (Leventhal, 1982; Greenberg, 1996 Damásio, 1994; Ekman, 1969). Todas as pessoas em algum momento da sua vida sentem medo. É normal ter medo. E, analisando a função protectora do medo, numa perspectiva evolutiva, ela é saudável. No entanto, importa referir que existem outras perspectivas não positivas do medo, seja na vertente do efeito perverso na acção ou mesmo, na menor lucidez desta por efeito directo daquele.

Numa breve resenha de alguns dicionários de Psicologia, o medo é descrito como um estado emocional forte e desagradável, dirigido a um objecto ou situação específicos e desencadeado pela confrontação ou antecipação do perigo, real ou imaginado, associado a essa mesma situação ou objecto (Dryden & Gordon, 1990; Sillamy, 1967) e que desaparece na ausência do estímulo (Miller, 1983). Como forma de evitar ou confrontar-se com o perigo, o organismo desencadeia mudanças psicofisiológicas e desenvolve estratégias de acção específicas (Rachman, 1990).

Outros autores (Ollendick et al, 1991), consideram o medo não como uma emoção, mas como uma "resposta adaptativa a uma situação percebida como não sendo completamente compreensível e/ou controlável".

Numa outra perspectiva, Laeng (1973), o medo constitui uma reacção afectiva que leva a uma situação de defesa. Reacção que é de natureza exteroceptiva, isto é, consequência a uma sensação provocada por um objecto, por contraposição a proprioceptivas que são consequência de sensações internas (Barraud, s/d).

Numa definição mais completa (Doron & Françoise, 2001) "o medo é uma emoção desencadeada por um estímulo que tem valor de perigo para o organismo. Manifesta-se por reacções observáveis (erecção dos pêlos, tremuras, ...), que em termos adaptativos terão como função a retirada face ao estímulo perigoso (resposta de fuga) e/ou a redução dos estímulos que assinalam a presença do indivíduo (resposta de evitamento/imobilidade). (...) O Homem apresenta as duas formas de reacção, consoante a avaliação que faz da situação, a qual depende da sua história de vida, do contexto e das competências (estratégias de coping) que possui para lidar com a situação. (...) Pode ser provocado por desencadeadores inatos (por exemplo, silhuetas do predador) ou por quaisquer estímulos nociceptivos, ou ainda graças a uma aprendizagem associativa por estímulos condicionados. Reacção emocional eminentemente adaptativa pelo papel que desempenha na sobrevivência do organismo, o medo toma formas patológicas, quando a imobilidade resignada predomina sobre as condutas activas todavia possíveis (resignação adquirida, learned helplessness), quando a emoção se generaliza exageradamente a estímulos anódinos (fobia) ou quando se instala no tempo muito para lá do momento em que o organismo está efectivamente exposto ao perigo, quer por antecipação, quer por persistência do estado emocional (ansiedade, angústia)."

A ansiedade é um estado emocional de desconforto subjectivo e de activação fisiológica, na ausência de um estímulo externo que a desencadeie e sem estar direccionada a um foco específico ou objecto particular (Johnson & Melamed, 1979). É por vezes também descrita como um sentimento experimentado quando o individuo fica indevida e excessivamente preocupado perante a possibilidade de que algo indesejado e sobre o qual não tem controlo, possa acontecer no futuro (Dryden & Gordon, 1990). Pode ocorrer de forma manifesta, sendo a sua expressão visível de variadas formas, ou de forma latente (Barlow, 2002).

Spielberger (1972), distinguiu entre ansiedade traço e ansiedade estado. A ansiedade traço é definida como uma condição do próprio individuo, que o torna mais predisposto a percepcionar um maior número de estímulos ou situações como potencialmente ameaçadoras. Uma pessoa com uma ansiedade traço elevada tem maior tendência para manifestar ansiedade estado, ou seja, pode desencadear uma maior activação fisiológica e manifestar um estado de tensão e apreensão mesmo perante um estímulo mais fraco.

Resumindo, enquanto que o medo é uma resposta imediata a uma situação ameaçadora, ou seja, é fortemente influenciado por factores externos e dirigido a um objecto, a ansiedade é uma experiência emocional mais duradoura, controlada por factores internos, muitas vezes sem estar direccionada a um objecto específico.

Terminado o enquadramento do conceito de medo que enforma o presente capítulo, procede-se em seguida à revisão de algumas das teorias que abordam o medo numa perspectiva psicológica individual.

Perspectiva biológica e evolutiva

De forma a compreender o medo em termos funcionais e a obter algum entendimento sobre as falhas que podem resultar da aplicação de um sistema neuronal primitivo a situações sociais complexas, revela-se do maior interesse sintetizar o tema do medo, numa perspectiva biológica e evolutiva.

Durante o percurso evolutivo da espécie humana, a rapidez de reacção perante um predador ou outra fonte de ameaça revelaram-se factores fundamentais para a sobrevivência da espécie, tendo o cérebro desenvolvido circuitos próprios e extraordinariamente eficazes para processar este tipo de informação.

Actualmente, os medos com correspondência directa com as probabilidades de sobrevivência são mais raros, mas o medo não deixa de estar presente, revestindo-se de um carácter mais subjectivo, pelo que o potencial para haver um desfasamento entre a intensidade real da ameaça e a percepção de risco é maior, podendo ser mais facilmente desencadeados erros embaraçosos e/ou desadaptativos. Por exemplo, poderá ser adequado fugir de locais escuros e isolados, onde o potencial de agressão é maior, mas já não será tão adequado atirar-se para o chão quando ouvir um estouro de um tubo de escape, sob pena de parecer ridículo aos olhos dos outros.

Perante a insuficiência de explicação por parte da teoria biológica/ /evolutiva acerca dos mecanismos específicos, fisiológicos e de processamento da informação, assim como das reacções do indivíduo a algumas situações onde teoricamente não deveria sentir medo, mas em que na prática o revela, surgem outras teorias que completam estas mesmas falhas. É fundamental compreender que factores estão subjacentes às diferenças inter-individuais que determinam a escolha de diferentes objectos de medo, assim como potenciam diferentes respostas de medo. Neste ponto as perspectivas dinâmica, cognitiva e da aprendizagem podem prestar um auxílio importante na compreensão da subjectividade do medo.

Perspectiva psicanalítica

Em termos restritos, a palavra psicanálise refere-se somente às teorias de Freud e ao método de psicoterapia e investigação baseado nelas. No seu sentido mais amplo, refere-se à procura da origem e causas dos estados mentais, englobando todas as escolas de pensamento que tiveram a sua origem nos trabalhos de Freud.

A teoria de Freud assenta nas assumpções de que a principal fonte de motivação humana são os impulsos sexuais (a libido) e que a actividade mental é essencialmente inconsciente.

Na fase inicial da sua teoria (Freud & Breuer, 1974), Freud considera que as perturbações, leia-se patologias e sintomas neuróticos, advêm da não descarga das emoções na sua expressão correspondente, permanecendo estas no espírito como um "corpo estranho", podendo originar múltiplas perturbações. Freud propõe-se então a descobrir porque razões algumas das "coisas" esquecidas, voltam à mente durante a análise ou em hipnose, conforme comprovou variadas vezes ao longo da sua prática clínica.

São, no entanto, diversos os autores (Webster, 1995; Pendergrast's, 1995; From, 2002; Allers, 1956) que questionam a metodologia usada e a veracidade das descrições de alguns pacientes. Para eles, muitas das lembranças dos pacientes são falsas memórias, ou seja, surgem em resposta às expectativas do terapeuta, não relatando experiências reais.

Também Freud, apercebendo-se das limitações da sua teoria e dos métodos utilizados, começou a procurar uma nova fórmula para as suas convicções. Na tentativa de explicar as razões pelas quais tão frequentemente os seus pacientes imaginavam ter sido objecto de sedução sexual por um familiar, recorreu à análise de sonhos e de lapsos de memória dos seus pacientes (Freud, 1988), concluindo que a maioria dos conflitos inconscientes se relacionavam com lembranças recalcadas de acontecimentos críticos dos seus primeiros anos de vida, não necessariamente sexuais.

Num segundo momento da sua teoria, Freud (1905) dirigiu a sua atenção para o estudo da libido. Ao observar que a boca, o ânus e os órgãos genitais estavam particularmente associados a satisfações libidinosas, Freud postulou que o interesse por eles se desenvolvia numa sequência que se inicia no nascimento (fase oral), continua durante a fase de aprendizagem do controlo dos esfíncteres (fase anal) e se prolonga até por volta dos três anos de idade (fase genital ou fálica), quando o interesse do rapaz se centraliza sobre o pénis, dando esse interesse origem a um sentimento de atracção sexual em relação à mãe, associado com sentimentos de ciúme em relação ao pai (complexo de Édipo).

Embora estes estádios de desenvolvimento da libido sejam biologicamente determinados, o seu desenvolvimento é influenciado pela educação, atitudes familiares e experiências de vida, ao mesmo tempo que influenciam as atitudes e reacções do indivíduo na vida adulta (Freud, 1905; Jung, 2001). Conflitos ou dificuldades experimentadas em qualquer uma das fases de desenvolvimento podem conduzir à fixação da libido nesse ponto ou levar a que perturbações futuras originem um retrocesso a essa fase.

Nos anos durante e pós-guerra, Freud deparou-se com novos factos que fragilizam a sua teoria. A partir dos anos 20, Freud começa a dedicar grande parte do seu trabalho à procura da compreensão do modo como os conteúdos inconscientes da mente influenciam os pensamentos, memórias e acções. Por forma a explicar esta influência, Freud dividiu a mente em *Id*, o reino dos impulsos que obedece ao princípio do prazer e não conhece fronteiras, *Ego*, que corresponde aos conteúdos conscientes da mente e à imagem que temos de nós mesmos, que obedece ao princípio da realidade e medeia as exigências das outras duas estruturas, e *Superego*, que corresponde, grosso modo, ao papel do "Grilo Falante" na história do "Pinóquio", sendo uma interiorização dos padrões morais, sociais e familiares (Freud, 1922). Os conflitos inconscientes são então interpretados por Freud como resultado de uma luta triangular entre o mundo exterior, o *Id* e o *Superego* e a angústia, o reflexo do recalcamento das exigências do instinto (Marcuse, s/d).

No entanto, em todas as fases da teoria de Freud, importa ser-se cauteloso nas conclusões e generalizações. Se muitos dos relatos dos pacientes correspondem a falsas memórias, existem também outros que correspondem a acontecimentos vividos, os quais foram inconscientemente recalcados como forma de evitar a irrupção do Id e de permitir que o Ego mantenha o seu amor-próprio. O recalcamento é um dos mecanismos de defesa (A. Freud, 1936; Freud, 1989), como também o são a negação, a projecção, a formação reactiva ou a sublimação. Estes mecanismos são processos dinâmicos, inconscientes, que filtram as percepções e que orientam a acção do indivíduo, protegendo-o de voltar a experimentar a ansiedade sentida em experiências anteriores. No entanto, existem situações psicologicamente inaceitáveis para o indivíduo em que os mecanismos de defesa não conseguem impedir a passagem das memórias reprimidas ao consciente, podendo desencadear-se a activação dos medos e ansiedades associados, sob a forma de patologias (perturbação obsessiva-compulsiva, fobias). Freud considera ser assim possível estabelecer uma analogia entre os factos inconscientes, os instintos e os desejos expressos. Por exemplo, ter medo de facas pode significar medo de deixar de conseguir controlar a sua raiva e atacar-se a si ou aos outros quando tiver uma faca na mão; ou ter medo de existirem insectos ou outros animais na cama pode ser a representação consciente de uma experiência sexual traumática reprimida.

De acordo com a globalidade das formulações de Freud, a origem dos medos está associada ao desenvolvimento da personalidade durante a infância, correspondendo os medos adultos irracionais a representações conscientes de traumas, conflitos ou desejos recalcados. Algumas das possíveis origens do medo são a ausência de uma figura significante na infância ou de alguém que satisfaça as necessidades básicas; a perda de amor ou a desaprovação de uma figura significante; o medo da castração, a vergonha, a culpa e a insatisfação associadas, ou não, ao complexo de Édipo; pensamentos negativos sobre as consequências de uma situação; necessidades inconscientes não satisfeitas ou a conversão de uma emoção noutra.

Não obstante a importância das formulações de Freud para o campo de acção da psicologia, e principalmente da psicopatologia, ao longo do século XX, muitas são as criticas com que se debate. Alguns autores criticam a ênfase excessiva no papel da sexualidade e a concepção distorcida do feminino (Herman, 1981; Bass, 1988), outros criticam a ênfase excessiva na infância (Masson, 1984; Allers, 1956; From, 2002) e outros, ainda, as metodologias usadas, uma vez que as extrapolações e conclusões de Freud não são verificáveis objectivamente, ou seja, não são claras as evidências de que qualquer experiência passada possa ser reconstruída fielmente, com base em memórias reprimidas (Webster, 1995; Pendergrast's, 1995).

Da parte dos autores deste estudo, fica mais um pequeno reparo. Embora esta definição se adeque aos medos patológicos (o ênfase na patologia é aliás uma constante nas formulações de Freud), não explica os mecanismos subjacentes à resposta de medo adaptativa, tão importante à evolução e sobrevivência da espécie humana.

Teorias da aprendizagem

Os teóricos do comportamento (Watson, 1920; Pavlov, 1927; Mowrer, 1939; Rescola, 1967; Skinner, 1938; Thorndike, 1911), convergem no sentido de explicar a aquisição de um comportamento pela associação entre dois estímulos. Um estímulo inicialmente neutro é associado a uma situação em que o individuo sente desconforto (estímulo incondicionado negativo), acabando por se transformar num estímulo que por si só desencadeia a resposta de desagrado, ou seja num estímulo condicionado. O estímulo condicionado passa a evocar a resposta de desagrado (resposta condicionada), mesmo na ausência do estímulo incondicionado negativo.

A intensidade da resposta é determinada pela intensidade do estímulo e pelo número de repetições das associações entre a experiência negativa e o estímulo. A probabilidade de desenvolver a resposta de medo é aumentada pela pertinência/adequabilidade do estímulo (excepção feita às teorias mais clássicas, as quais defendem que qualquer estímulo possui igual probabilidade de condicionar qualquer resposta); pela contiguidade, intensidade e frequência das associações entre o estímulo condicionado e a resposta de medo e pela força/relevância das consequências.

Apesar de existirem evidências em vários estudos (Yule, Udwin, & Murdoch, 1990; Dollinger, O'Donnell, & Staley, 1984; Watson & Rayner, 1920), que sustentam alguns aspectos das teorias do condicionamento clássico (Pavlov, 1927) e do condicionamento operante (Skinner, 1938;

Thorndike, 1911), estas estão sujeitas a um sem número de críticas, principalmente devido às tentativas abusivas de generalização e às suas limitações metodológicas.

A grande maioria das experiências clássicas realizadas pelos teóricos do condicionamento, foram efectuadas com animais. As conclusões obtidas foram posteriormente extrapoladas para os humanos, mas sem terem em consideração as características fundamentais que distinguem o Homem dos outros animais, nomeadamente a sua capacidade cognitiva, racional e emocional. É verdade que muitas das aprendizagens humanas são condicionadas, mas não é possível generalizar os processos de aquisição e extinção de comportamentos postulados pelas teorias do condicionamento a todos os comportamentos. Tomando como exemplo o medo, há estudos (Grinker e Spiegel, 1945; Sarnoff, 1957) que evidenciam a aquisição de medos intensos, derivados de experiências traumáticas ou acontecimentos catastróficos isolados. Não seguindo estes medos os caminhos do condicionamento para a sua aquisição, também não podem reger-se pelos princípios básicos do condicionamento para a sua extinção, uma vez que o individuo dificilmente voltará a permanecer na situação perigosa o tempo suficiente para fazer nova avaliação do perigo. Nestas situações, o indivíduo antes tenderá a usar os princípios do condicionamento e das aprendizagens cognitivas (Tolman, 1948; Köhler, 1925) para aprender a responder à situação, fugindo ou evitando-a. Esta resposta de fuga ou evitamento não deve ser entendida como equivalente à resposta de medo, como muitas vezes é abusivamente utilizada pelos entusiastas das teorias do condicionamento.

Um dos críticos das teorias do condicionamento é Rachman (1977). Para o autor, a teoria do condicionamento não é consistente com alguns factos observáveis. A teoria falha em explicar, por exemplo, como podem existir um sem número de situações a que o indivíduo é exposto e em que, contrariamente ao postulado pelas teorias do condicionamento, a resposta de medo não é condicionada. Um exemplo são os indivíduos em cenários de guerra, que tendem a adaptar-se aos bombardeamentos e a diminuir a intensidade da resposta de medo, contrariamente ao que seria de esperar com base na teoria do condicionamento.

Procurando responder a estas e outras limitações, o autor concluiu a partir dos seus estudos (Rachman, 1977, 1991) que o medo não se desenvolvia apenas como resultado directo de uma experiência de condicionamento, mas também por vias indirectas, desempenhando as experiências não vividas, um papel de grande importância no desenvolvimento da resposta de medo. Estas conclusões vão de encontro às formulações da teoria da aprendizagem social (Bandura, 1965; Bandura & Walters, 1963), a qual sustenta que a resposta de medo pode ser aprendida, modificada ou extinguida de forma vicariante, pela observação do comportamento de um modelo ou através da transmissão de informação e de experiências negativas vividas por alguém, sendo a sua intensidade dependente da consistência da informação transmitida e do modo como é transmitida e interpretada pelo próprio.

Os estudos de Rachman foram amplamente revistos (King, Gullone, & Ollendick, 1998; Merckelbach, De Jong, Muris, & Van den Hout, 1996), suportando os referidos estudos as conclusões iniciais. Estes novos estudos sugeriram, ainda, uma tendência para associar o desenvolvimento de medos intensos e fobias a experiências de condicionamento e os medos menos intensos a formas indirectas de aquisição, nomeadamente, pela observação de um modelo ou pela informação recebida de outros.

Perspectiva cognitiva

"Os homens não são perturbados pelas coisas,
mas pelas visões que têm delas."

EPICTETO in *Enchiridion*

A abordagem cognitiva encara o indivíduo como um processador de informação, postulando que as reacções não são desencadeadas pelas situações em si, mas pela interpretação que o indivíduo faz delas, tendo em conta as suas crenças, a sua personalidade, história de vida e percepção dos recursos que possui, ou não, para enfrentar com sucesso as situações com que se depara.

Procurando definir o conceito medo, à luz da teoria cognitiva, este será uma resposta desagradável, com componentes cognitivo, comportamental e afectivo, resultante da crença do indivíduo de que, naquele momento, está envolvido com um objecto, evento ou situação, capazes de lhe causar danos a nível físico e/ou psicológico.

A nível cognitivo, como já vimos, o medo resulta da interpretação feita da situação como ameaçadora ou não. Se a avaliação é correcta, o medo é justificado e produzirá uma reacção proporcional ao nível da ameaça. Se a avaliação for de algum modo enviesada, produzir-se-á uma reacção de medo inadequada ao nível da ameaça. Esta inadequação pode ser em termos de intensidade e de modo de reacção, determinando cursos de acção desadaptativos.

Os erros de avaliação, de acordo com esta teoria, são produzidos por distorções cognitivas (Beck, 1982), que constituem enviesamentos do modo como a realidade é percepcionada. Entre estas destacam-se a atenção selectiva, a sobregeneralização, o pensamento dicotómico e a catastrofização, por estarem associados a muitos dos padrões de medos.

Weishaar e Beck (1989) referem que as cognições acerca de determinado acontecimento têm por base pressupostos derivados da experiência anterior, que servem para o classificar, interpretar, avaliar e para lhe atribuir significado, nomeadamente em termos do nível de ameaça que representa.

Tendo em atenção que a percepção do estímulo como perigoso depende em grande parte da experiência anterior, directa ou indirecta, de confronto com ameaças semelhantes, é preciso não esquecer que também se relaciona com a avaliação que é feita dos recursos e aptidões. Esta percepção está relacionada com a riqueza do repertório de respostas cognitivas e comportamentais do indivíduo. Quanto maior o repertório, maior a percepção de auto-eficácia, maior a confiança para lidar com a situação e menor a intensidade de medo experienciada. Este processo é muito semelhante à descrição do modelo de stress de Lazarus (Lazarus & Folkman, 1984), mas útil para ajudar na compreensão da importância da avaliação da situação no desencadear da resposta de medo.

As respostas mencionadas acima podem ser consideradas estratégias de coping ou aptidões de confronto, de acordo com a descrição de Goldfried (1988), sendo adquiridas ao longo da vida, através de aprendizagem directa ou vicariante. Quanto mais interiorizadas estiverem, maior a sua disponibilidade heurística no momento, aumentando a probabilidade de reforçar a noção de auto-eficácia e competência do indivíduo. Estas estratégias, que podem ser de natureza comportamental e/ou cognitiva, são determinantes no ajustamento do indivíduo, na medida em que, mesmo perante um medo desadequado ou de intensidade desproporcionada em relação à ameaça, é possível ter uma reacção adequada e adaptativa. Pelo contrário, o indivíduo que possua um repertório insuficiente ou inadequado, terá dificuldade em gerir situações de medo, mesmo que consiga fazer uma avaliação adequada da situação e que apresente uma reacção de medo proporcional à ameaça.

Numa outra abordagem da linha cognitiva, Young (1990) fala de esquemas, referindo-se a "temas de extrema estabilidade e duração que se desenvolvem durante a infância, sendo elaborados ao longo da vida do indivíduo". Assim, para uma pessoa cujo esquema cognitivo dominante é de cedência de controlo, serão mais assustadoras as situações que impliquem a assumpção de responsabilidade. Se o esquema dominante for de abandono, serão mais receadas as situações sociais que impliquem alguma possibilidade de rejeição. Para alguém cujo esquema dominante é o de vulnerabilidade, todas as situações que impliquem risco percebido de dano físico ou doença tenderão a provocar maior medo. Young, Beck & Weinberger (1993), defendem a mutabilidade deste tipo de esquema.

As abordagens referidas anteriormente são da maior utilidade, mas o processamento cognitivo não existe isolado no indivíduo, antes interage reciprocamente com os aspectos emocionais e comportamentais.

Será talvez mais interessante considerarmos o medo não como uma entidade única, mas como uma entidade complexa que inclua a componente emocional, com toda a activação fisiológica que lhe está associada, a componente cognitiva que abarca todos os pensamentos e crenças nessa situação e a comportamental que inclui as possibilidades de luta ou fuga, nas suas diversas nuances e modulações. Todas estas componentes, mas em especial as duas últimas têm relação directa com as experiências anteriores do indivíduo, dependendo das aprendizagem que fez ao longo da vida.

A componente emocional do medo interage reciprocamente com as cognições (processos mentais envolvidos na aquisição de crenças e conhecimentos) e com o comportamento, sendo muitas vezes difícil distinguir o medo-estímulo do medo-reacção. Os pensamentos conduzem frequentemente a respostas emocionais, ou seja, o pensamento de que determinado sitio onde se tem que passar é perigoso, provocará, com grande probabilidade, medo.

O comportamento também pode conduzir a respostas emocionais, no próprio e no outro. Por exemplo, se um individuo começar a actuar de forma excessivamente cuidadosa e hipervigilante, está a reunir as condições externas para de facto sentir a emoção de medo.

Um ponto de vista clínico pode ser útil se considerarmos que a patologia constitui apenas um nível extremo de determinado tipo de funcionamento. Neste contexto Beck (1996) propõe que a perturbação psicológica se relaciona com quatro sistemas primários em que, no caso da perturbação de medo generalizada ao sistema cognitivo corresponde a percepção de perigo generalizado, ao sistema afectivo a ansiedade, ao fisiológico activação do sistema nervoso autónomo e que o impulso comportamental associado é a fuga, evitamento ou inibição.

Ao analisar o medo após a leitura da abordagem cognitiva poderá ser-se induzido a pensar que todo o processo é consciente, o que não é necessariamente verdade: As respostas emocionais, cognitivas e comportamentais podem ser automáticas (pre-conscientes ou inconscientes), deliberadas ou intencionais (conscientes), ou estarem algures entre estes dois pólos (semi-consciente).

Perspectiva neuro-cognitiva & processamento emocional

As últimas décadas de investigação na área das neurociências têm proporcionado uma melhor compreensão do cérebro e dos circuitos neuronais associados a determinadas emoções e comportamentos. Actualmente, sabe-se que a maioria do processamento emocional é feito ao nível do sistema límbico e que a amígdala tem um papel fundamental na regulação do medo e dos comportamentos agressivos (Fonberg, 1986; Damásio, 1994). De um modo quase autónomo, a amígdala processa os estímulos do meio, avalia as situações, classifica-as consoante o nível de ameaça, define um padrão de acção e aplica-o na prática, com uma velocidade superior à necessária para o processamento cognitivo superior, que decorre em paralelo a nível cortical. Deste modo, por vezes sentimos e reagimos ainda antes de termos conhecimento consciente da emoção que estamos a experimentar. Sobre esta questão Barinaga (1992), citando LeDoux, refere que "Não precisamos de saber exactamente o que uma coisa é para sabermos que pode ser perigosa".

Assim, a componente emocional representa uma propensão para a acção, que se manifesta, com maior ou menor intensidade, em alterações do sistema neurovegetativo. Em níveis elevados de activação do medo, surge como resposta automática uma expressão facial que é universalmente reconhecida independentemente de qualquer factor cultural (Darwin, 1965; Ekman, 1969, 1971; Izard, 1971).

A componente fisiológica é caracterizada por uma sensação de desconforto e hipervigilância, com um conjunto de sinais fisiológicos associados, por exemplo, taquicardia, tremor, suores frios, olhos arregalados ou respiração ofegante. Outro efeito menos aparente é a capacidade do medo suprimir momentaneamente a reação a estímulos que desencadeiam dor. A finalidade deste conjunto de reações, é mobilizar padrões comportamentais de fuga ou de luta quando confrontados com estímulos ambientais sinalizadores de perigo. Dado que as mesmas respostas, do sistema nervoso autónomo, podem acompanhar diferentes emoções, há que perceber como chegamos à experiência emocional global. Segundo a hipótese do marcador somático de Damásio (1999), a experiência da emoção é essencialmente uma história que o cérebro inventa, conjugando os dados fisiológicos com os dados do contexto, para explicar as reacções corporais.

Para compreendermos o medo, importa dominar o conceito de emoção e, ainda, distinguir entre emoção primária e secundária (Damásio, 1994), de forma a relacionar o medo com comportamentos nos quais esta emoção está aparentemente ausente.

Durante muito tempo considerou-se que o comportamento inteligente era, por definição, racional. Hoje, a investigação permite-nos avançar mais na nossa compreensão do mundo e equacionar a questão de um outro ponto de vista: a emoção não só não é oposta à razão, como faz parte integrante desta, desempenhando um papel fundamental a nível motivacional e nos processos decisionais (Damásio, 1994; Goleman, 1995). Assim, uma das possíveis definições de emoção será: estado psicológico e biológico que implica uma propensão para a acção, e que é diferente do conceito de sentimento.

Todas as emoções constituem, em essência, impulsos para agir, planos instantâneos para lidar com determinada situação. A própria raiz da palavra emoção é movere, "mover" em latim, mais o prefixo "e-", para denotar "afastar-se", indicando que está implícita uma tendência a agir. Embora a função da emoção seja levar à acção, nos adultos "civilizados" encontramos muitas vezes essa função suspensa, na medida em que parece haver um divórcio entre emoção e reacção.

Um outro ponto de vista (Mayer & Salovey, 1997) defende que a emoção serve para sinalizar e responder às alterações na relação do indivíduo com o meio (incluindo o seu lugar imaginário nele).

As emoções primárias (inatas e pré-organizadas), dependem da rede de circuitos do sistema límbico e representam as reacções directas, iniciais e mais básicas do indivíduo a uma situação, como por exemplo ficar triste perante uma perda, ou ter medo perante uma ameaça (Damásio, 1994).

Vários autores defendem a existência de apenas um punhado de emoções primárias.

Greenberg (1996) considera a existência de cinco emoções básicas (medo, raiva, nojo, tristeza e alegria). Leventhal (1982) defende que as emoções básicas têm a função de actuar como mecanismo de controlo e de monitorização de cada um dos aspectos principais da vida do ser humano (por exemplo, segurança, pertença, etc). Deste modo, o medo monitoriza o nível de segurança e os perigos potenciais, enquanto a raiva, por exemplo, monitoriza os obstáculos que se interpõem na prossecução de actividades e objectivos do indivíduo.

É interessante referir que as emoções primárias negativas parecem ser em maior número. O argumento da corrente evolucionista é no sentido de que as emoções negativas, ao longo dos tempos, foram mais eficazes em termos adaptativos, alertando para perigos e contribuindo para a sobrevivência do indivíduo. A chave para uma adaptação saudável, a qualquer meio, está na tomada de consciência de que as emoções negativas existem, estar consciente delas quando surgem, aprender a tolerá-las e a regulá-las (Frijda, 1986; Tomkins, 1963).

Por outro lado, as emoções secundárias são respostas a pensamentos, sentimentos, ou a uma sequência complexa de ambos, podendo ainda ser uma forma de defesa contra uma emoção primária. Um exemplo de emoção secundária é o medo ou a tristeza transformados em raiva e agressividade. Quando determinada emoção é inaceitável para o indivíduo ou para a sociedade, este pode não a reconhecer pelo que verdadeiramente é e distorcê-la ou modificá-la, de modo a exteriorizar o seu mal--estar de uma forma mais aceitável, que não ponha em causa o seu self (Rogers, 1959).

Há que ressalvar que a abordagem neuro-cognitiva do funcionamento emocional é, ainda, recente e, embora seja profícua em estudos empíricos que sustentam a solidez das suas conclusões, espera-se ainda que produza mais desenvolvimentos.

Conclusão da abordagem psicológica

Procurou-se nestas linhas fazer uma breve resenha das várias correntes de estudo em psicologia sobre o fenómeno do medo, visando a sua compreensão e, simultaneamente, uma ferramenta autónoma para o leitor.

Propomos uma abordagem integrativa para a compreensão e resolução do tema e não perfilhamos a ideia de que aspectos do medo ou o stress são já compreendidos na sua plenitude. Apesar de já muito se ter avançado nestes domínios, este conhecimento é ainda incompleto, havendo um longo caminho a percorrer para alcançar uma maior compreensão dos fenómenos intrínsecos e, mesmo, extrínsecos ao indivíduo, responsáveis pelo fenómeno do medo.

Metodologia

1. Descrição da Amostra

A amostra é composta por 102 indivíduos, reclusos em estabelecimentos prisionais portugueses. Todos estes reclusos já haviam beneficiado de saída precária, razão pela qual haviam cumprido um tempo substancial da pena em que foram condenados. Dos 102 reclusos, 89 eram indivíduos em que a saída precária se efectuou com sucesso e 13 são referentes a casos de insucesso.

De uma forma sintética, as características da amostra mais relevante a destacar são:

- ✓ Quanto ao sexo, a amostra compõe-se de 93 homens e 9 mulheres;
- ✓ No que respeita à idade, a maioria da amostra (61,8%) situa-se entre os 25 e os 39 anos de idade;
- ✓ O estado civil é, prevalecentemente de solteiro, seguido de casado//união de facto, depois divorciado e, residualmente viúvo;
- ✓ Quanto às habilitações literárias, 33% possui o primeiro ciclo do ensino básico, 24,5% o segundo ciclo e 17% o nível de escolaridade mínima obrigatória;
- ✓ A nível de emprego, pese a diversidade, a maioria dos homens inclui-se na construção civil, e as mulheres são, sobretudo, domésticas ou vendedoras ambulantes;
- ✓ O crime prevalente é relacionado com estupefacientes, seguido por crimes contra o património e residualmente crimes contra pessoas e a vida em sociedade;
- ✓ O tempo de pena varia, para 76,5% da totalidade da amostra, entre 3 a 9 anos.

2. Descrição do Local

Os reclusos encontravam-se nos seguintes estabelecimentos prisionais: Alcoentre, Caxias, Funchal, Linhó, Lisboa, Monsanto, Sintra, Vale de Judeus, Hospital Prisional S. João de Deus, Tires, Angra do Heroísmo, Horta, Caldas da Rainha, Montijo, Ponta Delgada e Polícia Judiciária de Lisboa.

Os primeiros 8 estabelecimentos são classificados de Estabelecimentos Prisionais Centrais, o Hospital Prisional de S. João de Deus e Tires são Estabelecimentos Prisionais Especiais e os restantes 6 são Estabelecimentos Prisionais Regionais.

3. Instrumento utilizado e sua aplicação

O instrumento utilizado para abordar os 102 indivíduos que compõe a amostra foi uma entrevista semi-directiva. Esta entrevista foi conduzida por uma equipa de psicólogas, sendo que as entrevistas se realizaram de forma individualizada garantindo a confidencialidade da pessoa que, voluntariamente, colaborou na sua realização. Para as entrevistas foram obtidas as autorizações da Direcção-Geral dos Serviços Prisionais e, em cada um dos estabelecimentos prisionais, do respectivo director.

A entrevista tinha como objecto diversos âmbitos da vida do entrevistado (familiar, educativo, social, laboral, penitenciário) e como alcance último as saídas precárias prolongadas. É neste contexto que surge a questão objecto do presente estudo.

Essa entrevista já havia sido objecto de um pré-teste que assegurou a sua viabilidade.

Cumpre salvaguardar que o objectivo principal deste estudo não era a recolha de informação específica sobre este tema, pelo que as conclusões que daqui surgirem são meramente indicativas, não devendo por isso serem retiradas quaisquer inferências estatísticas relativamente à frequência e distribuição de medos. Usando uma metodologia mais directiva, os resultados poderão ser diferentes.

4. Procedimento

Da análise das 102 entrevistas resultaram oito causas recorrentes do medo: o medo do outro, o medo da noite, o medo da solidão, o medo da contaminação, o medo da morte, o medo de enlouquecer, o medo da recaída e o medo de sair.

É com base nestas oito categorias que se irá proceder à leitura discursiva do medo quando em reclusão.

Quadro 1 – Frequências por categoria

Categorias	N	%
Medo do outro	10	23,26
Medo de sair	9	20,91
Medo da solidão	5	11,63
Medo da contaminação	5	11,63
Medo de enlouquecer	5	11,63
Medo da morte	3	6,98
Medo da noite	3	6,98
Medo da recaída	3	6,98
Total	43	100

Quadro 2 – Frequências totais

Categorias	N	%
Medo do outro	10	9,81
Medo de sair	9	8,83
Medo da solidão	5	4,90
Medo da contaminação	5	4,90
Medo de enlouquecer	5	4,90
Medo da noite	3	2,94
Medo da morte	3	2,94
Medo da recaída	3	2,94
Nenhuma referência	59	57,84
Total	102	100

Como se referiu, não se deve retirar conclusões em termos estatísticos, sendo os quadros precedentes mera informação para melhor enquadramento da análise levada a efeito nas linhas subsequentes.

Poesia da Ciência

Não será comum em trabalhos ditos "científicos" introduzir uma nota de poesia. A poesia, diz o senso comum, poderá conferir uma dimensão menos densa, pode até ser incompatível com uma pretensa seriedade...

Salvo o estudo de Teófilo Braga – *Poesia do Direito* –, datada de 1865, não se conhecem outras investidas no sentido de compaginar estas duas realidades supostamente tão distintas.

No entanto, a complementaridade é tanto mais rica quanto maior for a diversidade das realidades complementadas.

Cada vez mais a ciência é confluência de saberes, devendo o homem pautar o seu discernimento por uma abertura aos diversos conhecimentos e, sobretudo, saber relacioná-los.

Actualmente, como refere Boaventura Sousa Santos (1987): "A criação científica no paradigma emergente assume-se como próxima da criação literária ou artística, porque à semelhança destas pretende que a dimensão activa da transformação do real (o escultor a trabalhar a pedra) seja sublinhada à contemplação do resultado (a obra de arte)."

Por outro lado, a ideia de que a poesia se move em regiões etéreas, sem cuidar da realidade, nomeadamente a social, constitui uma tese obsoleta, sendo hoje patente que a poesia constitui um verdadeiro documento social (Carvalho, 2006), um depoimento sobre o real e o vivido.

Incidindo o presente estudo sobre o medo em reclusão, nas suas diversas manifestações, muito do pensamento explícito evoca pensamentos implícitos.

Assim, o pensamento implícito da poesia pode e deve, com proveito, sugerir a dimensão dos sentimentos que enformam o pensamento verbalizado dos reclusos.

Como dizia Álvaro Ribeiro (1956), o essencial da poesia está "na possibilidade de ascensão ao plano espiritual", será esse elevamento que se pretendeu ao fazer – hereticamente – confluir dois ramos do saber, portadores de duas realidades distintas mas convergentes no que respeita ao conhecimento do homem.

Categorias

Medo do outro

"Não basta ter-me dado nos meus versos:
Pedem a carne e a pele, os inimigos.
Os olhos, dois postigos
De olhar o mundo sem ninguém me ver,
Querem-nos entaipados;
E quebrados
Os braços, que eram ramos a crescer.

Luto, digo que não, peço socorro,
Mas saiu-me ao caminho uma alcateia.
Lobos da liberdade alheia
Que me seguem os passos hora a hora,
Sem que eu possa sequer adivinhar,
Na paisagem de medo tumular,
Qual deles salta primeiro e me devora."

Ameaça de Morte – MIGUEL TORGA

O Homem, como ser de relações sociais, está em permanente movimento. As relações, voluntárias ou impositivas, que se estabelecem com os outros são de grande importância para o crescimento, bem-estar, estabilidade e felicidade pessoal. A apreensão do mundo, dos valores e das regras de convivência em sociedade resulta, precisamente, da interacção com o meio e de diálogos com os outros, que validam, reconhecem, contextualizam e rotulam o que o próprio vai descobrindo e construindo à sua volta (Sluzki, 1996).

Nessa interacção com o outro, o indivíduo tende a procurar juntar-se a alguém com quem se identifique, que partilhe valores idênticos e que se integre num quadro cultural equivalente (Duck, 1991).

No entanto, o indivíduo não é totalmente livre nas suas escolhas. A (o)pressão exercida pela mente colectiva tende a condicionar as suas escolhas. Ele vai procurar atender à expectativa do "outro" e tenderá a reproduzir comportamentos estereotipados da sociedade, de modo a garantir a aprovação, aceitação e inclusão. A mente colectiva vai assim perpetuando padrões de comportamento, a que o indivíduo deverá ser fiel, para garantir a sua aceitação.

Nas palavras de Zeldin (1999), "uma parcela cada vez maior de pessoas se preocupa com o que os outros pensam delas [...] como cada ato, a cada dia, será criticado e julgado tanto por aqueles que as conhecem quanto pelos que as ignoram."

Influenciamos e somos influenciados no nosso comportamento pelo medo de uma opinião negativa, ou de não sermos aceites e respeitados.

Mas será o outro o inferno do homem como afiança Sartre (1977) ou será o inferno do Homem ele mesmo como sugere Chauí (1987)?

O medo do outro é, hoje também, um medo difuso de intolerância ao estrangeiro, ao diferente, sobre todas as suas formas (Lambert, 2005), embora ele se concretize, a par e passo, com medos individualizados.

A vida em grupo, solucionou alguns dos medos mais arcaicos da sociedade, mas simultaneamente contribuiu para a criação de novos medos (Delumeau, 1996). Esses novos temores, socialmente construídos, mudam de acordo com o contexto em que o indivíduo se insere, sendo responsáveis pelo nascimento de comportamentos outrora inexistentes.

Um exemplo de um medo que pode ser secundário a um contexto específico é o medo do outro, em que o comportamento do indivíduo se modifica, não só para se proteger e/ou ser aceite, mas também porque a mente colectiva lhe impôs algumas ideias pré-concebidas sobre o meio prisional.

Existem vários reclusos que se referem aos outros como fonte de medo e de insegurança no seu dia a dia.

«Um dia aqui equivale a três lá fora. Mesmo que queira andar sossegado, aqui é muito difícil. Eu até aqui tenho-me safado porque me tenho desviado na altura certa. Isto aqui há confusão todos os dias (...) é só roubos e roubos. Aqui há uns que têm visitas, outros que não têm e dá sempre problemas, porque alguns não têm tabaco e depois roubam. Mas isto agora já está melhor, foi com o motim que houve».

Luís, 27 anos de idade, solteiro, em cumprimento de pena de 13 anos e 1 mês de prisão, por crime de roubo e furto, no E.P. do Linhó.

A percepção temporal é crucial para a adaptação do recluso às condicionantes da reclusão. O dia demora a passar e se existem momentos em que todos desejam estar sós e afastar-se do mundo, no fundo «andar sossegado», algumas regras do sistema (no caso anterior as visitas) dificultam esse sossego, contribuindo, na opinião deste recluso, para o aumento da insegurança.

A análise de algumas narrativas, sugere que a realidade do contexto prisional em alguns estabelecimentos, ou melhor, em algumas zonas de alguns estabelecimentos, parece corresponder à imagem de insegurança, mal-estar e desrespeito que a sociedade constrói do meio prisional.

«Na Ala é diferente. Praticamente não saio da cela. Às vezes vou comer ao refeitório (...) Mas ando sempre encostado às paredes, ali há de tudo. Há de tudo, é o que eu digo, hoje em dia é o Casal Ventoso autêntico, não há hipótese, é a qualquer momento. Eu não falo por mim, mas falo pelos meus companheiros. Uns gostam mais de uns do que dos outros, uns têm mais raiva a uns do que a outros, pode levar uma *xinada*, uma coisa assim... É muita gente, uma Ala com trezentos e tal homens é muita gente (...) Se estiver a falar com um amigo eu controlo as costas dele e ele controla as costas a mim, é sempre assim».

Luís, 30 anos de idade, solteiro, em cumprimento de pena de 4 anos e 1 mês de prisão, por crime de deserção qualificada e roubo, no E.P. de Sintra.

Aqui relatam o medo dos outros, principalmente devido à diversidade cultural e social dos companheiros «ali há de tudo», mas também ao background pessoal, e às privações que a reclusão impõe. É, ainda, de salientar a ansiedade que a situação provoca «mesmo que queira andar sossegado aqui é muito difícil» e a alteração de comportamentos imposta pela necessidade de alerta permanente, uma vez que na nossa sociedade ninguém anda habitualmente pelas ruas «encostado à parede» ou a «controlar as costas de um amigo».

É bem evidente que em reclusão o medo do outro não equivale ao medo do outro em liberdade.

Algumas vezes, o contexto, a percepção que cada um faz da realidade ou as experiências anteriores vividas, assistidas ou apenas comentadas por outros, levam a que se tema alguém em particular, um determinado grupo ou um conjunto de pessoas numa determinada situação.

«Medos... ou seja, eu não estou habituado a este tipo de vida, tenho medo, tenho receio, porque é assim, eu estou aqui a lidar com traficantes, drogados, assassinos, de tudo um pouco e não me sinto à vontade».

Victor, 26 anos de idade, casado, em cumprimento de pena de 4 anos e 6 meses de prisão por tráfico de estupefacientes no EP de Alcoentre.

No contexto particular da reclusão, as relações interpessoais têm uma componente involuntária, uma vez que não é possível escolher o companheiro de cela, por exemplo, e cada indivíduo é "forçado" a estabelecer relações com pessoas e grupos com os quais pode não se identificar.

«Nós nunca sabemos como é que o companheiro vai acordar no dia seguinte e nunca sabemos o que vai acontecer a essas pessoas. À partida, pronto, tento levar no meu melhor, não arranjar conflitos nem atritos com ninguém, tanto a nível de guardas como a nível de companheiros».

Frederico, 36 anos de idade, solteiro, em cumprimento de pena de 10 anos e 6 meses de prisão, por crime de tráfico e outras actividades ilícitas, no E.P. de Vale de Judeus.

O presente excerto introduz na categoria "medo dos outros" a variante de medo dos guardas prisionais a qual surge residualmente porquanto o medo dos outros é referido, quase em exclusivo, ao medo dos companheiros de reclusão, aos próprios pares.

Seria interessante explorar as diferenças entre o medo dos guardas e o medo dos reclusos (outros). Tal não é, no entanto, possível por carência de referências ao medo dos guardas prisionais.

Regressando ao conspecto geral do medo em reclusão, refira-se que a imagem culturalmente transmitida tem, tendencialmente, menos impacto no medo dos outros do que inicialmente se pensava, uma vez que existem situações reais, experimentadas ou apenas observadas, que enformam estes medos e contribuem para a sua perpetuação.

«Medo das pessoas. Eu quando entrei para aqui fui para a admissão e deixaram-me lá estar... durante os primeiros três dias não saí da cela. Depois quando saí ali da admissão fui para a cela 19 e deixaram-me lá estar durante três meses. Nessa cela tinha três companheiros. Estive ali quatro meses e depois mudei para as camaratas e estive lá três meses e pouco. Depois mudei porque era para me porem a trabalhar. (...) Eu quando entrei para cá tinha receio de sair da cela. Porque há indivíduos que andam à porrada... encostam-se à porta e não deixam ninguém entrar, nem ajudar, nem acudir, nem nada... ninguém pode fazer nada... por isso é que eu me fechava. Eu levei dois murros porque estávamos a falar e não sei quê... e eu chamei-lhe "cabrão" e ele não tem mais nada e chega ao pé de mim e dá-me dois murros... e eu para não levar mais ainda fechei-me e não disse nada. Agora não tenho medos porque estou fora daqui. Estou na outra parte! Eu aqui tenho medo porque já vi muitas coisas. Uma pessoa aqui tem de ver, ouvir e calar. É ver, esquecer e mais nada. Porque depois caem em cima de uma pessoa e não é só um, não é?! É logo meia dúzia deles. Chegaram-me a dizer que se eu falasse alguma coisa que... e eu nunca contei nada a ninguém!»

Silvestre, 24 anos de idade, solteiro, em cumprimento de pena de 1 ano e 1 mês de prisão, por crime de condução sem habilitação, no E.P. de Caldas da Rainha.

Além da experiência real descrita – «chamei-lhe "cabrão" e ele não tem mais nada e chega ao pé de mim e dá-me dois murros» – existem alguns aspectos neste relato que nos permitem compreender também, relativamente a este recluso, o processo de adaptação ao meio e a consequente diminuição do medo sentido. Para a diminuição do medo sentido contribuíram a alteração do contexto, quando saiu das camaratas e foi trabalhar e a adopção de estratégias de *coping* que o ajudaram a enfrentar a situação, por exemplo, adoptando uma resposta de evitamento da situação e fechando-se na cela ou «ver, ouvir e calar».

Um outro exemplo de uma situação onde uma reclusa enfrentou os seus medos.

«Medos aqui são as mulheres. Eu, por exemplo, passados uns meses de estar presa deparei-me com uma fulana a quem eu ia comprar droga, que olhou p'ra mim e viu ouro e pensou... porque aqui são assim: vêem uma pessoa que tem tabaco, tem dinheiro para beber uns cafés, tem visita, não é? Vêem os anéis, fui toxicodependente e... vou explorá-la! Foi dizer que eu lhe devia dinheiro, que eu a tinha roubado e não sei quê... E eu fui ao escritório e disse que esta senhora anda a incomodar-me, eu não lhe devo dinheiro nenhum, apesar de ir a casa dela comprar droga, eu nunca lhe fiquei a dever dinheiro nenhum. As pessoas tentam manipular as outras por intermédio dessas coisas. As pessoas aqui dentro são muito más umas para as outras... acho que há muita falsidade e muita falta de camaradagem».

Cecília, 29 anos de idade, solteira, em cumprimento de pena de 4 anos de prisão, por crime de tráfico de estupefacientes, no E.P. de Tires.

Neste relato salienta-se uma outra estratégia de *coping* que a reclusa usou – «Eu fui ao escritório e disse que esta senhora anda a incomodar-me» – para ultrapassar o medo que sentiu em resposta a uma ameaça real feita por outra reclusa.

O retrato que Duby (1998) faz das sociedades do milénio 1000 e 2000 – "na Idade Média, o homem apresentava-se como um ser social, solidário e confiante nos seus pares. Agora está solitário, desconfiado de tudo, de todos" – é esclarecedor do que a reclusa afirma acerca da sua vivência prisional – «As pessoas aqui dentro são muito más umas para as outras... acho que há muita falsidade e muita falta de camaradagem».

Mas não será esta sua percepção apenas um reflexo dos tempos modernos? Eventualmente agravado pelas características do microcosmos onde a reclusa se insere?

Algo surge evidente do discurso dos reclusos, o medo verbalizado tem fundamento objectivo, é uma resposta adaptativa a uma situação não completamente controlável (Ollendick et al., 1991) ou, na perspectiva de Laeng (1973), é uma reacção exteroceptiva.

Medo de sair

"Fecho os olhos por instantes.
Abro os olhos novamente.
Neste abrir e fechar de olhos
Já todo o mundo é diferente."
(...)

Tudo é foi – ANTÓNIO GEDEÃO

Sair é abandonar o local onde se está, é passar de um espaço para outro. É uma passagem de locais, um ultrapassar de limites espaciais. Neste sentido, sair é abandonar, partir, romper com uma situação para encetar um novo desafio. Esta alteração pode significar uma mera mudança na continuidade ou, então, um rompimento.

Se, como dizia Leibniz, o espaço é "a ordem das coexistências" (1714, 1947), a mudança de espaço implica a rotura com uma coexistência vivida para se entrar numa nova coexistência.

Tal introduz a problemática da mudança que não se queda no mero câmbio ou substituição, antes se repercute por múltiplos aspectos e estruturas (Rhéaume, 2005).

O "medo de sair" refere-se a medo de sair do estabelecimento prisional. Este medo está principalmente relacionado com a habituação dos reclusos à rotina prisional a qual pode romper decisivamente com os hábitos e valores da vida em liberdade.

É possível distinguir, dentro deste tipo de medo, duas variantes: uma que se refere ao simples medo de sair, de ser confrontado com o mudo exterior; outra, que com este receio ou independente dele, exprime o medo do futuro ou da própria sobrevivência nessa liberdade. Este medo do amanhã, a inquietude latente perante o devir, cada vez mais incerto, eventualmente com desordem, constitui uma angústia característica da sociedade moderna (Lambert, 2005), já não assim o medo do mundo exterior que se configura hoje, sensivelmente, nos mesmos parâmetros das gerações que nos precederam. A incerteza, ligada à novidade e à desordem, geradoras do medo, constituem motivos de estudo da delinquência em geral (Skogan, 1990; Warr, 1990), perspectiva distinta do presente estudo, mas que atesta a importância das ditas variáveis na problemática do medo.

Embora sejam ambos medos de sair, eles revelam sentimentos e preocupações distintas.

«Sei lá... senti medo... não era capaz de andar na rua. Tudo é diferente. Muito diferente... até o próprio sítio onde eu morava estava diferente... avenidas e ruas, rotundas... eu não era capaz de andar, não sabia andar mesmo, até na rua andar a pé... parece que as pessoas estavam todas a olhar para mim... foi muito mau mesmo.»

Carlos, 46 anos de idade, cumpre pena de 6 anos de prisão, por crime de tráfico de estupefacientes, no E.P. de Alcoentre.

Tal como a adaptação à prisão, também a adaptação ao meio livre é um processo individual no qual interagem diversas variáveis. O maior ou menor tempo de reclusão é uma das variáveis que mais poderá condicionar o tipo de medo/dificuldade experienciada pelo Carlos. Neste caso, a estranheza não abrange apenas o meio físico, também os outros surgem como estranhos, mesmo ameaçadores...

«Não me custou a sair e não me custou a voltar a entrar, por incrível que pareça. Eu tinha medo de sair, ia um bocado nervoso, ainda por cima porque se atrasou um bocado porque foi no dia em que morreu o pai do Dr. Manuel João e o Director nunca mais assinava o meu papel e não sei quê, e atrasou-se um bocado, não saí às 11 da manhã, saí à uma da tarde... 'Tava muito ansioso! Mas quando entrei...

eu oiço os meus companheiros a dizer que custa-lhes muito, não me custou rigorosamente nada! Não me custou por saber que daqui a dois meses tenho a oportunidade de ir outra vez e que daqui a três, quatro ou cinco tenho a oportunidade de ir de vez. E então não me custou nada voltar a entrar!»

Paulo, 31 anos de idade, casado, em cumprimento de pena de 1 ano e 6 meses de prisão, por crime de furto qualificado, no E.P. de Lisboa.

Este medo de sair deve ser contextualizado no âmbito da saída precária, não se deve confundir com o medo de sair definitivamente da prisão. No caso deste recluso, o medo de sair é mais um medo de não sair, devido ao atraso na assinatura dos papéis. Verifica-se ainda, motivada pelo discurso dos outros colegas, uma alusão ao medo de sair, por findo o tempo da saída precária, não ter coragem de voltar ao estabelecimento prisional, prejudicando o seu percurso prisional e de vida.

«É uma aproximação à família muito grande... é nós sentirmos que estamos perto da liberdade, que estamos ou que vamos começar a ser reintegrados na sociedade,... é o ensaio para quando nós sairmos em liberdade, eu quando fui a primeira vez de precária estava com um bocado de receio da maneira como ia ser aceite pelas pessoas da rua onde eu nasci, onde fui criado, das pessoas que sabiam que eu estava detido...(...) em futuro, em estabilidade futura não me garante nada, eu estou a ver o tempo a passar tenho 55 anos, entrei com 46... e quando sair eu pergunto o que será o meu futuro?»

Jacinto, 55 anos de idade, cumpre pena de 19 anos de prisão, por crimes de burla agravada, no E.P. de Alcoentre.

O medo de sair, no caso do Jacinto, também ele no âmbito de uma saída precária, entrelaça-se primeiro com o medo dos outros, com o receio da reacção das pessoas que constituíam a sua rede social (Rocha & Silvério, 2005), conferindo, desta forma, relevância especial àquele segmento da sociedade livre.

Num segundo segmento do discurso, evoca um outro medo, o medo do seu futuro, esse desconhecido que o aguarda quando as portas da prisão se lhe abrirem definitivamente.

«Entrar na sociedade estranha é um bocado complicado, nem gosto de falar sobre isso. Já passou, não gosto de falar sobre isso, mas não me senti nada bem, ter de ir ver certas pessoas que já não via há muito tempo, super modificadas, a convivência com as pessoas já não é a mesma, como é normal... e isso magoou um pouco. O mundo lá fora mudou em todos os aspectos... conhecia Lisboa como as palmas das minhas mãos e hoje em dia vejo-me à nora.»

Vítor, 26 anos de idade, casado, em cumprimento de pena de 4 anos e 6 meses, por crime de tráfico de estupefacientes, no E.P. de Alcoentre.

Também o caso do Vítor se insere no contexto de uma saída precária. Mas no seu caso o medo advém da mudança que verificou no mundo exterior, tanto nas pessoas como no ambiente físico, sendo certo que o seu tempo de confinamento em efectiva reclusão se limitou a 1 ano e 4 meses. Recorde-se que as pessoas não são iguais face aos medos e às fobias, razão pela qual, suponha-se, a preocupação de um outro recluso ao fim de dez anos pode ser tal e qual idêntica a outro com apenas um ano de efectiva reclusão. A componente subjectiva permite estas disparidades.

É interessante que o recluso refira a sociedade livre como sociedade estranha, tal poderá denotar o que se pode chamar de uma adaptação à prisão mal sucedida (Gonçalves, 2000), mas também pode, apenas, significar uma percepção de objectiva diferença.

«Quando saí a primeira precária, a bem dizer, tinha medo da sombra. A primeira vez foi... é frustrante porque a ansiedade é tanta que uma pessoa aí dois, três dias antes é uma dor de barriga que não pára. Depois uma pessoa quando sai daqui, chega lá fora o mundo está todo diferente. Uma pessoa já... aqui só tem é, a bem dizer, um sonho, uma fotografia, uma pessoa quando chega lá fora já está tudo diferente, os carros são diferentes. Eu tive perto de quatro anos sem ir de precária, sem ir à rua, isso foi um bocado penoso. Depois as estradas estão todas diferentes e depois se uma pessoa vê um polícia, pensa que o polícia está sempre a olhar para uma pessoa. Uma pessoa pensa que está nos filmes, com as coisas às listas e que o polícia está sempre com os olhos em cima de uma pessoa. Nas relações sexuais também é muito complicado porque uma pessoa pensa, pronto e vai do tempo que está aqui que tem, que tem uma relação estável e depois quando vai para o acto não consegue. Comigo passou-se isso na primeira vez. Depois normalizou.»

Noel, 43 anos de idade, em cumprimento de pena de 14 anos de prisão, por crime de homicídio, no E.P. de Alcoentre

Mais um caso em que o medo se inscreve no contexto da saída precária. O confronto com uma realidade diferente. As dificuldades desse choque. A antecipação do medo do confronto, antecipação esta que toma o nome de ansiedade, estado emocional negativo, com sentimentos de nervosismo, preocupação e apreensão, associado a uma activação do organismo (Weinberg & Gould, 1995).

Ansiedade que, na classificação de Montgomery (1990), pode ser considerada normal pois adequada às circunstâncias concretas vividas pelo recluso.

Embora indevidamente caracterizada, a situação do Noel permite introduzir uma das patologias da adaptação à prisão, a ansiedade (Silva & Gonçalves, 1999). A outra patologia é a depressão, esta desencadeante de descompensações psicóticas e de medos patológicos (idem, idem).

«Poder sair, uma pessoa nem sabe andar na rua. Não é que me mete-se confusão andar na rua, é uma pessoa está habituado a... é um mundo totalmente diferente, que é, é pronto, é uma sensação que há, não sei explicar a sensação. É alegria é liberdade é, uma pessoa até parece que está mais jovem, é... Porque, vou lhe contar uma pequena história, eu saí daqui, antes desta condenação, sai daqui em 94, ao fim de 8 anos, cumpri a pena toda até ao osso, 86//94, quando sai daqui eu não sabia andar na rua. Tinha medo de andar na rua. Tudo, o trânsito, o barulho, era tudo. Pronto, então nessa altura tive uma pessoa minha amiga, já nos conhecíamos há uma data de anos, e chamou a atenção dele e da mulher, até me chamaram a atenção, que eu não andava bem, o que é que eu tinha, o que é que eu não tinha, pronto e era uma briga com eles e então ele até me deu para eu escolher o país, o país para ir passar um mês de férias, então nessa altura fui passar um mês de férias à Alemanha, antiga RDA. Pronto, aquilo, o muro de Berlim ainda estava a ser deitado a baixo, pronto mas como era um país ainda assim com movimento, era um país pacato. Um mês, sai daqui no dia 12 de Maio de 94 aqui de dentro, no dia 27 de Maio fui para a Alemanha e no dia 27 de Junho vim da Alemanha, só para recuperar daquela tensão, daquele tempo... Para aliviar, para recuperar da tensão.»

António, 49 anos de idade, divorciado, cumpre pena de 7 anos e 6 meses de prisão, por crime de tráfico de estupefaciente, no E.P. de Vale de Judeus.

O medo de andar na rua. A necessidade de aliviar a tensão de se estar encarcerado. A perda de capacidades e competências pró-sociais, co-naturais ao percurso adaptativo à prisão do recluso.

«Estar aqui três anos sem ir à rua. Fui no carro da minha irmã, fui no carro dela com o vidro fechado, mesmo com medo, com pânico de andar no carro. Uma pessoa está aqui muito tempo não sabe o que se passa lá fora. A rua lá fora... uma pessoa fica assustada.»

Marina, 29 anos de idade, em união de facto, cumpre pena de 7 anos de prisão, por crime de tráfico de estupefacientes, no E.P. de Tires.

De novo o medo do exterior. Neste caso com referência ao pânico. O pânico é um terror de carácter irracional. Na linguagem psiquiátrica designa um estado ansioso que corresponde à descrição dos sintomas do acesso de angústia (Allilaire, 2001).

«... não me custou a primeira vez que eu saí assim, só fui para casa ao fim de 6 anos, faltavam 8 dias para os 6 anos (...) o que eu senti é que ia ao lado do meu marido e "ó amor vai devagar", aquela distância dos carros é que me aflige um bocadinho,...»

Regina, 48 anos de idade, casada, em cumprimento de pena de 17 anos de prisão, por crimes de tráfico de estupefaciente e associação criminosa, no E.P. de Tires.

Os ritmos e os espaços da liberdade a criarem estranheza e angústia.

«Os companheiros são um bocado agressivos, essas coisas todas... furtos. De resto assim mais medos... sim depois tenho aquele medo de ir para fora devido à idade que eu tenho, quarenta e seis anos, sair com quarenta e sete é um bocado difícil. Depois uma pessoa ir lá para fora e ter uma estabilidade financeira... Trabalhei vinte e quatro anos e meio numa fábrica de vidros. Por isso é que eu acho um bocado difícil porque pronto... sei fazer aquilo e pouco mais e vai ser difícil devido à minha idade arranjar um emprego numa fábrica de vidros porque aquilo está tudo moderno, computorizado essas coisas todas e eu posso não me adaptar.»

Carlos, 46 anos de idade, em cumprimento de pena de 6 anos de prisão, por crime de tráfico de estupefacientes, no E. P. de Alcoentre.

O medo de sair, no caso do Carlos, prende-se com a dificuldade que antevê de subsistir economicamente uma vez em liberdade definitiva. A idade e a alteração das técnicas da sua arte não lhe permitirão um emprego com facilidade, numa sociedade em que o emprego é, cada vez mais, difícil e precário. Confrontado com esta realidade que se prende com a sua própria subsistência, experiencia o medo.

Sabendo que será confrontado com o objecto do seu medo, a recorrência do pensamento surge como uma realidade intrusiva de que é impossível alhear-se.

É um medo racional que poderá aumentar com a proximidade do acontecimento, multiplicando a angústia e a ansiedade. A intensidade do medo é proporcional ao perigo e o perigo de não ter subsistência económica uma vez em liberdade é grave, além disso não se pode adaptar a não ter sobrevivência.

O medo de sair, na sua modalidade de ser confrontado com o exterior ou de ser confrontado com o viver ou sobreviver no exterior, têm como fundamento o sofrimento da confrontação com uma realidade diversa daquela que se interiorizou aquando em reclusão. São ambas modalidades de ansiedade social, particulares, dado dizerem respeito a um universo restrito da população, mas perfeitamente enquadrável num tipo de emoção universalmente partilhada naquele tipo de população.

Embora justificadas pelas circunstâncias do isolamento, são ambas situações onde, para os visados, se torna necessário afirmar essa realidade perante a sociedade.

No caso do confronto do recluso com a sociedade, não grassando o medo em fobia, ele tende a ser rapidamente ultrapassado com a própria vivência em sociedade. Já o medo em sobreviver aquando a saída definitiva pode ter contornos mais complicados pois que a sua solução depende de factores alheios à vontade e determinação do ex-recluso.

Estas preocupações inscrevem-se na problemática mais geral da reintegração social, sendo que os estudos mais recentes advogam uma alteração da própria experiência de reclusão, mediante incremento da educação, do trabalho e de oportunidades, a par de uma nova filosofia na saída do recluso (Petersilia, 2003).

Em jeito de reflexão final, nesta categoria do medo, cumpre referir que o medo de sair constitui um medo específico de alguém que se vê confinado numa instituição total. Ele provém de o indivíduo, no seu processo de adaptação à prisão, assimilar os elementos organizacionais e institucionais da prisão, acomodando os seus esquemas comportamentais ao sistema prisional, do mesmo passo que perde competências sociais. Ora, o papel do sistema prisional, à parte do seu aspecto securitário, é o de assegurar e promover as competências sociais dos reclusos. Tal é o desiderato da própria pena: reintegração do agente na sociedade. Com efeito, todo o recluso em cumprimento de pena de prisão, será um cidadão livre, pelo que tão importante como a adaptação intra-muros que permite o recluso viver enquanto aí permanece, está a manutenção dos vínculos sociais e a implementação de competências pró-sociais. Esta realidade deve merecer, por parte do legislador, dos serviços prisionais e de reinserção social, a maior atenção, de forma que, falhando a reintegração social do recluso, todo o sistema carece de sentido útil pois a punição, por si só, não opera a aludida socialização.

Medo de enlouquecer

"Vivem centos de doidos neste hospício
(Quem no diria, olhando cá de fora...?!)
E o portão dança já no velho quício,
Dança, e faz entrar mais a toda a hora...

Trazem todos um sonho, um crime, um vício,
E foram reis lá muito longe, outrora...
E em seus rostos de espanto ou de flagício
Não sei que ausência atroz se comemora!

Faz medo e angústia olhá-los bem nos olhos;
E, lá por trás de grades e ferrolhos,
Estoiram de ansiedade desmedida.
– Meu corpo, ó meu hospício de alienados!
Abre-te aos meus desejos enjaulados,
Deixa-os despedaçar a minha vida!"

A jaula e as feras – JOSÉ RÉGIO

Na reflexão sobre o medo de enlouquecer no contexto prisional, surge como fundamental, para a compreensão da construção dos receios nos reclusos, incluir uma abordagem histórico-social da loucura, que permita uma visão do modo como tem sido encarada a loucura ao longo dos tempos e a forma como se tem transformado de expressão divina ou desequilíbrio do corpo em alienação e, depois, em doença mental.

Considerou-se também que uma definição técnica da loucura e a sua relação com a saúde mental, será importante para compreender o processo, os seus mecanismos e implicações, bem como dos fatores que reforçam o receio de enlouquecer. Será de grande utilidade na compreensão de como as condições prisionais potenciam a desorganização interna do indivíduo – e que este parece percepcionar como uma forma de loucura.

No entanto, não podemos deixar de salientar, desde já, que a concepção técnica, ou psicopatológica, não parece ser a que mais informa os receios dos reclusos, uma vez que assenta em informações a que ordinariamente estes não têm acesso. Já a construção histórico-social, mais adequada à amostra, perpassa toda a sociedade, sendo adquirida como parte do processo de enculturação dos indivíduos (Herskovits, 1948).

Analisando a forma como a loucura tem sido conceptualizada ao longo da história, verificamos que o modo de a conceber tem evoluído ao longo dos tempos, caminhando no sentido da interiorização da loucura, enquanto experiência subjectiva do sujeito, como se poderá verificar através dos exemplos que se seguem.

Primitivamente acreditava-se que a doença mental era provocada por algo ou alguém (espíritos ou homens) com má intenção.

Na Grécia de Homero acreditava-se que a loucura provinha da cólera dos Deuses (Gameiro, s/d). Mais tarde, Platão concebe, no *Fedro* (1994), a loucura dividida em duas formas: a loucura humana, em que o desequilíbrio do corpo produziria a perturbação do espírito e a loucura divina, que assenta numa relação muito próxima entre sabedoria e delírio, que é concedida pelos deuses, quase como uma forma de iluminação e cuja origem é externa, afastando o indivíduo da sua vida quotidiana. Esta dupla concepção de loucura tem acompanhado a história da filosofia, afastando o conceito de um estado meramente patológico (Legrand, 1986).

Na Bíblia e no Talmude, a doença mental era atribuída a Deus que a infligia como castigo. Já na Idade Média (Séc. XIV), o doente mental era produto de possessão diabólica e perseguido como tal.

No início do Séc. XVI, Erasmo (2001), apresenta uma visão da loucura de alguma forma próxima da concepção grega, como sendo um estado desorganizado, mas simultaneamente lúcido, aproveitando esta concepção para fazer a crítica das convenções e constrangimentos sociais e humanos. Longe da perspectiva médica da doença, a loucura não é mostrada como a perda de si, mas antes como um estado que permite o acesso a verdades de outro modo inexprimíveis. Aproxima-se de uma espécie de inimputabilidade. Deste modo, é possível a expressão de todas as verdades e todas as críticas, funcionando como uma protecção face a um exterior que não tolera a inconformidade, excepto se a puder rotular de "louca".

Na sua análise da evolução histórica da loucura, Foucault (1997a) descreve como na Idade Média a loucura era entendida como uma fraqueza de espírito, mais digna de piedade que de repúdio, apesar de também ser frequentemente representada como possessão demoníaca.

Anteriormente, o mundo da loucura tinha a ver com o sobrenatural e a partir do Séc. XVII passa a mundo de exclusão. As casas de internamento surgem para receber os loucos, mas também uma série de indivíduos muito diferentes entre si – velhos, inválidos, mendigos – todos aqueles que em relação à razão, à moral e à sociedade dão sinais de desajustamento (Foucault, 1997b).

Esta noção de que a loucura poderia apenas ser contida, foi alterada pelo surgimento e evolução da psiquiatria, que no Séc. XVIII começou a entender a loucura como algo que seria tratável (Foucault, 1999).

Actualmente, predomina uma visão médica e psicoterapêutica, na qual o termo loucura caíu de alguma forma em desuso, sendo reservado apenas para os estados mais graves de perturbação mental ou sendo substituído por termos mais sofisticados, tais como perturbação, distúrbio ou síndrome, que pretendem ser mais específicos e servir melhor a "filosofia" que defende um curso de acção que potencie o correcto diagnóstico, tratamento e reintegração do sujeito na sociedade.

O dicionário define-a como distúrbio, disfunção do pensamento e da actuação incompatível com a realidade, alteração mental caracterizada pelo afastamento mais ou menos prolongado do indivíduo dos seus métodos habituais de pensar, sentir e agir; sentimento ou sensação que foge ao controlo da razão (…); acto ou fala extravagante, que parece desarrazoado; atitude sem ponderação ou prudência, comportamento que denota falta de senso, de juízo, de discernimento (Academia, 2001; Houaiss, 2003).

Em termos de definição, importa ainda salientar que o medo de enlouquecer aqui discutido, é diferente do sentido, por exemplo, numa crise de pânico, em que a pessoa se desorganiza momentaneamente e julga que vai enlouquecer e/ou morrer, e que se insere habitualmente num quadro ansiogénico, num qualquer contexto de vida.

Tendo em atenção a sua evolução histórica e definição é inegável que, quem é rotulado como diferente ou perturbado, continua a ser rejeitado pela maioria da sociedade e que esta condição se acentua ainda mais no micro-cosmos social que é a prisão.

Alguns estudos têm reflectido sobre a problemática da loucura na prisão. Entre nós, são percursores os estudos de Bernardino Gomes (1844), António Sena (1884, 1885), Bernardo Lucas (1888), João Gonçalves (1907), Luís Cebola (1925, 1926, 1941), Sobral Cid (1934) e Barahona Fernandes (1946, 1970) para não referir as contribuições de Miguel Bombarda (1897) e Júlio de Matos (1889, 1903-1907, 1910, 1923) e mais recentemente Schneeberger de Athayde (1971), Pedro Polónio (1975, 1978) e Dias Cordeiro (2003), entre outros.

Na prisão, pelas suas características específicas, qualquer vulnerabilidade psicológica é aumentada, nomeadamente as ansiedades e medos, sendo que de entre estes o medo de enlouquecer, ou de desrazão, é referido, directa ou indirectamente, com alguma frequência.

«A rotina aqui é desgraçada, se não se é maluco, sai-se maluco».

Carlos, 43 anos, solteiro, em cumprimento de pena de 29 meses, por crime de moeda falsa, no E.P. de Monsanto

«Eu só tenho medo de mim próprio... tenho medo de me descontrolar...»

José, 36 anos, união de facto, em cumprimento de pena de 6 anos, por crime de furto qualificado, roubo e evasão, no E.P. de Vale de Judeus

O medo de enlouquecer, mesmo quando a própria palavra medo é omitida, reveste-se também da componente de desordem referida anteriormente, de desorganização interna que leva ao receio de perder o controlo, a razão, a capacidade de decisão e, consequentemente, de ficar vulnerável, exposto.

Vários autores, entre eles Farrington e Wilson (1986), referem que os "fenómenos negativos da prisão, tais como a solidão, a perda de autonomia e de capacidade de iniciativa, ameaças latentes e manifestas de violência, a rotina, a monotonia e a massificação de actividades e relações", promovem diversas formas de desequilíbrio mental, e potenciam no recluso a ideia de que vai enlouquecer. Aqui a desrazão é potenciada por uma situação que é, em si, objecto de exclusão e, portanto, próximo do radical da loucura (Foulcault, 1997a).

Assim, o medo de enlouquecer em reclusão possui uma densidade própria que o distingue do mesmo tipo de medo quando em liberdade.

No que respeita à perda de autonomia, o testemunho do recluso reflecte o modo como esse facto conduz a um sentimento de sub-humanização e à perda de noção de valor próprio:

«A pessoa aqui sente-se um bocado como um animal em cativeiro, o dono abre 'agora vais passear um bocadinho, e agora volta lá para dentro que está na hora de ser fechado' é como se fosse um animal doméstico, estamos totalmente privados de sermos nós mesmos, de sermos autónomos (...) não temos qualquer tipo de voz.(...)»

Tiago, 25 anos, divorciado, em cumprimento de pena de 6 anos, por crime de burla, no E.P. de Monsanto

Esta alteração da imagem de si próprio, apresenta-se em duas vertentes que é importante analisar: a patológica, que iremos abordar mais à frente, e a identitária. Deste modo, torna-se importante compreender o papel que a construção da identidade e do conceito de si próprio, e a sua posterior desconstrução dentro da prisão, desempenha no processo de desorganização do indivíduo.

Gleitman (1986) refere que o indivíduo constrói a sua identidade, a sua ideia de que é um certo tipo de pessoa com determinadas capacidades, crenças e atitudes, em função do reflexo que os outros significativos lhe devolvem, do contexto em que está inserido, assim como dos papéis que desempenha (homem, pai, filho, amigo, trabalhador, marido). Mesmo os contextos de origem disfuncionais são normativos e por isso securizantes, definindo quem é a pessoa, a que grupos pertence, com quem se pode ou deve relacionar e de que modo deve fazê-lo.

Ao ser encarcerado, o indivíduo passava a usar farda, ser identificado por um número e era confinado a um espaço reduzido, muitas vezes com total perda de privacidade, isolado dos contactos sociais exteriores, nomeadamente quando são colocados em estabelecimentos prisionais afastados da área de residência da família e amigos, ou quando a família ainda não aceitou a sua reclusão.

Deste modo perdia a maioria dos seus referenciais. As características pelas quais seria apreciado no exterior perdem importância e outras, eventualmente menos reforçadas pela sociedade, tornam-se necessárias à sobrevivência.

Ao analisar este processo, Goffman (1988; 1999), introduziu a noção de mortificação do eu, para referir o conjunto de perdas resultantes da reclusão que contribuem para a destruição da identidade do indivíduo.

Em maior risco estarão provavelmente os que têm uma personalidade mais frágil, com um *self* menos integrado. Verificando-se esta perda de referenciais, potencialmente agravada por experiências negativas de abusos na prisão, o esforço de adaptação pode ser intolerável e acarretar suficiente desorganização interna para criar a sensação (ou realidade) de estar a enlouquecer. Gonçalves (2002), refere mesmo que, na sequência destas perdas identitárias que ocorrem no processo de adaptação à prisão, as formas de reacção encontradas "podem variar entre os extremos da submissão total às normas institucionais até à doença mental, à fuga ou ao suicídio".

O impacto na saúde mental da vida em contexto prisional tem sido amplamente estudado por diversos autores.

Uma das primeiras experiências na área da psicologia social relacionada com prisões e os seus efeitos foi a "Stanford prison experiment" e, apesar de sofrer de várias limitações metodológicas, permitiu lançar algumas questões importantes sobre os efeitos psicológicos da reclusão, assim como identificar alguns deles, nomeadamente: perturbação emocional aguda e raiva, pensamento desorganizado, choro incontrolável, isolamento, e comportamentos patológicos (Zimbardo et al., 1973).

Embora existam várias outras perturbações associadas à reclusão, as mais frequentes são a depressão e a ansiedade, que não sendo aquelas que estão mais identificadas com a noção de loucura descrita anteriormente, são muitas vezes conducentes a perturbações psicossomáticas e outras. A ansiedade parece estar mais relacionada com reacções de agressividade, dirigidas aos outros ou a si próprio (greve de fome, auto-mutilações, tentativas de fuga, etc.) e a depressão parece ter maior associação com desorganizações de tipo psicótico, tais como o surgimento de delírios associados a vários medos, alterações da auto-imagem e ideias paranóides podendo, no extremo, conduzir ao suicídio (Gonçalves, 2002).

Goffman (1988, 1999), sinalizou também outros efeitos, tais como marchas estereotipadas, desinvestimento da imagem pessoal, desleixo nos cuidados pessoais e de higiene, o que poderá ser considerado sinal de um processo patológico de adaptação à prisão.

Ainda dentro do processo de adaptação à prisão, Gonçalves (2002), descreve as "psicoses carcerais", que parecem evoluir a partir do ensimesmamento progressivo, para marasmo generalizado e evitamento de qualquer contacto social, até ao surgimento de sintomas como alucinações e delírios intensos, normalmente de conteúdo paranóide. No entanto, não podemos deixar de salientar que as perturbações de adaptação, tal como são descritas no DSM-IV (American Psychiatric Association, 1994), são contingentes ao factor de stress psicossocial desencadeante, tendendo a desaparecer com a ausência desse factor ou quando se consegue um novo nível de adaptação.

Gonçalves (2002) refere as perturbações afectivas como o sinal mais evidente da desestruturação mais global da personalidade, nomeadamente a desvinculação, o desamparo, as alterações frequentes de humor, assim como a excessiva procura de apoio, que por vezes assume formas desadequadas através de comportamentos de chamada de atenção que resultam em castigos ou perdas de privilégios, mas que são menos intoleráveis para o individuo que a não-existência ou a sensação de invisibilidade.

«Um mau comportamento do recluso dentro do próprio EP, às vezes é uma chamada de atenção 'estou aqui, estou vivo, olhem por mim um bocadinho' claro que o fazem de forma errada, mas muitas vezes não têm lucidez suficiente para fazer de outra forma».

O mesmo recluso reconhece o impacto psicológico e emocional da prisão.

«Quem passa por uma casa destas, lá fora nunca mais vai sair da cabeça. Há pessoas que saem daqui com traumas, com ansiedades, porque isto atormenta qualquer um (…) As pessoas estão debaixo de um stress muito grande, o ambiente torna-se pesado, a personalidade das pessoas altera-se um bocado (…) a pessoa aqui chega a um ponto em que se sente a vegetar, não temos qualquer tipo de opinião, de voz activa (…)»

Tiago, 25 anos, divorciado, em cumprimento de pena de 6 anos, por crime de burla, no E.P. de Monsanto

A mesma noção aparece reflectida nas palavras de um outro recluso.

«Estando-se na cadeia vai dando uma certa paranóia na cabeça...»

Manuel, 32 anos, solteiro, em cumprimento de pena de 4 anos, por crime de roubo e furto qualificado, no E.P. de Lisboa

Estes testemunhos ajudam-nos a fazer uma aproximação àquilo que os reclusos afirmam recear, e que identificam como loucura, podendo ser incluídos alguns deles nas chamadas patologias do eu, que surgem habitualmente inseridas em quadros mais complexos, enquanto parte de um conjunto de sintomas.

Scharfetter (1996) faz um apanhado destas patologias, que pela sua imediata identificação como potenciais consequências de diferentes aspectos da vida prisional, consideramos ter interesse referir com alguma extensão, sem cair na excessiva categorização.

Deste modo, a despersonalização, correspondente à sensação de afastamento de si mesmo, de ser exterior à própria experiência, ou ainda à incerteza relativamente à própria identidade, medo de a perder, podendo chegar à perda efectiva dessa identidade, deixando de saber quem é. Pode verificar-se a procura de identidades alternativas à sua que preencham o vazio, através da mudança de fisionomia, comportamento de género, assumpção de características de outros, ou outras atitudes e comportamentos, diversos dos seus.

A pessoa pode desenvolver a sensação de que já não existe, de que o seu corpo não tem matéria. Ou pode surgir um medo grave do fim do mundo, medo da própria morte, medo da decadência, podendo este último reflectir-se sob a forma de hipocondria.

Uma outra linha sintomática passa pela perda de controlo sobre a acção e pensamento, pela lentificação da experiência, o que aumenta a dificuldade na tomada das mais pequenas decisões quotidianas, nos actos ou até na fala; ou ainda, pela sensação de ser controlado e influenciado pelo exterior, imobilizado ou possuído.

Quando se fala em perda de coerência do eu, está-se a falar de deixar de se percepcionar a si próprio como uma unidade compreensível, ou uma totalidade coerente, pode ocorrer a perda das ligações entre pensamento e sensações, interrupção da cadeia de pensamento, dos impulsos para a acção. O indivíduo pode ter a sensação de estar fragmentado.

Por fim, referimos a perda de limites do eu, que pode implicar uma sensação de insegurança, de sentir-se exposto e indefeso, isolado, com ausência de área própria no que respeita ao corpo, ao pensamento e ao sentimento, gerando-se uma confusão entre o que é seu e interior e o que é exterior e vem dos outros. Deste modo, pode surgir a perda de controlo sobre a realidade.

É evidente a justaposição entre a descrição destas perturbações e as condições das prisões conhecidas e descritas pelos reclusos, assim como com a apresentação dos seus receios, pois como referia um recluso numa citação anterior "se não se é maluco, sai-se maluco."

Antes de concluirmos, valerá a pena uma breve reflexão relativa aos indivíduos portadores de vulnerabilidade ou doença mental anterior ao encarceramento. Pelas suas características de disfuncionalidade, têm uma probabilidade acrescida de entrar no circuito prisional, devido a uma série de factores de índole sócio-económica, que empurram os menos preparados para se integrar na sociedade para as suas franjas, mais do que garantem condições para o sucesso da sua integração. A maioria das vezes, a pessoa com perturbação mental, não identificada, chega à prisão devido a ofensas decorrentes do abuso de substâncias, devido a criminalidade contra a propriedade, ou, nos casos mais graves, por criminalidade contra pessoas (Archambault & Mormont, 1998; McCaghy, Capron & Jamieson, 2000).

No entanto, estes indivíduos nem sempre são identificados, pelo que não são encaminhados para os espaços devidamente apetrechados para o efeito, nomeadamente, Hospital S. João de Deus, Santa Cruz do Bispo e algumas camas em Alcoentre, Pinheiro da Cruz e Tires, ou mesmo para o Serviço Nacional de Saúde, uma vez que o número de camas é limitado.

Faz sentido inferir que a pessoa que já traz para a prisão algum tipo de vulnerabilidade mental, terá maior probabilidade de desenvolver efectivas patologias. Não é claro se alguém com estas características, poderá ter maior medo de enlouquecer, pois parte da vulnerabilidade poderá passar por uma menor consciência de si e dos seus processos internos. No entanto, seguramente quanto mais exemplos existirem na cadeia de reclusos que desenvolvem perturbação mental, maior a probabilidade de que outros reclusos, ao sentirem-se mais frágeis ou desorganizados, receiem que lhe possa acontecer o mesmo. Deste modo, poderá ser hipotetizado que a presença de situações de desenvolvimento de doença mental dentro da cadeia, aumente, de forma vicariante, o medo de enlouquecer nos outros reclusos.

Ao longo desta reflexão, os diversos dados sugerem que o medo de enlouquecer ou de estar louco será fundamentado não só na experiência subjectiva do sujeito, mas também naquilo que se pode observar dentro da prisão.

Posto isto, e sem pretender entrar em discussão sobre a própria natureza e filosofia do sistema prisional, estas linhas talvez possam servir como indicadores a ter em consideração na reflexão sobre a promoção da saúde mental dentro do contexto prisional. Poderiam ser úteis no sentido de procurar um equilíbrio entre a contenção de indivíduos condenados por crimes, a regulação necessária do seu comportamento e a definição de alguns mínimos de autonomia e de manutenção de traços pessoais.

Que a despersonalização imposta aos indivíduos pelo sistema prisional contribui para a desorganização interna e deterioração da saúde mental daqueles que de algum modo já traziam vulnerabilidades a esse nível, parece ser evidente. No entanto, surgem-nos ainda algumas questões de outra índole ao reflectir sobre este assunto: será necessário ou mesmo vantajoso despersonalizar os reclusos enquanto indivíduos para melhor os gerir enquanto grupo? Ao promover a despersonalização "oficial" não estamos a incentivar as expressões "informais" de identidade pessoal e de grupo (tatuagens e outros adornos ou formas de apresentação pessoal, códigos de comportamento grupais diferenciados, etc.) como únicas formas alternativas de manter alguma distintividade? Do ponto de vista da gestão dos grupos de reclusos e da sua posterior reinserção na sociedade não haveria vantagem em proteger, senão promover a sua saúde mental?

Nenhuma destas questões é de resposta simples, mas já será um passo importante se ajudarem a desencadear o processo de reflexão.

Medo da solidão

"Ó solidão! À noite, quando, estranho,
Vagueio sem destino, pelas ruas,
O mar todo é de pedra... E continuas.
Todo o vento é poeira... E continuas.
A Lua, fria, pesa... E continuas.
Uma hora passa e outra... E continuas.
Nas minhas mãos vazias continuas,
No meu sexo indomável continuas,
Na minha branca insónia continuas,
Paro como quem foge. E continuas.

Chamo por toda a gente. E continuas.
Ninguém me ouve. Ninguém! E continuas.
Invento um verso... E rasgo-o. E continuas.
Eterna, continuas...
Mas sei por fim que sou do teu tamanho!"

Solidão – Pedro Homem de Mello

Ao iniciar a reflexão sobre o medo da solidão, faz sentido tentar olhar mais de perto o objecto em causa e tentar perceber de que falamos quando falamos de solidão. Importa também compreender que falar apenas do medo sentido face à solidão seria uma forma demasiado redutora de encarar o problema o que, de algum modo, justifica a opção por uma abordagem mais lata da questão.

O primeiro aspecto a ter em conta é que não se trata de um fenómeno unívoco e, como tal, importa analisá-lo de múltiplas vertentes; a objectiva, que implica o estar de facto fisicamente isolado de outras pessoas; a subjectiva, que passa pelo sentir-se só, independentemente da presença ou ausência de outros; a existencial, que reflecte sobre o inevitável isolamento do ser humano, na sua idiossincrasia e na sua busca de um sentido de vida que ordene a existência; a psicológica, que procura entender a vivência interna deste fenómeno e os processos que desencadeia; e, por fim, a social, que traduz a exclusão do indivíduo pela sociedade, ou, simplesmente, a ausência ou deficiência das redes sociais de apoio (Rocha & Silvério, 2005) e que se manifesta de múltiplas formas (Pezeu-Massabuau, 2008). Outras perspectivas poderiam ser consideradas – como a que a insere nos factores do crime (Warr, 1990) –, mas estas parecem ser centrais para a compreensão do que é a solidão e do que leva os indivíduos a temê-la.

Antes de aprofundarmos a análise do conceito de solidão e do medo da mesma, importa distinguir entre solidão e solitude, sendo esta definida por Marcoen e Goosens (1993) como "o uso activo e construtivo do tempo passado só", e considerada por Buchholz & Catton (1999) como uma necessidade ao nível do desenvolvimento, paralela à necessidade de se estabelecer relações interpessoais. Essencialmente este conceito traduz uma vivência positiva do estar sozinho.

Esta distinção permite conceptualizar o medo da solidão de outro ponto de vista, nomeadamente em termos da procura vs. aversão da solitude. Gossens, Marcoen, Hees & Woestijne (1998) defendem que esta última traduz o medo de estar só ou o desconforto causado pela ausência de companhia de outras pessoas.

A palavra solidão tem origem no latim *solitudo*, que reflecte as noções de solidão, retiro, desamparo, abandono. A solidão é definida no dicionário como "estado de quem se acha ou se sente desacompanhado ou só; isolamento (...); sensação ou situação de quem vive afastado do mundo ou isolado no meio de um grupo social (...)" (Houaiss, 2003).

Na sociedade contemporânea, a solidão assume contornos mais vastos do que alguma vez sucedeu na história do Homem, isto porque o avanço tecnológico e a estrutura social actual enfraqueceram os laços sociais de proximidade. Assim, o indivíduo está cada vez mais informado mas cada vez mais só, havendo quem afirme que a solidão é o grande medo do mundo moderno (Lambert, 2005). Esta nova solidão, não está ligada ao envelhecimento, antes percorre todos os escalões etários.

Retomando uma perspectiva mais tradicional, será possível afirmar que, praticamente, todos os indivíduos sentem solidão nalgum momento das suas vidas, havendo vários factores que contribuem para isso, por exemplo, estar separado de pessoas e lugares familiares. Pelo contrário, à medida que se estabelecem laços com as pessoas e que os lugares se tornam familiares, o sentimento tende a diluir-se ou mesmo a desaparecer. No entanto, poderemos intuir que as condições específicas do contexto prisional tornam esta adaptação mais complexa. Esta intuição apoia-se na associação já estabelecida entre solidão e dificuldades de adaptação à prisão (Neto, 1992).

Diversos autores reflectiram ou investigaram o tema da solidão (Sullivan, 1953; From-Reichman, 1959; Moustakas, 1961; Weiss, 1973). Nomeadamente, Perlman & Peplau (1981) definem o termo como "uma experiência desagradável que ocorre quando a rede de relações sociais do indivíduo apresenta um défice significativo, seja qualitativo, seja quantitativo". A solidão é ainda descrita como um sentimento doloroso de estar desligado, isolado do resto do mundo, de não pertencer, de haver algo em falta na sua vida.

Cacioppo et all. (2000, 2003) defendem que a solidão é caracterizada por três condições: o isolamento, entendido como ausência ou distância de um parceiro romântico; sentimentos se estar desligado, de não ter amigos ou relações próximas; e, sentimentos de não-pertença ou exclusão, que se traduzem na não identificação ou não aceitação pelos grupos sociais positivamente valorados.

O testemunho de um recluso ilustra este sentimento de exclusão, que pode ser sentido a partir das pequenas coisas, e que resulta em isolamento e solidão.

«Às vezes há algumas pessoas que passam por mim e nem sequer me dizem bom dia... (...) Eu não posso fazer nada, mas eu sinto isso, não é? As pessoas passam e não dizem nada e, sei lá, dois ou três passos à frente aparece outra pessoa e as pessoas são capazes de se cumprimentar uma à outra e pronto, e a mim não me cumprimentam...»

António, 28 anos, solteiro, em cumprimento de pena de 4 anos e 6 meses, por crime de furto qualificado, no E.P. de Lisboa

Bowlby (1973), Sullivan (1953) e Weiss (1973) conceptualizam a questão da solidão como uma reacção a um défice relacional, verificada quando as relações vividas não são capazes de satisfazer a totalidade das necessidades sociais dos indivíduos, nomeadamente vinculação, integração social, orientação, reconhecimento pessoal, aliança pessoal e *nurterance*, que numa tradução livre poderá ser interpretado como necessidade de ser cuidado.

Outros autores referem a solidão como "uma experiência excessivamente penosa que se liga a uma necessidade de intimidade não satisfeita, consecutiva a relações sociais, sentidas como insuficientes ou insatisfatórias. A solidão não é isolamento, mas antes uma reacção pessoal face a uma determinada situação" (Berger & Mailloux-Poirier, 1995).

Weiss (1973) distingue, ainda, entre solidão social e emocional. A primeira, implica a percepção de um défice nas relações sociais e traduz-se em sentimentos de exclusão, marginalidade e aborrecimento, que têm a função adaptativa de impelir o indivíduo no sentido de aumentar ou desenvolver a sua rede social de apoio. A segunda, verifica-se quando o indivíduo percepciona a ausência de uma relação íntima na qual se sinta seguro, aceite, compreendido e protegido, estimulando a procura de uma relação que satisfaça estas necessidades. É frequente verificar que apesar de possuírem uma boa rede social de apoio, alguns indivíduos não experienciam verdadeiras relações de intimidade, sentindo-se emocionalmente sós.

«[não lhe custa nada?] É só... a solidão! Mas nem muito... está-se só, mas habitua-se à solidão, à rotina... acho que é a única coisa (...) Sinto-me sozinho depois de entrar no meu espaço, que eu tenho uma cela só para mim. Nessas horas... (...) Eu no dia-a-dia, eu próprio procuro 'tar sozinho. 'Tou com o pessoal, chego ali, brinco e gozo e 'tou com eles todos, mas retiro-me sempre para ficar sozinho.»

Ricardo, 30 anos, solteiro, em cumprimento de pena de 6 anos e 6 meses, por crime de roubo e furto qualificado, no E.P. de Lisboa

As palavras deste recluso reflectem bem as dimensões, subjectiva, relacional e emocional da solidão. Esta surge como algo que se teme, que está mais presente e é mais dolorosa nos momentos de isolamento, mas que também não é colmatada na presença de outros, que não proporcionam relações satisfatórias, impelindo o indivíduo a refugiar-se no isolamento. Estamos perante uma solidão específica da reclusão.

«Há muita dor, muita solidão aqui dentro, muita carência, muita necessidade nem que seja de um sorriso. (...)».

Tiago, 25 anos, divorciado, em cumprimento de pena de 6 anos, por crime de burla, no E.P. de Monsanto

Apesar do impulso adaptativo de procurar novas ligações produzido pela solidão social, e do reconhecimento que encontramos nas palavras do recluso sobre essa necessidade, em contexto prisional isso nem sempre é possível ou seguro, podendo nem sequer ser desejado. Muitos reclusos não se identificam com os seus pares, nem com o seu novo estatuto e identidade, sendo esta não identificação diferente da que refere Cacioppo (2003), na medida em que o grupo é negativamente valorado. Esta não identificação cumpre fundamentalmente uma função de protecção do *self* e da auto-estima do indivíduo, mas não deixa de ser uma forma de isolamento, conducente à solidão. Encontramos esta diferenciação em testemunhos como o que se segue.

«Não tenho colegas aqui dentro. Sou uma pessoa individualista. Tenho de me pôr à parte porque tenho um pensar diferente»

José, 33 anos, divorciado, em cumprimento de pena de 9 anos, por crime de burla agravada, no E.P. de Alcoentre

Surge aqui um paradoxo ao nível das necessidades. Simultaneamente existe uma profunda necessidade de contacto com outros seres humanos, embora esse contacto não desejado seja mesmo por vezes temido. Quando o recluso consegue construir alguma rede social de apoio dentro da prisão (Rocha & Silvério, 2005), passamos a ter dois níveis de outros, os que estão na rede e que cumprem pelo menos uma função de protecção e cuja presença se deseja e os outros que não pertencem e que podem ser temidos e, por tal, a sua presença é indesejada. Esta diferença pode ajudar a compreender os diversos níveis do medo da solidão. Por um lado, teme-se a ausência dos outros protectores; por outro, que essa desprotecção tenha como consequência a vulnerabilidade face a outros ameaçadores.

É comum os indivíduos que sentem solidão sentirem-se também deprimidos, ansiosos ou zangados, podendo até apresentar queixas somáticas como dores de cabeça, de estômago e baixos níveis de energia. Frequentemente são pessoas excessivamente auto-críticas e absorvidas na sua própria infelicidade (Cacioppo et al., 2006).

Vários outros autores confirmam esta associação entre a solidão e diversos problemas como a depressão, ansiedade, zanga, timidez, vinculações inseguras, ansiedade social e auto-consciência, doenças físicas, suicídio, consumo de álcool, agressão e insucesso académico (Loucks, 1980; Perlman & Landolt, 1999) e, ainda, a sensações crónicas de cansaço, dor e tensão (Gerstein & Tesser, 1987).

Por outro lado, no caso de alguns indivíduos, os sentimentos de desenquadramento e desligamento devem-se ao facto de não saberem abordar e estabelecer contacto com os outros socialmente, em qualquer contexto ou de sentirem que não sabem como o fazer no contexto específico da prisão. Muitos receiam ser rejeitados, ou exporem-se a abusos, pelo que não tentam fazer amigos ou desenvolver relações. Na análise do medo dos outros, encontra-se uma reflexão mais aprofundada sobre este aspecto.

Alguns autores sinalizam os jovens como sendo mais vulneráveis ao sentimento de solidão. A incapacidade de estabelecer relações íntimas com os outros resulta numa tendência para estabelecer relações estereotipadas e com um profundo sentimento de isolamento (Costa, 1991). No exterior, a ausência de namorada/o é dos factores que mais contribui para a solidão dos jovens.

> «O que eu mais sinto falta é de companhia, (...) tenho visitas dos meus pais mas é completamente diferente [sente-se sozinho aqui dentro?] Muito... muito! [Pesa-lhe a solidão] Demais!!»
>
> Mário, 26 anos, solteiro, em cumprimento de pena de 2 anos, por crime de roubo, no E.P. de Lisboa

Para compreender a natureza da solidão, é ainda importante recordar que a necessidade social primária dos seres humanos é de aceitação, podendo ser secundária apenas às necessidades fisiológicas e de segurança física (Maslow, 1954). A necessidade de aceitação traduz-se não só na aceitação por parte dos companheiros, mas também na filiação, participação, troca de amizade, afecto e amor. Estando todos estes factores limitados ou ausentes no contexto prisional, este torna-se campo fértil para sentimentos de solidão.

Reflectindo a imagem que construímos de nós mesmos, a imagem que os outros têm de nós, a ausência desta aceitação, que no caso dos reclusos muitas vezes é múltipla, ao serem rejeitados pelas famílias, pela sociedade e pelos outros reclusos, diminui a auto-estima, e "tudo o que diminui a auto-estima (…) aumenta a solidão bem como o risco de problemas físicos e psicológicos". (Berger & Mailloux-Poirier, 1995). Esta perspectiva é partilhada por McWirther (1990), que alerta para o facto de um padrão estável de solidão ser fortemente ameaçador para o funcionamento psicológico e a saúde mental dos indivíduos.

A teoria da vinculação oferece uma outra abordagem de grande utilidade (Bartholomew, 1990; 1991), demonstrando que uma vinculação adequada produz uma visão positiva de si e dos outros na relação, facilitando por sua vez relações interpessoais adequadas. Por outro lado, mais frequentes serão os indivíduos com uma visão negativa de si, mas positiva do outro, e que tendem a colocar-se em posturas de submissão, estando mais sujeitos a sentimentos depressivos e de solidão, assim como os que têm uma imagem negativa de si e dos outros. Conceptualmente, estes indivíduos serão mais propensos a comportamentos agressivos. Estas duas últimas tipologias, do ponto de vista relacional têm um impacto comparável, reflectindo uma vinculação evitante.

Na mesma linha, estudos realizados por Ward & Hudson (1996) sobre agressores sexuais, indicam que os dois perfis de vinculação evitante serão mais propensos a evitar a proximidade, podendo mostrar o seu desconforto de forma externalizante, através da revolta e da agressão. Os que têm uma visão positiva de si e negativa dos outros dificilmente expressarão solidão ou receio da mesma. Complementarmente, esta incapacidade de se ligar ao outro e de respeitar regras que protegem o bem--estar do outro, constituem factores de risco social, apontando na direcção de uma maior necessidade de apoio nestes casos, para aquisição das competências necessárias, seja para uma melhor adaptação à prisão, seja para facilitar a reintegração na sociedade após o final da pena.

Dependendo de vários factores, os reclusos mais adaptados ao meio, que se sintam mais capazes, mais confiantes ou agressivos, poderão lidar com o facto procurando impor o respeito dos outros de formas mais ou menos agressivas. Os outros, que não possuam esses recursos poder-se-ão sentir sós e desamparados. No meio de uma multidão é possível sentir-se só, e esse sentimento criar elevados níveis de ansiedade e de medo. Sendo estes sentimentos negativos, com forte potencial aversivo, é possível compreender que possam desencadear uma emoção secundária de medo.

Sentir-se isolado num ambiente hostil, dependendo da solidez psicológica do indivíduo, pode conduzir a elevados níveis de desorganização interna e, paradoxalmente, à procura de isolamento real. Deste modo, o evitamento da companhia de outros, pode ser securizante e amenizar o desconforto.

Moustakas (1961) distingue entre a solidão da condição humana – "solidão existencial" – e a solidão que se experiência como resultado do medo da solidão e que ele classifica como "ansiedade à solidão". A solidão e tensão que são parte da condição humana podem ser criativas, a solidão que resulta do medo habitualmente atrofia o potencial humano do indivíduo, encorajando-o a desenvolver um estilo de vida que promova a manutenção desse medo e alienando-o cada vez mais de si mesmo e dos outros que o rodeiam. No entanto, destaca que a ansiedade à solidão é algo sobre o qual se pode exercer um certo grau de controlo, apenas pelo facto de se estar consciente desse medo.

Do ponto de vista clínico, o medo da solidão, também designado *autofobia* – palavra que deriva do grego *autos* (o próprio) e *phobos* (medo) –, pode ser interpretado como um medo anormal e persistente de estar sozinho. Indivíduos com este tipo de medo sentem excessiva ansiedade, apesar de reconhecerem que estar sozinho não ameaça o seu bem-estar. Podem preocupar-se com a possibilidade de serem ignorados ou não serem amados, ou preocuparem-se com intrusos, ruídos estranhos ou a possibilidade de desenvolverem problemas de saúde.

Como referido anteriormente, o medo de estar só é fundamental na construção de pontes entre as pessoas. Assim, um aparente paradoxo desta questão é que a solidão, e o medo desta, podem ser indicadores razoáveis do potencial de readaptação ao exterior. Só sente solidão o indivíduo que se ressente da incapacidade ou da impossibilidade de construir pontes genuínas com outros seres humanos, que sente falta de relações de confiança e compreensão. Neste caso, existe uma motivação adequada com que se pode trabalhar, a procura de afecto, de ligação, mesmo que seja necessário auxiliar o indivíduo e dotá-lo de competências para que o consiga fazer de modo adequado.

Por outro lado, poder-se-ia talvez arriscar e colocar a hipótese do medo da solidão não só como receio da sensação subjectiva de sofrimento ou desligamento pela ausência do outro, mas também, ou alternativamente, como o medo de estar só consigo mesmo. Seria também possível hipotetizar que o estar só consigo próprio implica o confronto com necessidades não satisfeitas, sentimentos de culpa, pensamentos e emoções ligados à percepção de desvalor pessoal.

Tendo em atenção todos os factores e potenciais prejuízos derivados da solidão, mesmo que amenizar estes sentimentos nos reclusos não seja um objectivo em si mesmo, poderia fazer sentido no âmbito de uma possível intervenção, enquanto meio para fins mais vastos. Assim, sendo já reconhecida a importância da reabilitação e reinserção dos reclusos na sociedade, o medo da solidão pode ser utilizado em contexto prisional como fonte motivacional, para um conjunto de mudanças adaptativas. Neste sentido, poder-se-ia procurar fomentar a melhoria do auto-conceito, a aquisição de competências sociais, assim como interacções adequadas e estruturadas entre reclusos que facilitem a criação de redes sociais e, estimulando a relação com o exterior por forma a manter ou criar novas redes que possam estar disponíveis para apoiar o percurso prisional e a reintegração na comunidade.

Paralelamente, seria útil no combate à solidão criar oportunidades, possivelmente através de um sistema de tutoria ou de educação de pares, para desenvolver uma ou outra relação de intimidade ou, ainda, um sentimento de pertença positivo, como o que se verifica nalguns programas de educação formal no interior das prisões, uma vez que se verifica um fraco nível de escolaridade na população prisional (Provedor de Justiça, 2003).

Este é um tema vastíssimo que não se esgota nestas linhas, no entanto permitem-nos pelo menos construir um referencial que permita uma maior compreensão e uma possível base de acção sobre este fenómeno.

Medo da contaminação

"Quem sente o meu sentimento
sou eu só, e mais ninguém.
Quem sofre o meu sofrimento
sou eu só, e mais ninguém.
Quem estremece este meu estremecimento
sou eu só, e mais ninguém."
(...)

Poema do homem só – ANTÓNIO GEDEÃO

Quando em 1990 a Organização Mundial de Saúde procedeu a um inventário das doenças no mundo, fez um balanço das doenças contagiosas transmitidas sexualmente, apresentou as seguintes conclusões: 120 milhões devido a tricomonas, 50 milhões devido a clamídeas, 30 milhões de origem viral, 25 milhões por gonococos, 20 milhões por infecções herpéticas, 3,5 milhões relacionadas com a sífilis, 2,5 milhões são hepatites B, 2 milhões por cancro mole e 1 milhão por vírus da SIDA. Em suma, foram detectados 250 milhões de casos (Rubin, 1994), sendo que têm em comum o facto de, as referidas doenças, serem transmitidas, além de por outras formas, sexualmente.

Ora, as infecções causadas pelo vírus da hepatite B e da SIDA podem ser mortais.

Na década de noventa e na primeira metade de 2000, os números aumentaram, sendo que no caso da hepatite B e da SIDA os resultados da medicina, com vista ao seu tratamento, têm sido muito lentos e escassos.

De todas estas infecções, a SIDA é a que mais tem alarmado a população mundial. Sendo uma epidemia planetária, ameaçando a estabilidade económica e, porventura, a demográfica de certos países nomeadamente africanos (Guy & Adotevi, s.d.; Mann, 1987).

Como uma doença civilizacional, pois surge num momento preciso da evolução das práticas e mentalidades, a SIDA, ao contrário do que se inicialmente supunha, não é uma doença que afecte apenas uma determinada camada ou extracto populacional, diz sim respeito a toda a população.

Assim, o medo generalizado desta infecção é particularmente sentido em certos ambientes sociais, entre eles, o ambiente penitenciário.

«As condições da prisão são péssimas (...) Em termos de higiene é um bocado esquisito. Faz-me confusão. Cá dentro tenho medo das doenças. Das doenças contagiosas.»

Rodrigo, 22 anos de idade, solteiro, em cumprimento de pena de 2 anos de prisão, por crime de tráfico de menor gravidade, no E.P. de Monsanto.

«As condições da prisão aqui tem duas coisas. Tem partes aí que tem boas condições (...) outras que nem aos cães se devem dar. Estamos numa cela onde não tem higiene nenhuma, não tem nada, (...), não tem uma casa de banho dentro da cela, não temos chuveiro dentro da cela para nós tomarmos banho (...) os balneários não têm condições para as pessoas estarem ali a tomar banho. Tenho medo em relação à saúde porque dentro do estabelecimento há de tudo e, pronto, há doenças e nós entramos para cá bem e não queremos sair daqui doentes.»

José, 42 anos de idade, casado, cumpre pena de 6 anos e 6 meses de prisão, por crime de tráfico de estupefacientes, no E.P. de Alcoentre.

«Condições adequadas? Não, não são. Eu acho que não, temos banho, temos casa de banho, não é assim grande coisa mas pronto... desenrasca e depois tenho medo das doenças também que é muito perigoso, porque... às vezes nem sempre tem umas condições para tomar banho uma pessoa tem de andar de chinelos, não se pode encostar às paredes porque há sangues, há isto e aquilo... pronto, não são as melhores condições, uma cela sozinho era o ideal porque a gente fazia as necessidades, limpava aquilo que era nosso e não tinha que andar com muitos cuidados, assim não.»

Carlos, 46 anos de idade, cumpre pena de 6 anos de prisão, por crime de tráfico de estupefacientes, no E.P. de Alcoentre.

A saúde em reclusão conhece algumas especificidades em relação ao meio livre. Uma das especificidades relaciona-se com a acuidade em reclusão das doenças infecciosas como o HIV/AIDS, a hepatite, a tuberculose, ... A taxa de infecção pelo HIV é 25% superior entre os reclusos do que entre a população geral e a taxa de hepatite C é 40% superior (Weilandt et al., 2005; Rocha, 2005). Está estimado que 30 a 50% dos reclusos tem hábitos de adição (idem; idem).

Perante estes dados, parecem justificadas as preocupações dos três reclusos que acima se transcreveram. Aliás, este medo da contaminação é configurado pela reclusão. Do ponto de vista destes reclusos, o perigo de "contaminação" está estreitamente ligado às condições de higiene, *rectius* falta de condições, dos estabelecimentos prisionais. As deficientes condições higiénicas são, na sua óptica, propiciadoras de doenças até porque, reconhecem, dentro do estabelecimento há de tudo... há doenças...

«Receio sinto, pelo seguinte, porque há muita gente doente aqui dentro, que nós às vezes não sabemos quem é (...) pessoas com hepatite, com sida e há outro tipo de doenças.»

Eduardo, 46 anos de idade, união de facto, em cumprimento de pena de 15 anos de prisão, por crime de tráfico de estupefacientes, no E.P. de Vale de Judeus.

«Nunca é bom vir parar aqui dentro. Sabe as doenças que aqui há. Sabe que há as hepatites, há as sidas, há isto... E isto, a maior parte deles estão contaminados com isso tudo não é? E a gente tem de se desviar deles, desviar-se para o lado. Estão a falar para mim mas é assim de lado. Essas coisas que a gente tem que controlar, temos que estar prevenidos, temos que estar precavidos com isso, não é?»

Luís, 46 anos de idade, casado, em cumprimento de pena de 6 anos e 8 meses de prisão, por crimes de furto qualificado, burla e detenção de arma proibida, no E.P. de Alcoentre.

O medo das doenças condiciona a qualidade de vida das pessoas, embora cada um o experimente à sua maneira, divergindo assim os sintomas.

Existe quem experiencie os sintomas do medo apenas quando perante a situação estímulo, enquanto outros vivem o medo de forma permanente.

Parece, ainda, que o stress agrava os medos, sendo o meio prisional propício às situações de stress.

Tal como todos os medos e fobias, o medo das doenças é despoletado de forma inconsciente pelo cérebro, como um mecanismo de protecção do organismo.

Embora não seja necessária uma situação real para que surja o medo, no caso concreto, o medo dos reclusos parte de uma experiência real, vivida. Advém do confronto forçado com o outro, potencial transmissor da doença. Como refere o primeiro recluso «Cá dentro tenho medo das doenças», sugerindo que é uma particularidade do estado reclusivo, algo com que se tem de conviver, não sendo possível fugir de tal situação.

Não se trata de uma perturbação obsessiva-compulsiva, tipo fobia dos micróbios (André, 2005), ou uma manifestação hipocondríaca a merecer psicoterapia (Asmundson, 2001), o medo referido pelos reclusos surge como "justificado" perante uma realidade que os confronta no seu quotidiano de reclusão. Na expressão de um dos reclusos «a gente tem de se desviar deles, desviar-se para o lado», isto é, a causa do medo é concreta e muito presente, pode estar no próprio companheiro de cela.

Se o problema da SIDA afecta a colectividade humana e o indivíduo em particular no seu inconsciente mais profundo (Ruffiot, s.d.), perante o referido e forçado confronto será mais do que justificado o medo verbalizado pelos reclusos.

Não deixa de ser paradoxal a clivagem existente, neste particular domínio, entre o discurso dos reclusos e o das autoridades políticas.

Para os reclusos, como ficou dito, as condições dos estabelecimentos prisionais, especialmente as condições de higiene, são as condições propiciadoras das ditas doenças, partindo-se do dado adquirido de que elas já lá existem...

O objectivo político, no que respeita à saúde no meio prisional, tem vindo a apostar, quase em exclusivo, na informação e sensibilização. Recorde-se, estava em vigor na data das entrevistas, a Resolução do Conselho de Ministros n.° 30/2001 que traça os objectivos na luta contra a droga e a toxicodependência, preocupação que engloba as doenças infecciosas. Consigna este diploma no que respeita à prevenção em meio prisional:

"*a)* dar continuidade às acções de informação/sensibilização dirigidas à população reclusa;

b) alargar o programa Sensibilizar/Informar/Prevenir;

c) promover a divulgação de informação junto da população reclusa através da formação de grupo de pares;

d) promover a aquisição de estilos de vida saudáveis, facilitando o acesso à prática desportiva e implementando programas de treino de aptidões sociais;

e) prosseguir e alargar o Programa de Educação Sexual e Planeamento Familiar a todos os estabelecimentos prisionais femininos;

f) realizar ciclos de informação sobre estilos de vida saudável dirigidos a funcionários;

g) criar estruturas para a implementação do Gabinete de Apoio ao Funcionário."

Ora, estes objectivos, muito louváveis, carecem de sentido se as condições reais não assegurarem higiene no sentido da prevenção e do tratamento das toxicodependências e das patologias associadas ao consumo, nomeadamente das doenças infecciosas virais.

Por outro lado, conforme resulta dos excertos das entrevistas acima transcritos, os reclusos estão bem cientes dos perigos que, para eles, representam as doenças infecciosas que grassam no meio prisional. Preocupação justificada conforme resulta dos dados oficiais sobre o assunto (Provedoria de Justiça, 2003).

Esta menor sensibilidade pelas condições reais ou seja, as estruturas e equipamentos dos estabelecimentos prisionais, constitui uma tradição que pode ser inventariada desde longa data. Já com a preocupação que nos ocupa no horizonte, recorde-se o Programa de Acção para o Sistema Prisional (Resolução do Conselho de Ministros n.º 62/96, de 29 de Abril) ou a Estratégia nacional de luta contra a droga (Resolução do Conselho de Ministros n.º 46/99, de 22 de Abril).

De uma forma tão tímida como dissonante do prudente silêncio, a Comissão de Estudo e Debate da Reforma do Sistema Prisional, criada pela Portaria n.º 183/2003, de 21 de Fevereiro, refere como objectivos de reforma a renovação e modernização do parque penitenciário, mas nada de pormenorizar. Fica bem como intenção...

Não deixa de destoar, a citada parcimónia, das recentes preocupações do Conselho da Europa plasmadas, por exemplo, nas Regras Penitenciárias Europeias 2006, em preparação na data da vigência da Comissão, nas quais detalhadamente se refere a higiene, chegando a dispor minuciosamente sobre as instalações e objectos (artigo 16, pontos 1 a 7, do Projecto Consolidado).

Mais recentemente, não fosse tradição portuguesa, o Despacho conjunto dos Ministérios da Justiça e da Saúde n.º 72/2006, de 5 de Janeiro, ao determinar a elaboração de um estudo de onde se conclua propostas para combate à propagação de doenças em meio prisional, olvida, nas propostas que determina que sejam apresentadas, o levantamento das estruturas e equipamentos, ou seja, das condições reais e concretas dos estabelecimentos prisionais, nomeadamente quanto às condições de higiene e salubridade.

Aqui, mesmo ao nível das intenções, surpreende-se uma quase propositada omissão sobre as estruturas e, repita-se, estamos ao nível das intenções, sabendo nós, portugueses, o fosso entre estas e a sua execução...

Que dizer desta disparidade de perspectivas?

Não se afirma que não existam progressos e melhorias de estruturas e equipamentos, o que se afirma é que esse investimento fica muito aquém do necessário, originando uma situação cronicamente deficitária (sobre a situação da saúde no meio prisional na data deste estudo, veja-se o relatório da Provedoria de Justiça denominado *As Nossas Prisões*, datado de 2004).

E, não se diga que este problema das doenças contagiosas no meio prisional é uma questão que apenas diz respeito a esse meio. As prisões não encerram as pessoas por toda a sua vida, uma vez cumprida a pena elas voltam para a comunidade. As doenças que grassam nas prisões são, assim, necessariamente devolvidas à sociedade. Daí que o problema das doenças contagiosas no meio prisional é uma questão de saúde da comunidade, de toda a sociedade.

O facto de o número de infecções por doenças contagiosas continuar a aumentar no meio prisional, de ano para ano, apenas revela que as estratégias utilizadas pelas autoridades não são adequadas. Importa considerar a questão da saúde prisional como uma prioridade e tomar medidas que não sejam meros artefactos. A saúde pública exige que o Governo tome medidas concretas que passam, desde logo, por melhorar as condições de saúde nas prisões. Aliás, neste particular das estruturas prisionais apenas o Governo pode intervir, à sociedade está vedado agir. Sem esse esforço de melhoramento dos equipamentos, as restantes medidas, para quem tem conhecimento real da situação concreta, não mais são do que formas de iludir quem não sabe...

Adite-se, por fim, que toda esta problemática é um assunto "arcaico" em relação às questões que hoje preocupam a sociedade ocidental neste particular assunto das infecções virais no meio prisional (Bachelot, 1988; Grmek, 1989; Barral-Baron, s.d.; Espinosa, s.d.; Micoud, s.d.; Rouche, s.d.). A questão das condições físicas precede outros problemas de nível psicológico, psicopatológico, psicossomático, ético, informativo, familiar, relacional, médico-legal, de prevenção, ...

Em Portugal, neste domínio, ainda mal se deram os primeiros passos para encarar o problema das estruturas de suporte, o resto constitui mero exercício de retórica, no sentido pejorativo desta expressão.

Uma derradeira nota sobre uma outra incongruência: a maioria dos reclusos, preocupados com a sua saúde, estão, precisamente, condenados e em cumprimento de pena por crime contra a saúde...

Medo da morte

"A morte –
Sem se sentir aparece,
E sem se mostrar,
Silenciosa, passeia
Por entre os vivos, e ronda...
– Vejo-a no fumo, na lama,
Num grão de areia, na onda...

Aqui, vai estrangulando
Cruel, rápida, febril...
Ali, mais lenta, asfixia,
Cerimoniosa e meiga,
Suavíssima, gentil...
– Se o homem soubesse quando morre
Penso que não viveria.

Seu vulto
Impõe o alarme e a derrota!
– Nunca chega a definir-se.

E torturante, perversa,
Leva dias a acabar
Com um formoso adolescente,
Enquanto à beira de um velho,
Num breve tocar de beiços,
Dá-lhe o derradeiro sono –
Rapidamente.

Enigmática força traiçoeira!
Tudo nela sabe a treva.

Mas para onde é que nós vamos?
Para onde é que a morte nos leva?"

Nocturno – ANTÓNIO BOTTO

Ter medo da morte é distinto de ter medo de morrer (Helm, 2004). Se o primeiro diz respeito a um conceito, a algo genérico, o segundo refere-se a algo concreto, que se prende com a necessidade elementar de autopreservação inerente a qualquer ser vivo. Pese esta diferença fundamental, o enquadramento da categoria é feito com referência ao medo da morte porquanto este conceito, por genérico e abrangente, engloba a problemática do medo de morrer.

Desde tempos ancestrais que a morte desperta no homem uma grande curiosidade, mas ao mesmo tempo inquietação. Como refere Japers (1968) "todos os seres vivos estão entre parêntesis: o nascimento e a morte, mas apenas o homem o sabe. Por ter esse conhecimento, o homem vive com angústia".

Sendo um dos mais antigos mistérios da humanidade, a ciência, a filosofia e a religião têm procurado encontrar respostas que suavizem a ansiedade e o temor sentidos pelo homem perante tal realidade.

Historicamente, o homem encara e interpreta a morte em consonância com o contexto social e cultural da época que vive.

Procuraremos nos próximos parágrafos fazer uma breve e sincopada resenha de como evoluiu a perspectiva do Homem perante a sua própria morte e a dos outros, com especial ênfase na perspectiva cristã por ser aí que a cultura ocidental se identifica.

A maioria dos povos primitivos, ao que se crê (Áries, 1989, 1992; Oliveira, 1999) encarava a morte de modo natural, pois acreditava na perpetuação da vida após a morte, mas também na existência de deuses e espíritos terrestres que os perseguiam (Besant, 1991), não temendo a morte em si, mas os mortos (Akoun, 1983). No entanto, a noção de eternidade é tardia, acreditando-se apenas num prolongamento da vida (Morin, 1951). Os egípcios primitivos (séc. V a.C.), por exemplo, acreditavam na vida para além da morte e na atracção da alma para um plano de consciência mais elevado, só atingível por quem aceitasse e conseguisse superar as provas e dificuldades da vida (Murphet, 1990), ou seja, só teria uma boa morte e uma vida além-túmulo feliz aquele que levasse uma vida boa.

Já na religião cristã o conceito de morte surge com diversos enfoques.

Assim, nas escrituras, a morte é personificada e tida como inteligente (Job XVIII, 22), dando origem ao medo entre os homens (Job XVIII, 14). Embora conotada com o medo e o sofrimento, a morte é simultaneamente considerada a passagem para uma vida melhor (Job III,17; 2 Coríntios V, 4; Génesis XXV, 8; 2 Coríntios V, 1 ; 1 Reis II, 10; 1 Coríntios XV, 18; João XIV, 2).

Existem três tipos de morte referidos nas escrituras (Senaff, 1891): a morte física, a morte espiritual e a morte eterna.

A morte física é a dissolução do corpo nos seus componentes, reduzindo-se este a pó, desprendendo-se dele o espírito (Eclesiastes. XII, 7; Génesis III, 19; Eclesiastes. III, 20).

A morte espiritual é o estado de pecado e escuridão, alheio a Deus, no qual o Homem é destituído de luz (João I, 5; Lucas I, 79; Romanos VI,11; João XII, 49; Romanos I, 21; Romanos I, 26-31). A fé constituiria a salvação para este tipo de morte (Epistolas, II, 1).

Por fim, a morte eterna, é a ruína do indivíduo face a Deus. Constitui um castigo eterno (Mateus XXV, 46).

Tanto no velho como no novo testamento (Cruz, 2002) a morte está indissoluvelmente ligada ao pecado. Ela não é só o resultado deste como é o seu justo castigo (Job I, 15; Génesis II, 17; Romanos VI, 23).

Cristo vem abolir a morte, o falecimento não mais é do que um sono, um descanso do trabalho para aqueles que estão abençoados (1.ª Coríntios XV, 21,22).

A morte, enquanto destruição do organismo corporal tem como função fixar definitivamente a alma, tanto para o bem como para o mal (Rivière, 1926).

Com efeito, a igreja (Rivière, 1926) ensina que a morte constitui o termo do tempo em que o Homem esteve à prova. É de acordo com esse tempo e no fim deste que surge a sanção pelas obras cometidas em vida.

Assim, na fase inicial da Idade Média era comum a ideia de aceitação da morte de uma forma natural, consequência inelutável do ciclo de vida, e a preparação para o momento final. O indivíduo aguardava serenamente a morte rodeado dos familiares e amigos. Neste acto público, evocava os seus feitos e pedia perdão dos seus actos, porque desejava ter uma "boa morte", única forma de retornar ao seio do Criador e à Salvação.

Durante a segunda Idade Média (séc.XII), surge uma ponderação pessoal e consciente das boas/más acções durante a vida terrena, permitindo a separação dos justos e dos pecadores, daí resultando a salvação ou a condenação. Até ao séc. XVII, acreditava-se que o arrependimento na hora da morte seria suficiente para permitir o acesso ao Paraíso e consequentemente à Salvação, mas a partir dessa data, a ideia foi substituída: há que agir bem em vida, pois o arrependimento não garante lugar no Céu.

Durante todo este percurso, a religião, ou as religiões, ofereciam ao homem a confiança, segurança e esperança necessárias para enfrentar os seus medos, mas incutiam-lhe outros medos, relacionados principalmente com a punição na vida além túmulo, suportados por crenças e dogmas diversos (Oliveira, 1999).

Na época barroca e até à época romântica (séc. XVI a séc. XIX), a morte é dramatizada e romantizada, onde o luto e o culto dos cemitérios é, tendencialmente, exagerado, num retrato do profundo desgosto sentido pela perda do outro. A morte é encarada como uma rotura com aqueles que ficam, imbuídos de uma dor apaixonada. Neste período, o que mais se teme não é a morte do próprio, mas a separação do outro próximo.

Já no século XX, assistiu-se a uma mudança radical na forma de encarar a morte, que passa a ser representada como a negação do bem-estar e como a temida e dolorosa rotura com a vida, tornando-se tema inconveniente e tabu. A morte passa a ser institucionalizada e solitária, sendo progressivamente desvalorizadas e até abandonadas algumas cerimónias e rituais da morte, com excepção talvez de algumas zonas mais rurais do nosso país onde os rituais se mantêm inalterados desde tempos primordiais (Feijó, Martins & Cabral, 1985). O processo de luto torna-se envergonhado, oculto e fugidio, numa tentativa de controlar a dor da perda do outro e ignorar a própria morte iminente. Admitimos poder morrer, mas no quotidiano sentimos e agimos muitas vezes como imortais, numa tentativa de afastar esse temor que a morte nos provoca.

Mas a morte continua a ser uma certeza inexorável. Poderá desconhecer-se quando, de que forma e em que circunstâncias irá ocorrer, mas nada é mais nivelador e universal que a morte. O Homem é intrinsecamente finito. Qualquer ser vivo vem ao mundo para o deixar um dia. A diferença entre o Homem e os outros seres vivos é que os animais não temem a morte pois não são capazes de a antecipar. O homem, no entanto, sabe que morrerá. Pelo menos enquanto viver no modo "ter", o Homem vê-se obrigado a temer a morte (Fromm, 2002), por recear perder o que tem, o seu corpo, o seu ego, as suas posses e a sua identidade.

Nem a educação, nem a herança cultural e social nos instruem ou preparam para a morte (Bréhant, 1976; Silva, 2002; Macedo, 2002; Thomas, 1975). Porque existem então indivíduos a quem é relativamente fácil encontrar estratégias para lidar com a ideia da própria morte e outros que a temem e que procuram afastar-se de tudo o que com ela esteja relacionado?

O nosso cérebro selecciona a informação disponível nos vários contextos com base na personalidade, crenças e valores pessoais, experiências passadas e estado emocional. Essa informação despoleta pensamentos automáticos que podem desencadear respostas ansiosas, as quais se podem perpetuar e originar medos fortes ou mesmo fobias, uma vez que o indivíduo, preferencialmente, recolhe informação que esteja em concordância com as suas crenças próprias e ideias tradicionais (Piaget 1964, Watzlawick, 1991).

Parece, no entanto, algo peculiar a forma como o nosso cérebro responde ao estímulo fóbico (ou apenas temido). Pensar na morte, por exemplo, desencadeia em alguns indivíduos uma reacção ansiosa. Quanto mais intensa a reacção ansiosa, maior a activação do organismo, preparando-se para enfrentar a situação temida. Esta activação do organismo leva o individuo a aumentar a frequência dos seus pensamentos negativos sobre a morte e a sua iminência, aumentando consequentemente o nível de ansiedade sentido (André, 2005). Onde e como cortar este ciclo é uma pergunta que fica aqui sem resposta, uma vez que depende do indivíduo e da situação.

Curiosamente, o homem lida com o sentimento de finitude e da própria morte de uma forma paradoxal, hoje, como em momento algum da história, lida-se com a morte dissimulando-a, esquecendo-a. Como dizia Stendhal «Uma vez que a morte é inevitável, importa esquecê-la». Mas na perspectiva do medo de morrer, o moribundo vive uma experiência estritamente individual, original e única (Bréhant, 1976).

Apesar das diferenças inter-individuais, o medo da morte é, segundo Delumeau (1996), um medo permanente, que pode sofrer mudanças na sua forma de expressão, mas que é sentido por todo o Homem. Recorde-se a problematização da morte na filosofia, que oscila entre a negação do valor da morte feita pelos estóicos (ou estamos vivos, ou mortos; se vivos, não precisamos de temer a morte, porque a vida é nossa propriedade; se mortos, não podemos temê-la, visto que o temor é manifestação da consciência viva), passando pela preparação para a morte de Platão e Aristóteles, pelo domínio do medo da morte em Spinoza e Hegel, à morte livre de Nietzsche, a individuação da morte de Heidegger e, também deste, como em Kierkegaard e Unamuno, a não banalização da vida quotidiana através da consciência da morte, até à dor, medo e angústia da morte tematizada pela generalidade dos existencialistas.

Será, no entanto, nos países ibéricos o local, em todo o mundo ocidental, em que a morte está mais presente, nos actos, na arte, na religião (Figueiredo, 1944).

Existem situações onde a probabilidade, real ou percepcionada, de enfrentar a morte é aumentada. São habitualmente situações novas ou desconhecidas, com grande carga emocional ou com um elevado potencial ameaçador que, por tal, exigem uma resposta comportamental adequada de adaptação à nova realidade. De acordo com a tipologia de Delumeau (1996), estaremos nesses casos perante um medo social, cuja intensidade depende do contexto onde o indivíduo se insere.

Um exemplo é a reclusão, em que o indivíduo sente o perigo real, aumentado pelas representações sociais (ou teorias de senso comum se preferirmos) constituídas a partir das experiências de cada um e transmitidas culturalmente. O forte medo sentido, tendencialmente, leva-o a modificar o seu comportamento, a proteger-se (ou a atacar os outros como forma de protecção) e a adaptar-se à situação.

Mas também aqui as diferenças interpessoais desempenham um importante papel na origem e intensidade do medo sentido, tal como é possível verificar nas afirmações retiradas das entrevistas aos reclusos.

«Ao princípio tinha medo de morrer aqui. Um homem aqui está sujeito a tudo, morrer aqui sem ir a casa. Um gajo aqui está sujeito a tudo».

Luís, 27 anos de idade, solteiro, em cumprimento de pena de 13 anos e 1 mês de prisão, por crime de roubo e furto, no E.P. do Linhó

Este excerto refere o medo de morrer o qual é distinto do medo da morte. Está em causa no discurso do recluso a sua autopreservação.

A afirmação deste recluso retrata bem o receio do desconhecido e da novidade – «ao princípio tinha medo de morrer aqui» – e da carga emocional que seria para ele «morrer sem ir a casa».

Reparem na generalização, no aparente exagero da afirmação «um gajo aqui está sujeito a tudo». Esta generalização faz recordar um passo da bíblia, no Livro de Jó (3.25), em que se afirma "aquilo que temo me sobrevém, e o que receio me acontece", numa perspectiva derrotista e fatalista. Será possível alguém, em algum momento, ou em algum local estar sujeito a tudo? Ao estar sujeito a tudo, estará obrigatoriamente sujeito também a coisas agradáveis. O que leva então a exacerbar o mal? Esta generalização decorre de dois aspectos fundamentais para a compreensão deste tema. Todos possuímos crenças individuais (primeiro aspecto central), que nos levam a criar heurísticas, o segundo aspecto central nesta explicação. Ora, se durante a minha existência eu ouvi os outros dizerem que é perigoso estar numa prisão ou já na prisão presenciei situações com consequências negativas, sempre que estiver na prisão vou sentir perigo. Estamos perante uma situação em que a ansiedade deriva de uma ameaça hipotética.

No entanto, também nos devemos questionar. Terá havido alguma situação que enforme este medo? Terá este recluso recebido uma ameaça de morte real. Confirmando-se esta hipótese, o seu medo revelar-se-ia uma reacção inteligente, exteroceptiva (Laeng, 1973), permitindo-lhe estar mais alerta e adequar a sua resposta comportamental às situações, minimizando os possíveis riscos à sua integridade física, ou mesmo adiando a sua morte.

Na verdade, a reclusão introduz, de forma coactiva, a convivência com certas situações de perigo de que não se pode escapar. Nessa medida, o medo do recluso tem todo o sentido.

Com o decorrer do tempo, e à medida que o indivíduo se adapta à realidade, vai progressivamente deixando de experimentar esse medo ou, pelo menos, reduzi-lo na sua intensidade.

Quando o indivíduo não consegue reduzir a intensidade do medo sentido, quando a resposta ansiosa tende, pelo contrário, a aumentar e o espectro de situações que desencadeiam a resposta ansiosa se alarga, estamos perante uma fobia à morte, ou seja, uma *Thanatophobia*.

Um aspecto comum aos relatos dos reclusos é o da tendência para a diminuição do medo sentido à medida que cada indivíduo conhece e se adapta à situação, o que sugere não estarmos perante medos patológicos, mas perante medos sociais, adaptativos e adequados.

> «Uma pessoa ter de estar dentro de quatro paredes, não ter uma casa, não ter um armário, não tem porta fechada. Inicialmente a fobia é muito grande, pronto, uma pessoa quer queira quer não... não tenho uma porta aberta porque eu ali fora às vezes penso se me dá um ataque cardíaco, uma trombose, uma pessoa... não tenho ninguém. Pronto, sempre há-de vir uma pessoa. Uma pessoa que esteja numa situação fechada pior se torna essa situação».

Noel, 43 anos de idade, solteiro, em cumprimento de pena de 14 anos de prisão, por crime de homicídio, no E.P. de Alcoentre.

Um outro caso do medo de morrer, o concreto medo de cessar de viver, na sua imprevisão temporal.

Neste relato, é possível perceber como os vários medos se podem inter-relacionar. Neste caso, o medo de morrer é o aspecto central, estando os outros associados e contribuindo para o aumento da sua intensidade.

Há referência ao medo da solidão, de morrer sozinho, sem apoio «não tenho ninguém. Pronto, sempre há-de vir uma pessoa». Para Duby (1998), o medo da solidão está intrinsecamente relacionado com o medo da morte, senão a biológica, uma das características humanas: a afectividade, o importar-se com o outro!

Nesta frase, está também presente o medo das doenças, mas curiosamente apenas das que podem provocar morte súbita – «se me dá um ataque cardíaco, uma trombose, uma pessoa...», o que mais uma vez sugere que os outros medos por ele referidos estão directamente relacionados com o seu medo de morrer. O indivíduo inicia e termina a sua afirmação com o ênfase na sensação de claustrofobia, reflectindo a importância de que, para si, esse aspecto se reveste – «Uma pessoa ter de estar dentro de quatro paredes (...) uma pessoa que esteja numa situação fechada pior se torna essa situação.»

Iniciámos com a transcrição de um excerto da entrevista de um recluso que não se refere a nenhum aspecto em particular que lhe provoque medo (onde o seu medo deriva do desconhecido, das imagens mentais e das representações sociais). Terminamos com a transcrição de um recluso que se referiu a uma panóplia de medos, que contribuem para o seu medo de morrer, todos eles medos interiorizados. No próximo relato, o medo apresenta-se como uma resposta adequada do organismo perante determinados estímulos exteriores, que cessam quando na ausência desse estímulo.

> «Se tivesse na Ala tinha medo, aliás, como tive. As pessoas são violentas, é a vida... estamos no sítio que estamos, obrigados a conviver com estas pessoas e isso torna-se um bocado complicado. Uma pessoa que tenha uma formação diferente, não seja virado para a violência, uma pessoa que goste de fazer a sua vida e goste de ter as suas coisas, ali é difícil (...). Mesmo na própria cadeia há vida em perigo. É as dívidas, é as facas, é as agressões, é os roubos,... passei por tudo isso também e a qualquer momento as pessoas estão ali, eu compreendo. Inclusivamente eu estava completamente destabilizado.(...) Não há dúvida que é um meio violento, o dia das visitas, o dinheiro, esse meio existe, é violento, os sacos, as cantinas, é um stress."
>
> Pedro, 31 anos de idade, solteiro, em cumprimento de pena de 4 anos e 10 meses de prisão, por crime de furto qualificado, actualmente em RAVI, no E.P. de Sintra.

Mais um caso de medo de morrer na medida em que o recluso considera haver um "perigo de vida" na cadeia, são situações específicas a conformar uma densidade de medo em reclusão, com contornos distintos do medo de morrer em liberdade.

Atente-se como é claramente identificada a situação que lhe provoca a activação do medo. «Se tivesse na Ala tinha medo, aliás, como tive. As pessoas são violentas...» É um medo social, que ocorre num contexto específico. Este seu medo revelou-se adaptativo, uma vez que lhe permitiu aumentar a atenção ao que se passava à sua volta e adequar as suas respostas ao contexto, evitando ser agredido no meio violento, tal como o descreve – «Mesmo na própria cadeia há vida em perigo. É as dívidas, é as facas, é as agressões, é os roubos,... passei por tudo isso também e a qualquer momento as pessoas estão ali, eu compreendo (...) Não há dúvida que é um meio violento, o dia das visitas, o dinheiro, esse meio existe, é violento, os sacos, as cantinas, é um stress».

Uma outra forma de analisar o medo da morte, que foge ao âmbito deste estudo, é associá-lo ao risco de suicídio (Janov, 1984; Maret, 2003; Lake, 1941; Oliveira, 1999; Guillon & Bonniec, 1990). Os autores consideram que as condutas auto-destrutivas são uma forma do indivíduo (habitualmente com personalidade obsessiva) dominar e controlar a sua morte e o seu receio de morrer de forma abrupta.

Esse receio é aumentado quando em reclusão, motivado por factores situacionais e de contexto. Nessa situação de vida podem coexistir uma panóplia de factores que potenciam o risco de suicídio (Durkheim, 1977; Besnard, 2000), dos quais se destaca a própria reclusão (Hess, 1987), a doença física (Pohier, 1999) ou psiquiátrica, o abuso de substâncias e a morte de um outro elemento da rede social.

Se alargarmos a definição de suicídio (Stenge, 1980), considerando também o suicídio indirecto, onde o indivíduo exibe comportamentos e atitudes que põem em risco a sua vida – por exemplo, envolverem-se em comportamentos de desafio e brigas; recusarem comida ou medicação, ou outras formas de expressar o seu mal-estar, solidão ou raiva – o número de indivíduos em risco aumenta consideravelmente.

Ora, sendo o suicídio uma situação não menos rara nos estabelecimentos prisionais (Semedo Moreira, 1998) e sabendo que assistir à morte de outro aumenta o medo da morte no próprio, este será certamente um assunto de grande interesse, a abordar em estudos futuros.

Medo da recaída

"Quero reunir-me, e todo me dissipo –
Luto, estrebucho... Em vão! Silvo pra além...

Corro em volta de mim sem me encontrar...
Tudo oscila e se abate como espuma...
Um disco de ouro surge a voltear...
Fecho os meus olhos com pavor da bruma...

Que droga foi a que me inoculei?
Ópio d'inferno em vez de paraíso?...
Que sortilégio a mim próprio lancei?
Como é que em dor genial eu me eterizo?"

Álcool – Mário de Sá-Carneiro

Recaída é uma recorrência dos sintomas de uma doença após um período de melhoras. Constitui um termo médico que exprime a visão dicotómica do resultado do tratamento apoiada pelo modelo de doença: o indivíduo está curado (sintomas em remissão) ou sofreu uma recaída (recidiva). Este modelo de conceber a recaída como o acto de reverter, piorar ou sucumbir não é adequado a todas as realidades. Assim, o processo de recaída tem um enfoque específico nos comportamentos aditivos (Marlatt & Gordon, 1993), aqui o termo deve ser equacionado como um acidente num processo, como um deslize e não como um fracasso.

O "medo de recair", referido no presente estudo, está intimamente ligado à problemática do consumo de estupefacientes. E, dentro desta problemática, constitui um medo específico de quem tendo sido dependente do consumo de estupefacientes o deixou de ser.

«Não consumo, presentemente estou a tratar-me. Há três meses para cá que fiz a opção de não consumo, tinha medo cada vez que ia a casa, tinha medo de recair e então tomei a opção que não posso recair e não há hipótese, mas sei que dentro destes estabelecimentos isto melhorou muito... quem quer largar a toxicodependência, mesmo a assistência a eles melhorou muito e para melhor... este estabelecimento nisso está de parabéns, tem ajudado muito a gente.»

Fernando, 33 anos de idade, casado, cumpre pena de 2 ano e 4 meses de prisão, por crime de tráfico de estupefacientes, no E.P. de Alcoentre.

«Eu sei que andei 17 anos agarrado à heroína, não é agora, de um ano para o outro, que eu me vou, com uma varinha mágica, vou-me curar, não é? Eu sei que tenho que lutar com isto todos os dias. (...) Tenho medo de recair. Claro! Eu vivi... foram muitos anos, é quase metade da minha vida agarrado à heroína e os meus companheiros, as pessoas que eu conheço, os sítios que eu conheço... (...) Não tenho aquele sentimento de que nunca mais. Nem nunca vou ter! Acho que é impossível...»

Manuel, 32 anos de idade, solteiro, em cumprimento de pena de 2 anos e 4 meses de prisão, por crime de roubo, no E.P. de Lisboa.

A reabilitação da drogodependência é um percurso penoso que requer grande esforço pessoal do indivíduo, em conjugação com factores circundantes (família, capacidade económica, apoio psicológico...) que nem sempre existem no meio prisional. Ciente destas condicionantes, a estrutura prisional criou algumas respostas e locais privilegiados para os utilizadores de drogas apostados na sua reabilitação. Entre estas respostas estão as equipes integradas (Rocha, 1993), o caso da unidade terapêutica, a Ala G do Estabelecimento Prisional de Lisboa, a Casa de Saída do Estabelecimento Prisional das Caldas da Rainha, cinco unidades livres de droga nos estabelecimentos de Lisboa, Porto, Santa Cruz do Bispo, Leiria e Tires. Estas soluções, existentes na data das entrevistas, abarcam um total de 253 lugares o que é manifestamente insuficiente tendo em consideração que 46% dos reclusos apresenta problemas de toxicodependência (Provedoria de Justiça, 2003).

«Nunca tinha estado preso, estava a ressacar... (...) já estava, consumia muito...
Heroína e cocaína. Porque eu andei sempre a consumir heroína e nos últimos, para aí sete ou oito meses é que comecei a consumir cocaína e foi uma desgraça, porque era um abuso! Mas eu nunca cheguei a um ponto de, aquelas coisas que a gente vê, não tomar banho, não mudar de roupa, não cuidar de mim, não... eu nunca fui assim, porque eu sempre fui... a Sandra até costumava dizer: Pois, tu andas assim, parece que enganas as pessoas... Porque ninguém dizia, as pessoas diziam era que eu estava mais magro e eu não queria nada disso, era logo ali: Não senhora, não 'tou nada mais magro!... e não sei quê... isso notava-se, que eu 'tava mais magro,

agora de resto, andava sempre bem vestido. Até pela minha profissão e por tudo, porque eu sempre fui assim, sempre fui muito mariquinhas, gostar de fazer a barba, todo arranjadinho, isso sempre fui... Mas cheguei à Judiciária e ali, se calhar, quando parei e quando fiquei sozinho, foi naquele impacto de... no princípio não notei muito...
Senti-me tão mal! Acho que é muito difícil de descrever... porque ainda por cima aquele primeiro contacto que é quando se entra na cadeia, aquilo é um espaço amplo, em que 'tá ali toda a gente metida, tudo sujo, tudo... senti-me muito mal... Depois deram-me a medicação, eu passado três dias disse que já não queria a medicação, porque eu embora andasse nas drogas nunca tomei nem comprimidos, nem nada... foi sempre heroína e cocaína, não metia mais nada e com os comprimidos parece que ficava murcho, ficava... ainda me fazia ficar mais triste, perdia tudo... sentado, parece que não tinha reacção, não tinha nada e passado três dias disseram-me que se eu deixasse de tomar a medicação que saía logo dali, que aquilo era considerado um nome que até tinha, que era os tacos, que eram a entrada e saía dali e foi o que eu fiz, deixei de tomar a medicação e depois logo no outro dia a seguir tiraram-me, mandaram-me para a C e, depois, comecei assim o meu percurso na Judiciária.
Estive lá dez meses, porque eu fiz lá quatro meses de um projecto de sensibilização, o que é que... o que é que aconteceu?... Felizmente tive, e isso acho que não é de lá, é também de mim, as pessoas foram gostando de mim, mesmo inclusive o chefe de Ala, o Sr. Amarante, todos gostaram de mim, não sei quê, fui ficando ali e depois passou-me para faxina, comecei como faxina logo e fiquei ali, depois havia lá outras pessoas que 'tavam no projecto anterior e eu interessei-me logo por aquilo, para saber o que é que era o projecto, o que é que não era, como é que funcionava, e inscrevi-me logo e fui-me mantendo ali como faxina e dando início ao projecto...
Correu muito bem! Tanto que nós éramos nove pessoas e das nove fomos escolhidos três só para vir para a Ala G. Fui eu, o Nuno Rosa, um rapaz que ainda cá está comigo, e um que era o Abílio, que tinha um problema por causa da tropa, desertou e então depois foi para Elvas, para o Presídio Militar de Elvas.
Foi difícil! Nada fácil! E ver os outros a consumir, aquelas tentações... depois disso melhorei, aquelas ressacas todas, mas depois ainda houve aquela tentação, ainda fui comprar... porque eu tinha

visitas regularmente, fui comprar só que é que era assim, 1000$00 na Judiciária não é muito, estava habituado era a quartas, era tudo, era avantajada... 1000$00 era uma coisa que não dava para nada e então comecei a entrar ali numa contradição psicológica, que era Mas por que é que tu estás a fazer isto? Estás a gastar dinheiro e isto nem sequer dá para nada!... e aí comecei-me cada vez mais a afastar, a afastar, a afastar e foi assim... depois estive na C, deixei de consumir...
Tive muitas vezes vontade de parar os consumos, mas eu não sei bem se é... é só vontade, não sabia se era um querer, não sabia se era um querer...
Não tinha força de vontade, mesmo, porque naquela altura era assim, eu pensava que eu é que comandava a droga e era mentira, a droga é que mandava em mim, manipulava-me, porque eu dizia que queria deixar e eu quando quiser, eu deixo... e não sei quê... e andei assim durante algum tempo, até depois, quando a Sandra soube e tudo, quando me começou a ajudar... ela nisso foi impecável.
E foi impecável porque ela sempre me ajudou, disse que me levava a um Centro, que me levava a não sei quê... Não, não é preciso!... mas muitas vezes! Eu 'tive uma vez parado seis meses, estive vezes parado um mês, um mês e tal, porque ela 'tava comigo, até nisso, ela vinha mais cedo do trabalho, que eu ficava em casa sozinho, para me vir fazer comidinha, naquela coisa de tomar banho, porque depois ficava... naquela altura nem me dava vontade de tomar banho, a ressaca é muito dolorosa!... Mas o mais doloroso não é a ressaca física, é a psicológica, porque aquele parar, eu até parava e depois 'tava parado, mas depois o manter parado é que era difícil, porquê!? Porque eu não conseguia perceber que sozinho não conseguia e porque havia mais alguma coisa além de chegar, comprar e consumir. Havia coisas...
Na prisão tive muita força e muito querer, senti mesmo na altura. É agora que eu quero, é isto..., pronto, foi uma experiência na minha vida, aconteceu e nunca a vou negar, aconteceu! Mas tive, tive alguns apoios, mesmo até por parte de alguns outros companheiros meus.
(...) Mas uma das coisas que mais me fez parar para pensar mesmo foi quando comecei a ficar melhor, quando comecei... parei os consumos todos na Judiciária, quando, prontos, comecei a sentir-me bem... depois fazia desporto todos os dias, foi uma coisa que eu não

reparei e que se calhar não reparava lá fora, olhava mas nem via, os outros quando entravam vinham uma lástima e foi essa lástima que eu, quando entrei, foi aquilo que eu estava mas não me conseguia ver assim e era a isso que eu não queria mesmo voltar e que faço tudo para nunca mais voltar, e é essa força... e é isso... além do Diogo, o Diogo é uma coisa que...
É uma motivação muito, muito, muito, muito grande! E é isso...
Senti diferença entre a Judiciária e o E.P.L., pronto, porque aquilo também é pequenino, porque tem cento e tal pessoas, aqui somos quarenta... mas lá eram quase o triplo, mas as pessoas não eram as mesmas. Eram pessoas mas não tinham nada a ver, as pessoas... sentia aquela coisa, uma ou outra pessoa a falar, uma ou outra pessoa com quem dava para ter uma conversa, mas as pessoas são todas Eu e não ligam a mais ninguém e querem é saber delas e é um bocado triste.
Vim directamente para a Ala G, felizmente. Vim... nós quando chegámos cá dormimos lá em baixo na Ala A, pernoitámos só na Ala A e de manhã viemos para aqui. Porque eu já na Judiciária, quando a Dra. Paula Quadros, não foi o Dr. Manuel João que lá foi, foi a Dra. Paula Quadros, e quando eu lhe pus as questões todas, como é que era, como é que não era, eu gosto de saber...
Sou muito curioso e gosto de saber tudo, isto é em tudo. E perguntei-lhe tudo e ela disse-me: "Não, mas vocês podem ir e se a Directora o escolheu e se o escolheu destes que estão aqui, você tem todas as condições para ir para lá, para o projecto da Ala G..." mas quando cheguei aqui senti-me muito bem... Muito bem recebido!
E depois é uma coisa que nós temos aqui, é que uns com os outros, preocupamo-nos em tudo, depois das visitas, Então, a tua visita correu bem? Quem veio, quem não veio?... Pessoas que às vezes chegam aqui e no princípio não têm visitas, não têm nada, mas depois, a pouco e pouco vão começando a conquistar as famílias, nós damos-lhes força. É totalmente diferente! E com aquelas coisinhas, às vezes, de fazer asneiras, um dia, ou isto, ou outro, são essas coisas todas que nós... temos conversas uns com os outros e...
E somos poucos. Há sempre... eu já 'tou aqui... todas estas pessoas que aqui estão na Ala G neste momento, já vi passar por aqui muita gente, mesmo, porque isto depois tem as fases, a primeira, segunda, terceira e quarta fase, cada fase com os seus objectivos e eu já cheguei à quarta fase também aqui na casa. Por isso é que eu digo,

já fiz o meu projecto aqui, já cheguei à quarta fase, já 'tive na casa no momento eu que... quando eu aqui cheguei havia três elementos, na altura estávamos 46... eu já estive aqui com 33, 37, 38, anda muito por aí, 40, 45... já estive com a casa totalmente cheia, agora estamos 41, 40 porque um colega nosso está no hospital S. João de Deus, em Caxias... e nessa altura tínhamos muitos técnicos, muito apoio, tínhamos três elementos na quarta fase que tinham uma retaguarda excelente, foi quase que... 'tar naquela altura na quarta fase era uma maravilha, dava um gozo tremendo, porquê?!, porque qualquer coisa que se fazia não tinham muito que pensar e punham o problema aos técnicos, aquela retaguarda era excelente. Eu não tive isso e eu hoje dou muito valor a isso e aprendi muito com isso também, que foi os técnicos a pouco e pouco foram saindo, nós ficámos na quarta fase, fiquei eu, neste momento, o Diogo e o Nuno Pais, somos três na mesma, só que o que é que essa retaguarda quase que ficou nula. Nós chegámos a uma altura em que nem o Dr. Manuel João aqui estava, porque o Dr. Manuel João tinha ido para os Serviços Clínicos.

Foi um bocado duro porque nós tínhamos mesmo que fazer tudo. O que nós estamos a fazer hoje, que é as mudanças de celas, porque nunca ficamos muito tempo uns com os outros, para rodar, para as pessoas se conhecerem melhor, porque há aquelas fantasias sempre... Aquele não presta... aquele é mau..., a gente diz sempre para nunca se fazer isso, não é? porque eu posso não gostar de uma pessoa mas não inviabiliza que outra pessoa não se dê muito bem com ela e a tente conhecer. Mas até estas mudanças de cela, as mudanças das responsabilidades na casa, era tudo feito por nós, tudo feito por nós e agora, a Dra. está a ver o que é que é aqui se este que muda não agrada, com quem é que eu vou ficar... a responsabilidade que mudou... vocês são os culpados..., somos sempre alvos a abater... é sempre um bocado isso! Pronto, as pessoas depois, com um bocadinho de maturidade, claro que com o tempo que vão tendo de casa vão percebendo que as coisas não são assim e que é para nosso bem. Mas temos a nosso cargo as festas todas que fazemos aqui, a festa de 28 de Outubro, que é a festa a que nós damos mais importância porque é a festa do aniversário da Ala G e depois é a festa para nós e para os ex-utentes, quem já passou por aqui, quem já cá esteve, quem está bem e que vem cá. Temos uma manhã de convívio, depois nós, no refeitório...

Temos sempre muitos convidados. Veio cá o Dr. João Soares, o Dr. Santana Lopes, a Direcção Geral dos Serviços Prisionais... Mas jornais e tudo! A festa do ano passado saiu num jornal, mas a de há dois anos era... bem, era o D.N., era Correio da Manhã, 24 Horas, tantos jornais! Já cá veio a televisão, ainda agora há pouco tempo deu uma reportagem na televisão sobre a Ala G, deu no Hora Extra, dão muitas vezes!
(...)
Ir para casa... Não ia recuperado... para já não sei se não iria ficar pior, pior... mas por que é que ia? Ia consumir outra vez, ia voltar para o mesmo. Não ia dar nenhuma importância aos três, ou quatro, ou cinco dias que ia a casa e hoje posso dizer: Vou a casa! E quando vou dá-me imenso gozo, pareço um puto autêntico! Todas estas coisas, o comer, o beber, ir à praia, estar com os meus amigos... tantas coisas que eu não dava valor e que têm valor!
Tenho medo de recair... e perder o que já ganhei.»

Paulo, 31 anos de idade, divorciado, em cumprimento de pena de 4 anos e 6 meses de prisão, por crime de tráfico de estupefacientes, no E.P. de Lisboa.

O investimento do recluso na sua reabilitação é auto-percepcionado como um ganho, um valor que não se deve perder mas que a sua vontade sabe ser um bem sempre ameaçado. Daí o medo da recaída.

E, medo justificado face as taxas elevadas de recaída após o sucesso inicial de tratamento (Hunt, Barnett & Branch, 1971).

Sendo as taxas de recaída tão elevadas, deveria haver no "mercado" um leque de clínicos que apoiassem os ex-reclusos num processo de evolução, com os objectivos de apoiar na introspecção das características individuais de cada um, promover a auto-estima e a auto-confiança, pensar o passado, o presente e o futuro e melhorar as relações sociais, familiares e profissionais.

No entanto, só a partir da década de oitenta é que os estudiosos dos comportamentos aditivos abordaram directamente os problemas de facilitação da mudança produzida pelo tratamento. Primeiro sobre o impulso da teoria da aprendizagem social, reconheceu-se que as intervenções terapêuticas eficazes devem fazer a diferença entre a indução inicial da mudança comportamental e a sua manutenção ao longo do tempo, conjugando ambos os componentes, para que tal resulte numa mudança pessoal duradoura.

Este desiderato é especialmente difícil de atingir no caso de o tratamento se efectuar em reclusão pois a mudança comportamental sofre com a restituição à liberdade uma alteração radical de contexto. Esta alteração de contexto pode influir na manutenção do processo de mudança de hábito, sem que haja a possibilidade de se recorrer à terapia de sucesso encetada na prisão. Daí que os fóruns recentes de reflexão sobre a problemática da droga nas prisões sublinhem a necessidade de assegurar aos reclusos o mesmo tipo de ajuda e serviços que estes vão encontrar uma vez em liberdade (Melis, 2006).

Esta "desarticulação" (Provedoria de Justiça, 2003) constitui um problema grave, comprometendo os recursos gastos pelo Estado aquando a permanência no estabelecimento prisional e desgastando a motivação do ex-recluso no seu processo de afastamento à toxicodependência. Mesmo em países com economia débil, como o nosso, a descontinuidade no tratamento além de ser um desperdício, face o investimento já efectuado, será uma omissão éticamente reprovável (Masar, 2005).

Esta dificuldade não deve, no entanto, afastar a prisão como um local privilegiado para a mudança de hábitos adquiridos em comportamentos aditivos (Rocha, 1993). Aliás, o depoimento dos reclusos confirma expressamente a mais valia da reclusão para interrupção dos consumos. Desta forma, este medo assume uma densidade específica por estar ligado à reclusão.

Uma derradeira nota sobre o tipo de medo experienciado por estes reclusos. Os Gregos utilizavam duas palavras para significar as suas apreensões: *deos* que significa uma crença reflectida e mentalizada, controlada; e, *phobos* que descreve um medo intenso e desprovido de razão.

O medo da recaída inscreve-se no primeiro tipo de medo, um medo mentalizado, controlado. Será um medo normal, entendendo-se este por contraposição às fobias. Como medo normal ele é controlado, a ansiedade antecipatória é pequena, a existência não é organizada com base nesse medo, e a confrontação repetida com o medo pode, pouco a pouco, diminuir a própria intensidade do medo. Tal significa que, como sistema de alarme, o medo da recaída tende, com o decorrer tempo, a diminuir o seu efeito de protecção. É um medo protector e, enquanto a sua intensidade for suficiente, ele poderá dissuadir a recaída.

Será interessante constatar que o medo da recaída é um medo em reclusão de um mal pós-reclusão ou, mesmo, de curtos lapsos de tempo no exterior como são os das saídas precárias ou das saídas de curta duração, como refere o Fernando «...tinha medo cada vez que ia a casa».

É, com efeito, a dissipação das condições da reclusão que reabrem o ambiente propicio à recaída, «...os meus companheiros, as pessoas que eu conheço, os sítios que eu conheço...» (Manuel), daí o medo de «...perder o que já ganhei» (Paulo).

É a introdução da desordem como motivo do medo, assunto tematizado nas causas do crime (Skogan, 1990), conforme já foi referido.

Esta questão da continuidade do investimento feito em reclusão constitui, não só no domínio da toxicodependência, um assunto fulcral para o êxito de qualquer política penitenciária. Em Portugal este ponto nevrálgico do penitenciário nem sequer é assunto...

Medo da noite

"Encostados ás grades da prisão,
Olhando o Céo os pálidos captivos.
Já com raios obliquos, fugitivos,
Despede o sol um ultimo clarão.

Entre sombras, ao longe, vagamente,
Morrem as vozes na extensão saudosa.
Cae do espaço, pesada, silenciosa,
A tristeza das cousas lentamente.

(...)

Por que esperaes? n'essa amplidão sagrada
Que soluções esplendidas se escondem?
– Porém os astros tristes só respondem:
A noite, a escuridão, o abysmo, o nada! –

Assim a noite passa. Rumorosos
Sussurram os pinhaes meditativos.
Encostados às grades, os captivos
Olham o céo e choram silenciosos".

Os captivos – Anthero de Quental

O sono é um estado fisiológico regular que deve ocupar entre 5 a 8 horas do dia de um indivíduo adulto, sendo essencial à regeneração do cérebro, ao equilíbrio emocional e à reposição dos níveis de energia vital do organismo.

Durante o sono podem ocorrer sonhos e pesadelos, principalmente durante a fase de sono REM, tendo cada sonho uma duração média de 3 segundos.

De uma perspectiva funcional, os sonhos e pesadelos serão uma resposta do sistema nervoso central a problemas reais ou imaginários (medo dos outros, condições da prisão, condenação pelo crime cometido, ...). Mas se analisados de uma perspectiva psicanalítica, os sonhos e pesadelos revestem-se de uma complexidade e interesse redobrado.

Para Freud (1988) o sonho é o guardião do sono. Corresponderiam à tentativa de realização de um desejo reprimido inconsciente, de natureza sexual ou com aspectos moralmente proibidos. Seriam produzidos por dois elementos centrais, a condensação e o deslocamento, ou seja, a reprodução simbólica de partes da vida do indivíduo, de modo a que o seu verdadeiro significado fosse ocultado, evitando assim que a pessoa entrasse em contacto directo com o material proibido ou em relação ao qual se sentia culpada. Todos os sonhos teriam um conteúdo manifesto e um pensamento latente, ao qual só seria possível aceder por associação livre e a partir da análise do conteúdo simbólico manifesto.

Outras correntes da psicologia usam metodologias diferentes para a análise dos sonhos. Jung (1999) estudou o inconsciente pessoal e colectivo, salientou a importância dos arquétipos – elementos colectivos da sociedade, presentes em todos os seres e que orientam o psiquismo humano e concluiu que os sonhos representariam o drama histórico que o ser humano experiencia num determinado momento.

Mas se, segundo Freud, os sonhos eram a realização de desejos, como ficaria a questão dos pesadelos?

O pesadelo seria uma tentativa do ego controlar um material reprimido que causava extremo sofrimento e angústia à pessoa. A maioria dos pesadelos concretiza-se no espaço vazio deixado pela falha de prazer e de realização pessoal, funcionando como uma espécie de alerta, por exemplo, para a necessidade de solução para um determinado problema.

Muitas vezes os indivíduos preferem ficar acordados para não terem de lidar com as consequências do apaziguamento da censura quando em relaxamento, ou seja, para não terem de enfrentar a angústia desencadeada pelos seus pesadelos, surgindo assim noites de insónia para perturbar o equilíbrio do espírito humano. Mas há sempre uma causa mais ou menos consciente que perturba quem quer dormir e não consegue. Alguns têm medo de voltar a ter determinado pesadelo, outros de serem atacados durante o sono, outros não conseguem deixar de pensar em algo que os perturba e outros, ainda, tiveram um dia tão stressante que a sua mente não consegue acalmar o suficiente para relaxar.

«Ai... Eu acho que aqui na cadeia tudo é difícil de suportar... mas à noite, quando fecham a porta, nós deitamos a cabeça na almofada e vem tudo à cabeça... os nossos, a nossa família, os nossos filhos, ... é uma tristeza muito grande»

Cremilda, 45 anos de idade, divorciada, em cumprimento de pena de 3 anos e 6 meses de prisão, por crime de associação criminosa e passagem de moeda falsa, no Estabelecimento Prisional de Tires.

Mais comuns são os casos de indivíduos que normalmente dormem sem quaisquer temores, mas que em certas noites se enchem de medo, porque lhes aconteceu qualquer facto anormal, estão preocupados com qualquer ocorrência misteriosa ou ouviram uma história impressionante. Será o suficiente para que, nessa noite, sejam perturbados por insónias.

Quando em reclusão, as insónias parecem ser mais frequentes, principalmente enquanto o indivíduo está na fase de adaptação ou quando a sua integridade é ameaçada de forma directa ou indirecta (por exemplo, conflitos interpessoais, motins...). A quebra de laços mais íntimos com uma grande parte dos membros da sua rede social (Rocha & Silvério, 2005) e o confronto com os seus medos e ansiedade, desencadeia no recluso a necessidade de protecção e defesa emocional, levando-o a criar em volta de si um escudo que o afasta ou, mesmo, isola afectivamente do mundo.

A noite em reclusão concita toda uma quantidade de elementos que lhe conferem uma densidade específica. A noite em reclusão não é a noite em liberdade.

«A solidão é má, tenho medo da noite. As noites são muito grandes, nós somos fechados muito cedo e durmo pouco.»

Manuel, 57 anos de idade, casado, em cumprimento de pena de 10 anos e 6 meses de prisão, por crime de homicídio, na Cadeia de Apoio da Horta.

Os reclusos são fechados muito cedo (habitualmente por volta das 19h), por períodos de tempo longos (em média 12 horas), diariamente e de forma recorrente (Gonçalves, 2002). O fechar das portas é emocionalmente muito duro, uma vez que é a recordação e a prova de que a sua liberdade lhes é retirada. O controlo sobre o exterior é nulo e até mesmo a sua vontade própria lhes é quebrada pelos regulamentos da prisão. Tal faz com que exista muito tempo para dormir e «pensar na vida», o que pode por si só ser um penoso momento de tristeza. Daí que alguns reclusos desenca-deiem um condicionamento ansioso quando se aproxima o cair da noite, temendo assim a noite e tudo o que com ela se relaciona.

A noite reveste-se de um ambiente óptimo para a formação e desenvolvimento de medos. Alguns surgem durante a noite, outros aumentam nesse período.

Supõe-se que o medo da noite e do escuro são dos mais antigos medos, existindo desde que o Homem habita a Terra. Teria inicialmente um carácter de sobrevivência, uma vez que à noite o homem primitivo estava mais sujeito ao ataque das feras, mas também assumia uma faceta mito-fantasiosa, pois o homem primitivo vivia apavorado de que o sol não voltasse a reaparecer e que ele ficasse imerso para sempre na escuridão das trevas (Viana, s/d).

No entanto, o medo da noite vai muito além do facto de a visão estar reduzida nesses momentos, limitando horizontes e fechando o Homem na escuridão. Recorde-se, a propósito, o papel da escuridão na etiologia do crime, a motivar ampla investigação (Warr, 1990). A noite, por si só, será suficientemente aterradora, mas história e culturalmente a imaginação do homem tem sido alimentada por histórias terríficas que têm a noite como cenário, associando-a a rituais de magia, criaturas negras, lobisomens, bruxas e fantasmas, contribuindo assim para o aumento do medo da noite.

Tal como todos os medos e fobias, o medo da noite é despoletado de forma inconsciente pelo cérebro, na presença ou não de um estímulo real, actuando como um mecanismo de protecção do organismo. Apesar de diferirem em cada caso, os sinais tipicamente associados a este medo incluem insónias, como descreve o recluso anterior, dificuldades respiratórias, por exemplo falta de ar ou respiração irregular; palpitações cardíacas; náuseas; transpiração e sensações de pânico e perda de controlo.

Uma grande percentagem de medos é desencadeada a partir das narrativas de outros e de experiências vividas, ou seja, aspectos subjectivos (Bandura & Walters, 1963). Existem, no entanto, estudos que validam e enformam a validade destes medos ao sugerirem um agravamento na condição física de alguns pacientes, a maior incidência de mortes e de doenças vasculares durante a noite, normalmente associados a momentos de aflição, tristeza e isolamento (Glaser & Strauss, 1968; Moller, 1990).

«Se me acontece alguma coisa aqui... podem não me ouvir e ninguém me vem ajudar.»

Noel, 43 anos de idade, solteiro, em cumprimento de pena de 14 anos de prisão, por crime de homicídio, no Estabelecimento Prisional de Alcoentre.

Nesta afirmação, o recluso mostra a sua inquietação e desassossego, associando a possibilidade de ser agredido na calada da noite, ou uma eventual negligência perante uma doença ou indisposição física. O medo da noite terá, neste caso, um efeito protector. No entanto, ao mesmo tempo em que o medo da noite funciona como protecção, existem situações em que, pela intensidade do medo e da ansiedade que geram, podem desencadear uma fobia à noite – *noctiphobia*.

Extrapolando um pouco mais, podemos também associar a noite à morte. Porque a noite lembra a ideia da morte, e porque o sono se assemelha a uma morte passageira, há pessoas que sentem de tal forma o pavor da noite e da morte que têm medo de adormecer e nunca mais acordar.

Num nível mais profundo, o medo da noite transforma-se no medo de tudo o que não pode ser visto, do desconhecido, do que não é logicamente compreensível, ou seja, o indivíduo não teme a noite, mas o desconhecido. Quando ouvimos um barulho durante a noite e não conseguimos identificar a sua origem no imediato, tendemos a exacerbar a perigosidade da sua origem, desencadeando um estado de activação e alerta superior, caso o mesmo barulho ocorresse durante o dia. Aquilo que nos deixa imperturbáveis durante o dia, à noite impressiona profundamente.

Numa análise psicanalítica, o indivíduo pode temer a noite e o escuro, por temer os aspectos mais obscuros da sua personalidade, nomeadamente emoções negativas, pensamentos indesejáveis, situações mal resolvidas, aspectos que deseje banir de dentro de si, ...

Assim, o medo da noite, como aliás qualquer medo, pode funcionar como um mecanismo de sobrevivência, que activa o nosso organismo, exacerbando a perigosidade das situações e preparando o organismo para responder adequadamente.

Discussão

Um primeiro e importante reparo a ser feito ao tema objecto do nosso estudo é que ele surge por imposição dos próprios reclusos. Dentro do estudo das saídas precárias o que se perguntava à amostra era " o que mais custa na prisão?" Nas respostas a esta pergunta emerge, de forma significativa, a problemática dos medos. Atento a sua expressão e espontaneidade, o tema impôs-se ao nosso estudo com autonomia suficiente para justificar reflexão distinta da que directa e imediatamente decorre da sobredita pergunta.

Esta espontaneidade tem, no entanto, sequelas. Por um lado, a verificação de um número representativo de omissões, a abranger 58% da amostra. Por outro lado, não constituindo objecto específico de estudo, os resultados obtidos têm de ser interpretados com cautela, nomeadamente em termos de resultados quantitativos. O próprio número de categorias poderia ser diferente num estudo especificamente sobre o tema; com efeito, uma entrevista dirigida é apta a extrair respostas que perdendo em espontaneidade, podem assumir uma maior diversidade. Em suma: existe a probabilidade de um estudo dirigido ao medo em reclusão apresentar resultados mais diversificados e consistentes.

No entanto, o presente trabalho tem o mérito de não ser minimamente induzido na amostra e chamar a atenção para o tema, desvendando, ainda, realidades pertinentes ao funcionamento do sistema penitenciário.

Tema este que é uma nova forma de evocar a questão da "humanidade" dos reclusos, diversa da usual que apenas se fixa na questão da ausência de liberdade e nas condições da reclusão.

Não é abordado no presente estudo a consequência desses medos, isto é, o que resulta da verificação do medo na acção do indivíduo, na conduta do grupo, no funcionamento da instituição. Se, como por vezes se afirma, "o medo causa as piores espécies de estupidez" (Pitkin, s/d), bom seria ver o seu resultado num meio particularmente problemático como é o do sistema prisional.

Quanto ao estudo propriamente dito, ele assume-se como meramente exploratório. Perante uma área a desbravar, a definição de hipóteses constitui tarefa arriscada, razão pela qual se afastou qualquer previsão de resultados.

Na ausência de especial focalização, o trabalho ganhou abrangência, não só na constelação de categorias como na reflexão que cada uma propiciou e, ainda, na sistematização que delas resulta.

Existem distintas variedades de medo e este tanto pode porvir do que aconteceu como do que virá a acontecer, do que está próximo e do que está distante, do que eventualmente há-de suceder e do que está realmente a acontecer. Todas estas cambiantes do medo se manifestaram nas preocupações dos reclusos.

Também emergiu a ideia de que os medos em reclusão têm uma densidade própria, distinta do mesmo tipo de medos quando em liberdade. E parece resultar do estudo que os medos verbalizados têm, na esmagadora maioria, fundamento, isto é, existe uma razão para que eles se verifiquem.

O estudo verificou que a maior intensidade e diversidade de medos é reportada aos primeiros tempos de reclusão. Tal constatação é compreensível porquanto o ser humano resiste a mudanças, mudar é encarar o novo, o desconhecido, e a reclusão é uma mudança radical imposta por coacção.

Também se verificou uma certa gradação do próprio medo ao longo do tempo de reclusão. Esta verificação corresponde à variabilidade decorrente das transformações contextuais e, nomeadamente, da própria adaptabilidade que o tempo normalmente confere perante situações adversas.

Quanto à tipologia dos medos, podemos observar diversas categorias que se reconduzem a três grupos: os que dizem respeito à própria situação física de reclusão, os que são potenciados pela reclusão e os que não dizendo respeito à reclusão em si, se verificam por causa de se estar recluso.

Explicitando.

Os que dizem respeito à própria reclusão são inerentes à prisão, ao facto de se viver fisicamente recluido num certo espaço com regras, hábitos e determinado tipo de contingências específicas da prisão. Estão neste caso o medo do outro, a contaminação e a solidão.

Os medos potenciados pela reclusão são aqueles que podendo existir independentemente da reclusão são, no entanto, agravados por esta, de forma a assumir um grau de gravidade importante para o sujeito. São o caso da morte e o da noite.

Por fim, os que não sendo resultantes da própria prisão enquanto imposição física se verificam por se ter estado recluido. Tal é o caso do medo de sair e o da recaída.

O medo de enlouquecer ocupa uma posição ambígua entre os medos referentes ao próprio encarceramento em si e aqueles que resultam do potenciamento que lhes é dado pelo estado de reclusão.

Importa sublinhar que a inserção das categorias nos três tipos acima referidos é feita de acordo com as categorias concretamente encontradas, isto é, com o sentido que os elementos empíricos conferiam a cada uma das categorias e não de acordo com uma suposta abstracção mais genérica e abrangente.

Ao nível da expressão de cada um destes tipos de medo, podemos verificar a prevalência de medo do outro (23%), seguido de perto pelo medo em sair (21%), e, num patamar inferior, em igualdade de representação, os medos da solidão, da contaminação e de enlouquecer (12%), por fim, na expressão mais baixa, também em igualdade de representação, os medos da noite, da morte e da recaída (7%).

As duas categorias com maior expressão percentual permitem-nos, cada uma, reflexões pautadas por preocupações muito diferentes entre si.

A categoria medo do outro impõe que se questione as consequências deste tipo de medo no mundo prisional. Cumpre referir que este medo é, sobretudo, reportado pelos reclusos aos seus pares, apenas um caso refere o medo dos guardas prisionais. Esta categoria parece concitar um perigo concreto e na prisão não há forma de escapar às condições geradoras deste tipo de medo que poderá ser potenciador de luta ou, então, de fuga. Sendo a solução a luta, ela potenciará uma escalada da agressividade. No caso de a solução passar pela fuga ou, melhor, pela tentativa de evitamento, ela produzirá uma clivagem de comportamentos que acarretam efeitos nefastos para o convívio prisional e, sobretudo, para o dominado pelo medo. Como se referiu, é uma categoria determinada pelas contingências da própria prisão e, como tal, a sua gestão cumpre, em primeiro lugar, aos próprios serviços prisionais.

Já no caso do medo em sair, as preocupações são diversas. O que esta categoria impõe é a pergunta sobre a preparação dos reclusos para a sua reintegração na sociedade, isto é, sobre a própria finalidade última do sistema prisional. Sendo um medo que advém do estado de reclusão, isto é, que encontra a sua causa na supressão de liberdade, cumpre ao Estado, no seu desiderato de reinserção do recluso, providenciar para que se verifiquem apoios que se revelem imprescindíveis na passagem da reclusão para a liberdade.

Assim, as duas categorias mais expressivas dizem respeito, paradoxalmente, a duas realidades absolutamente distintas entre si. Uma reporta-se ao quotidiano vivido intra muros, numa vertente muito concreta e precisa; a outra, reporta-se ao futuro que aguarda para além dos muros da prisão, são as hipóteses do que há-de um dia suceder ou, simplesmente, poderá vir a suceder que geram o medo.

Com menor expressão, mas em termos de igualdade entre si, os medos da solidão, da contaminação e de enlouquecer, têm como denominador comum a ameaça do equilíbrio e do bem-estar do recluso.

Por fim, também em igual expressão, os medos da noite, da morte e da recaída, a revelar realidades díspares e que se prendem com factores determinantes que vão desde a saúde do recluso às consequências das rotinas prisionais.

Compulsando todas estas categorias e tendo presente que os objectivos do sistema prisional passam por prevenir os comportamentos agressivos entre os reclusos, proteger a saúde destes e promover a sua reintegração social, parece fazer todo o sentido incentivar a explorar a problemática dos medos em reclusão. No limite, os medos dos reclusos revelam as maiores carências e deficiências do sistema. São, assim, verdadeiros alertas para situações e práticas que importa suprir, corrigir ou, simplesmente, conhecer e estar atento.

Conclusão

O medo acompanha o homem e, assim, está presente quando este está em reclusão. Para além desta constatação óbvia, o presente estudo identificou certos tipos de medo em reclusão. Esses medos nominados são: o medo do outro, o medo de sair, o medo da contaminação, o medo da solidão, o medo de enlouquecer, o medo da noite, o medo de morrer e o medo da recaída. Estes medos surgem nos discursos dos reclusos de forma patente, são os medos verbalizados.

Seria possível esperar a verbalização de outro tipo de medos como seja toda a panóplia de medos de perdas materiais e/ou afectivas, tão frequentes nas sociedades modernas (Closets, 1977; Duhamel, 1993; Lambert, 2005), mas tal não se verificou, embora essas variáveis surjam na amostra, elas assumem-se como meras preocupações, sem a carga de temor e/ou angústia que caracteriza o medo.

Sendo diversos tipos de medo, eles manifestam preocupações e temores de distinta natureza e díspar origem.

Desta forma, foi possível reconduzir as diversas tipologias a três grandes grupos de medo: os que dizem respeito à própria situação física da reclusão, os que são potenciados pelo estado de reclusão e os que, não dizendo respeito à reclusão em si, se verificam por causa de se ter estado recluído.

São inerentes às contingências objectivas da própria reclusão os medos do outro, da contaminação e da solidão.

Agravados pelo estado de reclusão, surgem os medos de noite e o de morrer.

Por fim, os medos de sair e de recaída, a surgir por se ter estado recluído.

Também se identificaram medos rebeldes à inserção num só destes grupos, está neste caso o medo de enlouquecer, a oscilar entre o estado objectivo de encarceramento e o potenciamento conferido pela própria encarceração.

Não constituindo preocupação do presente estudo uma gradação dos medos, é, no entanto, possível afirmar a prevalência do medo do outro sobre os restantes medos. Este medo do outro é referido aos pares, aos outros reclusos, só residualmente se alude ao medo do outro reportando--se aos guardas prisionais. Assim, sendo um medo gerado pelo convívio forçado entre os reclusos, questiona-se se ele não potenciará uma escalada necessária de agressividade e violência no seio prisional. Caberá ao sistema prisional minimizar esta realidade, sendo certo que a agressividade ou a latência desta é uma constante no meio prisional.

O medo em sair da reclusão, o segundo em grau de expressividade, convoca um outro tipo de preocupações. Até que ponto o sistema prepara os reclusos para a sua reinserção social? Este tipo de receio por parte dos reclusos parece indicar uma resposta negativa o que é, no mínimo, preocupante para todo o sistema de justiça e sociedade em geral. Como tal, as questões suscitadas por esta realidade exigem uma reflexão profunda e abrangente sobre o sistema de justiça penal e, em particular, do sistema penitenciário.

Os medos que se perfilam após os dois tipos de medo de maior expressão, concitam preocupações de equilíbrio e bem-estar do recluso os quais se prendem com as condições dos estabelecimentos prisionais, sejam elas físicas, de apoio médico-sanitário e/ou psicológico que, supostamente, havia de existir, assim: o medo da solidão, o medo da contaminação e o medo de enlouquecer.

Na expressão mais baixa de representatividade, os medos da noite, de morrer e da recaída, sugerem diversas realidades subjacentes que se prendem com factores potenciadores de medos pré-existentes no domínio do bem-estar, da auto-preservação e da saúde, respectivamente.

Um reparo que importa registar é o de que as aludidas categorias de medo ganham, por estar ligadas à reclusão, uma configuração própria. Tal significa que a densidade de cada um dos conceitos de medo só é devidamente compreendida se enquadrada no circunstancionalismo específico de reclusão. Assim, por exemplo, o medo da noite, que pode ser um medo comum a muitos indivíduos, no caso da reclusão deve ser enquadrado em factores como um tempo de noite forçado, um maior tempo de noite do que é comum para o cidadão em liberdade, um maior isolamento na noite, na impossibilidade de comunicação e, de forma geral, na imposição destes e de outros factores agravantes, o que tudo redunda numa gradação específica da aludida realidade.

Os medos referenciados têm causas, fundamentos, não surgem por mera efabulação dos reclusos. Todos eles têm a virtualidade de chamar a atenção para problemas reais, vividos e sentidos pelos reclusos. Como tal, importa serem interpretados e valorados a fim de se lhes retirar as necessárias consequências, sendo que algumas sugestões de práticas, reflexões e preocupações foram sendo registadas ao longo da análise de cada tipo de medo identificado.

Uma faceta que não foi abordada no presente estudo é a da consequência desses medos. O que resulta da verificação do medo na acção do indivíduo, na conduta do grupo, no funcionamento da instituição. Este resultado do medo demanda uma análise mais fina que exigiria um outro instrumento de trabalho, um outro manancial de informação, um outro estudo...

Para o sistema prisional, estar na posse de informação é, sempre, o melhor utensílio para poder fazer mais e melhor. A identificação dos medos redunda, assim, na possibilidade de evitar atritos, sofrimento, pesar por parte do homem em reclusão.

Bibliografia

ACADEMIA DAS CIÊNCIAS DE LISBOA (2001). *Dicionário da Língua Portuguesa Contemporânea*. Vol. I. Lisboa: Editorial Verbo.
ACADEMIA DAS CIÊNCIAS DE LISBOA (2001). *Dicionário da Língua Portuguesa Contemporânea*. Vol. II. Lisboa: Editorial Verbo.
AKOUN, A. (1983). *Dicionário de Antropologia*. Lisboa : Verbo.
ALLERS, R. (1956). *Freud – Estudo Crítico da Psicanálise*. Porto: Livraria Tavares Martins.

ALLILAIRE, J. -F. (2001). Pânico (perturbação, ataque de). In Doron & F. Parot, *Dicionário de Psicologia*. Lisboa: Climepsi.
AMERICAN PSYCHOLOGICAL ASSOCIATION (1996): *DSM-IV: Manual de Diagnóstico e Estatística das Perturbações Mentais*, 4.ª Ed. Lisboa: Climepsi Editores.
ANDRÉ, C. & LÉGERON, P. (1996). *O Medo dos Outros. Nervoso, Timidez e Fobia*. Lisboa: Livros do Brasil
ANDRÉ, C. (2005). *Psychologie de la peur – Craintes, angoisses et phobies*. Paris: Odile Jacob.
ANTHERO DE QUENTAL (1924). *Os sonetos completos de Anthero de Quental*. Coimbra: Imprensa da Universidade.
ARAÚJO, A. (1997). *A morte em Lisboa*. Lisboa: Notícias.
ARCHAMBAULT, J.-C. & MORMONT, C. (1998). *Déviances, délits et crimes*. Paris: Masson.
ARIÉS, P. (1989). *História da morte no Ocidente. Da Idade Média aos Nossos Dias*. Lisboa: Teorema.
——— . (1992). *O Homem perante a morte*. Lisboa: Publicações Europa-América.
ARNION, J.-M., BROUSSOLE, B., COLIN, M., FOLLIET, J., GUILLAUMIN, J., KOHLER, C., MARTELET, G. & WERTHEIMER. (1965). *La Mort et L'Homme du XX Siècle*. Paris: SPESES.
ASMUNDSON, N. (2001). *Health Anxiety. Clinical and Research Perspectives on Hypochondriasis*. New York: Wiley.
BACHELOT, F. & LORANE, P. (1988). *Une société au risque du Sida*. Paris: Albatros.
BANDURA, A. (1965). The influence of model's reinforcement contingencies on the acquisition of imitative responses. *Journal of Personality and Social Psychology*, 1, 589-595.
BANDURA A. & WALTERS, R. (1963). *Social learning and personality development*. New York: Holt, Rinehart & Winston.
BARINAGA, M. (1992). How scary things get that way. *Science*, 258, 887-888.
BARLOW, D. (2002). *Anxiety and Its Disorders: The Nature and Treatment of Anxiety and Panic*. New York: The Guilford Press.
BARRAL-BARON, A. (s/d). Problèmes ethiques relatifs au Sida. In A. Ruffiot (dir.), *Psychologie du SIDA approaches psychanalytiques et socio-éthiques*. Bruxelles: Pierre Mardaga.
BARRAUD, J. (s/d). *O homem e a sua angústia*. Lisboa: Pórtico.
BARTHOLOMEW, K. & HOROWITZ, L. (1991). Attachment styles among adults: A test of a four category model. *Journal of Personality and Social Psychology*, 61, 226-244.
BARTHOLOMEW, K. (1990). Avoidance of intimacy: An attachment perspective. *Journal of Social and Personal Relationships*, 7, 147-178.
BASS, E. & DAVIS L. (1988). *The Courage to Heal: A Guide for Women Survivors of Child Sexual Abuse*. New York: Harper and Row Publishers.

BASTOS, S. (1928). *Diccionário Etymológico*. Lisboa: Parceria António Maria Pereira.
BAUMAN, Z. (2005). *Confiança e medo na cidade*. Lisboa: Antropos.
BECK, A. (1996). Beyond belief: a theory of modes, personality, and psychopathology. In P. Salkovskis (Ed.), *Frontiers of Cognitive Therapy*. New York: Guilford. 1-25.
BECK, A., & WEISHAAR, M. (1989). Cognitive therapy. In A. Freeman, K. M. Simon, H. Arkowitz, & L. Beutler (Eds), *Comprehensive Handbook of Cognitive Therapy*. New York: Plenum.
BECK, A.; RUSH, A.; SHAW, B. & EMERY, G. (1982). *A terapia Cognitiva da Depressão*. Rio de Janeiro: Zahar Editores.
BENSABAT, J. (1887). *Novo Livro de Synonymos Portuguezes*. Porto: Livraria Minerva.
BERGER, L. e MAILLOUX-POIRIER, D. (1995) *Pessoas Idosas uma Abordagem Global*. Lisboa: Lusodidacta.
BERGIER, Gousset & DONEY (s/d). *Dictionnaire de Théologie*. T.I. Paris: Leroux et Joube, Libraires.
BESANT, A. (1991). *Morte... e depois?* São Paulo: Pensamento.
BESNARD, P. (2000). Variations autour du Suicide. In AAVV, *L'acteur et ses raisons. Mélanges en L'honneur de Raymond Boudon*. Paris: PUF.
BESSON, J. (2004). *Les Cartes du Crime*. Paris: Presses Universitaires de France.
Bíblia Sagrada (1821). Londres: Bensley.
BÍVAR, A. (1952). *Dicionário Geral e Analógico da Língua Portuguesa*. Parte I, Vol. II. Porto: Edições Ouro, Lda.
BLUTEAU, R. (1716). *Vocabulário Portuguez & Latino, Aulico, Anatómico, Architectonico*, (...). Tomo V. Lisboa: Officina de Pascoal da Silva.
BOMBARDA, M. (1897). *La Folie Pénitentiaire*. Lisboa: s/l.
BON, G. (1912). *La Psychologie Politique et La Défense Social*. Paris: Ernest Flammarion.
BOTTO, A. (1999). *As canções de António Botto*. Lisboa: Editorial Presença.
BOWLBY, J. (1973). *Attachment and Loss: separation anxiety and anger*. New York: Basis Books.
BRAGA, T. (1865). *Poesia do Direito*. Porto: Casa da Viúva More.
BRÉHANT, J. (1976). *Thanatos le malade et le médecin devant la mort*. Paris: Robert Laffont.
BRICOURT, J. (1927). *Dictionnaire Pratique des Connaissances Religieuses*. T. V. Paris: Librairie Letouzey et Ané.
BROWN, J. (1961). *Freud e os seus continuadores*. Lisboa: Editora Ulisseia.
BRUNSWICK, H. (1899). *Diccionario de Synóyimos da Lingua Portugueza*. Lisboa: Francisco Pastor.
BUCHHOLZ, E. & CATTON, R. (1999). Adolescents' perceptions of aloneness and loneliness. *Adolescence*, 34, (133), 203-213.

Bueno, F. (1987). *Grande Dicionário da Língua Portuguesa – Lisa*. São Paulo: Editora Lisa.
Cacioppo, J., Ernest, J., Burleson, M., McClintock, M., Marlarkey, L., Kowalewski, R., Paulsen, A., Hobson, J., Hugdahl, K., Spiegel, D. & Berntson, G. (2000). Lonely traits and concomitant physiological processes: the MacArthur social neuroscience studies. *International Journal of Psychophysiology*, 35, 143-154.
Cacioppo, J., Hawkley, L., & Berntson, G. (2003). The anatomy of loneliness. *Current Directions in Psychological Science*, 12, 71-74.
Cacioppo J., Hughes M., Waite L., Hawkley L., Thisted R. (2006). Loneliness as a specific risk factor for depressive symptoms: cross-sectional and longitudinal analyses. *Psychological Aging.* 21, (1), 140-51.
Carvalho, A. & Deus, J. (1905). *Diccionario Prosódico de Portugal e Brasil*. Porto: Lopes & C.ª.
Carvalho, R. (2006). *O texto poético como documento social*. Lisboa: Gulbenkian.
Castel, R. (2003). *L'insécurité Social: Qu'est-ce qu'être protégé?* Paris: Senil.
Closets, F. (1977). *La France et ses mensages*. Paris: Denoël.
Code de L'Humanité, ou La Legislation Universelle, Naturelle, Civile et Politique (...). (1778). T. X. Yverdon: M. de Felice.
Cebola, L. (1925). *Almas Delirantes*. Lisboa: Comercial Gráfica, Lda.
─────. (1926). *História de um louco*. Lisboa: Livraria Central Editora.
─────. (1941). *Psiquiatria Clínica e Forense*. 2.ª Ed. Lisboa.
Chauí, M. (1987). Sobre o medo. In S. Cardoso (Org.), *Os sentidos da paixão*. São Paulo: Companhia das Letras.
Coelho, A. (s/d). *Diccionario Manual Etymologico da Língua Portuguesa*. Lisboa: P. Plantier.
Constâncio, F. (1844). *Novo Diccionario Critico e Etymologico da Língua Portuguesa*, (...). Paris: Ângelo Francisco Carneiro.
Convergência. (1985). *Moderno Dicionário da Língua Portuguesa*. Vol. 2. Lisboa: Círculo de Leitores.
Cordeiro, D. (2003). *Psiquiatria Forense*. Lisboa: Fundação Calouste Gulbenkian.
Costa, J. & Melo, A. (s/d). *Dicionário de Português*. Porto: Porto Editora, Lda.
Costa, M. (1991). *Contextos sociais de vida e desenvolvimento da identidade*. Porto: Instituto Nacional de Investigação Cientifica / Centro de Psicologia da Universidade do Porto.
Cruz, A. (2002). *O que é a morte humana?* Lisboa: Campo Grande Editora.
Damásio, A. (1994). *O erro de Descartes: emoção, razão e cérebro humano*. Lisboa: Publicações Europa-América.
─────. (1999). *O Sentimento de Si – O corpo, a emoção e a neurobiologia da consciência*. Lisboa: Publicações Europa-América.
─────. (2003). *Ao encontro de Espinosa: as emoções sociais e a neurologia do sentir*. Lisboa: Publicações Europa-América.

DARWIN, C. (1965). *The Expression of Emotions in Man and Animals*. Chicago: University of Chicago Press.
DELUMEAU, J. (1996). *História do medo no Ocidente: 1300-1800. Uma cidade sitiada*. São Paulo: Companhia das Letras.
DHAMMAPADA (1879). In F. Max Muller, *Sacred Books of the East*. Oxford: Oxford Press.
Diccionario Contemporaneo da Língua Portugueza (1881). Tomo II. Lisboa: Imprensa Nacional.
Dicionário Mais (1998). Lisboa: Selecções do Reader's Digest.
DOLLINGER, S., O'DONNELL, J., & STALEY, A. (1984). Lightening-strike disaster: effects on children's fears and worries. *Journal of Consulting and Clinical Psychology*, 52, (6), 1028–1038.
DORON, R. & FRANÇOISE P. (2001). *Dicionário de Psicologia*. Lisboa: Climepsi Editores.
DRYDEN, W. & GORDON, J. (1990). *A Realização Pessoal*. Lisboa: Editorial Presença.
DUBY, G. (1998). *Ano 1000 ano 2000 na pista de nossos medos*. São Paulo: UNESP.
DUCK, S. (1991). *Friends for life: The Psychology of Personal Relationships*. London: Havester Weatsheaf.
DUHAMEL, A. (1993). *Les Peurs Françaises*. Paris: Flammarion.
DURKEIM, E. (1977). *O suicídio. Estudo sociológico*. Lisboa: Editorial Presença.
EKMAN, P., (Ed.) (1982). *Emotions in the Human Face*. London: Cambridge University Press.
Enciclopédia Luso-Brasileira de Cultura (1972). Lisboa: Verbo.
ERASMO (2001). *O Elogio da Loucura*. Lisboa: Guimarães Editores.
ESPINOSA, P. (s.d.). L' infection par le VIH dans les prisons francaises. In A. Ruffiot (dir.), *Psychologie du SIDA approaches psychanalytiques et socio-éthiques*. Bruxelles: Pierre Mardaga.
FARIA, E. (1852). *Novo Diccionario da Língua Portuguesa. Diccionario de Synonimos*. Vol. III. Lisboa: José Carvalho D'Aguiar Vianna.
——— . (1853). *Novo Diccionario da Língua Portuguesa. Diccionario de Synonimos*. Vol. IV. Lisboa: Typographia Universal.
FARRINGTON, D. & WILSON, l. (1986). Understanding and controlling crime. In V. GARRIDO & S. REDONDO, El tratamiento y la intervención en las prisiones, *Delincuencia,* 1991, 3, (3), 302.
FEIJÓ, R.; MARTINS, H. & CABRAL, J. (1985). *A morte no Portugal Contemporâneo*. Lisboa: Editorial Querco.
FERNANDES, B. (1946). Inimputabilidade penal dos doentes e anormais mentais. *Medicina Contemporânea*, 54, 31-35.
———. (1970). Culpabilidade em psiquiatria forense. *Arquivos Portugueses de Psiquiatria.*
FERNANDES, F. (1945). *Dicionário de Sinónimos e Antónimos da Língua Portuguesa*. Porto Alegre: Livraria do Globo.

FERREIRA, A. (s/d). *Pequeno Dicionário Brasileiro da Língua Portuguesa*. Rio de Janeiro: Editora Civilização Brasileira.
FIELD, A. & DAVEY, G. (2001). Conditioning models of childhood anxiety. In W. SILVERMAN & P. TREFFERS. *Anxiety disorders in children and adolescents: research, assessment and intervention*. Cambridge: Cambridge University Press.
FIGUEIREDO, C. (1899). *Novo Diccionário da Língua Portuguesa*. Vol. II. Lisboa: Livraria Editora Tavares Cardoso & Irmão.
―――. (1913). *Novo Diccionário da Língua Portuguesa*. Vol. II. Lisboa: Livraria Clássica Editora.
―――. (1996). *Grande Dicionário da Língua Portuguesa*. Vol. III. Lisboa: Bertrand Editora.
―――. (s/d). *Pequeno Diccionario da Língua Portuguesa*. Lisboa: Imprensa de Portugal-Brasil.
FIGUEIREDO, F. (1944). *Interpretações*. Coimbra: Editorial Nobel.
FONBERG, E. (1986). Amygdala, emotions, motivation, and depressive states. In R. Plutchik & H. Kellerman (Eds.), *Emotion – Theory Research and Experience*. New York: Academic Press.
FONSECA, J. (1833). *Novo Diccionario da Língua Portuguesa*. Paris: J.-P. Aillaud.
FOUCAULT, M. (1997a). *História da Loucura na Idade Clássica* (5.ª Ed.). São Paulo: Editora Perspectiva.
―――. (1997b). *Maladie mentale et psychologie*. Paris: PUF.
―――. (1999). *Les anormaux. Cours au collège de France, 1974-1975*. Paris: Gallimard.
FREUD, A. (1947).*The Ego and the Mechanisms of Defense*. New York: International University Press.
FREUD, S. (1989). *Textos Essenciais da Psicanálise*. Lisboa: Publicações Europa-América.
―――. (1988). *A interpretação dos sonhos*. Lisboa: Pensamento.
―――. (1905). *Três Ensaios sobre a teoria da sexualidade*. Lisboa: Edição Livros do Brasil.
―――. (1922). *Para além do princípio do prazer*. Rio de Janeiro: Imago.
FREUD, S. & BREUER, J. (1974). *Studies on Hysteria*. London: Penguin Books.
FRIJDA, N. (1986). *The Emotions*. Cambridge: Cambridge University Press.
FROMM E. (2002). *Ter ou Ser*. Lisboa: Editorial Presença.
FROMM-REICHMAN, F. (1959). Loneliness, *Psychiatry*, 22, 1-15.
GAMEIRO, A. (s/d). *Psicopatologia e saúde mental*. Vol. I. Telhal: Escola de Enfermagem.
GEDEÃO, A. (2004). *Poemas Escolhidos*. Lisboa: Edições João Sá da Costa.
GEER, J. (1965). The development of a scale to measure fear. In *Behaviour Research and Therapy*, 3, 45-53.
GERSTEIN, L. H. & TESSER, A (1987). Antecedents and responses associated with loneliness. *Journal of Social and Personal Relationships*, 4, 329-363.

GLASER, B. & STRAUSS, A. (1968). *Time for Dying*. Chicago: Aldine.
GLEITMAN, H. (1986). *Psicologia*. Lisboa: Ed. Fundação Calouste Gulbenkian.
GOFFMAN (1988). *Estigma. Notas sobre a Manipulação da Identidade Deteriorada*. Rio de Janeiro: Editora Guanabara.
―――――. (1999). *Manicómios, Prisões e Conventos*. São Paulo: Editora Perspectiva.
GOLDFRIED, M. (1988). Application of rational restructuring to anxiety disorders. *The Counseling Psychologist, 16* (1), 50-68
GOLEMAN, D. (1995). *Inteligência Emocional*. Lisboa: Ed. Temas e Debates.
GOMES, B. (1844). *Dos Estabelecimentos de Alienados nos Estados Principais da Europa*. Lisboa: Typ. De Vicente Jorge de Castro & Irmão.
GONÇALVES, J. (1907). *A Penitenciária perante a loucura*. Porto: Livraria Chardron.
GONÇALVES, O. (1993). *Terapias Cognitivas: Teorias e Práticas*. Porto: Edições Afrontamento.
GONÇALVES, R. (1999). *Psicopatia e Processos Adaptativos à Prisão: da Intervenção para a Prevenção*. Braga: Universidade do Minho.
GONÇALVES, R. (2002) *Delinquência, Crime e Adaptação à Prisão*. Coimbra: Quarteto.
GOSSENS, L. MARCOEN, A., HEES, S. & WOESTIJNE, O. (1998). Attachement style and loneliness in adolescence. *European Journal of Psycholog of education, 12,* 529-542.
Grande Enciclopédia Portuguesa e Brasileira. (s/d). Vol. XVI. Lisboa: Editorial Enciclopédia, Limitada.
GREENBERG, L. & ELLIOTT, R. (1996). *Facilitating Emotional Change: The Moment-By-Moment Process*. New York: Guilford Publications.
GREENBERG, L. & SAFRAN, J. (1987). *Emotion in psychotherapy: affect, cognitions and the process of change*. New York: Guilford Press.
GREENBERG, L. (2004). Emotion-focused therapy. *Clinical Psychology and Psychotherapy,* 11, 3-16.
GRINKER, R. & SPIEGEL, J. (1945) *Men Under Stresse*. London: Churchill.
GRMEK, M. (1989) *Histoire et Sida*. Paris: Payot.
GROSSBERG, J. & WILSON, H. (1965). A correlational comparison of the Wolpe-Lang Fear Survey Schedule and Taylor Manifest Anxiety Scale. *In Behaviour Research and Therapy,* 3, 125-128.
GUILLON, C. & BONNIEC, Y. (1990). *Suicídio, modo de usar*. Lisboa: Edições Antígona.
GUY, F. & ADOTEVI, F. (s.d.). L'Afrique et le Sida: un drame et/ou un défi? In A. RUFFIOT (dir.), *Psychologie du SIDA approaches psychanalytiques et socio-éthiques*. Bruxelles: Pierre Mardaga.
HASTINGS, J; SELBIE, J. & LAMBERT, J. (1906). *A Dictionary of Christ and the Gospels*. Vol. I. Edinburgh: T. & T. Clark.
HELM, P. (2004). Medo. In G. HOWARTH & O. LEAMAN (Coord.), *Enciclopédia da Morte e da Arte de Morrer*. Lisboa: Quimera.

HERMAN, J. (1981). *Father-Daughter Incest*. Harvard: Harvard University Press.
HERSKOVITS, M. (1948). *Man and His Works: The Science of Cultural Anthropology*. New York: Alfred A. Knopf.
HEUSE, G. (1975). *Guide de la mort*. Paris: Masson.
HESS, A. (1987). The self-imposed death sentence. *Psychology Today*, 21 (6), 50-53.
HOMEM DE MELLO, P. (2004). *Poesias escolhidas*. Porto: Edições Asa.
HORNEY, K. (s/d). *A Personalidade Neurótica do Nosso Tempo*. Lisboa: Minotauro.
HOUAISS, A. (2003). *Dicionário Houaiss da Língua Portuguesa* – tomos IV & VI. Lisboa: Círculo de Leitores.
HUNT, W., BARNETT, L. & BRANCH, L. (1971). Relapse rates in addiction programs. *Journal of Clinical Psychology*, 27, 355.
IZARD, C. (1971). *The Face of Emotion*. New York: Meredith.
JANOV, A. (1984). *Imprints: The Lifelong Effects of the Birth Experience*. London: Coward Mc Cann.
JASPERS, K. (1968). *Initiation a la Méthode Philosophique*. Paris: Payot.
JOHNSON, S. & MELAMED, B. (1979). The assessment and Treatment of Children's Fears. In B. Lahey & A. Kazdin (Eds.), *Advances in Clinical child psychology*, vol. 2. New York: Plenum Press.
JUNG, C. (2001). *Wandlungen und Symbole der Libido. Beiträge zur Entwicklungsgeschichte des Denkens*. Munique: DTV.
———. (1999). *Ab-reação, análise dos sonhos, transferência*. Rio de Janeiro: Editora Vozes.
KANT, E. (1798). *Anthropologie in pragmatischer Hinsicht*. Rönigsberg: Friedrich Nicolovius.
KANT, E. (1978). *Antropology from a Pragmatic point of view*. Illinois: University Press.
KIERKEGAARD, S. (1966-1984). *Oeuvres Compètes*. 20 vol. Paris: Orante.
KILPATRICK, D. & MCLEOD, P. (1973). Trait Anxiety and Fearfulness. *Social Behaviour and Personality*, 1, 119-122.
KING, N., GULLONE, E., & OLLENDICK, T. (1998). Etiology of childhood phobias: current status of Rachman's three pathways theory. *Behaviour Research and Therapy*, 36, 297–309.
———. (1990). Manifest anxiety and Fearfullness in Children and Adolescents. In *The Journal of Genetic Psychology*, 153 (I), 63-73.
KÖHLER, W. (1925). *The mentality of apes*. New York: Harcount, Brace and World.
LACERDA, J. (1870). *Diccionario Encyclopedico ou Novo Diccionario da Língua Portuguesa. Diccionario de Synonymos com Reflexões Criticas*. Lisboa: Escriptorio de Francisco Arthur da Silva.
LAENG, M. (1973). *Dicionário de Pedagogia*. Lisboa: Publicações D. Quixote.
LAKE, F. (1941). Clinical Theology. In S. Kierkegaard, *Sickness Unto Death*. New Jersey: Princeton University Press.
LAMBERT, C. (2005). *La Société de la Peur*. Paris: Plon.

LAZARUS, R.S. & FOLKMAN, S. (1984): *Stress, Appraisal and Coping*. New York: Springer.
LERICHE, A-M. (1977). *Os medos da criança*. Lisboa: Publicações Europa-América.
LEIBNIZ (1714). Principia Philosophiae Sev Theses. In *Gothofredi Guillelmi Leibnitii Opera Omnia* (1768). Geneave: Apud Fraters de Tournes.
─────. (1947). *A Monadologia. Discurso de Metafísica*. Trad. A. Machado. Coimbra: Casa do Castelo.
LEMOS, M. (s/d). *Encyclopedia Portuguesa Illustrada. Diccionario Universal*. Vol. VII. Porto: Lemos & C.ª
LEVENTHAL, H. (1982) A perceptual motor theory of emotion. *Social Science Information*, 21, 819-845.
LOUCKS, S. (1980). Loneliness, Affect, and Self-Concept: Construct Validity of the Bradley Loneliness Scale. *Journal of Personality Assessment*, 44, (2), 142-147.
LUCAS, B. (1888). *A loucura perante a lei penal*. Porto: Barros & Filha.
LUIZ, F. (1828). *Ensaio sobre alguns synonymos da língua portuguesa*. Tomo II. Lisboa: Academia R. Das Sciencias.
MACEDO, A. (2002). *Da Essência da Libertação*. Lisboa: Imprensa Nacional Casa da Moeda.
MACHADO, C. & AGRA, C. (2002). Insegurança e medo do crime: da ruptura da sociabilidade à reprodução da ordem social. *Revista Portuguesa de Ciência Criminal*, 12 (1), 79-101.
MACHADO, C. & GONÇALVES, R. (1999). Psicopatia, Seropositividade e Crime: Resultado de um Estudo Comparativo. In R. Abrunhosa, C. Machado, A. SANI e M. MATOS (Organ.), *Crimes: Práticas e Testemunhos, Actas do Congresso "Crimes Ibéricos"*. Braga: Universidade do Minho.
MACHADO, J. (1981). *Grande Dicionário da Língua Portuguesa*. Vol. VII. Lisboa: Amigos do Livro.
MANN, J. (1987). Le Sida. *Forum mondial de la santé*, vol. 8.
MAQUIAVEL, N. (1945). *O Principe*. Lisboa: Cosmos.
MARCOEN, A. e GOOSENS, L. (1993). Loneliness, attitude towards aloneness, and solitude: age differences and developmental significance during adolescence. In S. Jackson & H. Rodriguez-Tomé (Eds.). *Adolescence and its social and its social worlds*. Hove, Reino Unido: Erlbaum.
MARCUSE, L. (s/d). *Freud e a Psicanálise*. Lisboa: Livros do Brasil.
MARET, S. M. (2003). *The Prenatal Person: Frank Lake's Maternal-Fetal Distress Syndrome*. New York: University Press of America.
MARLATT, G. & GORDON, J. (1993). *Prevenção de Recaída*. Porto Alegre: Artes Médicas.
MASAR, O. (2005). Intensive care in contries with weak economies. In AAVV, *Ethical eye: Drug addiction*. Strasbourg: Council of Europe.
MASLOW (1954). *Motivation and Personality*. New York: Harper & Row.

MASSON, J. (1984). *The Assault on Truth: Freud and Child Sexual Abuse*. New York: Harper Collins.
MATTOS, J. (1889). *A Loucura. Estudos Clínicos e Médico-legaes*. Lisboa: Teixeira & Irmão.
———. (1903-1907). *Os alienados nos tribunais* (3 Vol.). Lisboa: Teixeira & Irmão.
———. (1910). *Conferências. Curso Clínico de Doenças Mentaes e Nervosas*. 1.ª e 2.ª série. Porto: Livraria Editora de Lopes & C.ª
———. (1923). A assistência aos alienados criminosos. *Congresso Internacional de Medicina*. Madrid.
MATTOSO, J. (1996). *O Reino dos Mortos na Idade Média*. Lisboa: Editora Sá da Costa.
MAYER, J. & SALOVEY, P. (1997). What is emotional intelligence? In P. SALOVEY & D. SLUYTER (Eds). *Emotional Development and Emotional Intelligence: Implications for Educators*. New York: Basic Books.
McCAGHY, C., CAPRON, T. & JAMIESON, J. (2000). *Deviant Behavior. Crime, Conflit and Interest Groups*. Boston: Allyn and Bacon.
McWIRTHER, B. (1990). Loneliness: A review of current literature, with implications for counselling and research. *Journal of Counselling and development*, 68, 417-422.
MELIUS, M. (2006). Three ENDIPP research studies shed new light on needs and gaps in European prisons. *Connection*, 20, 7-8.
MELO, A. (1949). *Dicionário de Sinónimos da Língua Portuguesa*. Lisboa: Edição da Tertúlia Edípica.
MENDES, F. (1905). *Diccionario da Língua Portuguesa. Prosódico e Orthographico*. Lisboa: s/l.
MERCKELBACH, H., DE JONG, P., MURIS, P., & VAN DEN HOUT, M. (1996). The etiology of specific phobias: a review. *Clinical Psychology Review*, 16, 337-361.
Merleau-Ponty, M. (1942). *La structure du comportement*. Paris : PUF.
———. (1945). *Phénoménologie de la perception*. Paris : Gallimard.
———. (1966). *Sens et non-sens*. Paris : Nagel.
MICOUD, M. (s.d.). Conclusion: Le médecin face au Sida. In A. RUFFIOT (dir.), *Psychologie du SIDA approaches psychanalytiques et socio-éthiques*. Bruxelles: Pierre Mardaga.
MILLER, L. (1983). Fears and anxiety in children. In C. E. WALKER & M.C. ROBERTS (Eds.), *Handbook of clinical child psychology*. New York: Wiley.
Moller, D. (1990). *On death without dignity: the human impact of technological dying*. New York: Bay Wood.
MONTGOMERY, S. (1990). *Ansiedade e Depressão*. Lisboa: Climepsi.
MORENO, A. (1944). *Dicionário Complementar da Língua Portuguesa*. Porto: Editora Educação Nacional.
———. (1947). *Dicionário Elementar da Língua Portuguesa*. Porto: Editora Educação Nacional.

MORIN, E. (1951). L'Homme et la Mort dans L'Histoire. Paris: Corrêa.
MOUSTAKAS, C. (1961). Loneliness. New Jersey: Prentice-Hall.
MOWRER, O. (1939). Stimulus response theory of anxiety. Psychological Review. 46, 553 – 565.
MURPHET, H. (1990). Entendendo a morte. São Paulo: Pensamento.
NASCENTES, A. (1957). Dicionário de Sinónimos. Coimbra: Livraria Atlântica.
NETO, F. (1992). Solidão, embaraço e amor. Porto: Centro de Psicologia Social.
Novo Diccionario da Língua Portuguesa. (1835). Lisboa: Typographia Rollandiana.
OLIVEIRA, A. (1972). Medo. In Enciclopédia Luso-Brasileira de Cultura. Lisboa: Verbo.
OLIVEIRA, A. (1999). O Desafio da Morte. Lisboa: Editorial Noticias.
OLLENDICK, T. & KING, N. (1991). Origins of childhood fears: an evaluation of Rachman's Theory of Fear Acquisition. In Behaviour Research and Therapy, 29, (23), 117-123.
OLLENDICK, T., YULE, W. & OLLIER, K. (1991). Fear in British children and their relationship to manifest anxiety and depression. In Journal for Child Psychology and Psychiatry, 32, (2), 321-331, London: Pergamon Press.
PAVLOV, I. (1927). Conditioned reflexes. Oxford: Oxford University Press.
PENDERGRAST'S, M. (1995). Victims of Memory: Incest Accusations and Shattered Lives, Hinesburg. Vermont: Upper Access.
PEREIRA, B. (1732). Prosódia in Vocabularium Bilingue, Latinum, et Lusitanum, Digesta, (...). Évora: Typographia Academiae.
PEREIRA, M. (1940). Dicionário de Sinónimos da Língua Portuguesa. Cucujãis: Escola Tipográfica.
PERLMAN, D. & LANDOLT, M. (1999). Examination of loneliness in children-adolescents and in adults: Two solitudes or a unified enterprise?. In K. J. ROTENBERG & S. HYMEL (Eds.) Loneliness in Childhood and Adolescence. Nova York: Cambridge University Press.
PERLMAN, D. & PEPLAU, L. (1981). Toward a social psychology of loneliness. In R. GILMOUR & S. DUCKS (Eds.), Personal Relationships: Personal Relationships in Disorder. London: Academic Press.
PETERSILIA, J. (2003). When Prisoners Come Home. Oxford: Oxford University Press.
PEZEU-MASSABUAU, J. (2008). Les demeures de la solitude. Formes et lieux de notre isolement. Paris: L'Harmattan.
PIAGET, J. (1964). Six études de Psychologie. Genève: Gonthier.
PITKIN, W. (s/d). Breve Introdução à História da Estupidez Humana. São Paulo: Prometeu.
PLATÃO (1975). Fédon. Coimbra: Atlântida Editora.
———. (1994). Fedro. Lisboa: Guimarães Editores.
POHIER, J. (1999). A morte oportuna. Lisboa: Editorial Notícias.
POLÓNIO, P. (1975). Psiquiatria Forense. Lisboa: Livraria Petrony.

POLÓNIO, P. (1978). *Psiquiatria. Medicina da Pessoa*. Lisboa: Coimbra Editora.
PONTALIS, J. -B. (1999). *Entre o sonho e a dor*. Lisboa: Fenda.
PROVEDORIA DE JUSTIÇA (2003). *As nossas prisões III Relatório*. Lisboa: Provedoria de Justiça.
RACHMAN, S. (1977). The conditioning theory of fear acquisition: a critical examination. *Behaviour Research and Therapy*, 15, 375–387.
———. (1991). Neoconditioning and the classical theory of fear acquisition. *Clinical Psychology Review*, 17, 47–67.
RÉGIO, J. (2004). *Obra completa: Poesia I*. Lisboa: Imprensa Nacional – Casa da Moeda.
RESCORLA, R. (1967). Pavlovian conditioning and its proper control procedures. *Psychological Review*, 74, 71-80.
RHÉAUME, J. (2005). Mudança. In J. BARUS-MICHEL, E. ENRIQUEZ & A. LÉVY (Coord.), *Dicionário de Psicossociologia*. Lisboa: Climepsi.
RIBEIRO, A. (1956). *A Razão Animada*. Lisboa: Livraria Bertrand.
RIVIÈRE, J. (1926). Mort (Dogmatique). In Bricout, J., *Dictionnaire Pratique des Conaissances Religieuses, T.4*. Paris: Librairie Letouzey et Ané.
ROCHA, J. (2005). Direito à Saúde em Reclusão. *Temas Penitenciários,* III, 1-2, 29-33.
———. (1993). Tratamento em Estabelecimento Prisional. In AAVV, *Droga Decisões de Tribunais de 1.ª Instância*, 63- 71. Lisboa: Gabinete de Planeamento e de Coordenação do Combate à Droga.
ROCHA, J. & SILVÉRIO, S. (2005). Determinante Rede Social. In J. ROCHA (coord.), *Entre a Reclusão e a Liberdade. Estudos Penitenciários, Vol.I.* Coimbra: Almedina.
ROGERS, C. (1959). A theory of therapy, personality, and interpersonal relationships, as developed in the client-centered framework. In S. Koch (Ed.), *Psychology: A study of a science* , 3, 184-256. New York: McGraw-Hill.
ROQUETE, J. & FONSECA, J. (s/d). *Diccionario dos Synonymos Poético e de Epithetos da Língua Portuguesa*. Lisboa: Guillard, Aillaud & C.ª.
ROUCHE, M. (s/d). De la syphilis au Sida: myths et réalités historiques. In A. RUFFIOT (dir.), *Psychologie du SIDA approaches psychanalytiques et socio-éthiques*. Bruxelles: Pierre Mardaga.
RUBIN, M. (1994). *SIDA e outras doenças de transmissão sexual*. Lisboa: Livros do Brasil.
RUFFIOT, A. (s/d). Le Sida, une maladie aussi psychologique. In A. RUFFIOT (dir.), *Psychologie du SIDA approaches psychanalytiques et socio-éthiques*. Bruxelles: Pierre Mardaga.
SÁ-CARNEIRO (2005). *Poemas Completos*. Lisboa: Assírio & Alvim.
SANTOS, B. (1987). *Um Discurso Sobre as Ciências*. Porto: Edições Afrontamento.
SARNOFF, C. (1957). *Medical aspects of flying motivation – a fear of flying case book*. Texas: U.S. Air Force, Air University, School of Aviation Medicine.

SARTRE, J. (1939). *La nausée*. Paris: Gallimard.
———. (1939). *Esquisse d'une théorie des émotions*. Paris: Hermann Collection.
———. (1943). *L'être et le néant. Essai d'ontologie phenoménologique*. Paris: Gallimard.
———. (1977). *Entre quatro paredes*. São Paulo: Abril Cultural.
SCHACHTER, S. (1959). *The Psychology of affiliation*. Stanford: Stanford University Press
SCHAFF, P. (1891). *A Religious Encyclopaedia: or Dictionary of Biblical, Historical, Doctrinal, and Pratical Theology*. V. II. London: Funk & Wagnalls Company.
SCHARFETTER, C. (1996). *Introdução à Psicopatologia Geral*. Lisboa: Climepsi Editores.
SCHNEEBERGER DE ATHAYDE, J. (1971). *Elementos de Psicopatologia*. Lisboa: Fundação Calouste Gulbenkian.
SEMEDO MOREIRA, J. (1998). Suicídio Prisional: Um retrato. In *Temas Penitenciários, II Série*, 1, 17-38.
SENA, A. (1884). *Os alienados em Portugal. I – História e Estatística*. Lisboa: Administração da Medicina Contemporânea.
———. (1885). *Os alienados em Portugal. II – Hospital do Conde de Ferreira*. Porto: Imprensa Portuguesa.
SHORTER, E. (2001). *Uma história da Psiquiatria: da era do manicómio à idade do Prozac*. Lisboa: Climepsi Editores.
SILLAMY, N. (1967). *Dictionnaire de la Psychologie*. Paris: Larousse.
SILVA, A. (1965). *Novo Dicionário Brasileiro Melhoramentos*. Vol. III. São Paulo: Melhoramentos.
SILVA, M. (1823). *Diccionario da Língua Portuguesa Recopilado de Todos Impressos até o Presente*. Tomo II. Lisboa: Typografia de M. P. De Lacerda.
———. (1844). *Diccionario da Língua Portuguesa*. Tomo II. Lisboa: Typographia de António José da Rocha.
———. (1954). *Grande Dicionário da Língua Portuguesa*. Vol. VI. Lisboa: Editorial Confluência.
———. (1990). *Novo Dicionário Compacto da Língua Portuguesa*. Vol. III. Lisboa: Editorial Confluência.
———. (s/d). *Diccionario da Língua Portuguesa*. Vol. II. Lisboa: Empresa Litteraria Fluminense.
SILVA, S. & GONÇALVES, R. (1999). Sobrelotação Prisional e Perturbações da Adaptação. In R. ABRUNHOSA, C. MACHADO, A. SANI E M. MATOS (Org.), *Crimes: Práticas e Testemunhos, Actas do Congresso "Crimes Ibéricos"*. Braga: Universidade do Minho.
SILVA, V. (2002). *Dialéctica das Consciências e Outros Ensaios*. Lisboa: Imprensa Nacional Casa da Moeda.
SKINNER, B. (1938). *The behaviour of organisms*. New York: Appleton-Century--Crofts.

Skogan, W. (1990). *Disorder and Decline: Crime and the Spiral of Decay in American Neighbourhoods*. New York: Free Press.
Sluzki, C. (1996). *La Red social: Frontera de la Practica Sistemica*. Barcelona: Editorial Gedisa.
Sobral Cid, J. (1934). *Psicopatologia Criminal Casuística e Doutrina*. Lisboa: Livraria Bertrand.
Stengel, E. (1980). *Suicídio e tentativa de suicídio*. Lisboa: Publicações D. Quixote.
Sullivan, H. (1953). *The interpersonal theory of Psychiatry*. New York: Norton.
Thomas, L.-V. (1975). *Anthropologie de la mort*. Paris: Payot.
Thorndike, E. (1911). *Animal intelligence: Experimental studies*. New York: Macmillan.
Tolman, E. (1948). Cognitive maps in rats and men. *Psychological Review*, 55, 189-208.
Tomkins, S. (1965). Affect and the psychology of knowledge. In S. S. Tomkins & C. E. Izard (Eds.) *Affect, cognition, and personality* . New York: Springer.
Torga, M. (2002). *Poesia Completa II*. Mem-Martins: Círculo de Leitores.
Vala, J. & Monteiro, M. B. (2004). *Psicologia Social*. Lisboa: Fundação Calouste Gulbenkian.
Viana, M. G. (s/d). *Psicologia do medo*. Porto: Editorial Barreira.
Vieira, D. (1873). *Grande Diccionario Portuguez ou Thesouro da Língua Portuguesa*. Vol. IV. Porto: Ernesto Chardron e Bartholomeu H. De Moraes.
Viterbo, J. (1798). *Elucidário das palavras, termos e phrases*, (...). Vol. II. Lisboa: Simão Thaddêo Ferreira.
——— . (1966). *Elucidário das Palavras, Termos e Frases*. Edição Crítica, M. Fiúza. Vol. II. Lisboa: Livraria Civilização.
Ward, T. & Hudson, S. M. (1996). Attachment style in sex offenders: A preliminary report. *Journal of Sex Research*, 33,(1).
Warr, M. (1990). Dangerous Situations: Social Context and Fear of Victimization. *Social Forces*, 68, 891-907.
Watson, J. B., & Rayner, R. (1920). Conditioned emotional reactions. *Journal of Experimental Psychology,* 3, 1–14.
Webster, R. (1995). *Why Fred Was Wrong*. U.S.: Basic Books.
Weilandt, C., Stover, H. & Knorr, B. (2005). First European Conference on Health Promotion in Prisons. *Connections*, 17, 4.
Weiss, R. (1973). *Loneliness: The Experience of emotional and social isolation*. Cambridge: MIT Press.
Wetzer & Welte (1863). *Dictionnaire Encyclopédique de la Théologie Catholique*. T. XVIII. Paris: Gaume Freres et J. Duprey, Editeurs.
Winberg, R. & Gould, D. (1995). *Foundations of sport and exercise psychology*. NY: Human Kinetics.
Young, J. (1990). *Cognitive therapy for personality disorders: a schema-focused approach*. Sarasota, FL: Professional Resource Exchange.

YOUNG, J., BECK, A. & WEINBERGER, A. (1993). Depression. In DH BARLOW (Ed.), *Clinical handbook of psychological disorders*. New York: Guilford Press.

YULE, W., UDWIN, O. & MURDOCH, K. (1990). The 'Jupiter' sinking: effects in children's fears, depression and anxiety. In *Journal of Child Psychology and Psychiatry* 31, (7), 1051-1061.

ZELDIN, T. (1999). *História íntima da humanidade*. Rio de Janeiro: Record.

ZIMBARDO, P., HANEY, C., BANKS, W. & JAFFE, D. (1973). *The psychology of imprisonment: Privation, power and pathology*. Stanford: Stanford University Press.

ÍNDICE

Prefácio	7
Saída (Precária) Prolongada: uma aritmética do insucesso	11
Nota introdutória	11
As origens	13
Estrutura etária	16
Habilitações literárias	18
Actividade profissional	20
Estado civil	22
Antecedentes criminais	23
Tipo de crime	25
Situação penal	29
Distribuição espacial	33
Aspectos (parcelares) da vivência prisional	35
Os tempos de ausência ilegítima	47
Nota final	54
Bibliografia consultada	57
Percepção da Adequação da Pena	59
Enquadramento	59
A aplicação da pena	62
I – Perspectiva legal	62
II – Perspectiva jurisprudencial	64
A atitude	66

Metodologia	68
1. Descrição da amostra	69
2. Descrição do local	70
3. Instrumento utilizado e sua aplicação	70
4. Procedimento	71
Análise dos dados	73
Concordar...	73
Inferior à esperada	74
Adequada ao crime	76
Submissão à autoridade	79
Discordar...	82
Não cometimento do crime	83
Não individuação da pena	84
Recusa de oportunidade	87
Pena excessiva	89
Dificultar a reinserção	93
Aversão à reclusão	95
Execução da pena	96
Recusa em formular um juízo...	97
Discussão	98
Categorias e subcategorias	98
A racionalidade punitiva	102
Avaliação das penas	104
Conclusão	104
Bibliografia	108
Reclusão e mudança	115
Introdução	115
A Mudança	116
Síntese vocabular	116
Síntese filosófica	117
Síntese psicológica	118
Síntese sociológica	120
Síntese legal	121
a) Finalidade da pena de prisão	121
b) Enquadramento legal do tratamento penitenciário	122
c) O trabalho na prisão	124
Metodologia	125
1. Descrição da amostra	125
2. Descrição do local	126
3. Instrumento utilizado e sua aplicação	127
4. Procedimento	127

Apresentação dos resultados	128
Análise dos resultados	129
Mudar...	130
Idade	130
Maturidade	130
Envelhecimento	131
Personalidade	133
Outra pessoa	133
Desconfiado	135
Calmo	136
Responsável	138
Pensar	140
Começar a pensar	140
Pensar positivo	141
Pensar antes de agir	142
Tempo para pensar	143
Ponderar as coisas	145
Pensar na vida	145
Aprender	147
Escola do crime	147
Viver em reclusão	149
Uma profissão...	150
Conferir valor	151
Família	151
Relações amorosas	152
As coisas, os amigos, as pessoas, a vida... a própria pessoa	154
Droga	156
Cadeia mata	168
Não cometer crimes	169
Permanecer	170
A prisão não nos muda	170
A prisão revolta	173
É só cumprir o tempo	175
A família, a sorte, as saudades...	177
Apenas estraga a vida...	179
É uma morte lenta	180
Aparências	182
Ambivalências	183
Discussão	185
Conclusão	188
Bibliografia	191

Discursos precários	195
Fluxos e imobilidades	195
Estigma, exemplo e ganhos secundários	196
A trama do discurso. Pressupostos de análise	198
Elementos transversais	201
Tempos de ordem, tempos de desordem	202
O trabalho como manifestação de conformidade	204
A família como território	205
Consumos e distanciação	207
Casos	209
Conclusão	219
Bibliografia	219
O Medo em Reclusão	223
Preâmbulo	223
Abordagem vocabular	224
Abordagem filosófica	230
Abordagem da religião	231
Abordagem da criminologia	233
Abordagem psicológica	234
Medo vs ansiedade	235
Perspectiva biológica e evolutiva	237
Perspectiva psicanalítica	238
Teorias da aprendizagem	241
Perspectiva cognitiva	243
Perspectiva neuro-cognitiva & processamento emocional	246
Conclusão da abordagem psicológica	248
Metodologia	249
1. Descrição da amostra	249
2. Descrição do local	249
3. Instrumento utilizado e sua aplicação	250
4. Procedimento	250
Poesia da Ciência	252
Categorias	253
Medo do outro	253
Medo de sair	258

Medo de enlouquecer	265
Medo da solidão	274
Medo da contaminação	283
Medo da morte	289
Medo da recaída	298
Medo da noite	306
Discussão	311
Conclusão	314
Bibliografia	316